일제시기 조선 상업회의소 연구

일제시기 조선 상업회의소 연구

초판 1쇄 발행 2011년 2월 28일
저 자 | 전성현
펴낸이 | 윤관백
펴낸곳 | 선인

편 집 | 이경남·김민희·하초롱·소성순·주명규
표 지 | 김현진
제 작 | 김지학
영 업 | 이주하

인 쇄 | 한성인쇄
제 본 | 광신제책

등록 | 제5-77호(1998.11.4)
주소 | 서울시 마포구 마포동 324-1 곶마루 B/D 1층
전화 | 02)718-6252 / 6257   팩스 | 02)718-6253
E-mail | sunin72@chol.com

정가 23,000원
ISBN 978-89-5933-425-4 94910(set)
ISBN 978-89-5933-426-1 94910

동아대학교 석당학술총서 21

일제시기 조선 상업회의소 연구

전 성 현

선인

책머리에

　돌이켜 보면 나의 학문적 토양은 크게 두 갈래의 상이한 토대에 기반한 것이라고 생각된다. 하나는 역사라는 학문의 과학성 및 실천성과 관련이 있다. '막바지' 민주화 운동 과정에 위치했던 나의 대학시절은 무엇보다 실천성이 삶의 기준이었다. 더불어 나는 역사가 '과학'임을 먼저 배웠다. 이를 상징하듯 내가 다닌 사학과는 '실천' 사학과였고 단과대학은 인문'과학'대학이었다. 다른 하나는 역사의 과학성과 실천성을 부정하는 것과 관련이 있다. 즉, 1992년 현실 사회주의 몰락 이후 한국 사회 특히 학문 시장에 불어닥친 근대 이후 또는 탈근대의 사상적 조류이다. 이 때문에 분과학문의 위상은 흔들렸고 그 경계는 차츰 허물어졌다. 역사는 이제 과학이라기보다는 '이야기'가 되었다. 더 나아가 역사는 사실과 허구가 구별되지 않는 단지 이야기일 뿐이라는 주장까지 제기되었다.
　두 가지 상반되고 모순적인 학문적 토양은 내게 음양으로 엄청난 영향을 미쳤다. 나는 상이한 이 두 가지 토양 중 하나만을 굳이 선택하지 않았다. 그렇기에 나는 여전히 역사가 과학임을 부정하지는 않는다. 과학은 곧 진리가 아니며 해당 시대의 담론이기에 부정할 이유는 없다. 다만 어떠한 과학이며 누구를 위한 과학인지가 문제이다. 여기서 학문의 실천성은 여전히 유효하다. 또한 나는 '역사는 이야기'라고 생각한다. 이때 이야기는 허구가 아니라 사실에 기초한 경험의 이야기이다. 또한 타자의 이야기이다. 따라서 역사는 획일적이고 유일한 경험의 권력화를 거부하고 주체들 각각의 사실적 경험과 그 주체들이 속한 시공간의 또 다른 경험을 드러내야 한다. 그렇다면 역사는 한번 말해지고 그칠 것이 아니라 계속해서 말해져야 한다. 또한 말하지 못한 타자의 경험은 계속 발굴되어야 한다. 벤야민이 말한 저 유명한 파울 끌레의 '천사'처럼 말이다. 더불어 발굴된 타자의 경험에 대해 각각의 주체들은 서로 맞대고 생각하며 사유할 수 있는 정치의 장을 만들어야 한다. 더군다나 사유하는 것조차 빼앗긴 지금 여기에서 말이다.

이상과 같은 두 가지 토대 위에서 나는 다른 시기도 아닌 일제시기, 그것도 자본가단체에 관심을 기울였다. 이는 폭력적인 지배권력을 문제 삼기 위한 것이며 이를 한국 근대의 시작이라고 할 수 있는 일제시기부터 확인하기 위해서였다. 왜냐하면 일제시기는 현재와 긴밀히 연결되어 있을 뿐만 아니라 제국주의 시대든 그 이후든 지배권력은 자본을 둘러싸고 형성되었기 때문이었다. 그렇다면 지배 권력을 문제 삼는 것은 자본과 권력과의 메커니즘을 문제 삼는 것이다. 따라서 기존의 연구 틀인 일제시기를 민족이라는 한 가지 측면만으로 볼 수는 없었다. 민족이라고 하는 틀로 일제시기를 보면 '지배와 저항'이라는 이분법적 사고 속에 갇힐 수밖에 없겠지만 또 다른 틀과 함께 시차를 두고 보면 '지배와 저항'의 바깥도 확인하고 사유할 수 있다. 뿐만 아니라 그 각각의 내부적 차이도 드러낼 수 있다. 흔히 '지배와 저항'의 바깥 또는 경계로 의미되는 회색지대는 물리적으로 존재하는 공간이 아니다. '지배와 저항' 각각의 간극과 틈새 속에서 만들어지는 유동적인 공간이다. 따라서 '지배와 저항'의 간극과 틈새를 확인하고 이를 통해 일제시기 식민 권력을 다시 이해해야만 한다. 나는 우선 지배의 간극과 틈새 확인에 관심을 기울였다. 그 간극과 틈새는 자본과 권력의 메커니즘에 의해 드러나기도 봉합되기도 한다. 이를 확인한다면 일제시기는 물론 이후 한국 사회의 자본과 권력 메커니즘을 문제 삼을 수 있을 것이다.

이 책은 이러한 문제의식 속에 2007년 작성된 나의 박사논문「일제하 조선상업회의소연합회의 산업개발전략과 정치활동」을 기초로 구성되었다. 기본적인 내용은 이후 학술지에 게재하면서 수정하였고, 별도로 발표한 글도 목차에 맡게 첨부하였다. 이 책의 내용을 간략하게 소개하면, 서론에서는 조선 상업회의소 연구의 필요성과 이러한 연구의 의의를 드러냈다. 특히 지배 권력을 획일적으로 파악하지 않고 층위를 구분하여 살펴봄으로써 식민 권력과 식민 정책의 특징을 입체적으로 파악할 수 있는 점을 강조했다. 제1부는 조선 상업회의소의 성립과 그 구성원에 관한 글들이다. 일제시기 조선 상업회의소는 조선의 식민경영과 자신들의 경제적 기반을 확대하기 위해 적극적으로 조선총독부와 함께 혹은 독자적으로 조선의 개발에 뛰어들었다. 우선, 기존의 민족별 상업회의소를 없애고 일본인 중심의 상업회의소를 성립시켰다. 이 과정에서 소극적 조직으로 남길 바라는 조선총독부와 적극적 이익단체이길 바라는 상업회의소는 충돌하였다. 상업회의소는 연합조직인 조선상업회의소연합회를 성립하고 이를 극복하고자 하였다. 더불어 연합회는 이후 주로 대상업회의소의 의도에 따라 운영되었다.

제2부는 조선 상업회의소의 산업정책 수립과 이에 대한 정치활동을 살펴본 글들이다. 연합회를 기반으로 한 조선 상업회의소는 산업분야를 모두 망라하는 조선 산업개발정책의 수립을 조선총독부에 요구하였다. 이러한 요구는 산업조사위원회의 설치로 이어졌다. 산업조사위원회는 상업회의소의 자문안을 기초로 하여 작성된 총독부의 참고안을 가지고 조선 산업개발정책을 결정하였다. 상업회의소의 요구와 적극적인 참여를 통해 산업개발정책이 수립되었다. 하지만 총독부는 통치안정화에만 관심을 기울였고 산업개발에 대해서는 소극적이었다. 상업회의소는 조선총독부의 소극적인 식민정책을 비판하며 시급히 해결해야할 산업개발 '4대 요항'을 결의하고 그 실현운동에 뛰어들었다. 상업회의소가 제기한 '4대 요항'은 철도건설, 관세철폐, 산미증식, 수산개발과 그에 필요한 자금의 보급이었다.

제3부는 일본 본국의 긴축재정에 대한 산업개발자금 요구활동과 '4대 요항' 중 철도문제로 집중하는 조선 상업회의소의 활동을 살펴본 글들이다.

1923년 때마침 발생한 관동대진재로 인하여 조선 상업회의소의 산업개발 '4대 요항'은 물론이고 그나마 수행되고 있던 조선의 개발 사업은 중지될 위기에 처했다. 상업회의소는 산업개발 '4대 요항'의 실현을 위해 '시민대회' 및 '공직자대회' 등과 연합하고 일부의 조선인까지 포함시켜 더욱 적극적으로 조선 산업개발의 필요성과 자금 확보를 위해 노력하였다. 상업회의소의 노력은 조선 산업개발에 소극적이었던 조선총독부와 일본정계에 큰 영향을 주었고 '4대 요항' 중 관세철폐와 산미증식은 실현되었다. 한편, 조선 상업회의소는 산업개발자금의 확보와 함께 '4대 요항'의 가장 중요한 항목인 철도문제에 집중하며 조선철도망 속성운동을 전개하였다. 상업회의소의 조선철도망 속성운동은 일본 정·재계는 물론 조선총독부에까지 영향을 미쳐 조선철도망계획을 수립하도록 추동하였다. 그리고 철도망계획의 수립에도 적극적으로 참여하여 조선총독부의 '조선철도12년계획'의 수립에 중요한 역할을 수행하였다.

　이상의 내용을 통해 일제시기 조선 상업회의소가 단순히 식민권력의 하부에서 식민정책의 수동적 수행자로 머문 것이 아니라 식민권력의 일부로서 식민정책을 능동적으로 입안하였음을 밝혔다. 또한 상업회의소의 산업개발전략과 정치활동이 조선총독부의 농업중심 산업정책을 철도 등 산업기반시설의 확충이라는 영역으로 확대되도록 견인하였음도 강조했다. 뿐만 아니라 조선의 개발에 소극적이었던 일본정부와 조선총독부를 추동하여 긴축재정임에도 불구하고 식민지 조선의 개발에 본격적으로 뛰어들도록 만들었다는 점도 지적했다. 그렇다면 일본제국주의의 확장이 일본 내부의 요구에 따라 이루어진 점도 무시할 수 없지만 식민지 '현장과 현장인'에 의해서도 이루어졌다는 점도 분명하게 드러내어 준다. 그리고 여기서 일제시기를 민족만이 아니라 또 다른 관점인 지역을 통해서 살펴봐야하는 이유가 있는 것이다.

　한편 조선 상업회의소는 조선에 토대를 둔 일본인들이 중심이 된 중요한 경제 단체였다. 당연하겠지만 이들이 주장한 조선의 산업개발은 일차적으로 일본인이 대부분인 '조선의 자본가'에게 이익이 되는 것이었다. 이 때문에 그들은 공공연히 조선의 산업개발을 '조선 본위'라는 이름 아래 추구하였다. '조선 본위'가 정치적 수사일 수도 있겠지만 기본적으로는 그들의 경제적 이익과 직결된다는 점은 간과할 수 없다. 따라서 조선의 산업개발은 제국 일본의 이해와 떨어질 수는 없지만 기본적으로 조선이라는 '지역의 이해'와 부합된다고 할 수 있다. 여기서 일제시기 한국자본주의의 특징이 드러난다. 이는 제국주의라는 틀 속에서 자본과 지배 권력과의 관계가 제국-식민지라는 상하 관계로 단순화할 수 없다는 점을 보여주는 것이다. 더불어 일제시기 조선의 '개발과 성장'이 또한 현재 한국자본주의의 '성장과 발전'에 어떻게든 연관되었다면 조선인 자본가가 아니라 조선의 자본가들에 대한 분석을 전제로 해야만 한다는 점을 보여준다.

물론 이 책의 의미를 아무리 포장한다고 해도 아주 제한적인 사실을 이야기한 것에 지나지 않는다. 오히려 드러나지 않는 사실들이 훨씬 많다고 생각한다. 그럼에도 불구하고 부족한대로 책으로 출간하는 이유는 첫째, 역사가가 사실 전부를 볼 수 없을 뿐만 아니라 말할 수 없기 때문에 또 다른 목소리를 경청하기 위해서이다. 둘째, 파편적인 경험의 이야기를 통해 또 다른 경험의 이야기가 존재할 것이라는 경험의 잠재성을 인식했으면 하는 바람 때문이다. 물론 이러한 경험은 말해지지 않은 타자의 경험이다. 셋째, 이미 드러난 것들과 경합하며 일제시기를 다시금 사유할 수 있는 장이 만들어졌으면 하는 바람도 존재한다. 그 위에 앞으로의 연구와 생산적 논쟁의 장이 형성되기를 바라며 또한 일제시기에 대한 새로운 접근과 사유가 다시 가능해지길 간절히 희망할 따름이다.

살다보면 은인을 간혹 만난다고 하지만 내게는 너무도 많은 은인들이 계셨던 것 같다. 특히 부족한 책이지만 이 책이 나오기까지 정말 많은 분들의 소중한 도움과 격려를 받았다. 일일이 감사함을 표현해야하지만 짧은 말로 표현할 수 없어 안타깝기 그지없다. 그저 마음 깊이 감사할 따름이다.

학부 때부터 지켜봐 주신 김광철, 이기영, 이훈상, 신태갑 선생님은 지금까지 역사에 대한 기본적인 소양은 물론이고 역사에 대한 진지한 성찰과 역사를 통한 실천이 무엇인지 몸소 모범이 되어 주셨다. 이분들이 없었다면 부끄럽지만 이만큼의 소양조차 갖추지 못했을 것이다. 석·박사과정을 지도해 주신 홍순권 선생님은 부족한 제자에게 언제나 희망을 주셨고 지칠 때 격려해주셨으며 매번 든든한 후원자셨다. 개인적인 불편함에도 불구하고 공부하고 연구할 수 있는 편안한 공간은 물론이고 또한 물심양면으로 힘써주셨다. 김학이 선생님은 제자임에도 불구하고 항상 연구자의 입장에서 함께 고민하고 토론하는 소중한 시간을 매번 베풀어 주셨다. 그 긴 세월은 이 책을 비롯하여 앞으로의 연구에 엄청난 자양분이 될 것이다. 박사논문을 심사해주신 최원규, 이송희 선생님은 날카로운 문제제기와 정성어린 심사로 이정도의 논문이나마 될 수 있도록 힘써주셨다. 석당학술원 전·현직 원장님이신 하치근, 최낙복 선생님은 연구원시절 격려는 물론이고 이 책이 출판될 수 있도록 도움을 주셨다. 모든 선생님께 진심으로 감사드린다.

지방대학의 열악한 환경 속에서도 지치지 않고 공부하며 연구할 수 있었던 것은 너무나도 소중한 선·후배 동료들이 있었기 때문이었다. 안팎의 여러 선후배 동료들이 주마등처럼 스쳐지나간다. 고마운 분들이다. 일일이 거론할 수 없지만 동아대 대학원 역사이론 공부방인 '미공', 부산지역 젊은 인문학 연구자들의 모임인 '비상', 그리고 동아대 일본인사회연구팀 및 부산일보목록화팀의 선·후배 동료들에게는 이 자리를 빌어 고마움을 표하고 싶다. 이들과 함께한 시간이 돌이켜 보면 더없이 행복한 시간이었다. 그 속에서 나는 역사에 대한 인식과 의식은 물론 현실에 대한 비판의식도 키웠다. 아마도 나의 앞길에 또 다른 자양분이 될 것이라고 믿어 의심치 않는다. 더불어 특별히 제국식민지연구모임의 선·후배들에게 고마움을 표하고 싶다. 이들과 함께 지금도 매주 자료 속에 파묻혀 시대의 파편을 찾고 있다. 앞으로의 삶과 연구가 기대되는 것도 이들이 있기에 가능한 것이라고 생각한다. 그리고 열악한 출판 환경 속에서도 이 책을 선뜻 출판해 주신 도

서출판 선인의 윤관백 사장님과 김지학 팀장님 및 편집부에게도 진심으로 감사드린다.

끝으로 언제나 믿음과 사랑으로 보잘 것 없는 아들을 말없이 후원해 주시는 부모님께 감사드리고 싶다. 큰 아들의 역할을 제대로 하지 못해 그저 송구스럽기 그지없음에도 불구하고 무엇을 하든 응원해주시는 부모님이 계셨기에 이 책이 세상에 빛을 보게 되었다고 생각한다. 그 분들의 은혜를 어떻게 보답할지 막막하다. 부족하나마 앞으로 좀 더 의미 있는 연구와 삶을 통해 조금이나마 보답하고 싶다. 그때까지 부디 건강하시길 기도드린다.

2011년 2월
전성현

차 례

책머리에 / 5

[서론]
제1장 연구 현황과 과제 ································· 15
제2장 연구 내용과 방향 ································· 17

[제1부] 지역 상업회의소의 성립과 조선상업회의소연합회의 결성
제1장 '조선상업회의소령'의 제정과 조선인 상업회의소의 통합 ········· 33
    1. 일제의 '조선상업회의소령' 제정과정 / 36
    2. '조선상업회의소령'과 경성상업회의소의 해산 / 44

제2장 지역 상업회의소의 현황과 회원구성 ····························· 64
    1. 지역 상업회의소의 현황 / 64
    2. 지역 상업회의소의 회원구성과 특징 / 72

제3장 조선상업회의소연합회의 결성과 운영체제 ······················ 111
    1. 조선상업회의소연합회의 결성 / 111
    2. 조선상업회의소연합회의 운영체제와 주도층 / 114

[제2부] 조선 상업회의소의 산업정책 수립과 정치활동

제4장 조선 산업정책의 수립 ·· 125
    1. 조선 경제의 불황에 대한 조선 상업회의소의 인식과 대응 / 127
    2. 조선 상업회의소의 산업조사위원회 설치요구와 조선 산업정책의 수립 / 142

제5장 산업개발 '4대 요항'과 정치활동 ································ 161
    1. 산업개발 '4대 요항'의 확립과 내용 / 163
    2. 산업개발 '4대 요항'의 실현을 위한 정치활동 / 180

제6장 이입관세 철폐와 그 대응책 ·· 196
    1. '독립관세제'에서 '통일관세제'로의 전환 / 197
    2. 이입관세 철폐에 대한 대응책 / 208

[제3부] 조선 상업회의소의 산업개발자금 요구활동과 철도정책으로의 집중

제7장 산업개발자금을 둘러싼 정치활동 ······························ 219
    1. 식민지 산업개발자금과 조선 상업회의소의 소극적 대응 / 220
    2. 1920년대 조선 상업회의소의 적극적 산업개발자금 요구와 정치활동 / 231

제8장 1910~1923년 철도부설운동 ·· 250
    1. 1910년대 지역철도 부설활동 / 251
    2. 산업조사위원회를 통한 철도정책 수립요구 / 263
    3. '철도부설10개년계획'의 수립과 정치활동 / 270

제9장 조선철도망 속성운동과 '조선철도12년계획' ·············· 278
　1. 조선 상업회의소의 조선철도망 속성운동 / 280
　2. 조선 상업회의소와 제국철도협회의 '朝鮮鐵道十八年計劃' / 295
　3. 조선 상업회의소의 조선철도망계획 수립활동과 '朝鮮鐵道十二年計劃' / 300

결론 ··· 311

참고문헌 / 321

서론

제1장 연구 현황과 과제

지금까지 일제시기 연구경향은 '지배와 저항'이라는 고정된 이분법적인 구도 속에서 이루어졌다.[1] 이러한 연구경향으로 말미암아 일제시기는 '지배와 저항'의 획일적인 시공간으로 이해되었으며 일제시기를 살아간 다양한 주체들의 삶과 활동도 획일적으로 구분하여 위치 지웠다. 그러다보니 '지배와 저항'이라는 틀 속에 포함되지 못한 다양한 주체들의 삶과 활동은 물론 그러한 틀로 파악하기 어려운 일제시기의 다종다양한 변화는 외면되거나 왜곡되었다.

기존의 이러한 연구경향을 극복하고 일제시기를 구체적이고 입체적으로 이해하기 위해서는 '지배와 저항'이라는 틀로 고정되었던 식민권력, 조선사회, 그리고 다양한 주체들에 대한 새로운 접근이 필요하다.[2] 그런 의미에서 지금까지 한국사 영역에서 배제되었던 조선 내의 일본인과 일본인사회에 대한 연구는 중요하다.[3] 조선의 일본인과 일본인사회는 조선인과 같

---

[1] 지금까지 남북한 역사학계에서 나온 대부분의 통사류 역사서들은 일제의 '지배'와 조선인의 '저항'이라는 이분법적인 구조에 따라 서술되었다.

[2] 일제시기를 '지배와 저항'이라는 대립적인 틀에서 벗어나 새롭게 보고자 하는 연구경향은 최근 들어 본격적으로 이루어지고 있다(김진균·정근식 편저, 『근대주체와 식민지 규율권력』, 문화과학사, 1997 ; 연세대학교 국학연구소 편, 『일제의 식민지배와 일상생활』, 혜안, 2004 ; 방기중 편, 『일제 파시즘 지배정책과 민중생활』, 혜안, 2004 ; 공제욱·정근식 편, 『식민지의 일상, 지배와 균열』, 문화과학사, 2006 ; 신기욱·마이클 로빈슨 엮음, 『한국의 식민지 근대성』, 삼인, 2006 ; 윤해동·천정환·허수·황병주·이용기·윤대석 엮음, 『근대를 다시 읽는다』 1·2, 역사비평사, 2006). 그러나 일부 '식민지적 근대성'에 대한 비판적 논의는 제국주의 국가와 식민지를 구별하지 않고 일률적으로 식민성과 근대성의 중첩 및 상호침투를 강조함으로써 제국주의 국가와 식민지에서 이루어진 근대성을 동일한 것으로 파악하는 문제점이 있다(조형근, 「한국의 식민지 근대성 연구의 흐름」, 『식민지의 일상, 지배와 균열』, 문화과학사, 2006 참조).

[3] '在朝日本人社會'에 대한 연구는 일찍이 일본인 연구자들에 의해 일본사의 영역으로 인식되어 연구되다가(木村健二, 『在朝日本人の社會史』, 未來史, 1989 ; 高崎宗司, 『植民地朝鮮の日本人』, 岩波書店, 2002) 최근 들어 한국사 영역에서 새롭게 주

이 일제의 직접적인 통치 대상인 동시에 지배권력의 일환이었다. 이러한 일본인과 일본인사회의 이중적인 성격은 지배와 피지배의 고정적인 간극을 허물뿐만 아니라 지배와 피지배 내부의 균열과 봉합을 살펴볼 좋은 지점이라고 할 수 있을 것이다. 물론 이때의 균열은 봉합을 염두에 둔 균열이지만 이러한 균열이 지속되다보면 봉합되지 못하는 상황도 발생할 수 있을 것이다.

일본인들은 강제병합 이전부터 개항장을 비롯한 일본인 거주지역을 중심으로 자신들의 경제적 기반을 확대하는 한편, 일본 제국주의의 팽창에도 일조하였다. 그들은 조선에서의 지역적 기반을 중심으로 독자적인 '일본인사회'를 형성하고 민단을 비롯한 상업회의소 등 민간 자치 기구를 설치하였다. 그들은 민간 자치 기구를 통해 한국정부 및 일본정부에 대해 자신들의 기득권 유지·확대를 위한 정치활동을 전개하였다. 강제병합 이후에도 그들은 '일본인사회'의 자치권을 확보하려고 하는 한편,[4] 조선 및 거주지역과 관련된 각종 문제에 대해서는 조선총독부와 대등한 입장에서 식민정책을 입안·집행하고자 하였다.[5] 그러므로 재조일본인을 통해 지배의 다양한 스펙트럼을 살펴볼 수 있다. 즉, 지배권력의 다양성은 물론 지배권력 간의 '협력' 또는 '대립'을 통해 식민권력과 식민정책의 성격을 보다 구체적으로 파악할 수 있을 것이다.

한편, 일본인들이 중심이 된 자본가들은 조선의 자본주의적 발전에 가장 적극적이었다. 개항과 더불어 일본인 거주지역을 중심으로 진행된 일본 제

목받기 시작하였다. 대표적인 연구로 동아대 '일제시기 재부산일본인사회 연구팀'의 연구와 자료집이 제출되고 있다(홍순권 편,『일제시기 재부산일본인사회 사회단체 조사보고』, 선인, 2005 ;『일제시기 재부산일본인사회 주요인물 조사보고』, 선인, 2006).

4) 홍순권,「일제시기 '부제'의 실시와 지방제도 개정의 추이」,『지역과 역사』 14, 2004.
5) 김백영,「1920년대 '대경성계획'을 둘러싼 식민권력의 균열과 갈등」,『사회와 역사』 67, 2005.

국주의의 확대과정은 일본인들의 경제적 기반이 확대되는 과정이었다. 그들의 경제적 이해관계는 주로 조선의 산업개발과 밀접한 관계를 가지고 있었다. 그렇기에 그들은 줄곧 조선에서의 경제적 기반을 확대하기 위해 수많은 노력을 기울였다. 따라서 조선 내 일본인경제의 성장과정은 조선 자본주의의 성장과정과도 불가분의 관계가 있음을 알 수 있다. 조선이 식민지가 되자, 그들은 조선의 산업개발을 통한 자본주의화에 더욱 적극적으로 나섰다. 이 과정 또한 부분적으로는 본국 일본의 이익을 위해서이기도 하였지만 대부분은 그들 자신의 경제적 이익을 위해서였다. 자본의 확대는 국가권력을 필요로 하지만 그 확대를 막게 되면 친자본적인 국가권력을 욕망하는 경우가 비일비재하다. 비록 식민지하에 있어 총독부권력의 대체를 욕망할 수 없었지만 조선 내 일본인 자본의 확대에 총독부권력이 방해가 될 때 이에 대한 적극적인 문제제기도 서슴지 않았음은 여기서 논의할 예정이다.

따라서 조선의 산업개발을 통한 조선의 자본주의적 발전(성장)을 구체적으로 살펴보기 위해서는 '在朝日本人社會'의 중심적인 경제협의기구이며 '압력기관'이었던 상업(공)회의소에 대한 연구는 반드시 필요하다. 또한 상업(공)회의소는 일본인 자본가들만으로 이루어진 단체는 아니었다. 조선인과 일본인이 통합된 상업회의소가 1916년 설치된 이래 1920년대까지는 구성원의 과반수가 일본인 자본가들이었지만 부분적으로 조선인 자본가들도 참여하였다. 또한 상공회의소로 전환되는 1930년대로 넘어가면 구성원의 절반 이상을 조선인 자본가들이 차지하였다.[6] 따라서 상업(공)회의소를 통해 민족적·계급적 '대립과 협력'의 지점뿐만 아니라 중층적인 지점을 동시에 살펴볼 수 있을 것이다. 그러나 '재조일본인사회'에 대한 연구는 이제 시작에 불과하며 상업(공)회의소에 대한 연구도 최근에 들어 부분적으로 이

---

6) 그러나 상업(공)회의소의 헤게모니는 회원 수와 상관없이 일본인 자본가들에 의해 좌우되었다(田中麗水, 『全鮮商工會議所發達史』, 釜山日報社, 1936).

루어지고 있다.

일제시기 상업(공)회의소는 그 중요성에도 불구하고 그다지 주목을 받지 못하였다. 상업(공)회의소에 대한 연구는 주로 일제의 식민지적 재편과정에서의 「조선상업회의소령」과 조선인과 일본인 상업회의소의 통합 및 활동,[7] 지역 상업회의소의 구성원과 지역에서의 경제활동,[8] 지역에서의 민족적 차별과 조선인 자본가의 저항 등을 중심으로 이루어졌다.[9]

기존 연구는 상업(공)회의소가 일본인을 중심으로 소수의 조선인을 포함하여 재편된 점을 밝혀내었을 뿐만 아니라 그 이후 철저하게 조선인에 대한 차별적인 조직적 구성을 통해 일제의 경제정책에 부합하는 경제활동을 전개한 것으로 파악하였다. 또한 지역에서의 경제활동을 통해 상업(공)회의소가 경제적 기반을 어떻게 확대하고 있었는지도 구체적인 사례를 통해 밝혀내었다.

그러나 상업(공)회의소에 대한 기존연구는 여전히 '지배와 저항'이라는 이분법적인 틀 속에서 상업(공)회의소를 바라볼 뿐만 아니라 '식민권력'을 획일적이고 단일한 것으로 파악하였다. 그래서 기존연구는 상업(공)회의소를 식민권력의 하부기관이었으며 조선총독부의 경제정책에 부합되는 범위 내에서 소극적이고 수동적인 활동을 전개한 것으로 파악하였다.

한편 일인학자에 의해서도 상업(공)회의소에 대한 연구가 부분적으로 이

---

7) 김우숙, 「일제하 조선의 상공회의소에 관한 고찰」, 『순국』 1995년 10월호 ; 전성현, 「일제초기 '조선상업회의소령'의 제정과 조선인 상업회의소의 해산」, 『한국사연구』 118호, 2002 ; 조재곤, 「일제강점 초기 상업기구의 식민지적 재편 과정 - 1910년대 상업회의소와 조선인 자본가」, 『한국문화』 31, 2003.
8) 차철욱, 「일제강점기 부산상업(공)회의소 구성원의 변화와 '부산상품견본시'」, 『지역과 역사』 17, 2005.
9) 오미일, 「1910~1920년대 평양지역 민족운동과 조선인 자본가층」, 『역사비평』 28, 1995 ; 강명숙, 「1920년대 일본인 자본가들에 대한 조선인 자본가들의 저항 - 평양상업회의소를 중심으로」, 『국사관논총』 90, 2000 ; 「1920년대 일본인 자본가들에 대한 한국인 자본가들의 저항 - 상업회의소를 중심으로」, 『한국민족운동사연구』, 2001.

루어졌다. 이들 연구는 주로 1921년 구성된 산업조사위원회를 중심으로 한 지역 상업회의소의 활동을 언급하거나, 조선상업회의소연합회의 평의원과 결의안에 대하여 분석하였다.[10]

산업조사위원회에 대한 연구에서는 지역 상업회의소의 적극적인 요구에 따라 산업조사위원회의 설치가 이루어진 점을 지적하였다. 그러나 그 이상의 구체적인 활동에 대해서는 언급하지 못하였다. 조선상업회의소연합회에 대한 연구에서는 개항 이후 일본인상업회의소연합회시기부터 일제시기 조선상업회의소연합회시기까지의 평의원과 결의안을 분석하였으나 자료의 나열과 부분적인 분석에 그치고 말았다.

한편, 지역 상업회의소와 조선상업회의소연합회의 활동과 관련이 있는 1910년대 중반부터 1920년대 후반까지 조선의 산업개발정책에 대한 연구는 산미증식계획을 제외하고 거의 이루어지지 않았다. 부분적으로는 산업조사위원회의 산업정책, 관세문제, 그리고 '조선철도12년계획'에 관한 연구가 진행되었다.

산업조사위원회에 관한 연구는 산업조사위원회의 구성과 내용을 소개하는 한편,[11] 조선 산업개발정책의 수립과정에 조선인들이 어떻게 대응하였는가에 주목하였다. 그리고 이를 통해 민족주의 운동세력의 물적 토대와 이후 운동과정의 분화를 구체적으로 밝혔다.[12]

관세문제에 대한 연구는 식민지무역구조가 이입관세 철폐를 통해 확립

---

10) 金子文夫,「1920年代における朝鮮産業政策の形成－産業調査委員會を中心に」,『近代日本の經濟と政治』, 大川出版社, 1986 ; 木村健二,「朝鮮における商業會議所聯合會の決議事項」,『戰時下アジアの日本經濟團體』, 日本經濟評論社, 2004.
11) 金子文夫, 위의 논문.
12) 박찬승,「1920년대 초반 '문화운동'과 '문화운동론'」,『한국근대정치사상사연구』, 역사비평사, 1992 ; 윤해동,「일제하 물산장려운동의 배경과 그 이념」,『한국사론』27, 1992 ; 이태훈,「1920년대 초 자치청원운동과 유민회의 자치 구상」,『역사와 현실』39, 2001 ; 오미일,「1920년대 초의 산업정책론」,『한국근대자본가연구』, 한울, 2002.

되었고 이를 통해 식민지적 수이출입 상품구조가 확립되었음을 지적하였다.13) 그리고 조선총독부의 재정적인 이유로 유보되었던 酒, 綿織物의 이입관세는 이 분야에 종사하는 일본인뿐만 아니라 조선인에게도 어느 정도 이익을 주었다고 지적하였다.14)

'조선철도12년계획'에 관한 연구에서는 12년계획의 추진 세력으로 조선총독부, 일본정부, 그리고 조선의 상공업자로 파악하는 한편, 12년 계획선을 철저한 경제적 수탈을 목표로 한 경제선으로 파악하였다.15) 이상의 연구는 식민정책의 내용과 함께 그 경제적 수탈성을 강조하는 한편, 조선인의 대응을 통한 민족주의 운동세력의 물적 토대 등을 살펴볼 수 있는 점에서 의미가 크다.

그러나 대부분의 연구는 조선 산업개발정책을 일관성을 가진 것으로 파악하는 한편, 그 추진주체인 조선총독부, 일본정부, 일본재계, 조선의 지역 상업회의소를 모두 같은 이해관계로 파악하였다. 따라서 일제의 식민정책을 통한 이익이 조선인과는 관계없는 대립적인 것으로 파악하여 결국 '지배와 저항' 또는 '지배와 종속'이라는 이분법적인 틀 속에서 벗어나지 못했다.

---

13) 송규진, 「일제하 조선의 무역정책과 식민지무역구조」, 고려대학교 박사학위논문, 1998.
14) 정태헌, 『일제의 경제정책과 조선사회』, 역사비평사, 1996.
15) 김경림, 「일제하 조선철도 12년계획선에 관한 연구」, 『경제사학』 12, 1988 ; 정재정, 『일제침략과 한국철도』, 서울대학교출판부, 1999.

제2장 연구 내용과 방향

　기존 일제시기 연구, 특히 경제사 연구의 문제점을 극복하기 위해 이 책은 다음에 주목하고자 한다. 첫째, 기존연구의 '지배와 저항'이라는 이분법적인 입장에서 벗어나 '지배'의 스펙트럼을 좀 더 구체적으로 살펴보고자 한다. 즉, 지배의 다양한 모습을 '식민권력의 복수성'으로 규정하고 이에 주목하고자 한다.16) '식민권력의 복수성'은 일면 이해관계의 차이로 말미암아 식민정책에서의 균열과 갈등으로 표출된다.17) 그러나 이해관계가 극단적으로 대립적이지 않을 경우 식민정책에서 통합·조정으로 표출될 수 있을 것이다. 따라서 이 책은 '복수의 식민권력'을 통하여 지배의 다양성을 살펴보고 그 속에서 균열 및 봉합의 지점도 살펴보고자 한다.
　더불어 식민권력이 하나가 아니라 최소한 둘 이상일 때 식민정책 또한 일관적이지 않고 가변적이었다는 점에 주목하고자 한다. 그런 의미에서 '재조일본인사회'와 그중 가장 강력한 경제기구인 지역 상업회의소와 조선상업회의소연합회는 '식민권력의 복수성'과 '식민정책의 가변성'을 발견할 수 있는 좋은 대상일 것이다.
　둘째, '식민권력의 복수성'과 연관되지만 지역 상업회의소와 조선상업회의소연합회는 일제의 식민정책에 개입하였을 뿐만 아니라 적극적으로 추

---

16) 식민권력의 복수성과 식민정책의 가변성은 이미 홍순권, 김백영 등에 의해 제기되었다(홍순권, 「일제시기 '부제'의 실시와 지방제도 개정의 추이」, 『지역과 역사』 14, 2004 ; 김백영, 「1920년대 '대경성계획'을 둘러싼 식민권력의 균열과 갈등」, 『사회와 역사』 67, 2005). 조선 내 일본인들은 거시적인 식민정책에는 동조하지만 세부적인 식민정책에 대해 부분적으로 동조 또는 반대함으로써 자신들의 입장을 강조하였다. 이러한 점에서 홍순권은 부산부를 중심으로 한 부제의 운영을 통해 식민정책의 입안과 집행과정에 조선 내 일본인들의 적극적인 개입을 강조하고 있으며, 김백영은 경성의 도시계획수립과정에서 식민권력의 복수성과 식민정책의 우연성 및 가변성을 강조하였다. 필자도 이러한 입장에서 상업회의소의 활동을 살펴볼 것이다.
17) 김백영, 위의 논문.

동한 면도 없지 않았다. 일반적으로 조선의 식민화과정과 이후 지배와 팽창은 일제로 지칭되는 식민권력에 의해 일관되게 추진된 것으로 파악되었다. 그래서 일본의 정치·군사·경제적 이해와 밀접한 관계를 맺으면서 식민화와 식민지배정책이 수립되었음을 강조하였다. 하지만 제국주의의 전개는 본국의 이해관계뿐만 아니라 식민지 '현장과 현장인'의 이해관계와도 관련이 깊다.[18] 그렇기 때문에 기존 일제시기 연구에서도 부분적으로 조선민중의 저항이 또한 식민지배정책에 심대한 영향을 끼쳤음을 강조하였다.[19] 하지만 이러한 연구에도 불구하고 일제와 조선인이라는 대립적인 틀을 중심으로 일제시기를 바라보았기 때문에 식민지배의 민간 측 담당자인 '재조일본인사회'의 영향에 대해서는 거의 관심을 기울이지 않았다.[20] 따라서 식민지의 '현장인'이며 '재조일본인사회'의 중요한 자치기구이자 압력단체인 지역 상업회의소와 조선상업회의소연합회의 활동은 일본 제국주의의 성격을 밝히는 데에도 간과할 수 없는 대상인 것이다.

특히 이 책이 주목하는 지역 상업회의소와 조선상업회의소연합회의 정치적 활동시기는 일본의 정치적 상황과도 밀접한 관련을 가진다. 지역 상업회의소와 조선상업회의소연합회가 정열적으로 정치 활동을 전개한 이 시기는 일본에서도 자유민권운동이 힘을 얻어 보통 선거권을 획득했던 '대정데모크라시'기였다. 따라서 일본의 정치적 상황을 적극적으로 활용하여

---

18) 제국주의 본국의 이해관계에 따른 식민화와 식민 지배를 강조하는 전통적인 제국주의론에 대한 비판으로 제기된 '주변부 제국주의론'이 그것이다. '주변부 제국주의론'에 따르면 제국주의의 식민화와 식민지배는 본국의 이해관계보다는 식민지 '현장인'의 이해관계에 따라 추동되었다는 점을 강조하였다(볼프강 J. 몸젠, 『제국주의의 이론』, 돌베개, 1983).
19) 특히 문화정치는 3·1운동이라는 조선 민중의 저항에 따라 이루어졌다.
20) '在朝日本人社會'에 대한 연구는 일본사의 영역에서 본격적으로 진행되었다(木村健二, 『在朝日本人の社會史』, 未來史, 1989). 그 가운데 '풀뿌리 식민지배'라는 개념으로 조선 내 일본인들을 정의한 연구도 제기되었다(高崎宗司, 『植民地朝鮮の日本人』, 암파서점, 2002). 최근에는 한국사영역에서도 활발한 연구가 진행되고 있다(동아대학교 '일제시기 부산지역 일본인사회연구팀').

지역 상업회의소와 조선상업회의소연합회는 자신들의 주장을 관철시키기 위해 때로는 총독부와 협력하거나 때로는 독자적으로 활동하였다. 그렇기에 지역 상업회의소와 조선상업회의소연합회가 조선총독부를 뛰어넘는 권력기반을 가지지는 못하였지만 동등한 입장에서 식민정책을 추동할 수 있는 시대적 분위기였음을 이 책은 주목하고자 한다. 그리고 이 책이 독자적인 정치적 활동이 제약당하는 1930년대 이후의 상공회의소시기가 아니라 1910·20년대 상업회의소시기에 주목하는 이유도 여기에 있다.

셋째, '수탈과 개발(성장)'이라는 대립적인 입장에서 벗어나 '개발(성장)의 식민성'에 주목하고자 한다. 특히 '개발의 식민성'은 경제사학계의 논의에서처럼 현대 한국의 경제성장과 직접 연결시키지 않고 일제시기 개발이 가지는 당시의 의미에 한정하고자 한다.[21] 조선상업회의소연합회는 대부분 일본인 자본가들로 구성된 지역 상업회의소의 협의체였기 때문에 그들은 자신들의 경제적 발전을 위하여 조선의 자본주의적 발전을 추동하였다. 따라서 일제시기에 일어난 자본주의적 발전을 논의할 때 지역 상업회의소와 조선상업회의소연합회를 제외하고는 그 발전의 의미를 제대로 파악할 수 없다. 조선 경제의 성장을 제기한 기존연구는 이러한 점을 철저하게 배제하였다.[22] 따라서 지역 상업회의소와 조선상업회의소연합회를 통해 전개된

---

21) 일제시기 조선의 경제적 성장·발전을 강조하는 경제사학계의 연구는 다음과 같다. 中村哲·堀和生·안병직·김영호 편, 『朝鮮近代의 歷史像』, 日本評論社, 1988 ; 안병직·이대근·中村哲·梶村秀樹 편, 『근대조선의 경제구조』, 비봉출판사, 1989 ; 안병직·中村哲 공저, 『근대조선 공업화의 연구-1930~1945년』, 일조각, 1993 ; 주익종, 「일제하 평양의 메리야스공업에 관한 일 연구」, 서울대 경제학과 박사학위논문, 1994 ; 안병직 편, 『한국경제성장사』, 서울대학교출판부, 2001 ; 김낙년, 『일제하 한국경제』, 해남, 2003 ; 이대근 외, 『새로운 한국경제발전사』, 나남출판, 2005 ; 김낙년 편, 『한국의 경제성장 1910~1945』, 서울대학교출판부, 2006.

22) 경제사학계의 최근 연구 성과에서는 1911~1940년간 조선의 연평균 경제성장률 3.7%, 1인당 소득증가율 1.9%라는 추계를 근거로 한국의 고도성장기에 비하면 그 속도가 느렸지만, 당시 다른 지역에 비하면 상당히 빠른 편이라고 주장하였다. 그리고 지속적으로 늘어나는 현상을 근대적 경제성장이라고 한다면 식민지시기 또는 그 직전의 어느 시기부터 근대적 경제성장이 시작된 것으로 파악하였다. 그런

조선 경제에 대한 주장은 식민권력의 입장에서 행해진 '개발(성장)'의 의미와 특징을 구체적으로 파악할 수 있을 것이다.

넷째, 정책사적 측면에서 1910~1920년대 조선상업회의소연합회의 조선산업개발전략에 주목하고자 한다. 기존연구에서는 일제시기 경제정책을 1910년대 토지조사사업, 1920년대 산미증식계획으로 대표되는 농업정책이, 1930년대 이후 '농공병진'의 공업정책이 중심이었다고 파악하였다. 농업정책에서 공업정책으로의 전환에 대해서는 각각 견해가 달랐다. 외부적인 요인을 강조하는 연구에서는 대륙침략과 외부적인 요인에 의한 식민권력의 의도와 계획 속에 공업정책으로 전환되었다고 보았다.[23] 반면 내부적인 요인을 강조하는 연구에서는 시장 환경의 조성이라는 내부적 요인에 의해 정책이 전환된 것으로 보았다.[24]

데 이 연구에서도 식민지기의 추계치 속에는 조선 거주 일본인의 경제활동이 포함되어 있음에 유의할 필요가 있다고 하였다. 그럼에도 불구하고 조선인만의 경제성장과 1인당 소득증가율도 예외가 아닐 것이라고 결론지었다(김낙년,『한국의 경제성장 1910~1945』, 서울대학교출판부, 2006, vi~vii쪽). 이 연구의 문제점은 재조일본인의 경제활동이 조선의 경제성장률과 1인당 소득증가율에 상당 정도 포함되어 있음에 유의하면서도 그 추계를 구체적으로 파악하지 않고 조선인만의 경제성장과 1인당 소득증가율이 상당할 것이라고 결론내리고 있는 점이다. 조선의 경제성장률과 1인당 소득증가율을 재조일본인과 조선인의 통계수치를 구분해서 확인하기 전에는 조선의 경제성장 및 1인당 소득증가율을 '근대적 경제성장'이라고 말하기는 어렵다. 특히 경제학계의 다른 연구 성과에서도 살펴볼 수 있듯이 공업생산과 관련하여 조선 내 재조일본인자본과 본국자본이 일제시기 전체의 80~90%를 차지하고 있는 것을 보아도 경제성장률과 1인당 소득증가율의 추계치에 재조일본인이 미치는 영향은 엄청나게 컸을 것임은 자명한 사실이다(허수열, 앞의 책, 2005).

23) 전석담·최윤규·이기수·김한주,『조선근대사회경제사』, 자작아카데미, 1989(원본은 1956년 간행) ; 박경식,『일본 제국주의의 조선지배』, 청아, 1986 ; 小林英夫,『'大東亞共榮圈'の形成と崩壞』, 御茶の水書房, 1975.

24) C. J. ECKERT, *Offspring of Empire*, University of Washington Press, 1991 ; 안병직, 「한국에 있어서의 경제발전과 근대사연구」,『제38회 전국역사학대회발표요지』, 1995 ; 김낙년, 앞의 책, 2003 ; 주익종,「일제하 한국의 식민정부, 민간기업, 그리고 공업화」,『경제사학』35, 2003. 특히 김낙년과 주익종은 식민정부의 정책과 영

그러나 1930년대 이후 공업정책으로의 전환에는 1910~1920년대 조선 산업개발에 적극적이었던 지역 상업회의소와 조선상업회의소연합회의 활동이 중요한 요인으로 작용하였다. 조선총독부는 산미증식계획이라는 농업정책을 주요 골간으로 식민정책을 추진하지만 지역 상업회의소와 조선상업회의소연합회는 철도부설을 비롯하여 교통·통신 등 산업기반시설의 확충에 힘을 쏟았다. 특히 철도, 항만 등 사회간접사업의 확충에 전력을 기울였다. 이러한 산업기반시설의 확충과 확립이 1930년대 이후 공업화의 중요한 추동원인으로 작용한 점 또한 분명하다고 할 수 있을 것이다. 이러한 움직임 속에서 지역 상업회의소와 조선상업회의소연합회는 상공회의소로의 전환을 기획하였다. 지역 상업회의소와 조선상업회의소연합회의 이러한 활동으로 인하여 1930년대 이후 공업정책으로의 전환은 보다 손쉽게 이루어질 수 있었음에 틀림없을 것이다. 또한 시장 환경의 조성이라는 내부적 요인에도 지역 상업회의소와 조선상업회의소연합회의 영향력이 상당히 작용한 점 또한 분명하다고 할 수 있을 것이다.

이 책은 이상과 같은 문제의식을 가지고 크게 3부로 나누고 일제시기 조선 상업회의소의 활동을 크게 4단계로 구분하여 살펴볼 것이다. 첫 번째, 지역 상업회의소와 조선상업회의소연합회의 성립과 체제 정비를 통해 전 산업분야를 망라하는 조선 산업개발정책의 수립을 요구하는 단계이다. 조선상업회의소연합회는 최초에는 조선의 전반적인 산업개발정책을 조선총독부를 통해 수립하고자 하였다. 조선상업회의소연합회의 요구는 산업조사위원회의 설치로 이어졌고 산업조사위원회를 통해 결정된 총괄적인 조선의 산업개발정책에 포함되었다. 그러나 이 단계에서는 정책실행을 위한 자금에 대한 문제는 일단 제외되었다.

두 번째, 조선 산업개발정책 중 선결해야할 산업분야를 결정하는 단계이

향력보다는 시장 환경에 적응한 자본가의 능력을 일제강점기 자본주의적 발전의 동력으로 파악하고 있다.

다. 우연히 찾아온 군축잉여금의 배분소식으로 인하여 조선상업회의소연합회는 조선 산업개발 4대 요강을 확정하였다. 이를 위해 일본정계와 재계에 산업개발의 필요성을 인지시키기 위해 노력하였고 그러한 노력은 일부의 결실을 맺게 되었다. 이 단계의 특징은 일본정부의 예산 외 자금으로부터 조선 산업개발 '4대 요항'을 달성하고자 한 것이고 일본정부와 일본정재계의 조선에 대한 이해부족으로 인하여 조선 사정의 선전에 치중한 것이다.

세 번째, 긴축재정과 관동대진재라는 예기치 못한 상황에 직면하여 조선 산업개발에 투여될 정부예산의 안정적인 확보를 추진한 단계이다. 그간의 조선 산업개발에 대한 노력이 수포로 돌아갈 위기에 처한 조선상업회의소연합회는 긴축재정 속에서도 산업개발을 위한 예산의 확보에 노력하였다. 그 노력의 결과 조선총독부의 적극재정에 의한 제2차 산미증식계획이 일본정부와 의회를 통과하였다.

두 번째와 세 번째 단계를 통해 조선상업회의소연합회의 산업개발 '4대 요항' 중 이입관세 철폐와 산미증식은 조선총독부와 일본정부에 의해 받아들여졌다. 물론 조선상업회의소연합회의 정치적 활동만으로 '4대 요항' 중 일부가 이루어진 것은 아니었다. 그렇지만 '대정데모크라시'라고 하는 일본 내부의 시대적 분위기에 편승하여 조선총독부와 일본정부의 소극적인 식민개발정책과 긴축재정을 적극적인 정책으로 전환시킨 점에서는 중요한 역할을 하였다. 한편, 또 다른 산업개발 '4대 요항' 중 하나인 수산개발은 부산상업회의소가 독자적으로 어항설치 등 수산개발과 관련하여 그 실현을 요구하고 있었기 때문에 연합회 차원의 운동은 철도문제로 국한되게 되었다.

네 번째, 산업개발자금의 확보와 함께 병행되어 점차 독자적인 운동으로 전화해 간 조선철도망 속성운동단계이다. 특히 조선철도망 속성운동은 조선상업회의소연합회의 '4대 요항' 중 그 첫 번째일 뿐만 아니라 산업개발정책 중 가장 중요한 사안이었다. 따라서 산업개발자금의 확보와 병행 또는 독자적인 정치 활동이 전개되었고 이 활동에 영향 받아 새로운 철도계획이 추진되었다. 지역 상업회의소와 조선상업회의소연합회는 새로운 철도계획에도 적극적으로 참여하여 일본과 조선총독부와 함께 '조선철도12년계획'의 수립에 중요한 역할을 수행하였다.

　이상과 같이 이 책은 일제시기 조선 상업회의소 연구를 통해 기존연구에서 간과했던 '식민권력의 복수성'과 '식민정책의 가변성'을 드러내는 한편, 이 시기 중요한 식민정책을 지역 상업회의소의 연합조직인 조선상업회의소연합회가 오히려 추동하였다는 점을 강조하고 그러한 식민정책에 따라 개발(성장)의 본질과 그 이해관계가 지역 상업회의소 및 조선상업회의소연합회와 밀접히 관련되어 있음을 밝히고자 한다. 이를 통해 '식민지적 근대'의 구체적인 모습과 식민지 조선의 역사상을 보다 구조적으로 이해하고자 한다.

제1부

지역 상업회의소의 성립과
조선상업회의소연합회의 결성

제1부 지역 상업회의소의 성립과 조선상업회의소연합회의 결성

제1장 '조선상업회의소령'의 제정과 조선인 상업회의소의 해산

식민지 초기인 1910년대 경제상황은 1876년 개항 이후 진행되어온 일제의 경제침략과 조선 경제의 식민지적 재편 정책의 결과로 규정될 수 있다. 1904년 일제의 '대한시설강령'에 의하면 일제는 조선을 정치·군사적으로 완전히 장악하여 상품판매시장 및 원료·식량 구입지로 만들고, 식민지 지배의 강력한 지주로서 일본인 이주를 촉진하고자 하였다. 따라서 통감부는 조선을 식민지로 만들기 위한 제반 조건을 구축하기 위해 노력하였다. 구체적인 활동으로는 재정고문에 의한 금융·화폐·재정 정리, 토지소유권 문제의 처리, 동양척식주식회사의 설립을 통한 이민정책수행 등을 들 수 있다.

조선이 식민지가 되자 일제는 보다 정책적인 경제 침략을 감행하였다. 기본적으로 통감부 시기의 모든 경제정책을 그대로 유지·계승하면서, 식민지 지배체제를 확립하기 위한 새로운 제도적 장치들을 만들었다.[1] 그중에 하나가 '조선상업회의소령'이었다.

이 장에서는 식민지 경제 및 지배정책의 일환으로 제정된 조선상업회의소령과 이로 인하여 해산된 경성상업회의소에 대하여 살펴보고자 한다.[2]

---

1) '조선회사령', '은행령', '토지조사사업', '지세령', '관세령', '조선상업회의소령', '광업령', '삼림령', '어업령', '시장규칙' 등이 일제가 만든 대표적인 제도적 장치였다.
2) '경성상업회의소'라는 명칭의 상업회의소는 두 번 존재했다. 하나는 1905년 종로에서 조선인들이 설립한 것이고, 또 다른 하나는 1915년 '조선상업회의소령'에 의해 조선인과 일본인이 합동하여 설립한 것이다. 그런데 전자의 경성상업회의소를 언급하거나 분석한 글들은 '한성상업회의소'로 바꾸어 서술하고 있다. 지금은 이러한 서술이 거의 일반적인 것으로 보인다. 단적인 예로 한국역사정보통합시스템의 한국사기초사전을 들 수 있다. 이러한 원인은 조선인에 의해 설립된 경성상업회의소를 민족경제단체로 이해하였기 때문으로 보이며, 대표적인 연구자가 조기준이다(趙璣濬, 『韓國企業家史』, 朴英社, 1983). 또 다른 이유는 아마도 일제시기 일본인들의 의견을 그대로 받아들였기 때문으로 보인다. 즉 1941년 四方博이 편찬

이미 연구가 많이 진행되었던 조선회사령이나 토지조사사업과는 달리 조선상업회의소령에 대한 연구는 본격적으로 이루어지지 않았다. 개항 이후 한말·일제 초기 조선인 상인들의 활동이나 회사 설립 등 이 시기 경제활동에 관한 논문에서 일부 언급되었다.[3] 이러한 연구들은 연구대상이 조선상업회의소령이나 상업회의소가 아니었지만, 조선상업회의소령에 의한 조선인 상인 특히 객주 조직의 파괴와 일제의 상권기구 재편을 통한 조선인 상인의 조직 와해, 그리고 이에 대한 조선인 상인의 상권 유지를 위한 노력을 강조하였다.

최근 들어 식민지 이전의 조선인과 일본인이 각각 설립한 상업회의소와 조선상업회의소령에 의해 통합된 상업회의소에 대한 연구가 나오기 시작하였고,[4] 이러한 연구 가운데 조선상업회의소령의 성격을 제기한 연구도

한 『京城商工會議所二十五年史』에서 조선인들의 경성상업회의소를 '한성상업회의소'로 호칭한 이유를 "일본인 측 회의소와 구별하기 위해 한성상업회의소 또는 종로회의소라고 불려졌던 것이 기록상 보인다"고 하였다(京城商工會議所, 『京城商工會議所二十五年史』, 1941, 128쪽).

따라서 '한성상업회의소'는 1915년 일본인이 주축이 되어 조선인과 합동으로 설립한 경성상업회의소와, 아니면 1915년 이전에 있었던 경성의 일본인상업회의소와 구별하기 위해 일본인들이 자의적으로 불렀던 명칭임이 명백하다. 이제는 일본인들에 의해 자의적으로 호칭되었거나 민족경제단체라는 선험적인 평가에 의해 명명되었던 '한성상업회의소'를 경성상업회의소로 바르게 서술하여야 하지 않을까 한다. 설립한 당사자들도 1905년 설립 당시 그 이름을 경성상업회의소로 광고하고 있으며(『皇城新聞』1905.7.26~8.2, 「廣告」), 1906년 농상공부의 인가를 받은 정관 제1장 제1조에 "本會議所는 京城商業會議所라 稱홈이라"라고 명백하게 밝히고 있다(京城商業會議所, 『京城商業會議所定款』, 1906). 단체의 이름은 그 단체의 성격을 어느 정도 보여줄 수 있다고 생각하기에 더욱 이러한 명칭전환이 필요하다고 생각한다. 이 글에서는 1905년에 조선인에 의해 설립된 경성상업회의소를 '경성상업회의소'로, 1915년 일본인과 합동으로 설립한 경성상업회의소를 '(합동)경성상업회의소'로 서술하겠다.

3) 권태억, 「식민지 초기 일제의 경제 정책과 조선인 상공업」, 『3·1 민족해방운동연구』, 청년사, 1989 ; 유승렬, 「韓末·日帝初期 商業變動과 客主」, 서울대대학원 박사학위논문, 1996 ; 전우용, 「19世紀末~20世紀初 韓人 會社 硏究」, 서울대대학원 박사학위논문, 1997 ; 「1910년대 객주통제와 '조선회사령'」, 『역사문제연구』 2, 1997.

있다. 기무라 겐지는 조선상업회의소령을 조선상인세력을 관리·지배기구의 중심에 획일적으로 편입시켜 조선 내 저항기반을 약화시키려고 한 것으로 보았으며,[5] 강명숙은 지역경제에 대한 일본인들의 우위를 제도적으로 확보하는 과정으로 보았다.[6] 두 사람의 견해는 조선상업회의소령의 일면만을 강조한 것으로 보완적이라고 할 수 있다. 조선상업회의소령은 일제의 복합적인 의도와 목적에 의해 제정되었다. 기존의 연구는 그중 일부분만을 강조한 것으로 파악된다.

　이러한 기존의 연구성과를 부분적으로 받아들이면서 구체적인 조선상업회의소령의 성격을 고찰해 보고자 한다. 또한 조선상업회의소령에 의해 해산된 경성상업회의소에 대해 살펴봄으로써 경성상업회의소의 성격도 밝히고자 한다. 경성상업회의소의 해산과정을 살피는 것은 조선상업회의소령의 성격을 실례로서 파악할 수 있을 뿐만 아니라 경성상업회의소 자체의 성격도 살필 수 있기 때문에 중요하다. 조선상업회의소령에 의한 조선인 상업회의소의 해산은 중요 도시와 상공업이 발달한 군·면들에서 이루어졌다. 그런데 왜 경성상업회의소가 문제인가. 말할 필요도 없이 경성은 정치, 경제 등 모든 부분의 중심지였다. 또한 가장 많은 조선인 상공업자가 활동하였고, 그러한 조선인 상공업자들의 단체가 경성상업회의소였다. 경성상업회의소는 설립부터 상업기관의 대표임을 자임하였기 때문에 해산과정에서 경성상업회의소의 대응은 중요하다고 생각한다. 이미 필자는 경성상업회의소의 활동에 대해 밝힌 바 있으므로,[7] 이 글에서는 조선상업회의소령에 의

---

4) 木村健二,『在朝日本人の社會史』, 未來社, 1989 ; 강명숙,「1920년대 일본인 자본가들에 대한 조선인 자본가들의 저항 – 평양상업회의소를 중심으로」,『국사관논총』90, 2000 ; 박재상,「한말·일제초기(1897~1915) 목포 일본인 상업회의소의 구성원과 의결안건」,『한국민족운동사연구』26, 2000 ; 전성현,「한말~일제초기 경성상업회의소의 설립과 활동」,『역사연구』8, 2000.
5) 木村健二, 위의 책, 96~102쪽.
6) 강명숙,「1920년대 일본인 자본가들에 대한 한국인 자본가들의 저항(Ⅱ)」,『안중근과 한인민족운동』, 국학자료원, 2002.

해 경성일본인상업회의소와 통합되는 과정을 살펴봄으로써 그 예속적인 성격의 일면을 밝히고자 한다.

1. 일제의 '조선상업회의소령' 제정과정

1) 경성일본인상업회의소의 법령 제정 촉구와 경성상업회의소와의 합병 문제

조선 내 일본인 상업회의소는 1901년 연합회를 조직하고, 제1회부터 지속적으로 상업회의소의 법적 근거 마련을 위해 노력하였다. 일본인 상업회의소는 일본 본국의 법규인 1890년의 '상업회의소조례'나 1909년의 '상업회의소법'에 근거하여 정관을 제정하였다. 이러한 정관도 조선에서는 법적 효력을 지닐 수 없었다. 일본인 상업회의소도 하나의 상업단체에 지나지 않아, 조선인 상업회의소와 같이 회원의 자격이나 회비 규정이 강제력을 지니지 못하는 등, 유지 및 활동에 상당한 곤란을 겪었다. 이러한 이유 때문에 경성일본인상업회의소는 다른 일본인 상업회의소와 마찬가지로 법적 근거를 마련하고자 법령 제정을 청원하였다. 그러나 이것은 표면적인 이유였다. 근본적인 목적은 '재경성일본인상업회의소 규칙'에서도 밝히고 있는 "한국에서 일본인 상공업발달의 도모"[8]와 1904년 러일전쟁 이후 본격화되는 일제의 식민지침략정책을 효과적으로 수행하기 위한 것이었다.[9] 〈표 1〉은 일본인 상업회의소가 1901년을 시작으로 1905년 이후 매년 법인자격 부

---

7) 전성현, 앞의 논문, 2000.
8) 四方博, 『京城商工會議所二十五年史』, 1941, 17~22쪽.
9) 1910년 이전 조선 내 일본인 상업회의소의 구체적인 활동은 田中麗水, 『全鮮商工會議所發達史』, 1935 참조. 이러한 일본인 상업회의소의 활동은 일본상인의 조선 진출 및 정착화에 기여하였고, 이러한 과정은 동시에 조선의 경제지배=식민지화의 과정이었다(木村健二, 앞의 책, 1989, 93~96쪽).

제1부 지역 상업회의소의 성립과 조선상업회의소연합회의 결성

여를 청원한 활동 현황이다.

〈표 1-1〉 조선 내 일본인 상업회의소의 법인 자격부여를 위한 청원활동

年度	聯合會	제출지역	청원내용
1901	제1회	인천	회의소의 자격을 명확하게 할 것을 청원(인천제출안)
1905	제5회	경성	在韓國商業會議所를 법인자격으로 할 것을 청원(경성제출안)
1907	제6회	진남포, 평양, 원산, 부산, 경성	在韓國日本人商業會議所에 관한 법규발포에 대한 청원(연합회결의안)
1908	제7회	진남포, 군산, 평양, 경성	
1909	제8회	경성, 평양	在韓國商業會議所의 자격에 관한 청원(연합회결의안)
1910	제9회	인천, 경성	조선에서 상업회의소법을 발포하여, 상업회의소로 상공업에 관한 공공기관이 되게 하고, 상당의 권능을 부여할 것을 총독부에 청원(경성제출안)
1911	제10회	부산	在朝鮮商業會議所에 관한 법령제정을 해당기관에 요망(연합회결의안)
1912	제11회	원산	在鮮商業會議所에 관한 법령제정을 해당기관에 요망(연합회확정의안)
1913	제12회	목포, 청진	

출전: 京城商工會議所,『京城商工會議所二十五年史』, 1941, 137~140쪽 ; 釜山日本人商業會議所,『釜山日本人商業會議所年報』, 1907, 50쪽 ; 釜山日本人商業會議所,『釜山日本人商業會議所年報』, 1909, 58~59쪽 ; 京城日本人商業會議所,『京城日本人商業會議所月報』 48, 1911, 3~4쪽 ; 京城日本人商業會議所,『京城日本人商業會議所月報』 63, 1912, 16~18쪽 ; 京城日本人商業會議所,『京城日本人商業會議所月報』 65, 1912, 2~3쪽.

〈표 1-1〉을 살펴보면, 경성일본인상업회의소는 1910년 이전에 집중적으로 상업회의소에 법적 자격을 부여하고자 청원활동을 하였다. 그 이후에는 이러한 활동이 보이지 않는다. 그 원인은 무엇이었을까. 이는 경성상업회의소와의 관계에서 기인한 것으로 보인다. 조선이 식민지가 되자, 더 이상 조선인 상업회의소는 일제의 식민지 경영에 불필요한 존재였다. 경성상업회의소를 주도하는 상층 상공업자들은 일제에 이미 예속되었지만,[10] 경성

상업회의소라는 조선인들의 조직이 존재하는 이상 일제의 식민지경영에 도움이 되지 않을 것은 자명한 일이었다. 1912년 제11회 일본인상업회의소 연합회는 상업회의소법 발포를 총독에게 청원하면서 "주요도시에 조선인 상업회의소는 존재하나 미미할 뿐만 아니라 내지인(일본인-필자) 상업회의소와 하등의 연락이 없는 등 실제의 활동을 방해하기 때문에 이미 병합한 이후인 지금은 이와 같은 동일기관이 두 개 존립할 필요가 없으므로 통일된 공공기관"을 희망하였다.11) 또한 이는 일제가 처음부터 주장했던 '내선일체'에도 부합되지 않았다. 그러므로 경성일본인상업회의소는 조선이 식민지가 되자, 경성상업회의소와의 합병을 추진하였다.12) 이와 함께 1910년 일본인상업회의소연합회에서 경성일본인상업회의소는 상업회의소의 법 제정을 청원하면서, 새롭게 제정되는 법규는 상업회의소에 법인격을 부여함과 더불어 통일된 상업회의소의 성립을 주장하였다.13)

경성일본인상업회의소의 합병 추진에 대하여 경성상업회의소의 반응이 어떠했는지 구체적으로 알 수 없다. 경성일본인상업회의소는 경성상업회의소와 합병한 후 간친회를 개최하고 양측 상업회의소의 회원 중 실업가들로 실업부를 조직하기로 계획·협의하였다.14) 당시 양측이 발기하여 '한일합병'의 성립을 축하하는 간친회를 개최하고 있었기 때문에15) 어느 정도 합의가 이루어졌던 것으로 보인다. 간친회는 두 회의소에서 일본인 24명, 조선

---

10) 이들은 일제의 기만적인 화폐공황 구제책에 참여하여 일제의 금융 혜택을 누렸다 (전성현, 앞의 논문, 2000, 127~131쪽).
11) 京城日本人商業會議所,『京城日本人商業會議所月報』65, 1912, 2~3쪽.
12) 『皇城新聞』 1910.9.6, 「(雜報) 商業會議所合倂議」.
13) 京城商工會議所, 앞의 책, 1941, 139~140쪽.
14) 『皇城新聞』 1910.9.13, 「(雜報) 實業部新組織」. 이와 달리 위의 사실을 『경남일보』는 "내정하였다"라고 하였다(『慶南日報』 1910.9.16, 「(雜報) 兩商業合所」). 같은 기사를 『매일신보』는 '합병'이 아니라 '합동'으로 기록하고 있어 면밀한 분석이 필요하나, 전후의 정황으로 봐서 '합병'하려고 한 것으로 보인다(『每日申報』 1910.9.13, 「商業合同」).
15) 『每日申報』 1910.9.14, 「大懇親會計劃」.

인 26명과 총무장관, 부윤 등이 참석한 가운데 개최되었다.16) 〈표 1-2〉는 간친회에 참석했던 경성상업회의소 위원들의 명단이다.

〈표 1-2〉 간친회에 참석한 경성상업회의소 위원 명단

성명	직위	경제적 활동	비고 (관직, 기타)
趙秉澤	회두	苧布商/천일, 공동창고, 수형조합, 한일 ; 供需회사	관리서부관
成文永	부회두	공동창고, 한일 ; 호남철도(주), 대한권농(주)	중추원의관
白寅基	상의원	공동창고, 한호농공, 한일 ; 대한권농(주), 동양화재보험(주), 일한와사전기(주) - **한일은행전무취체역**	탁지부주사
白完爀		천일, 공동창고, 수형조합, 한호농공 ; 彰熙組合, 호남철도(주), 경성융흥(주), 동양화재(주) - **한호농공은행장**	중추원의관
金鎭玉		한일, 공동창고 - **한일은행지배인**	정3품
洪鍾皖		布木廛/한성, 공동창고 ; 彰信社 - **창신사장**	궁내부주사
白周鉉		立廛/수형조합, 공동창고, 한일, 한성 ; 호남철도(주) - **한일은행취체역**	중추원의관
劉秉璉		공동창고 - **한일은행취체역**	
趙鎭泰		천일, 공동창고, 수형조합, 한호농공, 한일 ; 호남철도(주), 대한권농(주), 동양화재(주) 등 - **한성수형조합장**	풍덕군수
洪忠鉉		미곡상, 무역업/천일, 한호농공 - **천일은행취체역**	중추원의관
金(裵)東爀		布廛/공동창고, 수형조합 ; 한호농공, 한성 - **대금업**	중추원의관
尹晶錫		상인/천일, 한호농공, 공동창고, 한일 ; 彰熙組合, 호남철도(주), 보흥운수조합 - **천일은행취체역**	혜민원참서관
金應龍		**무역업**	
金基永		개성상인/천일, 공동창고 ; 開城社, 호남철도(주) - **광산업**	중화부사
金然鶴		수형조합, 공동창고 ; 신행상회 - **한호농공은행감사**	전화과주사

16) 『每日申報』 1910.9.23, 「商會議員懇親」.

李潤庸		한성	
鄭永斗		**한성은행감사역**	
李吉善		천일, 공동창고 – **광산업**	정3품
吳聖根		**무역상**	
朴基元		**무역상**	
李相弼		供需會社 – **광산업**	
朴浩鎰		**한일은행취체역**	
李升鉉		**한성은행지배인**	
安國善	특별의원	대동상회, 부국직물합명, 조선제마, 평양자기제조(주), 창신사	탁지부서기관
韓錫完			
金東完			궁내부비서관
崔敬淳	서기장		

출전: 1. 懇親會에 참석한 위원 명단과 현재 직업(강조)은 京城商工會議所,『京城商工會議所二十五年史』, 1941, 132~133쪽. 2. 경제적 활동과 관직 등은 전성현,「한말~일제초기 경성상업회의소의 설립과 활동」,『역사연구』8, 2000 〈표 2·3〉을 참조하여 작성함.

〈표 1-2〉를 보면, 간친회에 참석한 경성상업회의소의 위원들은 시전상인을 비롯하여 객주, 그리고 관료로서 자본을 축적한 자들임을 알 수 있다. 이들은 화폐공황에 대한 적절한 대책을 강구하기보다는 자신들의 기득권 유지를 위해 일제의 기만적인 화폐공황 구제책에 참여하였다. 그 결과 화폐공황과 일제의 상권침탈로 인하여 상인을 포함하여 다수 국내 상공업자들이 몰락하였지만, 이들은 오히려 일제의 금융 혜택을 누리며 새롭게 제조업을 비롯하여 다양한 업종의 회사 설립에 참여하였다. 또한 일본과의 미곡 및 면직물 무역 등을 위해 조합을 결성하여 자본을 축적하였다. 그러나 일본 금융공황의 여파로 인한 1909년의 금융공황은 조선인 상층상공업자들에게도 커다란 타격을 입혔다. 이러한 금융공황의 위기를 극복하기 위해 경성상업회의소는 자신들의 입장을 담은 구제방안을 제출하는 등 노력을 기울였다.[17] 이때 경성일본인상업회의소와의 합병도 중요한 사안으로 제기되었다. 따라서 일제에 병합된 상황은 경성상업회의소를 운영하는 주

체들에게는 합병을 위한 호기로 작용하였음을 알 수 있다.

이러한 입장의 양 회의소가 모여 간친회를 개최하였다. 간친회에서 논의된 구체적인 내용은 당시 침체된 "장시상황을 흥왕케 할 것"[18]과 상업회의소 합병 문제였다. 합병에 관한 문제는 상당히 진전된 것 같다.[19] 그러나 즉각적인 합병은 민단 및 공공단체에 관한 법률이 존재하는 한 이루어질 수 없었다. 아직까지 일본인을 비롯한 외국인들은 민단법에 의해 외국인으로 규정되었기 때문에 이러한 문제의 해결이 선결과제였다. 결국, 양측 상업회의소는 관련 법률이 제정되면 합병하기로 의결하였다.[20]

이상과 같이 경성일본인상업회의소는 상업회의소의 법인자격부여를 위한 법제정 청원에서 이전과는 달리 새롭게 조선인과 일본인 상업회의소의 합병 문제도 함께 주장하였다. 또한 실질적으로 경성상업회의소와의 통합을 위해 노력하였다.

---

17) 이 청원서에서 경성상업회의소는 금융공황의 원인을 ① 貨幣改革으로 인한 인민의 재산과 유통화의 감축, ② 稅制改革으로 인한 자금공급의 부족과 화폐유통의 不調, ③ 官制改革으로 인한 流民의 증가와 외국과의 경쟁 실패, ④ '지방소요'(의병활동)로 인한 산업·교역의 방해와 인심의 긴축, ⑤ 수입초과로 인한 자산의 감축, ⑥ 穀價 하락 등 6가지를 지적하였다. 그 구제방안으로 ① 정부는 200만 원을 일반상업계의 舊債정리자금과 직접무역을 위한 자금으로 대부할 것, ② 식산흥업 장려목적으로 제조업회사의 건설 및 양성을 위한 제반조건을 실시할 것을 제시하였다(『請願書 2』奎17848, 1909년 4월 2일). 경성상업회의소가 제시한 원인과 구제방안은 자신들의 입장을 대변한 자신들만의 구제책이지 엄밀한 의미에서 식산흥업정책으로 보기 어렵다. 식산흥업을 위한 방안으로 내세운 제조업과 직접무역업에 대한 자금 대출 및 보조는 특히 경성상업회의소의 의원을 비롯한 상층상공업자들을 위한 조치에 불과하였다.
18) 『每日申報』1910.9.24,「商會奔忙」.
19) 간친회가 개최되기 전에 이미 『황성신문』,『경남일보』등의 신문은 합병을 기정사실화하고 있는 것으로 봐서, 간친회에서 이러한 논의를 구체적으로 협의한 것으로 보인다.
20) 경성에서 한·일인상업회의소는 합병하기로 내정되었는데 民團 및 公共團體의 法律頒布를 기다려 발표하기로 의결하였다(『慶南日報』1910.11.29,「(雜報) 商會所合倂說」).

2) 일제에 의한 '조선상업회의소령' 제정

경성일본인상업회의소의 청원과 통합노력에 의해 일제는 새로운 상업회의소법의 제정을 위한 제반 사항들을 논의하여 1913년경에 이르러서는 상업회의소령의 초안을 탈고하였다.21) 새로운 상업회의소령이 발포되기 위해서는 우선 조선인과 일본인이 따로 구별되어 있는 민단의 폐지와 함께 조선인과 일본인을 통합한 지방행정제도의 개정이 필요하였다. 일제는 1913년 10월 제령 제7호 '부제 및 학교조합령 개정의 건'과 제령 제8호로 일본인 거류민단을 비롯한 외국인 거류지회를 폐지하고, 새롭게 지방행정제도를 개정하였다. 제령 제7호는 1914년 4월부터 시행하기로 하였다.

이제 상업회의소령의 발포를 위한 제반 여건이 갖추어졌다. 일제는 남아 있는 의원의 선출방식을 비롯한 기타 1, 2건의 사항을 연구·심의하여,22) 1915년 전문 22개조로 된 '조선상업회의소령'을 제정·발포하였다.

조선상업회의소령의 내용에 대한 상세한 분석은 다음 장으로 미루고, 우선 일제가 어떠한 의도와 목적하에서 법령을 제정하였는지를 먼저 살펴보자. 새로운 법령에 의해 처음으로 '(합동)경성상업회의소'가 설립되었을 때 총독부 농상공부장관이 담화한 내용을 보면 일제의 의도와 목적을 구체적으로 알 수 있다. 담화문에서 농상공부장관은 이전 상업회의소에 대해,

> 내지인 측은 別로히 依據하는 법규가 無하고 單히 內地法規에 準據하여 영사관에서 허가를 與하였으나 그 治積이 顯著치 못하고 조선인 측에도 하등 可觀할 효과가 無하였고 내지인 측도 대체에 대하여 부진을 難免하였는데 尙且 병합 후 금일에 至하기까지도 第一은 내선인과 2개의 회의소가 대립함은 穩當치 못한 事 極함이며, 第二는 회의소의 사무범위가 확립되지 못함으로 일면은 상공업자에 대하여 그 기관된 직책을 盡하기 불능할 뿐 아니라 他面으로 그 본래의 목적을 脫棄하고 정치운동에 유사한 언동을 감행하는 事가 有하였는데……(강조는 필자)23)

---

21) 『每日申報』 1913.7.4, 「會議所令과 課稅」.
22) 『每日申報』 1913.11.4, 「商議法人의 組織」.

라고 하였다. 담화문에 의하면 일제는 새로운 법령에 의해 상업회의소를 첫째, 조선인과 일본인이 각각 설립한 상업회의소를 하나로 통합하려고 하였다. 둘째, 적절한 법규에 따라 사무범위를 확립하여 상공업 발달을 도모하는 공공단체로 만들려 하였다. 셋째, 이러한 상업회의소가 총독부의 경제정책에 순응하지 않고 자신들의 이익을 위한 활동 등 정치운동으로 전화하지 못하도록 감시·감독하려 하였다.

이전의 상업회의소는 법인 자격이 결여되어 상공업의 발달을 도모하는 공공단체가 아닌 하나의 상업단체에 지나지 않았다. 앞에서도 보았듯이 일본인 상업회의소는 연합회를 조직하여 지속적으로 법규제정을 위한 청원운동을 전개하였다. 따라서 일제는 새롭게 설립되는 상업회의소에 법인 자격을 부여하여 상공업 발달을 위한 명실상부한 공공단체로 만들려고 하였다.

조선이 일본의 식민지가 되어 조선인과 일본인을 통합한 지방행정제도가 실행된 이상, 두 개의 상업회의소가 존재할 필요는 없었다. "商業會議所도 民團의 內鮮人 融和方針과 同一한 組織에 統一한 事"와 같이[24] 일제는 '내선융화'의 방침에 따라 각각의 상업회의소를 하나로 통합할 필요가 있었다. 이와 더불어 일본인들의 자치단체였던 민단이 지방행정제도의 개정에 의해 폐지됨으로써, 각 지역마다 자치능력을 발휘할 기구는 존재하지 않았다. 물론 학교조합으로 자치단체적 기능이 이전되었지만, 이전과는 달리 일본인의 교육에 관한 업무만을 계승하였다. 그 결과 새롭게 설립되는 상업회의소는 이전의 민단과 같은 자치단체적 기능도 수행할 필요가 있었다.[25] 결국 새롭게 통합될 상업회의소는 일본인들이 주축이 될 수밖에 없었다.

또한 새로 설립될 상업회의소는 운영이나 활동 등 그 권한은 제한적일 수밖에 없었다. 일제는 상업회의소가 식민지 경제정책에 순응하지 않고 자신들의 이익을 위해 총독부에 압력을 가하는 등 정치운동으로 전화하는 것

---

23) 『每日申報』 1915.12.17, 「正得其時-石塚農商工部長官談-」.
24) 『每日申報』 1913.11.4, 「商議法人의 組織」.
25) 『每日申報』 1916.4.19, 「商議所設立前途」.

을 철저히 감시·감독할 필요가 있었다. 데라우치 총독도 새로 설립된 경성과 인천의 상업회의소 의원들을 초청한 자리에서 "상업회의소라는 것은 일반 상공업의 개선발달을 圖함을 목적으로 한 기관이오 政治가 相關聯하는 者가 아니라 世間이 動輒 즉 그 權域을 逸脫하여 행정상에 容喙하는 경향이 有하니 제군은 극히 此點에 유념하여 전심으로 상공업의 개선발달을 圖하여 斯界의 지도자 되지 아니함이 不可하다(강조는 필자)"라고 다시 한번 강조하였다.26)

결과적으로 조선상업회의소령은 상업회의소에 법인 자격을 부여하여 상공업 발달을 위한 명실상부한 공공단체로 만든다는 기본 취지하에 대부분의 조선인 상공업자들을 배제하고 일부만을 포섭하여 일제의 식민지정책에 협력하도록 하였으며, 동시에 상업회의소를 일본인 위주로 구성하여 지역경제의 장악은 물론이고 이전의 민단과 같은 자치단체적인 역할도 수행하도록 하였다. 또한 상공업상의 권한을 제한·감독함으로써 상업회의소가 일제의 경제정책에 순응하도록 제정되었다.

2. '조선상업회의소령'과 경성상업회의소의 해산

1) 법령의 내용과 그 성격

일제는 1915년 7월 제령 제4호로 '조선상업회의소령'27)과 부령 제78호로 '조선 상업회의소시행규칙'28)을 발포하였다. 이에 따르면 기존의 상업회의소는 1915년 10월부터 다음 해 4월까지 새롭게 상업회의소의 설립을 신청하여 총독부의 인가를 받아야 했다.

---

26) 『每日申報』 1916.4.5, 「總督演說-商業會議所評議員招待會席上에서-」.
27) 『朝鮮總督府官報』 885, 1915.7.15.
28) 『朝鮮總督府官報』 906, 1915.8.10.

제1부 지역 상업회의소의 성립과 조선상업회의소연합회의 결성

이제 조선상업회의소령의 내용을 하나하나 살펴보면서 그 특징들을 고찰해 보자. 〈표 1-3〉은 조선상업회의소령의 주요한 내용을 도표로 정리한 것이다.

〈표 1-3〉 '조선상업회의소령'의 주요내용

	내용	비고
(1) 성격	법인	
(2) 명칭	상업회의소	위반 시 200圓의 벌금
(3) 설립요건	상업회의소의 地區는 府의 지역에 의하며 동일역내에서 두 개 이상의 단체가 유할 때는 공동하여 그 신청을 얻을 것	지구 내 회원될 자 중 30명 이상 발기인으로 정관을 만들고 회원될 자 2/3의 동의를 거쳐 총독의 인가를 얻을 것
(4) 회원자격	지구 내 영업소 및 사무소를 가지고 상공업에 종사하는 일본의 신민 또는 법인으로 기타자격은 각지사정이 다름으로 특별히 총독이 정한 바에 의할 것	회원의 자격에 해당한 자는 회의소의 경비를 부담하고 임의로 탈퇴할 수 없음
(5) 의원규정	평의원 및 특별평의원으로 명칭하며 직무는 평의원회를 조직하여 회의소의 중요사무에 대하여 의결함	평의원 및 특별평의원의 정수, 선거, 임기 및 해임, 평의원된 법인의 대표자등에 관한 사항은 본령에 정하지 않고 총독의 정한 바에 의함
(6) 사무규정	① 상공업의 개선발달에 필요한 법안을 조사 발표할 것 ② 상업의 상황 및 통계를 조사 발표할 것 ③ 상업자의 위탁에 의하여 상공업에 관한 사항을 조사할 것 ④ 관청의 명에 의하여 상공업에 관한 사항을 조사하고 또는 그 자문에 응할 것 ⑤ 관계인의 청구에 의하여 상공업에 관한 紛議를 중재할 것 ⑥ 조선총독의 인가를 받아 상공업에 관한 영조물을 설립하고 또는 처리하여 기타 상공업의 개선발달의 필요시설을 위할 것	

(7) 역원규정	회두 1명, 부회두 2명, 필요한 역원을 둘 수 있음	회두와 부회두는 평의원 중에서 선거함
(8) 감독규정	조선총독은 결의 또는 역원의 행위를 취소하고 역원을 해임하고 또는 상업회의소를 해산하고 기타 필요한 처분을 할 수 있음	
(9) 기타사항	부속법규	

출전: 『朝鮮總督府官報』 1915.7.15 ; 『每日申報』 1915.7.15, 「商業會議所令」.

    조선상업회의소령은 일본 본국의 '상업회의소법'을 기초로 하면서도 식민지 특유의 사정을 참작하여 제정되었다. 먼저 상업회의소의 성질, 명칭, 설립요건에 대해 살펴보자.

    조선상업회의소령은 상업회의소에 법인격을 부여하고 인가 받지 않은 상업회의소는 상업회의소라는 명칭을 사용하지 못하도록 규정하였다. 설립요건으로 설립지역을 부에 한정하였다. 이로써 일본인 상업회의소가 존재한 곳에서만 다시 상업회의소가 설립될 수 있었다.[29] 이제 이전부터 부에 존재하던 조선인과 일본인 상업회의소는 하나로 통합하지 않으면 안 되었다. 더불어 군·면에 존재하던 조선인 상업회의소는 해산될 운명에 처해졌다. 이러한 규정에도 불구하고 군·면의 조선인 상업회의소는 조선상업회의소령에 따라 일본인들과 협의하여 상업회의소 설립운동을 주도하였다. 〈표 1-4〉는 1915년 현재 군·면의 조선인 상업회의소 현황이다.

---

29) 물론 상공업이 발달하지 못한 청진과 같은 지역은 상업회의소의 설립을 허가하지 않았지만, 대부분의 일본인 상업회의소는 다시 설립되었다(勝村長平, 『淸津商工會議所史』, 1944, 30~38쪽).

제1부 지역 상업회의소의 성립과 조선상업회의소연합회의 결성

〈표 1-4〉 군·면에 존재한 조선인 상업회의소 현황(1915년 현재)

명칭	설립연도	의원수	특별의원	會議度數	議事件數	예산액(圓)
개성상업회의소	1907.10	40	6	3	14	900
수원상업회의소	1908.4	23	4	9	13	1,380
강화군상업회의소	1910.5	11	·	8	11	210
김천상업회의소	1906.3	20	·	6	14	1,281
함흥상업회의소	1911.3	30	10	32	56	542
북청상업회의소	1905.5	40	8	17	17	150

출전: 『朝鮮總督府官報』 1915.7.6, 「商業會議所表」.

〈표 1-4〉의 군·면의 조선인 상업회의소들 중 김천,30) 북청,31) 함흥32)의 경우 인가신청을 위해 활동하였으나 총독부의 인가를 받지 못하였다. 수원의 경우 자체 해산한 것으로 보이며,33) 〈표 1-4〉에는 없지만, 통영의 경우 '통영물산장려계'로 명칭을 전환하였다.34)

〈표 1-5〉은 부에 존재한 조선인과 일본인 상업회의소의 현황이다.

〈표 1-5〉 부의 조선인·일본인 상업회의소 현황(1915년 현재)

구분\지역	조선인 상업회의소			일본인 상업회의소		
	의원수	특별의원	예산액(圓)	의원수	특별의원	예산액(圓)
경성	50	9	6,090	32	3	9,656
인천	24	2	951	24	1	6,777
군산				10	1	1,544
목포				16	2	7,571

---

30) 『釜山日報』 1916.1.8, 「金泉商議所設置議」.
31) 『每日申報』 1916.3.10, 「北靑商業會議所」.
32) 『每日申報』 1915.12.8, 「各會社狀況」.
33) 수원의 경우 상업회의소 가옥을 상업강습소에 기부하기로 결정하고 있어, 해산을 결의한 것으로 보인다(『每日申報』 1916.3.29, 「商業會議所寄附」).
34) 통영군상업회의소는 1908년에 설립되어 활동하다가 회의소령 제정에 의해 명칭을 변경하였다(『每日申報』 1915.8.10, 「商業會議改稱(統營)」).

대구	25	2	1,020	12	4	2,741
부산	20	5	1,569	22	3	8,213
마산				20	4	1,621
진남포	30	10	1,870	18	4	5,080
원산	40	·	986	20	·	7,710
청진				12	1	1,016
평양	18		350	29	·	960

출전: 『朝鮮總督府官報』1915.7.6, 「商業會議所表」.

〈표 1-5〉와 같이 조선인과 일본인 상업회의소가 동시에 존재하는 경성, 인천, 대구, 부산, 진남포, 원산, 평양의 7개 지역에서는 양측이 통합하여 새로운 상업회의소를 설립하여야만 했다. 어떻게 통합할 것인가는 일제에게 중요한 문제였다. 일제는 일본인 중심의 상업회의소를 만들기 위해 감독규정과 함께 회원자격에 대한 규정에 주의를 기울였다. 그러나 이미 일본인이 조선인과의 상권 경쟁에서 월등한 우위를 점하고 있었고, 또 각 지역에 따라 일본인의 상공업 발달 정도에도 차이가 있어 회원자격을 법령에 명시하기는 어려웠다. 따라서 일제는 합동과정을 지켜보면서 문제가 발생하면 해결하려고 한 것으로 보인다.

그러면 조선상업회의소령이 발포되기 이전 각 지역 상업회의소 회원자격에 대해 살펴보자. 먼저 조선인의 경우는 회원의 자격을 제한하지는 않았던 것 같다. 〈표 1-6〉의 과금부과 현황을 보면, 과금의 징수등급을 나누고는 있으나, 회원자격을 제한한 것으로는 보이지 않는다. 경성상업회의소의 경우 정관에 "경성 5署 안에 거주하는 모든 상공업자를 회원으로 한다"고 규정하였다.[35] 회비 규정이 경성과 유사한 다른 지역의 조선인 상업회의소도 해당 지역의 모든 상공업자를 포함하고 있었던 것으로 보인다.

---

35) 京城商業會議所, 『京城商業會議所定款』, 1906.

제1부 지역 상업회의소의 성립과 조선상업회의소연합회의 결성

〈표 1-6〉 조선인 상업회의소의 과금부과 현황(1912년 현재)

지역	課金賦課標準
경성	상업의 상태에 의해 特等(甲乙) 및 一等부터 二等에 나누어 최고 120圓 최저 3圓
인천	상업의 상태에 의해 一等부터 六等까지 나누여 최고 12圓 최저 1圓
개성	등급을 설치
대구	영업소득을 표준함
동래(부산)	상업의 상태에 의해 등급을 나눔
마산	상업의 상태에 의해 등급을 나눔
삼화(진남포)	問屋은 口文, 仲買는 수수료의 각 5/100, 기타는 매상고에 의함

출전: 尾西要太郎, 『鮮南發展史』, 1913, 397쪽.

조선인과 달리 일본인의 경우는 회원의 자격을 그들의 정관 속에 규정하였다. 부과금도 회원의 자격을 통하여 규정하였다. 그 자격은 〈표 1-7〉과 같다.

〈표 1-7〉 일본인 상업회의소의 회원자격 현황

지역	회원자격	출전
경성	營業稅 5圓 이상(1903) →13圓 이상(1915)	1903년: 京城商工會議所, 『京城商工會議所二十五年史』, 1941, 17~22쪽. 1915년: 『每日申報』 1915.8.13.
부산	民團商 工業稅 10圓 이상(1908) →營業稅 25圓 이상(1915)	1908년: 釜山日本人商業會議所, 『釜山日本人商業會議所年報』, 1909, 327~328쪽. 1915년: 『釜山日報』 1916.1.10.
원산	居留地 賦課金 7圓 이상 →10圓 이상(1903)	元山商工會議所, 『元山商工會議所六十年史』, 1942, 24쪽.
청진	日本人會 賦課金 5圓 이상(1909)	淸津商工會議所, 『淸津商工會議所史』, 1944, 364쪽.
목포	상행위를 영위하는 모든 사람 →민단세 10圓 이상(1907) →영업세 20圓 이상(1909)	木浦誌編纂委員會, 『木浦誌』, 1914, 148~149쪽.

〈표 1-7〉과 같이 일본인 상업회의소는 회원자격을 영업세에 한정하여 규정하였다. 때문에 일제도 회원자격을 일본인 상업회의소의 실례를 가지고 규정하려고 하였다. 그런데 〈표 1-7〉을 보면, 일본인 상업회의소도 지역에 따라 회원자격의 차이가 큼을 알 수 있다. 지역의 경제적 차이로 말미암아 일제는 법령 발포 당시에는 그 차이를 인정하여 회원의 자격규정을 지역의 자율에 맡기는 듯 하였다.

조선상업회의소령에서 규정한 회원자격을 보면, 내용상으로는 단순히 지역 내에서 영업소 및 사무소를 가지고 상공업에 종사하는 일본의 신민 또는 법인이었다. 기타 자격은 각 지역의 사정이 다르기 때문에 적응할 필요가 있어서 추후 총독이 정하도록 하였다. 내용상으로만 보면 상업회의소의 회원자격은 구체적으로 어떤 것이지 알 수 없었다. 해당지역의 모든 상공업자 및 법인이 포함되는 것으로 파악될 수도 있었다. 양측 상업회의소의 기존 회원을 전부 합치는 일대일 통합도 가능하였다. 이러한 이유 때문인지 조선인 측은 처음부터 이 점에 대해 그다지 주의를 기울이지 않았던 것으로 보인다. 법령 발포 초기, 회비 징수의 불완전으로 말미암아 활동을 제대로 못한 조선인 측은 조선상업회의소령을 환영하는 분위기였다. 따라서 조선상업회의소령에 따라 일본인 측과 통합을 수행하려 하였다.[36]

전국에서 처음으로 경성이 회원자격을 부영업세 13원으로 규정하여 설립을 신청하자,[37] 총독부는 이를 인가하였다. 새로운 '(합동)경성상업회의소'의 설립이 인가되고 평의원선거를 마친 이후 농상공부장관은 "원래 경성은 조선의 중추지로 모든 면에 대하여 지방의 모범될 자…(중략)…금회의 경성회의소가 속히 타지방보다 솔선하여 설립되고 또 그 정관도 각지의 모범으로 한 점의 손색이 없이 제정되였으며…"라고 하여 다른 지역의 상업회의소도 경성의 예를 따르도록 지시하였다.[38] 일제의 이러한 지시와는 달

---

36) 『每日申報』 1915.7.17, 「상업회의소령에 대하여」 ; 7.25, 「상업회의소령에 就하여」.
37) 『每日申報』 1915.8.13, 「施行規則과 新商業會議所」.
38) 『每日申報』 1915.12.18, 「正得其時-石塚農商工部長官談-」.

리 조선인들의 입장을 강하게 내세우며 상업회의소를 설립하려는 곳도 존재하였다. 평양의 경우 일본인들이 영업세 10원 이상을 주장한데 반해, 조선인들은 영업세 3원 50전 또는 국세 10원 이상을 주장하였다.[39]

일제가 처음부터 우려했던 문제가 발생하고 말았다. 일제는 이러한 문제를 해결하고 일본인 중심의 상업회의소 설립을 관철시키기 위해 인가신청의 기한인 6개월간의 마지막 달인 1916년 4월에 가서야 회원자격의 제한을 시도하였다. 1916년 4월 5일 먼저 인가되어 상업회의소를 설립한 경성, 인천의 평의원들을 초청한 자리에서 데라우치 총독은 "지방사정에 응하여 적당한 표준을 채용함을 얻으리라하나 **일정한 한도를 지켜 그 범위를 품위 있고 덕의 있는 것에 그쳐서** 선량한 열매를 거두지 아니하면 불가할지라(강조는 필자)"라고 회원자격의 제한을 시사하였다.[40] 이후 총독부 지시사항으로 회원의 자격을 부영업세 10원 이상, 특별한 경우 7원으로 규정하였다.[41] 그 결과 모든 지역의 상업회의소는 일본인 자본가를 중심으로 일부 조선인 상공업자들을 허용하는 범위 내에서 설립되었다.(〈표 1-8〉, 〈표 1-9〉 참조)[42]

다음으로 상업회의소 의원에 대해 살펴보자. 회원의 비율은 평의원 수를 규정하는 중요한 근거가 되었다.[43] 실제 평의원은 상업회의소의 모든 사무

---

39) 『每日申報』1915.12.5, 「平壤商議와 鮮人側」.
40) 『每日申報』1916.4.5, 「總督演說」.
41) 『釜山日報』1916.4.30, 「商議根本方針」.
42) 이러한 규정도 상황에 따라 지역적 예외를 인정한 것 같다. 군산의 경우 회원의 자격은 부영업세 20圓 이상이며, 원산의 경우 12圓, 그리고 이 규정 이전에 설립된 경성은 13圓이었다(京城商業會議所, 『朝鮮經濟年鑑』, 1917, 404쪽).
43) 경성의 경우 "경성상업회의소 평의원의 내선인별 定數割에 취하여는 一, 二級에 공히 내지인 12人, 조선인 3人으로 된 그 산출한 내용을 知悉치 못하는 조선인 측에서는 내지인의 평의원수는 大多하고 조선인의 평의원은 소수임은 不可思議라 하여 당국과 또는 상업회의소에 대하여 屢屢히 그 이유의 설명을 求하는 자가 有하다는데…(중략)…경성상업회의소 평의원선거에 관한 선거인명부에 등록한 회원수는 내지인 439人, 조선인 147人, 합계 586人인데 그 경성부에 납부하는 세액은 52,048圓 21錢이라 依하여 此를 一, 二級으로 구별할 때는 一級선거인 18人(내지인 14人, 조선인 4人) 영업세납부액 26,077圓 51錢(내지인 22,493圓 9錢, 조선인

를 의결하는 아주 중요한 직책이었다. 평의원은 회두 및 부회두가 될 수 있었고, 또한 선출할 수 있는 권한을 가졌다. 따라서 평의원의 민족별 배분은 상업회의소의 운영에 중요한 사항이었다. 일제는 이러한 상업회의소의 평의원도 회원 수에 따라 배분하도록 하여 일본인들이 다수를 차지하도록 하였다. 그럼에도 불구하고 평양의 조선인들은 평의원 수의 민족별 균분을 주장하였다. 회원자격인 부영업세 3원 50전은 철회하여도 평의원 수의 민족별 인원만은 완강하게 고수하였다.[44] 하지만 일제는 회원 수와 영업세 부담력에 따라 배분한다는 논리로 조선인들의 저항을 무마하였다.

〈표 1-8〉'조선상업회의소령' 발포 이전과 이후의 조선인 회원 수

年度\地域	경성	인천	대구	부산	평양	진남포	원산	합계
1915	890	150	220	114	300	79	110	1,863
1917	221(25)	90(60)	20(9)	30(26)	119(40)	45(57)	36(33)	561(30)

출전: 『朝鮮總督府官報』 1915.7.6, 「商業會議所表」; 京城商業會議所, 『朝鮮經濟年鑑』, 1917.
비고: ( ) 속은 1915년에 대한 비율임. 단위는 %.

회원자격의 한도를 규정하고 평의원 수도 회원의 수와 영업세 부담력에 따라 배분한 것은 일제가 어느 정도의 조선인 상공업자를 포섭하려고 하였는가라는 점에서도 중요하다. 상업회의소의 합동과정을 거쳐 새롭게 설립된 상업회의소에 각 지역 조선인 상업회의소 회원 중 최하 9%, 최고 60% 비율의 조선인 상공업자들을 포함하고 있으나, 전체 평균은 약 30% 정도였다.

3,584圓 42錢)이오 二級선거인 568人(내지인 426人, 조선인 142人) 영업세납부액 25,970圓 70錢(내지인 21,487圓 73錢, 조선인 4,482圓 97錢)인 고로 此를 會員數割과 및 納稅額割로 分하고 다시 此를 二分한 者를 각급 평의원 선출수로 결정"하였다고 배분의 이유를 제시하였다(『每日申報』 1915.12.8, 「評議員과 內鮮人-定數算出理由-」).
44) 『每日申報』 1915.12.4·5·7.

제1부 지역 상업회의소의 성립과 조선상업회의소연합회의 결성

〈표 1-9〉 '조선상업회의소령'에 의해 설립된 상업회의소의 상황

상업회의소명	지구	설립년월일	평의원수 내지인	평의원수 조선인	특별회원수	회원수 내지인	회원수 조선인	회원수 계	회원의 자격
경성	경성부	1915.12.4	24	6(20)	4	504	221(30)	725	부영업세년액 13圓 이상
인천	인천부	1916.1.15	23	7(23)	4	290	90(24)	380	동상년액 7圓 이상 또는 국세는 시가지세 또는 가옥년세액 30圓 이상
군산	군산부	1916.6.3	16	2(11)	3	110	16(13)	126	부영업세년액 20圓 이상
목포	목포부	1916.6.17	10	2(17)	2	85	7(8)	92	동상년액 10圓 이상
대구	대구부	1916.5.31	16	4(20)	3	160	20(11)	180	동상년액 7圓 이상
부산	부산부	1916.6.3	25	5(17)	5	497	30(6)	527	부영업세 또는 양조세년액 10圓 이상
평양	평양부	1916.5.24	16	8(33)	4	219	119(35)	338	부영업세년액 10圓 이상
진남포	진남포부	1916.6.17	12	4(25)	3	82	45(35)	127	동상년액 7圓 이상
원산	원산부	1916.5.31	16	4(20)	3	167	36(18)	203	동상년액 12圓 이상
합계			158	42(21)	31	2,114	584(22)	2,698	

출전: 京城商業會議所, 『朝鮮經濟年鑑』, 1917.
비고: ( ) 속은 전체에 대한 비율임. 단위는 %.

〈표 1-9〉를 보면, 이러한 비율도 통합된 상업회의소 내에서는 더욱 낮아져 10~30% 정도를 차지하였다. 이는 일제가 식민지 경영을 위해 조선인을 완전히 배제한 것이 아니라 일정정도의 협력자를 필요로 했던 것을 보여준다. 이렇게 포섭된 조선인 상공업자들은 조선총독부의 향후 경제정책에 대한 의도나 목적 등 관련정보를 빨리 접할 수 있었기 때문에 자본축적에 용이하였다. 또한 상업회의소 내에서 일본인 자본가들과 접촉함으로써 연결

망을 형성하게 되고 이로 말미암아 합작회사 및 상호자본투자 등 자본축적을 위한 다양한 방법을 얻을 수 있었다.

다음으로 상업회의소의 사무규정을 살펴보자. 일제의 식민지 경제정책 방향에서도 보이듯이, '토지조사사업', '조선회사령' 등을 비롯한 식민지 초기의 경제정책은 총독부의 주도하에 이루어지고 있었다. 따라서 상업회의소도 총독부의 감독하에 제한적으로 운영되어야 했다. 일본 본국의 '상업회의소법'과 다른 상업회의소의 사무규정은 이러한 사정을 그대로 드러내었다.

〈표 1-10〉 '조선상업회의소령'과 '일본상업회의소법'의 사무규정

	朝鮮商業會議所令	日本商業會議所法
상업회의소 사무	① 상공업의 개선발달에 필요한 법안을 조사 발표할 것 ② 상업의 상황 및 통계를 조사 발표할 것 ③ 상업자의 위탁에 의하여 상공업에 관한 사항을 조사할 것 ④ **관청의 명령에 의하여 상공업에 관한 사항을 조사하고 또는 그 자문에 응할 것** ⑤ 관계인의 청구에 의하여 상공업에 관한 紛議를 중재할 것 ⑥ 조선총독의 인가를 받아 상공업에 관한 영조물을 설립하고 또는 처리하여 기타 상공업의 개선발달의 필요시설을 위할 것	① 상공업 발달을 도모할 필요가 있는 방안을 조사할 것 ② **상공업에 관한 법규의 제정, 개폐, 시행에 대한 의견을 행정청에 개신 또는 상공업의 이해에 관한 의견을 표시할 것** ③ 상공업에 관한 사항에 대하여 행정청의 자문에 응할 것 ④ 상공업의 상황 및 통계를 조사 표시할 것 ⑤ 상공업자의 위탁에 의해 상공업에 관한 사항을 조사 또는 상품의 산지가격 등을 증명할 것 ⑥ **관청의 명령에 의해 상공업에 관한 감정인 또는 참고인을 추천할 것** ⑦ 관계인에 의해 상공업에 관한 분의를 중재할 것 ⑧ 농상공부대신의 인가를 받아 상공업에 관한 영조물을 설립 또는 관리하고, 기타상공업의 발달을 도모할 필요가 있는 시설을 설치할 것

출전: '상업회의소령'은 『朝鮮總督府官報』 885, 1915.7.15 ; '상업회의소법'은 商工省商務局, 『商業會議所一覽』, 1927, 부록.
비고: 강조는 두 법령의 다른 점임.

〈표 1-10〉과 같이 조선상업회의소령의 사무규정으로는 상공업과 관련된 법규에 아무런 영향을 미칠 수 없었다. 즉 상공업에 관한 법규의 제정, 개폐, 시행에 대하여 어떠한 영향력도 행사할 수 없었다. 상공업에 관한 법규는 총독부의 필요에 의해서만 제정되고 시행될 수 있었다. 일제의 법령 제정 의도에서도 살펴보았지만 총독부는 상업회의소가 정치운동으로 전화되는 것을 금지하고자 하였다. 사무규정은 이러한 일제의 의도를 명확하게 밝히고 있는 것이다. 또한 일본상업회의소법과 달리 상업회의소가 관청의 명령에 의해 상공업에 관한 사항을 조사(상업회의소령 사무규정 제4항)하도록 하였다. 이러한 조항은 상업회의소의 자율을 제약하였으며 활동을 소극적으로 만들었다. 부산의 일본인 상업회의소 의원조차도 조선상업회의소령의 사무 범위 중 특히 제4항 "관청의 명에 의하여 상공업에 관한 사항을 조사하고 또는 그 자문에 응할 것"이라고 한 규정은 상업회의소가 스스로 상공업상 필요한 의견을 관청에 개진·건의하거나 법규의 제정에 관여하는 등의 적극적인 활동을 배제하는 "사무권한의 수동적 규정"이라고 비판하였다.[45]

다음으로 조선상업회의소령의 감독 규정을 살펴보자. 조선상업회의소령은 총독이 모든 것을 감독할 수 있도록 하였다. 설립에서부터 회원자격, 평의원 정수, 선거, 그리고 해산에 관련된 모든 권한을 총독이 장악하였다. 이러한 감독 규정 때문에 조선상업회의소령 제정 목적을 상업회의소라는 관리·지배기구 중심에 조선상인세력을 획일적으로 편입시켜 조선 내 저항기반을 약체화하려고 한 것으로 파악한 견해도 있다.[46]

---

45) 『釜山日報』 1915.7.22, 「朝鮮商業會議所漫評」. 이러한 소극적이고 제한적인 사무 범위규정도 1910년대 후반이 되면 바뀌게 되었다. 1918년 제1회 전국상업회의소 연합회 회의에서 사무 범위 중 추가할 3가지 사항을 총독에 청원하여 인가 받았다. 그 3가지 사항은 상업회의소령에서 배제된 일본상업회의소법의 제2, 제6항과 제5항을 "관청명령 또는 상공업의 의뢰에 의해 상품에 관한 증명을 하는 것"으로 일부 변경한 것이다(田中麗水, 『全鮮商工會議所發達史』, 1935, 73~82쪽).
46) 木村健二, 앞의 책, 1989, 99~100쪽.

이 밖에 조선상업회의소령은 회두 선출을 평의원이 호선하기로 규정하였다. 조선상업회의소령이 심의 중일 때 일각에서는 관선을 예상하였다. 그러나 예상 외로 선거를 통한 선출이 규정되고 특별평의원만 관선으로 규정되었다.47) 이는 조선인 상공업자도 회두가 될 기회가 있는 것처럼 보이나, 실제로 평의원 수를 비롯한 회두는 일본인 중심으로 될 수밖에 없었다. 이는 회원자격과 평의원 수 배정을 총독이 장악하고 있었던 것을 통해 분명히 알 수 있다.

지금까지 살펴본 것처럼 조선상업회의소령은 철저하게 일제의 식민지 경제 및 지배정책의 일환으로 제정되었다. 상공업단체의 감독과 제반 경제정책의 수행을 위해서는 관련 법률을 통한 감독과 통제가 필요하였다. 결국 일제는 식민지 지배를 효과적으로 수행하기 위해 조선상업회의소령을 통하여 조선의 모든 상공업자들이 총독부의 식민지정책에 순응하도록 하였다. 또한 조선상업회의소령은 대부분의 조선인들을 배제하고 일부의 상층 상공업자만을 포섭하도록 하였다. 이미 일부 최상층 상공업자들을 식민지 침략과정에서 포섭한 일제는 완전한 식민지를 효과적으로 경영하기 위해서 좀 더 많은 상공업자들을 그들의 동조자로 만들 필요가 있었다. 농촌에서는 지주들을 그들의 확고한 동조세력으로 만들려고 하였고, 도시지역에서는 상업회의소라는 경제기관을 통해 조선인 상공업자를 포섭하려고 하였다. 한편 상업회의소를 일본인 위주로 재편시켜 지역경제는 물론이고 자치 단체적 기능까지 수행하도록 함으로써 지역사회의 전반적인 우위를 점하도록 하였다.

---

47) 『每日申報』 1915.7.16, 「特別評議員官選」. 특별평의원의 관선은 상업회의소의 자율권을 제약한다고 비판하는 의견도 있었다(『釜山日報』 1915.7.22, 「朝鮮會議所令漫評」).

2) 경성상업회의소의 해산

이제 조선상업회의소령의 발포에 따라 경성상업회의소가 해산되는 과정을 살펴보도록 하자. 조선상업회의소령이 1915년 7월에 발포되고 이어서 시행기일과 시행규칙이 발포되었다. 이에 따르면, 1915년 10월 1일부터 6개월 이내에 상업회의소의 설립을 위한 인가신청을 해야 했다. 부의 조선인과 일본인 상업회의소는 통합과정을 거쳐 새로운 정관을 총독부에 신청해 인가를 받아야만 했다. 두 개의 회의소가 존재한 부의 경우 통합을 위한 활동을 시작하였는데, 제일 먼저 시작한 것이 경성이었다.

조선상업회의소령이 발포되자 경성상업회의소는 환영을 표시하며, 법령이 갖추어지지 못함으로 인해 상업회의소의 활동이 제대로 되지 못하였음을 지적하였다. 경성상업회의소는 통합에 대해서도 긍정적으로 생각하였다.[48] 우선 두 회의소의 상황을 보면 다음 표와 같다.

〈표 1-11〉 경성상업회의소와 경성일본인상업회의소 현황(1915년 현재)

구분 민족별	의원수	특별 의원수	회의 회수	의사 건수	선거 권자	피선거 권자	예산액(圓)
조선인(경성상업회의소)	50	9	13	45	890	890	6,090
일본인(경성일본인상업회의소)	32	3	23	42	261	177	9,656

출전: 『朝鮮總督府官報』 1915.7.6, 「商業會議所表」.
비고: 선거권자는 의원을 선거할 수 있는 권한을 가진 자이며, 피선거권자는 의원이 될 권한을 가진 자이다.

〈표 1-11〉에서 보이듯이 양측 상업회의소가 일대일 통합을 한다면 선거권자 즉 회원 수에서 조선인 측이 압도적으로 많아 평의원 수의 배분이나 회두까지도 조선인이 선출될 수 있었다. 그렇게 된다면 일제가 의도하는

---

48) 경성상업회의소가 환영한 이유는 앞에서 살펴보았듯이 과금징수가 제대로 되지 않아 활동은 물론이고 유지마저 곤란하였기 때문이었다(『每日申報』 1915.7.16, 「商業會議所令에 대하여」).

방향과는 전혀 다르게 상업회의소의 설립이 전개될 수 있었다. 이러한 우려 때문에 가장 중요한 회원의 자격규정을 총독이 장악하여 상업회의소가 일본인 중심으로 재편되도록 하였다.

통합에는 또 다른 문제가 있었는데, 바로 양측 상업회의소의 재산청산문제였다. 일본인 측의 경우 재산을 전부 청산하면 7,000원이 남지만, 조선인 측의 경우 약 10,000원의 부채가 남게 되었다.[49] 처음에는 양측 상업회의소를 합병하여 상업회의소를 설치하고자 하였으나 채무정리 문제로 인하여 무산되었다. 결국 양측 상업회의소를 해산시키고 개인 자격으로 발기인회를 개최하고 정관을 제정하여 새로운 상업회의소를 설립하기로 협의하였다.[50]

한편 조선상업회의소령 시행규칙이 발포되자 일본인 측은 발 빠르게 정관을 작성하였다.[51] 작성된 정관을 보면, 우선 회원의 자격을 당시 일본인 상업회의소의 회원자격인 부영업세 13원 이상으로 정하였다. 당시 경성부의 영업 종목은 25종류로 종목별 과율과 인원 및 영업세 징수현황은 〈표 1-12〉와 같다.

〈표 1-12〉 경성부 영업종목 및 과세율 현황(1915년 현재)

營業別		貸出 또는 收入(圓)	課率	人員	1년1인당 평균수입(圓)	영업세 13圓 납부최저수입(圓)
銀行業		22,157,247	7/10,000	12	1,846,427	18,571
保險業		234,946	14/10,000	15	15,663	9,285
物品販賣	卸	13,218,000	7/10,000	4,089		18,571
	小賣	14,054,650	14/10,000			9,285
金錢貸付業		3,286,258	同	336	9,780	〃
物品貸付業		78,145	4/1,000	44	1,179	3,250
染物業		22,622	同	16	1,413	〃

49) 『每日申報』 1915.9.5, 「商議合同問題」.
50) 『每日申報』 1915.10.19, 「聯合商議新設」; 10.28, 「新會議所設立」.
51) 『每日申報』 1915.11.4, 「商議定款內容」.

제1부 지역 상업회의소의 성립과 조선상업회의소연합회의 결성   59

洗濯業		58,040	同	40	1,451	〃
寫眞業		60,500	同	25	2,420	〃
倉庫業		5,165	同	2	2,582	〃
料理店		787,403	同	157	5,015	〃
湯屋		107,920	同	61	1,769	〃
理髮屋		98,540	同	103	956	〃
代書測量		22,500	同	26	865	〃
遊戲場		16,700	同	17	982	〃
瓦斯電氣業		633,595	3/1,000	1	633,595	4,333
運送業		1,193,565	同	55	21,701	〃
旅人宿		406,902	同	85	4,787	〃
飲食店		871,218	同	608	1,432	〃
下宿		188,913	2/1,000	183	1,032	6,500
製造業	1종	3,901,353	7/10,000	753		18,571
	2종	1,941,945	14/10,000			9,285
印刷出版		329,433	同	41	7,547	〃
請負業		5,899,000	1/1,000	187	31,545	13,000
周旋 및 仲立		51,039	6/1,000	84	607	2,166
代理 및 問屋		278,388	4/1,000	115	2,420	3,250
諸職工	1등	6		17		
	2등	4		30		
	3등	3		150		
	4등	1.50		752		
	5등	1		1,154		

출전: 『每日申報』1916.3.28, 「課稅와 營業者-京城商工業大勢-」; 阿部辰之助, 『大陸之京城』, 1917, 30쪽.
비고: 1. 제조업 중 1종은 穀類, 煙草, 農具, 石材, 練瓦, 瓦이며, 2종은 기타임. 2. 소수점 이하는 모두 버림으로 처리함. 3. 印刷出版의 1인당 평균수입과 납부최저수입은 309,433원으로 계산함.

부영업세 13원 이상을 평균적으로 납부할 수 있는 영업종목으로 은행업, 보험업, 금전대부업, 요리점, 와사전기업, 운송업, 여인숙, 청부업 등인 것을 알 수 있다. 이러한 업종들은 금융업을 비롯하여 일제 초기 식민지 기반구축사업이었던 철도, 도로, 전기 등과 관련되는 업종들이며, 대부분 일본인들이 주축이 되어 영업하던 업종들이었다. 〈표 1-13〉은 민족별 1인 평균 영업세 징수 현황을 표시한 것이다.

〈표 1-13〉 경성부 영업세 징수 현황(1917년 현재)

민족별	총납세액	납세자	1인당 납세액
조선인	26,857圓 72錢	4,518	5圓 94錢
일본인	41,181圓 57錢	4,002	10圓 29錢

출전: 阿部辰之助, 『大陸之京城』, 1917, 12~14쪽.

회원자격인 부영업세 13원은 일본인에게는 평균 정도의 수준이었지만 조선인에게는 평균의 2배가 넘는 상당히 높은 액수였음을 알 수 있다. 결국 일본인의 경우는 평균 정도의 영업 상태면 상업회의소 회원이 될 수 있었지만, 조선인의 경우는 상층의 상공업자가 아니면 상업회의소 회원이 될 수 없었다.

계속해서 평의원은 30명으로 정하고 민족별 배분은 각 회원수 및 상업회의소 경비 부담력에 따라 매회 선거 전에 고시하도록 하였다. 회두는 일본인으로, 부회두는 조선인과 일본인 각각 1명으로 정하였다. 회두에게는 이전과 달리 막강한 권한을 주었다. 이는 상업회의소의 전반적인 권한을 일본인이 장악하려는 의도를 강하게 드러낸 것으로 보여 진다.

이에 대해 조선인 측은 이렇다 할 대응을 보이지 않았다. 발기인으로 전체 113명 중 조선인 50명이 선정되었음에도 불구하고,[52] 단 2회만에 간단하게 정관이 인준되었다.[53] 조선인은 어떠한 독자적인 협의나 논의도 없이 발기인회에 참여한 것으로 보인다. 어쩌면 협의나 논의가 필요 없었는지도

---

52) 『每日申報』 1915.10.30, 「商議發起人會」.
53) 『每日申報』 1915.11.2, 「新定款의 發表」.

제1부 지역 상업회의소의 성립과 조선상업회의소연합회의 결성

모른다. 발기인회에 속했던 조선인들은 당시 경성상업회의소 의원들이었을 것으로 생각되며, 이들의 대부분은 과거 경성일본인상업회의소와의 합병설과 합병논의 때에 의원이거나 위원이었던 인물들이었기 때문에 당연한 모습이었을 것이다.[54]

일본인 측이 주도하여 제정된 정관에 따라 회원의 자격을 가진 부영업세 13원 이상 납부자를 조사하면 총 602명으로, 이 중 조선인은 155명이었다.[55] 이전 경성상업회의소 회원의 약 1/5 정도의 수준으로 나머지 4/5는 상업회의소 회원에서 배제되었다. 일본인은 447명으로 조선인에 비해 압도적인 수였으며 정관의 통과가 가능한 2/3를 차지하였다. 그 결과 일본인 측이 의도하는 대로 정관도 통과되었고, 총독부의 인가도 손쉽게 받을 수 있었다.[56]

물론 경성의 경우 조선인의 대응이 전혀 없었던 것은 아니었다. 정관날

---

54) 1915년 당시 경성상업회의소 의원은 다음과 같다. 회두 白完爀(농공은행장), 부회두 芮宗錫(漢城柴場組合理事), 상의원 朴承稷(共益社社長) 張斗鉉(조선상업은행감사역) 白寅基(한일은행취체역) 金鎭玉(한일은행지배인) 洪忠鉉(조선상업은행취체역) 朱性根(농공은행취체역) 金應龍(隆興주식회사감사역) 金漢奎(조선상업은행취체역) 劉秉璉(한일은행취체역) 白潤洙(무역상) 李碩謨(賣藥주식회사사장) 金用集(농공은행감사역), 의원 趙鎭泰(조선상업은행장) 成文永(한일은행감사역) 洪鍾玩(포목상) 白周鉉(대금업) 吳競黙(직물상조합장) 金英祿(어물상) 李建植(과물상) 趙秉澤(농공은행취체역) 崔景瑞(공익사이사) 崔仁成(공익사이사) 李容汶 李應吉(약업상) 李宗黙(무역업) 高順哉(무역업) 洪殷柱(동양용달회사장) 安淳煥(농업) 徐相八(양복상) 白瀅洙(객주업) 李敏卿(대금업) 李秉斗(매약주식회사취체역) 金鎭燮(무역상) 崔敬淳(무역상) 李秉淑(직물상) 金洪然(鞋商) 宋金宅洙(미곡상) 安義淳(포목상) 孫完黙(미곡상) 金秉洙(미곡상) 崔昌善(인쇄업) 金秉徽(무역상) 李鼎夔(미곡상), 특별의원 韓錫振(正樂傳習所長) 尹基益(金鑛技師) 李相弼(柴場조합전무) 李升鉉(한성은행지배인) 崔相敦(柴炭회사전무) 劉文煩(변호사) 尹致昭(鑛業會社長), 상담역 遠山熙 韓相龍 등 54명이었다(京城協贊會,『京城案內』, 1915, 157~160쪽 ; 조선신문사 선문부,『(鮮文)京城便覽』, 1915, 141~142쪽).
55)『每日申報』1915.11.3,「商議設立委員會」.
56) 총독부의 정관인가과정에서 몇 번의 수정이 가해지고 있으나, 기본적인 내용은 그대로 인가되었다(『每日申報』1915.12.5,「商議定款認可」).

인을 회원자격자에게 받을 때 경성의 경우 602명 중 410명만 조인을 하였다.[57] 이에 불응하여 이전 조선인 측 상업회의소 평의원을 비롯하여 우육상 등은 정관날인을 거부하였다. 이러한 조선인 측의 반발도 과금 징수와 관련이 있었기 때문에 별다른 문제를 야기하지는 못했다.[58] 일본인 측만으로도 정관은 통과될 수 있었다.

이후 정관이 총독에 의해 인가되고 선거기에 접어들어 평의원 수가 확정되었다. 그 수는 정관에서 명시한 것과 같이 회원 수와 상업회의소 경비 부담력을 기초로 하여 일본인 24명, 조선인 6명으로 결정되었다.[59] 이에 대해 조선인 측은 평의원 수의 적음을 가지고 유감을 표시했지만, 일본인 측은 배정 이유를 영업세 납부액에 따라 정하였기 때문에 당연한 것이라고 하였다.[60] 이렇듯 평의원 수에 대해서도 조선인 측은 효과적으로 대응하지는 못하였다.

경성의 경우 통합과정에서 일본인 측의 정관 작성과 평의원 수 배분에 일부 반발도 있었지만, 체계적이고 조직적인 대응을 하지 못하였다. 이는 처음부터 조선인의 차별적인 회원자격규정의 비판과 평의원 균분 등을 주장하며 조선인의 입장을 대변한 평양상업회의소와는 사뭇 다른 모습이었다.[61]

---

57) 『每日申報』 1915.11.10, 「商議設立申請」.
58) 이러한 불응의 이유를 과금 징수의 면제로 파악하였다(『每日申報』 1915.11.4, 「商議設立과 鮮人」).
59) 『每日申報』 1915.12.5, 「定款認可와 選擧」.
60) 『每日申報』 1915.12.8, 「評議員과 內鮮人」.
61) 평양상업회의소는 조선인의 회원자격을 영업세 3圓 50錢 이상, 평의원 수는 각각 절반, 또한 서기장도 각각 1명을 주장하였다(『每日申報』 1915.12.5, 「平壤商議와 鮮人側」). 그러나 일본인 측의 완강한 반대로 회원자격은 그들의 주장대로 영업세 5원 이상으로 하고, 대신 평의원 수는 조선인 14명과 일본인 15명을 주장하였다(『每日申報』 1915.12.24, 「平壤商議協定」). 이것도 총독의 의향과 경성의 예를 들어 거부되고, 이후 총독부에서 지시한 회원자격 한도에 따라 회원자격은 영업세 10圓, 평의원 수는 조선인 8명과 일본인 16명으로 결정되었다. 이때도 조선인

평의원 수가 결정되고 난 후, 1915년 12월 15일 선거를 통해 평의원을 선출하였다.62) 선출된 평의원은 총회를 열어, 회두를 비롯한 역원의 선출과 예산을 결의함으로써 새로운 상업회의소가 설립되었다.63) 이에 따라 경성상업회의소는 자연적으로 해산되었다.

측은 끝까지 평의원 수를 조선인 10명, 일본인 14명으로 정할 것을 주장하였다(『每日申報』 1916.5.27, 「平壤商議選擧期日」).
62) 평의원으로 선출된 조선인은 농공은행 백완혁, 한성은행 한상룡, 상업은행 조진태, 京城隆興株式會社 金漢奎, 金洰然, 東洋用達會社 洪殷柱 이상 6명이었다(『每日申報』 1915.12.16, 「一級選擧」;「二級選擧」).
63) 『每日申報』 1915.12.21, 「商議總會와 豫算」. 역원으로 선출된 한인은 부회두에 조진태, 상의원에 한상용이었다(『每日申報』 1915.12.22, 「商議總會」).

제2장 지역 상업회의소의 현황과 회원구성

1. 지역 상업회의소의 현황

일본 제국주의는 1차 세계대전시기 군수물자의 보급과 미국의 호경기에 영향 받아 경제적 성장을 거듭하였다. 일본의 호황은 식민지 조선에도 영향을 미쳤다. 일본자본의 조선 진출이 본격적으로 이루어지는 한편,[64] 조선의 일본인·조선인 자본가들도 자본 확대를 추구하였다. 강제병합 이전부터 경성과 개항지를 중심으로 성장한 일본인들은 병합과 함께 식민지배의 민간 측 담당자로서 자신들의 경제적 입장을 강화하기 위해 노력하였다. 그 중요한 일환이 상업회의소의 법인화였다. 〈표 2-1〉은 일본인 상업회의소의 상업회의소 법인화에 관한 청원활동을 정리한 것이다.

〈표 2-1〉 일본인 상업회의소의 법인화를 위한 청원활동(1901~1913)

연도	연합회	제출지역	청원내용
1901	제1회	인천	會議所의 資格을 명확하게 할 것을 청원(인천제출안)
1905	제5회	경성	在韓 國商業會議所를 法人資格으로 할 것을 청원(경성제출안)
1907	제6회	진남포, 평양, 원산, 부산, 경성	在韓國日本人商業會議所에 관한 法規發布에 대한 청원(연합회결의안)
1908	제7회	진남포, 군산, 평양, 경성	연합회결의안
1909	제8회	경성, 평양	在韓國商業會議所의 資格에 관한 청원(연합회결의안)
1910	제9회	인천, 경성	조선에서 商業會議所法을 發布하여, 商業會議所로 商工業에 관한 公共機關이 되게 하고, 相當의 權能을 附與할 것을 總督府에 청원(경성제출안)
1911	제10회	부산	在朝鮮商業會議所에 관한 法令制定을 해당기관에 요망(연합회결의안)

---

64) 1917년부터 1920년 사이 일본자본의 조선 진출은 三井계의 朝鮮紡織, 南北綿業, 朝鮮生絲, 王子製紙와 日産계의 朝鮮燐寸 등이다.

| 1912 | 제11회 | 원산 | 在鮮商業會議所에 관한 法令制定을 해당기관에 요망 (연합회확정의안) |
| 1913 | 제12회 | 목포, 청진 | 연합회결의안 |

출전: 伊藤正慤, 『京城商工會議所二十五年史』, 京城商工會議所, 1941, 137~140쪽 ; 釜山日本人商業會議所, 『釜山日本人商業會議所年報』, 1907, 50쪽 ; 釜山日本人商業會議所, 『釜山日本人商業會議所年報』, 1909, 58~59쪽 ; 京城日本人商業會議所, 『京城日本人商業會議所月報』 제48호, 1911, 3~4쪽 ; 京城日本人商業會議所, 『京城日本人商業會議所月報』 제63호, 1912, 16~18쪽 ; 京城日本人商業會議所, 『京城日本人商業會議所月報』 제65호, 1912, 2~3쪽.

〈표 2-1〉처럼 일본인 상업회의소는 강제병합 이전과 이후 각각 일본정부와 조선총독부에게 상업회의소의 법인화를 위한 청원활동을 전개하였다. 일본인 상업회의소는 1910년 제9회 일본인상업회의소연합회의 경성제출안과 같이 법인화를 통해 상업회의소를 "상공업에 대한 명실상부한 공공기관"으로 전환하고자 하였다. 그리고 1912년 제11회 일본인상업회의소연합회의 결의안과 같이 상업회의소법 발포를 총독에게 청원하면서 조선인과의 관계 속에서도 일본인 우위의 통일된 공공기관을 희망하였다.[65]

조선인 자본가집단인 경성상업회의소도 강제병합과 동시에 일본인 상업회의소와의 통합을 위한 모임에 참여하였다.[66] 그리고 일본인과의 통합을 통해 침체된 "장시상황을 흥왕"시키는 등 자본을 확대하려고 하였다. 조선총독부는 이러한 조선인과 일본인 상업회의소의 요구를 받아들여 1915년 「조선상업회의소령」을 발포하였다.[67]

조선총독부는 특히 적극적이었던 일본인 상업회의소의 주장을 받아들였지만 그 나름의 입장에서 법령을 발포하였다. 조선총독부의 목적은 첫째, 강제병합의 표면적인 이유인 "내선인 융화"에 부합하도록 조선인과 일본인

---

65) 京城日本人商業會議所, 『京城日本人商業會議所月報』 65, 1912, 2~3쪽.
66) 전성현, 「일제초기 '조선상업회의소령'의 제정과 조선인 상업회의소의 해산」, 『한국사연구』 118, 2002, 78~84쪽.
67) 『朝鮮總督府官報』 1915.7.15 ; 8.10.

이 각각 설립한 상업회의소를 하나로 통합하는 것이었다.[68] 둘째, 식민경영의 효율적인 운용을 위해 적절한 법규에 따라 사무권한을 확립하여 상공업 발달을 도모하는 공공단체로 만드는 것이었다.[69] 셋째, 상업회의소가 총독부의 경제정책에 순응하지 않고 자신들의 이익을 위한 활동 등 정치운동으로 전화하지 못하도록 감시·감독하려는 것이었다.[70] 조선총독부는 상업회의소를 '내선융화'라는 표면적인 강제병합의 목적에 부합하도록 하는 한편, 식민정책의 충실한 수행자로 자리매김하기를 원했던 것이었다.

그러나 일본인 상업회의소의 생각은 이와 달랐다. 일본인 상업회의소는 하나의 단순한 상공업단체에서 벗어나 자신들의 요구에 따라 식민정책이 계획·입안·실행되도록 하는 강력한 '압력단체'로 전환하고자 하였다. 이 때문에 일본인 측에서는 사무범위를 규정한 「조선상업회의소령」 제6조 4항 "관청의 명에 의하여 상공업에 관한 사항을 조사하고 또는 그 자문에 응할 것"은 상업회의소가 스스로 상공업상 필요한 의견을 관청에 개진·건의하거나 법규의 제정에 관여하는 등의 적극적인 활동을 배제하는 "사무권한의 수동적 규정"이라고 비판하였다.[71] 따라서 조선인과 일본인 합동의 상업회의소가 설립된 이후 즉각적으로 경성, 평양, 부산 등 지역 상업회의소는 소극적인 사무권한을 규정한 상업회의소령을 개정하고자 하였다.[72]

일단 「조선상업회의소령」에 따라 각 지역마다 상업회의소의 통합이 이루어졌다. 조선총독부는 기본적으로 府 지역에만 상업회의소가 설립될 수 있도록 법령을 제정하였다. 또한 총독부의 입장에서는 일본인 자본가들을 중심으로 조선의 중심 도시는 물론 조선 경제 전체를 재편하고자 하는 의도뿐만 아니라 일본인 상업회의소의 요구에 따라 개항 이후 자치권을 가지

---

68) 『每日申報』 1913.11.4, 「商議法人의 組織」.
69) 『每日申報』 1915.12.17, 「正得其時 - 石塚農商工部長官談 - 」.
70) 『每日申報』 1916.4.5, 「總督演說 - 商業會議所評議員招待會席上에서 - 」.
71) 『釜山日報』 1915.7.22, 「朝鮮商業會議所漫評」.
72) 『每日申報』 1918.3.14, 「鮮滿書記長會議(第1日)」 ; 3.15, 「鮮滿書記長會議(第2日)」.

고 있었던 '재조일본인사회'를 부분적으로 인정해주는 의도 또한 숨어 있었다.[73] 그러기 위해서는 일본인사회가 공고하게 성립되고 일본인들의 경제적 기반도 조선인보다 월등해야만 했다. 따라서 일본인사회가 공고하지 않거나 조선인들의 경제적 기반이 일본인보다 우월한 지역에 대해서 총독부는 상업회의소의 설립을 인가하지 않았으며 상업회의소라는 명칭의 사용도 금지하였다.

그 결과 부 지역이었던 신의주, 함흥, 마산 등지에서는 일본인들이 중심이 되어 상업회의소의 설립을 위해 노력하였지만 총독부로부터 설립인가를 받지 못했다. 한편 개성, 수원, 강화, 김천, 함흥, 북청, 통영 등 전통적으로 조선인들의 경제적 기반이 강력하여 조선인 상업회의소가 존재하고 있었던 지역은 상업회의소의 설립자체가 인정되지 않았을 뿐만 아니라 기존의 상업회의소는 다른 임의단체로 변경하지 않으면 해산될 수밖에 없었다.[74] 그중 김천, 북청, 함흥의 경우 인가신청을 위해 활동하였으나 인가를 받지 못했다.[75] 수원의 경우 자체 해산한 것으로 보이며,[76] 통영의 경우 통영물산장려계로 명칭을 변경하였다.[77]

조선총독부와 일본인 상업회의소의 의도대로 일본인사회가 공고하고 일본인들의 경제적 기반이 강력했던 부 지역에서 일본인 자본가들을 중심으로 지역 상업회의소가 설립되었다. 〈표 2-2〉는 조선인과 일본인이 통합된 지역 상업회의소의 현황이다.

---

73) 부협의회와 면협의회가 일본인사회가 강력했던 지역에 설치되는 것과 같았다.
74) 『朝鮮總督府官報』 1915.7.6, 「商業會議所表」.
75) 『釜山日報』 1916.1.8, 「金泉商議所設置意」; 『每日申報』 1915.12.8, 「各會社狀況」; 1916.1.8, 「北淸商業會議所」.
76) 『每日申報』 1916.3.29, 「商業會議所寄附」.
77) 『每日申報』 1915.8.10, 「商業會議改稱」.

〈표 2-2〉 지역 상업회의소 현황(1917)

지역	설립 년월일	평의원수		특별평의원수	회원수			회원의 자격
		내지인	조선인		내지인	조선인	계	
경성	1915.12.4	24	6(20)	4	504	221(30)	725	府營業稅年額 13圓 이상
인천	1916.1.15	23	7(23)	4	290	90(24)	380	府營業稅年額 7圓 이상 또는 國稅市街地稅 및 家屋年稅額 30圓 이상
군산	1916.6.3	16	2(11)	3	110	16(13)	126	府營業稅年額 20圓 이상
목포	1916.6.17	10	2(17)	2	85	7(8)	92	府營業稅年額 10圓 이상
대구	1916.5.31	16	4(20)	3	160	20(11)	180	府營業稅年額 7圓 이상
부산	1916.6.3	25	5(17)	5	497	30(6)	527	府營業稅 또는 釀造稅年額 10圓 이상
평양	1916.5.24	16	8(33)	4	219	119(35)	338	府營業稅年額 10圓 이상
진남포	1916.6.17	12	4(25)	3	82	45(35)	127	府營業稅年額 7圓 이상
원산	1916.5.31	16	4(20)	3	167	36(18)	203	府營業稅年額 12圓 이상
합계		158	42(21)	31	2,114	584(22)	2,698	

출전: 京城商業會議所, 『朝鮮經濟年鑑』, 1917 ; 朝鮮總督府, 「商業會議所一覽」, 『朝鮮彙報』, 1917.
비고: ( ) 속은 전체에 대한 비율임. 단위는 %.

  조선인과 일본인이 통합된 지역 상업회의소는 〈표 2-2〉와 같이 법령에 따라 일본인이 중심이었던 부 지역으로 한정되었다. 더구나 부 지역의 상업회의소도 구성상 일본인 중심으로 수립되었다. 법령에서는 회원의 기준을 명확하게 밝히지는 않았지만 일본인들은 각 지역마다 회원자격의 제한을 시도하였고 결정적으로 조선총독부는 일본인 중심으로 재편되도록 적절하게 개입하였다. 〈표 2-2〉의 회원자격은 지역 상업회의소마다 다르지만 통합될 당시만 하더라도 일반적으로 부영업세 10원을 기준으로 하여 그보다 경제력이 높을 경우 13원, 낮은 경우 7원으로 한정하였다.78) 총독부가 제시한 회원자격은 당시 경성과 인천의 상업회의소 설립과정에서 일본인들이 제시한 것으로써 이를 통해 민족별 경제력이 어느 정도였는지를 살펴볼 수 있다. 〈표 2-3〉은 경성부의 영업세 납부 현황과 인천부의 부세 납부 현황이다.

〈표 2-3〉 경성부 영업세와 인천부 부세 징수 현황(1916~1917)

지역	민족별	총납세액	납세자	1인당 평균 납세액
경성	조선인	26,857圓 72錢	4,518	5圓 94錢
	일본인	41,181圓 57錢	4,002	10圓 29錢
인천	조선인	14,277圓	12,863	1圓 14錢
	일본인	82,971圓	9,328	8圓 89錢

출전: 阿部辰之助, 『大陸之京城』, 1917, 12~14쪽 ; 『每日申報』 1916.4.6, 「仁川府課稅負擔額」.
비고: 경성과 평양의 경우 1917년 현재 부영업세만을 통한 납세자와 1인당 평균 납세액이고 인천의 경우 1916년 현재 부세(일본인은 학교조합비 포함)의 납세자와 1인당 평균 납세액임.

경성상업회의소의 경우 회원자격인 부영업세 13원은 단순하게 비교하면 일본인 상공업자에게는 평균 정도의 수준이었지만 조선인 상공업자에게는 평균의 2배가 넘는 상당히 높은 액수였음을 알 수 있다. 인천상업회의소의 경우 부영업세가 아닐 뿐만 아니라 일본인에게는 학교조합비가 합쳐져 있기 때문에 정확하지 않지만 당시 과세현황을 통해 대체적인 모습을 살펴볼 수 있을 것이다. 회원자격이 부영업세 7원 이상이었던 인천상업회의소의 경우 일본인에게는 역시 평균 정도의 수준이었고 조선인에게는 평균의 6배가 넘는 매우 높은 액수였음을 알 수 있다.

결국 일본인의 경우는 평균 이상의 경제력이면 상업회의소 회원이 될 수

---

78) 『釜山日報』 1916.4.30, 「商議根本方針」.

있었지만, 조선인의 경우는 중상층의 상공업자가 아니면 상업회의소 회원이 될 수 없었다. 따라서 회원자격의 제한은 대다수의 조선인 회원의 배제를 의미하는 것이고 상업회의소의 운영이 일본인 중심으로 이루어짐을 의미하는 것이었다. 이 때문에 평양을 비롯한 각 지역의 조선인들은 조선인 회원의 확대를 위해 보다 낮은 가입 기준을 제기하였다.[79] 그러나 조선인들의 요구는 받아들여지지 않았다. 이처럼 일본인들의 요구와 조선총독부의 지원에 의해 지역 상업회의소는 철저하게 일본인 중심으로 재편되었다.

일본인들은 회원뿐만 아니라 상업회의소의 중요한 사항을 결정하는 평의원 수 및 역원 수에서도 절대적인 우위를 유지하였다. 또한 총독부의 인가를 받는 특별 평의원 수도 일본인이 다수를 차지하도록 선정되었다. 〈표 2-4〉는 조선 상업회의소의 지역별 평의원 현황이다.

〈표 2-4〉 조선 상업회의소 평의원 수 현황(1916~1930)

改選	경성		인천		군산		목포		대구		부산		평양		진남포		원산	
	조	일	조	일	조	일	조	일	조	일	조	일	조	일	조	일	조	일
1	8	22	8	22	2	16	2	10	4	16	5	25	8	16	4	12	4	16
2	8	22	5	19	2	16	2	10	4	16	5	25	8	16	4	12	4	16
3	8	22	5	19	2	16	2	10	4	16	5	25	10	20	4	12	4	16
4	8	22	5	19	2	16	2	10	4	16	5	25	10	20	4	12	4	16
5	7	23	5	19	2	16	2	10	4	16	5	25	10	20	4	12	4	16
6	6	24	5	19	2	16	4	14	4	16	5	25	10	20	4	12	4	16
7	6	24	5	19	2	16	4	14	4	16	5	25	10	20	4	12	4	16
8	6	24	5	19	2	16	4	14	4	16	5	25	14	16	4	12	4	16

출전: 朝鮮總督府, 『旧商工會議所原簿』, 1929 ; 田中麗水, 『全鮮商工會議所發達史』, 釜山日報社, 1936.
비고: 1. 경성의 경우 1·2급 계급선거를 합한 것임. 2. 부산과 목포는 개선기가 짝수 연도이고 그 외 상업회의소의 개선기는 홀수 년도임.

〈표 2-4〉와 같이 조선인 평의원 수는 전체 평의원 수의 1/5에 지나지 않

---

79) 평양의 경우 조선인들은 府營業稅 3원 50전 또는 국세 10원 이상을 주장하였다 (『每日申報』 1915.12.5, 「平壤商議와 鮮人側」).

제1부 지역 상업회의소의 성립과 조선상업회의소연합회의 결성   71

앉다. 대부분의 지역 상업회의소에서는 처음 결정된 평의원 배분을 유지하고자 하였다. 때문에 조선인들은 조선인 회원들의 증가에 따라 평의원 수의 확대를 시도하였다. 그러나 경성과 같은 경우 처음부터 부영업세를 기초로 한 1·2급의 계급선거를 통해 조선인 회원의 증가와 상관없이 평의원 수를 일정 수준으로 제한하였다. 계급선거가 없는 경성을 제외한 다른 지역 상업회의소에서는 계급선거의 도입을 주장하거나 회원 수가 아닌 영업세 총액을 기준으로 조선인 평의원 수의 확대를 저지하였다. 그러나 평양의 경우 조선인 회원의 증대와 함께 적극적인 평의원 확보운동의 결과 〈표 2-4〉의 평의원개선의 마지막 시기에 평의원 수 배분에서 일정정도 성과를 거뒀다. 평양을 제외하면 상업회의소가 존재하던 시기 민족별 평의원 수는 일본인 80%, 조선인 20%의 비율을 그대로 유지되었다.80) 따라서 통합된 상업회의소는 이후 철저하게 일본인들의 이해관계를 중심으로 운영될 수밖에 없었다.

한편 지역 상업회의소의 주도층으로 볼 수 있는 회두, 부회두, 그리고 상무위원을 중심으로 하는 역원도 평의원 비율에 따라 철저하게 일본인 중심으로 선출되었다. 특히 지역 상업회의소의 대표인 회두는 일본인만이 가능하게 정관을 규정하였다. 또한 부회두는 초기 일본인만 있던 지역도 있었지만 일반적으로 일본인과 조선인이 각각 1명씩 선출되었는데 회두가 공석일 경우 일본인 부회두가 대표가 되도록 정관을 규정하였다.81) 따라서 지

---

80) 朝鮮總督府, 『旧商工會議所原簿』, 1929. 평양상업회의소의 경우 다른 상업회의소와 달리 조선인들의 경제력이 강력하였기 때문에 조선인 평의원 수의 확대를 위해 이 지역의 조선인들은 지속적으로 노력하였고 어느 정도 성과가 있었다. 그러나 회원 수를 기준으로 평의원수를 배분한다는 당초의 주장과는 달리 일본인들은 민족별 營業稅 총액을 근거로 평의원 수의 확대를 저지하였다(강명숙, 「1920년대 일본인 자본가들에 대한 조선인 자본가들의 저항—평양상업회의소를 중심으로」, 『국사관논총』 90, 2000).
81) 일제시기 대구상업회의소 장직상(연임)과 평양상업회의소 박경석이 회두로 재직한 적이 있는데 이 경우는 극히 예외적인 경우였다. 물론 이 경우 부회두는 모두 일본인이었다.

역 상업회의소의 대표는 일본인만이 선출될 수밖에 없었다. 상무위원의 경우 평의원 비율에 따라 대부분의 상업회의소가 5:1의 비율로 일본인이 압도적으로 많은 수를 차지하였다. 이처럼 극히 예외적인 경우지만 평의원 수가 확대되더라도 지역 상업회의소의 대표와 주도층은 철저하게 일본인 중심으로 운영함으로써 지역 상업회의소의 일본인 중심은 변함이 없었다.

2. 지역 상업회의소의 회원구성과 특징

이제 조선 상업회의소의 지역별 구성원을 회원의 구성과 영업형태, 그리고 지역 상업회의소의 중요한 문제를 회의하여 처리하는 역원들을 통해 그 특징을 살펴보도록 하자. 「조선상업회의소령」에 의해 설립된 지역 상업회의소는 경제적 수준이 일정정도 이상이면서 일본인들이 다수 거주하는 부 지역에 설립되었다. 이를 지역적으로 구분하면 크게 개항장에 설립된 상업회의소와 내륙도시에 설립된 상업회의소로 구분할 수 있을 것이다.[82]

개항장에 설립된 상업회의소는 개항과 더불어 이른 시기부터 일본인들이 정주하였기 때문에 그 도시적 기반의 수립과 함께 경제적 기반도 이들이 대부분 장악하였다. 따라서 〈표 2-2〉와 같이 부산, 원산, 목포, 군산 등 이른 시기에 개항되어 성장한 도시의 상업회의소는 부영업세를 기준으로 하는 회원 구성에서 일본인들이 80~90% 이상을 차지하고 있음을 알 수 있다.

한편 조선의 전통적인 정치·경제의 중심 도시였던 내륙도시에 설립된 상업회의소의 경우도 물론 개시와 일본인들의 이주, 그리고 병합으로 인하

---

82) 그렇다고 인구구성에서 일본인들이 조선인보다 많았다는 것은 아니다. 일본인들이 다수 거주하는 부 지역이라도 특정 시기 부산을 제외하고 일본인들이 조선인들보다 많았던 시기는 없었다(홍순권, 「일제시기 부산지역 일본인사회의 인구와 사회계층구조」, 『역사와 경계』 51, 2004).

여 경제적 주도권을 일본인들에게 잠식당하였다. 하지만 조선인의 전통적인 경제적 기반이 강했고 조선인 인구도 또한 개항장에 비해 많았기 때문에 그 경제적 기반은 일본인에게 완전히 장악당하지 않았다. 따라서 〈표 2-2〉와 같이 경성과 평양의 경우 조선인 회원 수는 개항장과 달리 30~40%를 유지할 수 있었다. 결국 지역 상업회의소는 크게 두 부류로 나누어 살펴볼 수 있다. 여기서는 내륙도시에 설립된 상업회의소는 경성과 평양을 예로, 개항장에 설립된 상업회의소는 부산, 원산, 목포를 중심으로 그 회원구성을 통해 지역적·경제적 특징을 살펴보도록 하고 그 외 상업회의소는 자료의 부족으로 상세한 구성원의 분석은 어렵지만 가능한 범위 내에서 지역적·경제적 특징을 살펴보도록 하겠다.

1) 내륙도시에 설립된 상업회의소

(1) 경성상업회의소

경성은 조선의 중요한 정치·행정기관, 교육기관 그리고 경제기관이 모두 자리 잡고 있었다. 전통적인 행정의 중심지이며 대소비지였기 때문에 많은 사람과 물산이 항상 드나들던 곳이었다. 일제시기라고 다르지 않았다. 일제의 조선통치를 위한 행정·경제·교육·문화기관이 모두 경성에 집중되었다. 또한 1910년대 토지조사사업으로 인하여 농촌으로부터 몰려오는 사람들에 의해 1920년대 인구 30만에 이르는 대도시가 되었다.[83] 따라서 이를 기반으로 생활을 영위하는 상공업자들이 조선에서 가장 많았는데, 그러한 상공업자들 중 일정정도의 경제력을 가진 자들이 경성상업회의소의 회원이었다. 경성상업회의소의 설립과 함께 상공회의소로 전환되기 전까지 회원 수의 추이를 살펴보면 다음 표와 같다.

---

83) 손정목, 「일제강점초기(1911~20년)의 도시인구수」, 『한국사연구』 49, 1985.

〈표 2-5〉 경성상업회의소 회원 수 현황(1916~1929)

	1916	1917	1918	1919	1920	1921	1922	1923	1924	1925	1926	1927	1928	1929
일본인	440	504	529	595	764	1,400	1,200	1,300	1,500	1,550	1,500	1,500	1,400	1,380
조선인	146	221	292	428	583	1,100	750	850	900	830	800	800	700	720
합계	586	725	821	1,023	1,347	2,500	1,950	2,150	2,400	2,380	2,300	2,300	2,100	2,100

출전: 伊藤正慤, 「第二部 資料編」, 『京城商工會議所二十五年史』, 京城商工會議所, 1941, 147쪽.
비고: 1920년대는 대략적인 수치임.

〈표 2-5〉를 살펴보면, 경성상업회의소가 설립되는 1915년을 기점으로 하여 1910년대는 전체적으로 회원 수가 증가하다가 1921년에는 두 배 정도 상승하였다. 그러나 1922년부터 다시 상대적으로 대폭 감소하더니 1920년대는 대체적으로 안정하향세였다. 경성상업회의소 회원의 증가 또는 감소는 경제적·행정적 요인과 밀접한 관련이 있었다.

우선, 1910년대 후반부터 1920년대 초반까지 경성상업회의소 회원의 점진적인 증가는 경제적 요인에 의해서였다. 1차 세계대전에 따른 일본의 호황은 식민지 조선에도 영향을 미쳤다. 또한 1910년대 후반 「조선회사령」의 철폐와 토지조사사업의 완료는 지주자본의 산업자본으로의 전화와 동시에 조선 내 조선인과 일본인 상공업자들의 자본 확대에 중대한 영향을 미쳤다. 내외적인 경제적 호황에 의한 경제적 변화는 조선의 중심지인 경성에 가장 먼저 일어났고, 이러한 경제적 변화는 일본인보다 열악한 조선인들의 경제적 기반을 어느 정도 확대할 수 있도록 하였을 것이다.[84] 따라서 1910년대 후반 경성상업회의소의 회원 증가는 조선인 회원의 경제력 향상에 따른 증가에 기인한바 크다고 할 수 있을 것이다.

한편 1921년의 급등과 1922년의 반감 그리고 1928년의 소폭 감소는 행정적인 요인 때문이었다. 즉, 조세행정의 변화로 인한 것이었다. 1919년까지

---

84) 오미일, 「토착자본의 산업자본으로의 전화」, 『한국근대자본가연구』, 한울, 2002, 73~111쪽.

경성부의 영업세 부과율은 14/10,000이었는데, 1920년부터 20/10,000으로 증가하였다. 그 결과 부영업세의 과세표준이 상승함에 따라 부영업세 13원 이상을 납부하는 인원이 두 배 정도 확대되었다.[85] 그러자 경성상업회의소는 부영업세 부과율의 증가로 인한 회원의 확대를 다시 조정할 필요를 인식했고 정관개정을 통해 회원자격을 부영업세 20원 이상으로 인상하였다.[86] 그러자 1922년 약 700명의 회원이 감소하였다.

이후 회원 수의 변화는 없다가 다시 1927년에 변화를 보였다. 1927년 이입관세가 완전히 철폐되고 관세부분의 재정을 보충하기 위해 부영업세가 국세영업세로 개정되었다. 경성상업회의소는 개정된 국세영업세를 기준으로 하여 기존 회원 수에 준하도록 회원자격을 16원 이상으로 다시 조정하였다.[87] 그 결과 〈표 2-5〉와 같이 다시 회원 수가 소폭 감소하였다.

민족별 회원 수의 증감을 통해볼 때, 경성상업회의소는 자연적인 경제력 향상을 통한 회원의 증가는 어느 정도 인정하지만 인위적인 회원의 확대는 시도하지 않았음을 알 수 있다. 특히 행정적인 요인으로 회원 수가 증가한 것에 대해 바로 감소시키고 있는 것을 봐도 그러한 점은 분명하다. 이는 경성상업회의소가 일정정도의 계급적 기반을 유지하려고 하였음을 알 수 있다. 이러한 점은 경성상업회의소만의 특징이 아니라 조선의 모든 상업회의소에 해당되는 것이다. 특히 일본에서는 1925년 보통선거제가 도입되자 상업회의소보다 낮지만 부영업세 부과율을 통해 선거권 자격을 주었던 학교조합 등 지방자치 조직의 선거권 제한이 폐지되었다. 그러나 조선에서는 그러한 시대적 추세를 역행하고 있었다. 근본적으로 상업회의소의 주도권을 둘러싼 중대 문제였기 때문에 쉽사리 부영업세의 부과기준을 낮추지는

---

85) 『每日申報』 1921.3.20, 「700名이 資格喪失」.

86) 伊藤正愨, 「第二部 資料編」, 『京城商工會議所二十五年史』, 京城商工會議所, 1941, 28·38쪽.

87) 『每日申報』 1927.7.17, 「營業稅改定과 商議會員減少」;『中外日報』 1927.7.25, 「商議評議員會」.

못했다. 그 결과 경성상업회의소의 회원 중 조선인 회원은 〈표 2-5〉과 같이 1910년대 말 경제력의 향상에 따라 40%까지 육박했지만 회원자격의 조정에 따라 구조적으로 평균 30%를 넘지 못하는 상태로 유지되었다.

이제 경성상업회의소 회원의 영업형태를 통해 그 지역적·경제적 특징을 살펴보자. 〈표 2-6〉는 1923년 경성상업회의소 회원명부에 기재된 영업종목을 통해 만든 영업별 구성이다.

〈표 2-6〉 경성상업회의소 회원의 영업별 구성(1923)

분류	일본인				조선인				합계
	제조	판매	기타	소계	제조	판매	기타	소계	
食料品	126	435	4	565	15	340	4	359	924
布帛, 同原料 및 製品	19	291	1	311	44	123	0	167	478
染色 및 洗濯	7	16	12	35					35
裝身具	40	128	0	168	48	40	0	88	256
荒物雜貨	5	61	0	66	2	88	0	90	156
家庭用具	32	92	5	129	13	27	1	41	170
紙文具, 印刷	40	92	0	132	8	38	2	48	180
遊藝具	14	27	0	41	0	2	0	2	43
燃料品	4	70	0	74	0	9	0	9	83
電氣, 瓦斯, 水道	0	10	9	19					19
藥品, 醫療機械	16	47	1	64	1	37	0	38	102
土木建築	27	144	208	379	0	16	3	19	398
金物, 鐵工, 機械	26	80	1	107					107
運輸	7	26	67	100	0	0	39	39	139
金融	0	0	189	189	0	0	84	84	273
皮革	1	12	0	13	1	24	0	25	38
雜	14	58	37	109	4	17	1	22	131
합계	378	1,589	534	2,501	136	761	134	1,031	3,532

출전: 國分弘二, 『大正12年 京城商工名錄』, 京城商業會議所, 1923.
비고: 겸업이 중복된 수치임.

경성상업회의소의 1923년을 기준으로 한 회원 수는 〈표 2-5〉에 의하면 일본인 1,300명, 조선인 850명, 합계 2,150명이었다. 1923년도 경성상업회의소 회원은 대략적으로 1920년대 평균치에 해당한다. 따라서 겸업을 모두 합쳐 회원 수가 1.5배 이상 부풀려 있더라도 대체적인 경성상업회의소의 지역적·경제적 특징을 살펴볼 수 있을 것이다.

1923년 현재 경성상업회의소 회원은 대략 150여 업종에 걸쳐 2,150여 명 정도가 영업활동을 전개하였다. 산업별로 보면, 상업이 약 67% 정도, 제조공업이 약 15% 정도를 차지하였다. 이를 다시 민족별로 나누어 보면, 일본인이 145업종에 1,300여 명이 영업하고 있었으며 그 산업별 구성은 상업 64%, 제조공업 15%, 토목건축업 8%, 금융업 7.5%의 비율로 이루어졌다. 이를 유사업종별로 세분화하면, 식료품, 건축청부, 布帛類가 압도적이지만 장신구류, 가정용구류, 紙·文具類, 金物·철공·기계류, 운수업 등 다양한 분야에 골고루 분포되어 있었다.

이에 비해 조선인은 65업종에 850여 명이 영업하고 있었으며 상업이 74%로 가장 높았고, 그 다음으로 제조업 약 13%, 금융업 약 8% 정도를 차지하였다. 이를 유사업종별로 세분화하면, 식료품과 布帛이 압도적이었고 부분적으로 잡화류, 장신구류, 금융업에 종사하였다. 산업별 및 유사업종별 구성을 통해볼 때, 경성상업회의소 회원의 업종별 분업화 및 전문화는 상당히 이루어지고 있었다. 특히 일본인은 식료품, 토목건축청부업, 布帛類가 압도적이지만 다른 분야에도 골고루 종사하고 있었기 때문에 분업화 및 전문화는 일본인들에 의해서 주도적으로 이루어지고 있었음을 알 수 있다.

경성상업회의소 회원의 영업별 구성을 좀 더 구체적으로 살펴보면, 회원 중 식료품 제조 및 판매업에 종사하는 자가 전체 업종의 26% 정도를 차지하며 가장 많았다. 그 다음으로 布帛, 同원료 및 제품이 약 14%, 토목건축청부업이 약 11%, 금융관련업이 약 8%, 장신구제조 및 판매업 약 7%로 그 뒤를 이었다. 이를 조금 더 세분화하면, 곡물류의 제조·판매(269명)가 가장 많고 다음이 토목건축청부업(211명), 布帛類의 제조·판매(184명), 酒類·음료수·醬油·味噌의 제조·판매(169명), 和洋잡화판매(150명), 금융(149명) 등의 순이었다. 그렇다면 경성상업회의소의 회원들은 주로 곡물, 布帛 그리고 잡화의 수출입무역을 통해 일본 및 조선(경성)의 소비시장에 종사하는 자들, 조선의 철도·항만·도시개발 등 식민개발에 종사하는 자들, 그리고 금융업에 종사하는 자들로 파악할 수 있을 것이다.

이를 다시 민족별로 살펴보면, 일본인이 중심이 된 업종은 토목건축청부업(189명), 酒類·음료수·醬油·味噌제조판매업(169명), 곡물제조판매업(86명), 和洋잡화업(62명)이었고, 조선인들이 중심이 된 업종은 곡물판매업(183명), 布帛판매업(112명), 和洋잡화판매업(88명)이었다. 일본인 회원의 대부분이 '재조일본인사회'의 자가소비를 위한 일상품의 생산·판매에 종사하거나 조선의 식민개발에 적극적이었던 토목건축청부업 등의 업종에 종사하였다면, 조선인은 무역과 전통적인 조선인 사회의 소비생활을 위한 업종에 한정되어 있었음을 알 수 있다.

이상과 같이 경성상업회의소 회원은 30만이라는 인구의 대소비시장을 가진 도시라면 갖추게 될 기본적인 산업구성인 상업과 제조공업에 종사하는 자들이 대부분이었다. 상업은 조선인과 일본인 모두 식료품, 의복, 잡화 등 일상생활에 필요한 물건들이 취급되었다. 특히 조선인의 경우 일본 및 중국과의 무역을 통해 자본을 확대하던 자들도 상당수 존재하였다. 제조공업은 일본인의 경우 '재조일본인사회'의 자가소비를 위한 각종 일상품과 기호품이 중심이었고 조선인의 경우 사치품이 중심이었다.

경성상업회의소의 회원구성에서 가장 특징적인 것은 특히 식민지개발에 뛰어든 일본인 토목건축청부업자들과 금융업자들(은행, 신탁, 보험, 유가증권)이 눈에 띄게 많았다는 점이다. 특히 토목건축청부업자들은 1920년 조선토목건축협회를 결성하고 경성에 있던 금융기관을 비롯하여 철도회사들과 연계하여 조선 산업개발에 가장 적극적이었다.

그렇다면 경성상업회의소는 무역 및 생필품의 제조판매업에 종사하는 회원들을 망라한 경성상공조합연합회[88]와 토목건축청부업자들을 망라한 조선토목건축협회, 그리고 은행집회소를 비롯한 금융업자들로 세력화되어 있었음을 알 수 있다. 특히 회원 수로는 비교가 안 될 정도로 소수였지만 대자본가 중심의 계급적 구조를 잘 나타내주는 계급선거를 통해 은행집회소를 기반으로 한 경성의 주요 은행 및 식민경영회사의 대표들이 평의원에 선출되어 경성상공조합연합회 및 조선토목건축협회와 함께 경성상업회의소를 주도해 나갔다. 그리고 경성상업회의소의 주도층이라고 할 수 있는 회두, 부회두, 그리고 상무위원 또한 대부분 이들 단체에서 선출되었다.

(2) 평양상업회의소

평양은 전통적인 지역행정 및 경제의 중심지였다. 그러므로 일찍부터 조선인 상공업자들의 성장이 이루어졌고 조선인들의 경제적 기반이 강력하였다. 또한 1899년 평양이 개방되었으나 청일전쟁으로 인하여 반일감정이 고조되고 평양지역에서 일어난 자강운동의 위세로 일본인들은 경제활동을 전개하기 힘들었다. 결국 일본인들은 러일전쟁과 함께 본격적으로 평양에 이주하면서 경제활동을 전개하였다.[89] 따라서 평양으로 들어온 일본인 상

---

88) 1923년 현재 경성상공조합연합회에 가입한 조합은 경성상공라사부속품상조합, 경성화상조합, 경성표구사조합, 경성염물세장업조합, 경성서적업조합, 경성질옥조합, 경성좌관업조합, 경성연료상조합, 경성생과야채문옥업조합, 경성철공업조합, 경성포목상조합, 경성청물상조합, 경성농잠기비료종묘상조합, 경성가구상조합, 경성주식현물취인시장중매인조합, 경성인쇄업조합, 경성운송조합, 경성석유공동판매조합, 경성식료품사조합, 경성장유양조조합, 경성양품잡화상조합, 경성오복상조합, 경성고물상조합, 경성서적상조합, 경성페인트도청부업조합, 경성시계귀금속상공조합, 경성주상조합, 경성승인운송점조합, 경성백미상조합, 경성인쇄조합, 경성양복상조합, 경성양복직공조합, 경성약업조합, 경성재목상조합, 경성물산중립저축조합, 경성곡물상조합, 경성지물동업사, 경성화장품공영조합, 경성도기상조합, 경성금물상조합, 경성해륙산물위탁판매조합, 경성지함제작조합, 경성잡화수입상조합, 선혜상조합, 경성지문구상조합, 경성전당포조합, 경성과자상조합, 경성생과야채중매상조합, 경성금은세공조합, 경성면포상조합, 경성주조업조합, 경성어시장중매인조합, 조선무역조합, 경성이물상조합 등 54개 조합이었다(國分弘二, 『大正12年 京城商工名錄』, 京城商業會議所, 1923, 부록 1~6쪽).

공업자들은 병합 이전까지 조선인보다 월등한 경제적 기반을 가지지 못했다. 평양에 이주해 온 일본인들은 자신들의 세력 확대를 위해 상업회의소를 비롯하여 각종 경제단체를 설립하였으나 괄목할 만한 성과를 내지 못하고 운영악화로 폐쇄했다는 점으로 보아도 그들의 경제적 기반이 약하였음을 알 수 있다.90)

하지만 한일병합 이후 점차 일본인 상공업자들의 세력이 강력해지자 그들은 일본인 중심의 상업회의소를 설립하고자 노력하였다. 그러기 위해서 일본인들은 평양상업회의소 회원구성을 일본인이 유리하도록 회원자격을 제한하였다. 이러한 움직임은 총독부의 지원에 의해 제도적으로 보장되었다. 〈표 2-7〉은 평양상업회의소 회원 수 현황을 정리한 것이다.

〈표 2-7〉 평양상업회의소 회원 수 현황(1916~1930)

	1916	1917	1918	1919	1920	1921	1922	1925	1927	1930
일본인	225	265	364	407	533	399	363	350	315	357
조선인	114	134	250	256	460	230	170	160	253	303
합계	339	399	614	663	993	609	533	510	568	660

출전: 松本源作, 『平壤商業會議所統計年報』, 平壤商業會議所, 1921, 106~109쪽; 『東亞日報』 1921.12.4, 「平壤商議選擧」; 1923.11.28, 「平壤商議有權者數」; 『每日申報』 1925.11.10, 「平壤의 商議有權者 名簿縱覽」; 『中外日報』 1927.11.13, 「猛烈銳氣의 平壤商議選擧戰」; 『東亞日報』 1930.3.21, 「調停案이 드디어 成立」.

〈표 2-7〉을 단순히 살펴보면, 경성상업회의소 동일하게 평양상업회의소가 설립되는 1916년을 기점으로 하여 1910년대는 전체적으로 회원이 증가하다가 1920년에는 급등하였다. 그러나 1921년부터 다시 대폭 감소하더니 1920년대는 대체적으로 안정하향세를 유지하였다. 평양상업회의소 회원의 증감도 경성과 마찬가지로 동일한 원인 때문이었다.

---

89) 『平壤要覽』, 1909, 16~17쪽.
90) 평상상업회의소, 『平壤全誌』, 1927, 917~920쪽.

1910년대 후반 평양상업회의소 회원의 점진적인 증가는 조선 경제의 변화에 따른 조선인 회원의 증가에 영향 받은바 컸다.[91] 그리고 1920년의 급등, 1921년의 급감, 1927년의 소폭 변화는 행정적인 원인 때문이었다. 평양상업회의소는 회원의 증감에 대하여 기본적으로 경성상업회의소와 같은 조치를 취했지만 더욱 적극적이었다. 1920년의 부영업세 부과율의 인상으로 회원 수가 급등하자 평양상업회의소를 주도하는 일본인들은 회원 수의 확대를 다시 조정할 필요를 인식했고 정관개정을 통해 회원자격을 부영업세 16원 이상으로 높였다.[92] 그 결과 1921년 다시 약 400명의 회원이 감소하였다. 특히 조선인 회원 절반이 감소하였다. 그러나 일본인들은 이에 만족하지 않았고 장차 증가할 조선인 회원을 염려하여 계급선거의 도입을 주장하기 시작하였다.[93] 물론 계급선거는 조선인 측과 일반 상공업자들의 강력한 반대에 밀려 성립하지 못했다.[94] 그러자 조선인 회원의 증가에 대한 일본인 측의 견제는 계속되었다. 회원자격의 조정과 계급선거제의 도입 시도 등은 일본인보다는 조선인에게 더욱 큰 영향을 미쳐 1920년대 중반까지 조선인 회원 수는 더욱 줄어들었음을 〈표 2-7〉을 통해 알 수 있다.

1927년 부영업세의 국세영업세로의 변경으로 개정된 국세영업세를 기준

---

91) 오미일, 앞의 책, 2002, 125~132쪽.
92) 『東亞日報』 1921.3.31, 「平壤商議評議會」; 「平壤商議會員數」.
93) 『東亞日報』 1921.4.12, 「商議階級選擧設定問題」. 평양상업회의소가 주장하는 계급선거는 경성과 같은 1·2급 선거였다. 경성의 경우 상업회의소가 부과하는 총 영업세의 절반을 기준으로 나누어 1·2급으로 나누어 평의원선거를 실시하였다. 1급 선거는 은행 및 대기업을 중심으로 하는 소수의 대자본가들에 의해 구성되었기 때문에 그 민족적 비율이 13대 2 또는 14대 1이었다. 따라서 2급 선거의 여부와 상관없이 구조적으로 일본인 평의원의 다수를 확보할 수 있는 선거제도였다. 그러나 경성을 제외한 조선 내 상업회의소는 회원 수를 기준으로 평의원 수를 배분하고 선거를 실시하였기 때문에 조선인 상공업자들의 경제적 발전에 따라 상업회의소의 운영권을 안정적으로 확보할 수 없는 경우가 발생할 수 있었다. 그러한 기운이 평양상업회의소에 도래하고 있었고 이를 근원적으로 막기 위해 평양상업회의소의 일본인들 사이에서 계급선거의 실시여부가 제기되었던 것이었다.
94) 『東亞日報』 1922.6.3, 「平壤商議紛糾」.

으로 하여 기존 회원 수에 준하도록 회원자격을 국세영업세 12원 이상으로 하향조정하였다.95) 그 결과 〈표 2-7〉과 같이 다시 회원 수가 소폭 변화하였다. 그러나 1927년의 정관개정에 따른 회원 수의 변동도 오히려 일본인의 감소와 함께 조선인의 증가를 가져왔다. 일본인의 경우 회원자격의 변화에 따른 것이지만 조선인의 경우는 1920년대 말 조선인 공업의 발흥과 밀접한 관련을 가진 것으로 보인다.96)

조선인 공업의 발흥에 따른 조선인 상공업자들의 경제력 향상은 일본인과 조선인 간의 회원 수 및 부과율 차이를 없애버렸다. 그러자 차츰 조선인 측에서 평의원 정수에 대한 철폐 또는 조정논의가 일어났다. 더불어 상공회의소법의 개정을 앞두고 조선총독부가 민족별 평의원 정수에 대해 자문해오자, 평양상업회의소는 1929년 임시평의원회에서 민족별 평의원 정수(1929년 현재 일본인 20명, 조선인 10명)의 철회를 결의하였다.97) 그러나 1929년 12월 평의원 개선기가 다가왔는데도 일본인 회두가 총독부의 인가문제를 빌미로 평의원 정수를 철폐하지 않자, 조선인 측에서 평의원 선거를 보이콧하는 초유의 사태가 발생하였다.98) 이에 일본인 측은 역원회를 통해 영업세를 다시 12원에서 16원으로 올려 조선인 회원의 감소를 기도하였다.99) 조선인 측은 더욱 분개하여 총사직을 결의하였고, 문제의 심각성을 인식한 부윤, 도지사 등 행정 당국이 중재에 나섰다. 그리고 평양상업회

---

95) 『每日申報』 1927.7.17, 「營業稅改定과 商議會員減少」 ; 『中外日報』 1927.7.25, 「商議評議員會」.

96) 일본인의 경우 신문판매업자들이 대거 회원에서 제외되었다(『東亞日報』 1927.12.1). 조선인의 경우 양말 및 메리야스공업 등 근대적 기계제 공업이 1920년대 후반 평양에서 본격하고 되고 있고 조선인 공장이 일본인 공장의 2배 이상을 점하게 되면서 회원의 증가를 가져온 것으로 보인다(오미일, 앞의 책, 2002, 134~137쪽 〈표 3-5〉와 〈표 3-6〉 참조).

97) 『東亞日報』 1929.4.7, 「議員差別撤廢」.

98) 『東亞日報』 1929.10.20, 「今期부터 不實行이면 斷然 總辭表 提出」 ; 「撤廢는 公正한 主唱」 ; 10.25, 「平商定數撤廢問題 今期不實行을 表明」.

99) 『東亞日報』 1929.10.25, 「有權者縮小策으로 標準稅額引上」.

의소 자체의 소멸을 염려하는 양측은 행정 관청에서 제시하는 조건을 무조건 수용하는 것으로써 사건을 일단락 지었다. 그 결과 평의원 정수는 철폐하지 못했지만 조선인 평의원은 10명에서 14명으로 확대되었다.[100]

평양상업회의소의 이상과 같은 회원 수 증감과 그 변경과정을 볼 때, 평양상업회의소의 일본인들은 경성상업회의소보다 더욱더 조선인 회원의 증가에 민감하게 반응하였고 2/3 이상의 평의원 수를 유지하기 위해 노력했음을 알 수 있다. 이는 평양상업회의소의 경제적 기반을 일본인들이 확실하게 장악하지 못한 특수성 때문이었다.

이제 평양상업회의소 회원의 영업별 구성을 통해 그 지역적·경제적 특징을 살펴보자. 〈표 2-8〉은 1919년 현재 평양상업회의소 회원의 영업별 구성을 정리한 것이다.

〈표 2-8〉 평양상업회의소 회원의 영업별 구성(1919)

분류	일본인				조선인				합계
	제조	판매	기타	소계	제조	판매	기타	소계	
食料品	20	56	0	76	6(8)	78(90)	0	84(98)	160(174)
布帛, 同原料 및 製品	0	21	0	21	0	50(56)	0	50(56)	71(77)
染色 및 洗濯	2	3	0	5					5
裝身具	3	27	0	30	0	5	0	5	35
荒物雜貨	3	27	0	30	0	12(16)	0	12(16)	42(46)
家庭用具	9	16	0	25	1	3	0	4	29
紙文具, 印刷	3	8	0	11	1	1	0	2	13
遊藝具	2	1	0	3					3
燃料品	1	15	0	16	0	8(10)	0	8(10)	24(26)
電氣, 瓦斯, 水道	1	2	0	3					3
약품, 醫療機械	0	6	0	6	0	4	0	4	10
土木建築	5	17	32	54	0	6	0	6	60
禁物, 鐵工, 機械	10	16	0	26	0	9	0	9	25

---

[100] 『東亞日報』 1930.3.21, 「調停案이 드디어 成立」.

運輸	0	3	27	30	2	2	3	7	37
金融	0	0	28	28	0	0	14	14	42
雜	3	25	3	31	0	28(30)	0	28(30)	59(61)
합계	62	243	90	395	10(12)	206 (232)	17	233 (261)	628 (656)

출전: 平壤商業會議所, 『平壤府事情要覽』, 1919.
비고: ( )는 동업자를 합한 수치임.

〈표 2-7〉을 통해 평양상업회의소 회원의 평균을 산출해보면, 평양상업회의소 회원평균은 일본인이 358명, 조선인이 233명이다. 〈표 2-8〉은 1919년도 평양상업회의소 회원을 영업별로 구성한 것으로 조사 당시 일본인이 395명, 조선인이 233명이었다. 평양상업회의소의 평균 회원 수와 1919년도 회원 수가 일본인에서는 부분적인 차이가 있지만 유사하기 때문에 이를 통해 대략적인 평양상업회의소 회원의 지역적·경제적 특징을 살펴보도록 하자.

1919년 현재 평양상업회의소 회원은 대략 100여 업종에 걸쳐 628명 정도가 영업활동을 전개하였다. 산업별로 보면, 상업이 약 71% 정도, 제조공업이 약 12% 정도를 차지하였다. 물론 조선인들의 공업진출이 두드러지는 1920년대 후반으로 가면 제조공업의 비중이 더 커질 것이지만 전체적으로 볼 때, 경성에 비하면 상업의 비중이 훨씬 더 컸다. 이를 다시 민족별로 나누어 보면, 일본인이 102업종에 395명이 영업하고 있었으며, 그 산업별 구성은 상업 약 62%, 제조공업 약 16%, 토목건축청부업 약 8%, 운수업 약 7.5%, 금융업 약 7%의 비율로 이루어져 경성과 거의 유사하였다. 유사업종별로 다시 세분화하면, 경성과 비교하면 布帛類의 비중이 적은 대신 다른 분야는 대체적으로 비슷하다.

이에 비해 조선인은 45업종에 233명이 영업하고 있었으며, 상업이 약 82%의 압도적인 비율을 차지하고 있었다. 취급상품도 곡물류와 布帛類로 한정되어 있었다. 경성과 달리 제조업의 비중이 낮은 이유는 부영업세 10원 이상을 납부할 수 없을 정도로 경영상태가 열악했기 때문일 것이다. 따라서 전체적으로 상업이 높고 제조공업이 낮은 것은 상업에 치중되어 있던 조선인의 영업형태 때문이며, 일본인의 경우 여러 업종에 골고루 분포하고 있었다면 조선인은 상업에 집중되었음을 알 수 있다.

평양상업회의소 회원의 영업별 구성을 좀 더 구체적으로 살펴보면, 회원 중 식료품 제조 및 판매에 종사하는 자가 전체의 약 25% 정도를 차지하였다. 그 다음으로 布帛, 同원료 및 제품이 약 11%, 토목건축청부업이 약 10%, 雜類(무역업 등) 9%, 금융업과 잡화상이 약 7%로 그 뒤를 이었다. 이를 단일 종목으로 세분화하면, 布帛類 판매업(52명)이 가장 많고 그 뒤를 이어 잡화판매(50명), 곡물류 판매업(47명), 금융업(42명), 토목건축청부업(32명), 酒·음료수·醬油 제조판매업(25명)의 순이었다. 이 가운데 일본인은 잡화상, 토목건축청부업, 貸金業, 무역상, 철공업, 金物商, 薪炭商 등의 순이었고, 조선인은 포목상, 곡물상, 우육상, 反物商, 문옥업, 우피상 등의 순이었다. 조선인의 경우 상업에 종사하는 사람이 절대 다수였고 주로 무역업에 종사하는 자들이 많았으나 그 자본의 규모가 열악하여 직무역은 불가능한 상태였을 것으로 보인다.[101] 반면 일본인의 경우 대외무역과 상업에 관련된 자들이 가장 많았으며 특히 대외무역에 종사하는 무역상 11명 중 10명이 대자본을 보유한 자들이었다.[102] 상업에 종사하는 일본인들의 취급상품은 주로 잡화, 장신구, 가정용구, 건축자재, 철공·철물, 연료품 등 조선인과 경쟁하지 않는 분야의 것들이었다. 다음으로 경성보다는 비중이 낮았지만 지역개발에 적극적으로 참여하였던 토목건축청부업자들도 상당수 존재하였다.

---

101) 평양상공인명록에 기재된 조선인 중 부영업세 100원 이상을 납부하는 상당한 자본가는 4명으로 은행업 2명, 대금업 1명, 곡물상 1명이었다.
102) 계급선거를 실시하는 경성의 경우 회원 전체 부과금 중 절반을 기준으로 1급과 2급의 기준을 나눈다. 평양상업회의소도 계급선거를 도입하고자 하는 일본인 여론이 있었으며 그때 전체 부과금의 반수 이상을 납부하는 회원의 기준이 부영업세 100원 이상이었다. 1919년 현재 평양상업회의소 부영업세 100원 이상 납부 회원은 40명이 조금 넘으며 그중 10명이 일본인 무역상이었다.

이상과 같이 평양상업회의소 회원은 일본인이 다수를 점하고 있었지만 경성과 달리 조선인과 일본인이 종사하는 업종이 상당히 차이가 났다. 상업의 경우 곡물, 布帛類의 판매는 조선인이 잡화 및 기타 생활도구는 일본인이 주로 담당하였다. 제조업은 조선인의 경우 부영업세 10원 이상을 납부할 정도의 경제력을 갖추지 못했기에 일본인이 대부분이었다. 한편, 경성보다는 비중이 낮았지만 지역사회의 개발을 위한 토목건축청부업자들이 상당수 존재하였다.

회원을 통해 내륙도시 상업회의소의 지역적·경제적 특징을 정리해 보면 다음과 같다. 우선 내륙도시 상업회의소의 구성원은 일본인이 다수였지만 전통적인 조선인 지역이었기에 조선인 상공업자들 또한 상당수 그 세력을 유지하고 있었다. 따라서 상업회의소를 주도한 일본인들은 회원자격의 조정과 계급선거 등의 제도적 수단, 그리고 식민통치기관의 행정적인 권력에 기대어 상업회의소의 주도권을 지속적으로 유지하고자 하였다.

경성의 경우 조선의 중심이라는 상징적인 의미에서 경제기반 또한 월등하였지만 제도적인 안전판으로써 계급선거가 유일하게 인정되었다. 그래서 절대적이지는 않았지만 상대적으로 일본인들이 항상 우위에 있었다.

한편 평양은 러일전쟁 이후 식민화 과정과 병합 이후 식민지적 재편과정에 주도권을 형성하였기 때문에 그 기반은 약할 수밖에 없었다. 따라서 조선인의 성장에 따라 언제든지 지역경제의 기득권은 위협받을 여지가 많았다. 때문에 평양의 경우 1920년 후반 조선인들의 성장에 따라 상업회의소의 주도권을 두고 민족적 모순이 노골적으로 드러났다.

둘째, 경성과 같이 전통적인 내륙도시는 조선인의 경제적 기반도 상당수 유지되었지만 조선의 중심이라는 상징적 의미로 인하여 '재조일본인사회'의 공고화와 더불어 모든 분야의 기득권을 일본인이 장악해야했다. 따라서 경제적 측면에서 식민경영회사를 비롯한 대자본가들의 진출이 활발하였으며 안정적인 기득권을 유지하기 위한 보완적인 제도적 장치도 마련하였다. 그렇기에 일본인사회의 유지뿐만 아니라 경성을 비롯한 조선 전체의 경제적 기반확대를 위해 수산업·수업종에 골고루 영향력을 미치고 있었다. 따라서 전통적인 업종에 한정되어 일본인보다 상대적인 우위에 있던 조선인 회원의 경제적 기반도 점차 일본인들에 의해 잠식당할 여지를 지니고 있었다.

셋째, 평양의 경우는 같은 전통적인 내륙도시라도 경성과 달랐다. 병합 이후 조선총독부를 비롯한 행정당국의 비호하에 지역사회에서 경제적 기득권을 장악하고 평양상업회의소를 주도하였지만, 일본인사회가 제대로 정착되지 못하였기 때문에 경성과 달리 영업형태가 조선인과 명백히 구분되어 있었다. 이는 역으로 조선인들의 경제적 기반이 전통적인 부분에서 여전히 강고했음을 알 수 있다.

넷째, 내륙도시에 설립된 상업회의소 회원의 영업별 구성에서 두드러지는 특징 중 하나는 철도·도로 부설 등 식민개발을 위한 토목건축청부업자들이 다수를 차지하고 있다는 점이다. 경성의 경우 단일 업종으로는 가장 많은 구성원을 보유하고 있었다. 이는 내륙도시들이 전통적인 정치·경제 중심지일 뿐만 아니라 교통의 중심지였기 때문에 식민개발을 위한 중요한 근거지였기 때문이었다. 따라서 전통적인 내륙도시들은 지역 및 조선 개발을 위한 거점과 같은 역할을 했고 이 때문에 토목건축청부업자들이 상업회의소의 중요한 구성원으로 포함되었던 것이었다.

2) 개항장에 설립된 상업회의소

(1) 부산상업회의소

부산은 조선시대부터 대일무역의 거점이었고 동래상인이 존재하는 전통적인 조선인 상업지역이었다. 일본의 강제 개항과 더불어 대일무역의 거점은 그대로 유지되었지만 그 주도권은 변화하게 되었다. 일확천금을 노리며 부산에 들어온 일본인들은 부산을 기점으로 그 경제적 기반을 확대해 갔다. 개항 초기에는 한국 정부의 제도적 장치로 인하여 조선인 개항장 객주들이 성장하였지만, 일본인들의 경제적 침탈과 일제의 적극적인 정치·경제적 침략으로 말미암아 조선인 상공업자들은 완전히 구축되고 그 경제적 주도권도 빼앗기고 말았다. 개항장이었던 부산도 예외는 아니었고 오히려 가장 먼저 그리고 가장 강력하게 일본인들에 의해 장악되었다.

이처럼 부산은 일찍부터 일본인들이 유입되었을 뿐만 아니라 강고한 일본인사회가 형성되었다. 그런 까닭에 「조선상업회의소령」에 의해 조선인과 일본인 통합의 상업회의소가 설립될 때 조선인들은 자신의 권리확대를 주장하지 못하고 흡수·통합되었다. 물론 아주 미약했지만, 조선인 회원의 증대를 위한 회원자격규정의 완화를 주장하였다. 그러나 부산의 일본인들은 도리어 조선인 회원을 포함해서까지 상업회의소를 설립할 필요가 있느냐고 단독 설립을 제기하기까지 하였다.[103] 따라서 부산상업회의소는 설립과 함께 일본인들에 의해 철저하게 운영될 수밖에 없었다. 그럼 부산상업회의소 회원 수의 변동을 통해 그 특징을 살펴보도록 하자. 〈표 2-9〉는 부분적이지만 파악되는 부산상업회의소의 회원변동을 정리한 것이다.

〈표 2-9〉 부산상업회의소 회원 수 현황(1916~1928)

	1916	1917	1918	1924	1925	1926	1928
일본인	485	497	511			1044	906
조선인	27	30	31			62	146
합계	520	527	542	1,064	1,100	1,106	1,053

출전: 『釜山日報』 1916.6.13, 「商議選擧有權者」; 朝鮮總督府, 「商業會議所一覽」, 『朝鮮彙報』 7月號, 1917; 朝鮮總督府, 「商業會議所一覽」, 『朝鮮彙報』 7月號, 1918; 『朝鮮時報』 1925.10.21, 「商議評議員改選」; 『朝鮮時報』 1926.1.27, 「釜山商業會議所に選擧人名簿作製」; 釜山商業會議所, 『會員名簿』, 1926·1928.

〈표 2-9〉와 같이 부산상업회의소 회원 수의 변화는 한정적인 자료로 인하여 구체적으로 파악할 수 없다. 하지만 다른 상업회의소의 변화와 유사

---

103) 『釜山日報』 1916.1.10, 「日鮮人合同の至難」.

한 부분이 있어 어느 정도 유추해 볼 수 있을 것이다.

일단 부산상업회의소도 경성, 평양과 같이 1910년대 후반은 회원의 점진적인 증대가 이루어지다가 1920년대 초반 2배 정도로 폭증하였을 것으로 보이며 다시 1927년을 기점으로 소폭의 변화를 보이고 있다. 역시 자연적인 경제력의 향상과 함께 행정적인 요인에 의한 회원 수 변동임을 짐작할 수 있다.

1910년대 후반 회원의 소폭 상승은 1차 세계대전 이후 호황에 따른 내수시장의 활성화에 의한 것으로 조선의 일반적인 상황이었다. 부산에서는 경남지역의 지주층들이 이 시기 무역업에 본격적으로 뛰어들었다. 또한 기존의 객주들도 이 시기 공동으로 무역회사 등을 창설하였다.[104] 따라서 1910년대 말 통계가 없어 확신할 수 없지만 부산의 조선인과 일본인 상공업자들의 소폭 상승을 추론할 수 있을 것이다.

1910년대 후반의 소폭 상승에 이어 1920년대 들어오면 1924년을 기준으로 볼 때 회원 수가 급등하였다. 따라서 1920년대 초반 어느 시점에 회원 수가 두 배로 급등했음을 짐작할 수 있을 것이다. 이는 이미 살펴본 경성 및 평양상업회의소 회원 수 증가추세와 동일하다. 즉, 1919년 부영업세의 과세표준이 상승하면서 회원 수가 두 배 정도 상승하였던 것이다. 그러나 부산상업회의소는 조선인 회원의 대폭적인 증가에 대해 회원자격을 인상한 경성 및 평양상업회의소와 달리 최초의 회원자격을 그대로 유지하며 회원의 증가를 이어나갔다.[105]

그리고 또다시 1927년 부영업세가 국세영업세로 개정되자, 조선인은 증가하고 일본인은 감소하였다. 이번에도 경성 및 평양상업회의소와 달리 부산상업회의소는 회원자격을 최초대로 유지하였다.[106] 그 결과 1928년에 부산상업회의소 회원은 일본인은 소폭 감소하고 상대적으로 낮은 상태에 있었던 조선인은 대폭 증가하였다.

---

104) 오미일, 앞의 책, 2002, 173~188쪽.
105) 朝鮮總督府, 『旧商工會議所原簿』, 1929, 29쪽.
106) 『朝鮮時報』 1928.1.28, 「擧行の釜山商議の選擧戰」.

〈표 2-9〉와 같은 부산상업회의소의 회원 수 변동은 자연적인 경제력의 향상과 함께 당시 이루어진 행정적인 조치에 따른 것이었다. 하지만 회원 수 증대에 대한 반응은 사뭇 달랐다. 이미 살펴보았지만 조선인들의 경제적 기반이 여전히 강했던 내륙도시 상업회의소는 조선인 회원의 증가를 구조적으로 막고자 하였다. 특히 평양의 경우 노골적으로 조선인 상공업자의 상업회의소 진출을 저지하였다. 그러나 부산상업회의소는 조선인 상공업자들이 어느 정도 세력을 유지하였던 내륙도시 상업회의소와 달랐다. 〈표 2-9〉에서처럼 이 시기 동안 부산상업회의소의 조선인 비율은 10%에 미치지 못하였다. 1920년대 말이 되어서야 겨우 10%를 상회하였다. 따라서 상업회의소의 운영권을 둘러싸고 조선인과 마찰을 일으킬 여지가 부산의 경우 애초부터 없었다. 그런 연유로 부산상업회의소의 일본인들은 회원 수 증대를 오히려 상업회의소 운영비의 확대로 인식하고 환영하는 측면이 강했던 것으로 보인다.[107]

반면 부산상업회의소는 설립 초기부터 일본인들에 의해 완전히 주도되었기 때문에 조선인과의 민족적 모순보다는 일본인 내부의 계급적 모순이 발생하였다. 특히 회원자격이며 평의원 선거자격인 부영업세 10원 이상은 10만 부민 중 1%만이 누릴 수 있는 특권이었다. 그리고 지역사회의 또 다른 자치기관인 학교조합 등은 일본의 보통선거 실시로 선거권 자격인 戶別割 부과금 5원 이상이 폐지되었다.[108] 따라서 부산상업회의소 외부의 '일본인 사회' 일각에서는 상업회의소의 개혁이 필요함을 제기하기 시작하였다. 특권적 경제단체인 상업회의소를 "민중적 경제단체로" 만들기 위해서는 새로운 인물을 평의원으로 뽑아야 하며 그렇게 뽑힌 평의원은 제일 먼저 회원자격의 인하를 단행하여야 한다고 주장하였다.[109]

---

107) 회원 수의 증대는 상업회의소의 부과금 증대를 가져와 상업회의소 운영에 필요한 경비가 증가하였다. 따라서 상업회의소 회원 규모는 상업회의소 재정 규모와 함께 연동하였다.
108) 송지영, 「일제시기 부산부의 학교비와 학교조합의 재정」, 『역사와 경계』 55, 2005.

제1부 지역 상업회의소의 성립과 조선상업회의소연합회의 결성

한편 부산상업회의소 내부에서도 부산의 대자본가이며 상업회의소 회두 직을 계속해서 맡고 있던 香椎源太郞 일파에 대해 반대하는 중소자본가들이 등장하기 시작하였다.110) 부산상업회의소 내 파벌 간의 대립은 1920년대 후반 평의원 선거를 비롯한 역원 선거에서 조금씩 드러나더니 전기부영화를 둘러싸고 노골화되었다.111) 결국, 부산상업회의소 회원의 변동과 이를 둘러싼 대응을 통해 부산상업회의소 내에서 민족적 모순보다는 계급적 모순이 표출되고 있었음을 알 수 있다.

이제 부산상업회의소 회원의 영업별 구성을 통해 그 지역적·경제적 특징을 살펴보도록 하자. 〈표 2-10〉은 1926년 부산상업회의소 회원을 산업별 및 영업별로 정리한 것이다.

〈표 2-10〉 부산상업회의소 회원의 영업별 구성(1926)

분류	일본인				조선인				합계
	제조	판매	기타	소계	제조	판매	기타	소계	
食料品	48	250	0	298	0	17	0	17	315
布帛, 同原料 및 製品	3	66	0	69	0	7	0	7	76
染色 및 洗濯	10	2	0	12					12
裝身具	5	42	0	47					47
荒物雜貨	5	104	0	109	0	1	0	1	110
家庭用具	3	13	0	16					16
紙文具, 印刷	11	29	0	40	1	7	0	8	48
遊藝具	4	7	0	11					11
燃料品	0	40	0	40					40
電氣, 瓦斯, 水道	1	2	1	4					4
藥品, 醫療機械	0	14	0	14					14

109) 『朝鮮時報』 1926.3.4·5, 「時報論壇 釜山商業會議所評議員改選(上·下)」.
110) 『朝鮮時報』 1928.3.1, 「意義있는 商議戰의 鐘은 全市에 울려 퍼지다」.
111) 홍순권, 「1910~20년대 '부산부협의회'의 구성과 지방정치 – 협의원의 임명과 선거 실태 분석을 중심으로 – 」, 『역사와 경계』 60, 2006.

土木建築	10	32	59	101	0	1	0	1	102
金物, 鐵工, 機械, 造船	28	42	0	70					70
運輸	3	6	50	59					59
金融	0	0	69	69	0	0	2	2	71
雜	16	68	1	86	0	25	1	26	112
합계	147	717	180	1,044	1	58	3	62	1,106

출전: 釜山商業會議所, 『昭和元年 會員名簿』, 1926.

〈표 2-10〉을 보면, 부산상업회의소 회원은 대략 천 명 정도로 파악된다. 그리고 1920년대 회원 수의 변동이 거의 없기 때문에 1920년대는 1926년 회원명부를 통해서 부산상업회의소 회원의 지역적·경제적 특징을 살펴보아도 무리가 없을 것이다.

부산상업회의소 성립 이후 1910년대 자료는 없지만 조일 통합의 부산상업회의소가 일본인이 90% 이상을 차지한 점을 감안하면, 1912년 자료를 통해 그 일단을 엿볼 수 있다. 1912년 부산일본인상업회의소 회원의 영업별 구성은 수출무역상, 미곡잡곡판매상, 醬油판매상, 酒판매상, 酒양조업, 醬油 제조업, 和洋음식료품상의 순이었다.[112] 수출무역상과 미곡잡곡판매상은 대일무역과 관련된 업종이었고, 酒·醬油 제조 및 판매업은 일본인 소비시장과 관련된 업종이었다. 따라서 1910년대 초반 부산일본인상업회의소 회원의 대부분은 대일무역에 종사하거나 부산의 일본인 소비시장을 그 영업 기반으로 활동하던 자들이었음을 알 수 있다.

그럼 1920년대는 어떠하였는지 〈표 2-10〉을 통해 살펴보자. 1926년을 기준으로 부산상업회의소 회원 1,106명은 총 120여 업종에 종사하였다. 산업별로 보면, 상업이 약 70%로 가장 많았고 제조공업이 약 13%, 금융업이 약 6%, 토목건축업 약 5%, 운수업 약 4.5%를 차지하였다. 산업별 구성상으로는 동일한 인구를 가진 평양과 유사하지만 상업회의소 회원 수와 민족별

---

112) 森田福太郎, 『釜山要覽』, 釜山商業會議所, 1912, 附錄 1~39쪽.

인구 구성, 그리고 지리적 차이로 인하여 그 내용은 상당히 달랐다.

이를 다시 민족별로 나누어 보면, 일본인이 114업종에 1,044명이 영업하고 있었으며 그 산업별 구성은 상업이 약 68%, 제조공업이 13%, 금융업이 약 6.6%, 토목건축청부업이 약 5.7%를 차지하였다. 일본인의 경우 경성이나 평양과 달리 상업의 비중이 상대적으로 컸음을 알 수 있다. 이에 비해 조선인은 12업종에 62명이 종사하였으며 대부분 상업에 종사하였다. 구체적인 업종을 보면 문옥업, 미곡상, 면포상 등 무역과 관련된 업종이 대부분이었다. 조선인의 경우 내륙도시와 달리 명백히 조선 제일의 무역항이라는 지역적 특징을 그대로 드러내었다.

부산상업회의소 회원의 대부분을 차지한 일본인의 영업별 구성을 좀 더 구체적으로 살펴보면, 부산상업회의소 일본인회원은 식료품 제조 및 판매에 종사하는 자가 전체의 약 29% 정도를 차지하였다. 다음으로 잡화가 약 10%, 토목건축청부업이 약 9.7%, 雜類가 8%, 金物·철공·기계·造船이 6.7%로 그 뒤를 이었다. 내륙도시 상업회의소와 비교하여 특징적인 점은 金物·철공·기계·造船 등 중공업에 종사하는 회원이 상대적으로 많았다는 점이다. 이는 漁港 및 臨海工業이라고 하는 지역적 특성으로 말미암아 鐵工鍛冶業(17명), 造船業(9명) 및 선박관련 업종(14명)이 다수 포함되었기 때문이었다.

다시 단일 종목으로 세분화하면, 잡화상(98명)이 가장 많고 뒤를 이어 곡물 관련업(68명), 해산물 관련업(64명), 酒類·醬油 제조 및 판매업(65명), 토목건축청부업(59명), 金貸無盡業(35명) 등의 순이었다. 특히 잡화상은 수입무역과 밀접한 관련이 있으며 해산물 및 곡물 관련업은 대일 수출무역과 밀접한 관련이 있었다. 또한 수출입 무역에 종사하는 상인들의 금융적인 뒷받침을 위해 금융업 또한 많았음을 알 수 있다. 이와 함께 일본인 내수시장과 관련된 酒類·醬油 제조 및 판매업이 1910년대를 이어서 여전히 중요한 위치를 차지하였다.

한편 1910년대와 달리 부산의 도시화가 진전되고 식민개발의 논의가 진행되자 이를 기회로 자본을 확대하고자 하는 자들이 대거 조선으로 들어왔다. 따라서 1920년대 상업회의소의 구성원 중 토목건축청부업자들은 중요한 위치를 차지하였고 대도시 상업회의소 내에서 그들의 영향력은 상당하였다. 경성의 경우 조선토목건축협회가 결성되었고 부산도 남선토목건축협회가 결성되어 상업회의소의 의사결정에 중요한 역할을 담당하였다.

이상과 같이 부산은 개항 이후 줄곧 대일무역의 중심이었으며 1920년대가 되면 수출과 수입에서 조선 제1위의 무역항이 되었다.113) 따라서 대일본 수출 및 수입무역에 종사하는 자들의 상업회의소의 대부분을 형성하고 있었다. 이들이 세력화한 釜山卸商同盟會는 평의원 선거에서 항상 7, 8명의 평의원을 배출하며 부산상업회의소를 주도하였다.

그리고 부산은 무역항일 뿐만 아니라 어항이었기에 수산업관련 종사자들이 다수를 차지하였다. 특히 부산상업회의소 부동의 실력자는 부산수산주식회사 사장이었던 香椎源太郎이었다. 따라서 부산수산주식회사를 필두로 하여 부산해산물상조합 또한 부산상업회의소의 중요한 위치를 점하고 있었음을 알 수 있다.114)

한편 부산은 일본인사회를 중심으로 도시화가 진전되고 도청 이전을 계기로 10만의 대도시로 성장하였다.115) 부산의 도시화는 소비시장의 확대는 물론이고 도시건설, 항만수축, 철도부설 등 토목건축사업의 발흥을 이끌었다. 이처럼 부산상업회의소 회원은 대일무역에 종사하는 자들이 대부분을 차지하였고 그 외 식민개발에 종사하는 자들이 상당한 지위를 차지하고 있었음을 알 수 있다. 그리고 이들이 중심이 된 단체들의 중심인물들이 회두, 부회두, 그리고 상무위원에 선출되어 부산상업회의소를 주도하였다.

---

113) 仁川府, 『仁川府史』, 1933.
114) 영업규모, 자본면에서 부산 제1의 위치를 차지하고 있던 것이 부산수산주식회사였고, 부산사상동맹회 다음으로 많은 회원을 보유한 곳이 해상물상조합이었다.
115) 홍순권, 「일제시기 부산지역 일본인사회의 인구와 사회계층구조」, 『역사와 경계』 51, 2004.

제1부 지역 상업회의소의 성립과 조선상업회의소연합회의 결성

(2) 원산상업회의소

1880년 개항과 함께 원산에는 동경, 대판 등지의 일본인 상인과 부산에 진출한 일본인 상인이 주로 지점을 개설하면서 일본인들이 대거 이주하여 정주하기 시작하였다. 동시에 대일본 무역을 위한 조선인 객주들도 원산에 모여들기 시작하면서 작은 어촌에 불과했던 원산은 점차 조선의 중요한 무역항으로 성장하기 시작하였다. 개항장을 기점으로 조선에 침투하던 일본인 상인과 일제의 정치·경제적 침략은 부산과 마찬가지로 조선인 상권을 조락시켰고 결국에는 일본인들이 지역의 상권을 완전히 장악하도록 만들었다. 원산의 경우도 예외는 아니었다. 병합 이전부터 시작된 조선의 식민지적 재편은 병합 이후에도 전개되었고 그 과정에 상업회의소의 통합이 이루어졌다. 앞에서도 살펴본 것처럼 일본인 중심의 상업회의소가 원산에도 설치되게 되었다. 〈표 2-11〉는 원산상업회의소 회원 수 현황을 표시한 것이다.

〈표 2-11〉 원산상업회의소 회원 수 현황(1916~1929)

	1916	1917	1918	1919	1920	1921	1922	1923	1924	1925	1926	1927	1928	1929
일본인	169	167	168					304	295	295		218		
조선인	36	36	54					111	105	107		81		
합계	205	203	222	302	397	374	431	415	400	402	372	299	350	396

출전: 町田義介, 『元山商工會議所六十年史』, 元山商工會議所, 1942, 234쪽 ; 元山府, 『日本海の商港 元山』, 1925, 183~186쪽 ; 朝鮮總督府, 「商業會議所一覽」, 『朝鮮彙報』 7月號, 1917 ; 朝鮮總督府, 「商業會議所一覽」, 『朝鮮彙報』 7月號, 1918 ; 『東亞日報』 1923.10.7, 「元山商議選擧結果」 ; 『每日申報』 1927.9.13, 「元山商議員改選運動」.

원산상업회의소 회원의 변화는 이미 살펴본 다른 상업회의소의 변화와 대체적으로 유사했다. 1919년 상승세의 회원 수가 1920년을 기점으로 한 번 더 상승한 이후 정체하다가 1927년을 기점으로 다시 소폭 하락한 후 안정세를 이루고 있다. 이는 다른 상업회의소 회원의 변동과 유사한 패턴으로 1910년대 후반 조선 경제의 활성화와 함께 1919년과 1927년의 행정적인 조

치로 파악된다.

그러나 1920년의 연이은 상승과 1927년의 감소에 대한 원산상업회의소의 대응은 내륙도시의 상업회의소와 사뭇 달랐다. 1920년의 연이은 상승에 대해서는 전혀 대책을 내놓지 않고 그대로 수용하였지만 1927년의 감소에 대해서는 자격요건을 인하하여 회원 수를 증가시키고 있다.[116] 이는 개항장인 부산과 같은 맥락에서 이해된다. 회원 수의 증가가 가져올 조선인 회원의 증대는 그다지 신경 쓰지 않고 상업회의소 경비의 증감에 유의하고 있기 때문이다. 이는 일본인이 압도적인 개항장 상업회의소에서 벌어지는 유사한 형태였다. 조선인의 증대로 인하여 상업회의소의 운영권이 위협 받는 일은 없을 것이기에 상업회의소의 안정적인 경비를 통한 경제적 이익의 확보가 더 우선시되었음을 알 수 있다.[117]

이제 원산상업회의소 회원의 영업별 구성을 통해 그 지역적·경제적 특징을 살펴보도록 하자. 〈표 2-12〉는 1928년 원산상업회의소 회원을 산업별 및 영업별로 정리한 것이다.

〈표 2-12〉 원산상업회의소 회원의 영업별 구성(1928)

분류	일본인				조선인				합계
	제조	판매	기타	소계	제조	판매	기타	소계	
食料品	28	112	0	140	14	67	0	81	221
布帛, 同原料 및 製品	5	11	0	16	2	28	0	30	46
染色 및 洗濯	5	0	0	5					5
裝身具	8	29	0	37	3	5	0	8	45
荒物雜貨	0	17	0	17	0	10	0	10	27
家庭用具	6	15	0	21	5	0	0	5	26
紙文具, 印刷	4	7	0	11	2	6	0	8	19
遊藝具	3	8	0	11	2	2	0	4	15

116) 元山商業會議所, 『元山商業會議所統計年報』, 1925, 附錄.
117) 『中外日報』 1927.9.13, 「元山府 營業稅賦課率 變更申請中」.

제1부 지역 상업회의소의 성립과 조선상업회의소연합회의 결성

燃料品	0	15	0	15					15
電氣, 瓦斯, 水道	1	0	0	1					1
藥品, 醫療機械	0	12	0	12	0	6	0	6	18
土木建築	3	27	24	54	0	3	0	3	57
金物, 鐵工, 機械, 造船	10	21	0	31					31
運輸	3	0	28	31	0	0	12	12	33
金融	0	0	36	36	0	0	11	11	47
雜	2	17	4	23	0	11	2	13	36
합계	78	291	92	461	28	138	25	191	652

출전: 元山商業會議所, 『元山商工名錄』, 1928.
비고: 겸업을 중복하여 포함시킨 통계임.

　1928년 현재 원산상업회의소 회원은 대략 60여 업종에 350여 명(겸업포함 652) 정도가 영업에 종사하였다. 산업별로 보면, 상업이 약 66% 정도, 제조공업이 약 16% 정도를 차지하여 같은 개항장인 부산보다는 상업의 비중이 낮고 제조공업의 비중이 높았다. 이를 다시 민족별로 나누어 보면, 일본인이 59업종에 461명(겸업 포함)이 영업하였으며 그 산업별 구성은 상업 약 63%, 제조공업 약 17%, 금융업 약 7.8%, 운수업 약 6%, 토목건축업 약 5%의 비율로 이루어졌다. 이에 비해 조선인은 32업종에 191명(겸업 포함)이 영업하였으며 그 산업별 구성은 상업이 약 72%, 제조업이 14.6%, 운수가 6%로 대부분 상업에 종사하였다. 민족별로 세분화한 산업별 구성에서도 역시 상대적으로 부산보다 상업의 비중은 낮고 제조공업의 비중은 높음을 알 수 있다. 이는 원산상업회의소의 지역적 특징이 작용하는 것으로 볼 수 있다. 그리고 영업종목과 산업별 구성을 통해볼 때, 원산상업회의소는 일본인에 의해 업종별 분업화 및 전문화가 이루어지고 있었지만 인구 면에서 중소도시였기 때문에 대도시의 다른 상업회의소와 비교하면 낮은 수준이었다.
　원산상업회의소 회원의 영업별 구성을 좀 더 구체적으로 살펴보면 그 지역적·경제적 특징이 보다 잘 드러난다. 먼저 전체 산업의 66%를 장악하고 있던 상업의 경우 식료품, 장신구, 布帛의 순으로 구성되었다. 이를 다시 단

일 종목을 세분해 보면, 일본인의 경우 잡화류(47명), 해산물류(31명), 곡물류(23명)의 순이었고 조선인은 곡물류(45명), 布帛類(29명), 해산물류(14명) 순이었다. 즉, 무역항 및 어항이라는 지역적 특징으로 말미암아 일본인은 잡화의 수입과 해산물 및 곡물의 수출무역에, 조선인은 곡물 및 해산물의 수출과 布帛類의 수입무역에 종사하고 있었다. 따라서 원산상업회의소는 수출입무역에 종사하는 회원이 대다수를 차지하고 있었음을 알 수 있다.

다음 전체 산업 중 약 17%를 차지한 제조공업을 살펴보면, 식료품, 가정용품, 金物·철공·기계·造船 순이었다. 이를 단일 업종으로 세분화하면, 일본인의 경우 과자, 酒類·醬油·味噌, 철공업 순이었고 조선인의 경우 酒類·醬油·味噌, 누룩, 和洋가구 순이었다. 제조공업의 경우 도시 내 소비용의 일상용품이 중심이었지만 강원도 및 북부 조선의 풍부한 지하자원과 항구라는 특징으로 인하여 조선업을 비롯한 중공업 또한 중요한 위치를 차지하고 있었음을 알 수 있다. 따라서 조선업 등 제조공업의 구성은 부산과 비슷하지만 그 비중으로 인하여 부산과 달리 원산은 무역항이면서 공업도시적인 특징을 지니고 있었음을 알 수 있다.

그 외 금융업, 운송업, 토목건축업의 비중도 컸는데 상공업도시라면 어디나 중요한 위치를 점하고 있던 금융업자를 비롯하여 무역항이라는 지리적 특징으로 인하여 운송업에서는 해운업 관련업종이 주목된다. 또한 내륙도시 상업회의소보다는 비중이 낮지만 강원도 및 북부 조선의 개발이라는 원산의 지역적 특징으로 말미암아 경원선, 함경선의 부설과 평원철도 및 동해안선 부설계획 등 및 식민개발사업에서 중심적인 역할을 수행하고자 하는 토목건축청부업자들도 회원의 중요한 일부를 차지하였다.

이상과 같이 원산은 어항이면서 무역항이며, 강원도 및 북부 조선개발의 중심지라는 지역적 특징으로 지니고 있었다. 따라서 원산상업회의소 회원은 지역적 특징에 따라 수출입 무역에 종사하는 자들, 조선업을 비롯한 중공업에 종사하는 자들, 해운 관련업종에 종사하는 자들, 철도부설 등 식민개발사업에 종사하는 자들로 구성되었다.

(3) 목포상업회의소

부산, 인천, 원산보다 20년이나 늦은 1897년에 개항된 목포는 만호청을 중심으로 40여 호의 소규모 취락이 점재하고 있는 고요한 해변에 불과하였다.[118] 그러나 개항과 더불어 목포는 나주와 함평의 곡창지대와 서남해안의 수산자원을 기반으로 하여 연안무역 및 대일무역을 통해 성장하기 시작하였다. 개항 초기 부산, 인천, 원산에 들어온 일본인들이 목포의 개항과 함께 대거 이주하였고 역시 개항장을 중심으로 조선인 상인과 노동자들 또한 이주하면서 목포는 빠르게 근대도시로 성장하였다.[119]

개항 초기 일정정도 지역 상권을 장악하고 있던 목포의 조선인 상인은 다른 개항장과 마찬가지로 일본인 상인의 끊임없는 내륙진출과 러일전쟁 이후 일제의 적극적인 식민화작업으로 인하여 그 세력을 잃게 되었다. 따라서 러일전쟁 이후 목포의 상공업은 대부분 일본인 상공인들에 의해 장악되었고 목포상업회의소 또한 일본인들을 중심으로 재편·운영되었다.

〈표 2-2〉의 목포상업회의소 설립시기 회원 수를 보면, 일본인 85명과 조선인 7명을 합하여 총 92명에 지나지 않았다. 1920년대로 가면 인원은 비약적으로 확대되지만 일본인 회원 수의 우위는 계속되었다. 1921년 현재 목포상업회의소 회원 수를 살펴보면, 일본인 270명과 조선인 74명을 합하여 총 344명이었다.[120] 1930년대가 되면 조선인 회원 수도 비약적으로 증가하지만 상업회의소 기간 동안 대체적으로 목포상업회의소는 다른 개항장 상업회의소와 마찬가지로 일본인 중심으로 재편되었음을 알 수 있다. 그럼 목포상업회의소의 구성원을 〈표 2-13〉을 통해 구체적으로 살펴보도록 하자.

---

118) 『木浦誌』, 1914, 22쪽.
119) 木浦府, 『木浦府史』, 1930, 545~546쪽.
120) 『每日申報』 1921.8.6, 「木浦商議有權者」.

〈표 2-13〉 목포상업회의소 회원의 영업별 구성(1920)

분류	일본인				조선인				합계
	제조	판매	기타	소계	제조	판매	기타	소계	
食料品	21	50		71		15		15	86
布帛, 同原料 및 製品	7	12		19	2	27		29	48
染色 및 洗濯	1	3		4					4
裝身具	1	7		8		2		2	10
荒物雜貨		24		24		2		2	26
家庭用具		8		8					8
紙文具, 印刷	4	3		7					7
遊藝具	3			3					3
燃料品		5		5		2		2	7
電氣, 瓦斯, 水道	1			1					1
藥品, 醫療機械		4		4			1	1	5
土木建築	4	4	8	16					16
金物, 鐵工, 機械, 造船	9	11		20	1	3		4	24
運輸			12	12		1	1	2	14
金融			14	14			7	7	21
雜			10	10		14		14	24
합계	51	141	34	226	3	66	9	78	304

출전: 植村鏗次郎, 『木浦案內 附商工人名錄』, 木浦商業會議所, 1921.

〈표 2-13〉과 같이 1920년 당시 목포상업회의소 회원은 대략 70여 업종에 304명 정도가 영업에 종사하였다. 산업별로 보면, 대체적으로 다른 지역 상업회의소와 비슷하게 상업이 약 68% 정도, 제조공업이 약 17% 정도를 차지하였다. 그러나 민족별로 살펴보면 다른 지역과의 차이점이 드러난다. 일본인은 67업종에 226명이 종사하고 있으며 상업 약 62%, 제조공업 약 22%, 금융업 약 6%, 운수업 약 5%, 토목건축업 약 3%의 비율로 이루어졌다. 목포상업회의소 일본인 회원의 경우 다른 지역 상업회의소에 비해 상대적으로 제조공업의 비중이 높고 상업과 토목건축업의 비중이 낮다.

제조공업이 다른 개항장의 상업회의소와 비교하여 특히 높은 이유는 지역적 특성과 관련이 있다. 목포는 평야와 육지면의 주산지를 배후지로 둔 곡물 및 면화수출항이었다. 따라서 미곡수출을 위한 정미업을 비롯하여 면화수출을 위한 조면 등 면직물 제조와 관련된 회사 및 공장들이 다른 지역에 비해 많았다. 한편 토목건축업의 비중이 낮았던 원인은 다른 지역과 달리 목포의 도시화와 철도, 항만 등 사회간접시설의 확충이 이미 일제시기 이전에 끝나고 새로운 사업은 그 이후에 이루어졌기 때문으로 보인다.[121]

한편, 조선인은 19업종에 78명이 종사하였다. 산업별 구성을 보면 상업이 약 84%, 금융이 약 8%, 제조업이 약 3%를 차지하여 대부분 상업에 종사하였다. 구체적으로 살펴보면, 조선인 회원은 綢緞布木商(27명), 위탁판매업(13명), 곡물상(10명) 등 수출입무역에 대부분 종사하였다. 그러나 그 자본 규모는 직접 무역을 할 수 있는 정도는 아니었고 주로 객주 또는 소매에 그치는 등 일본인에 비하면 그 자본의 규모가 현저히 낮았다.[122] 따라서 조선인의 경우 다른 개항장과 마찬가지로 회원의 비중이 현저히 낮았을 뿐만 아니라 대부분 무역항이라는 특성으로 인하여 수출입무역에 종사하였음을 알 수 있다.

목포상업회의소의 대부분을 차지한 일본인의 영업별 구성을 좀 더 구체적으로 살펴보면 또 다른 특징을 찾을 수 있다. 식료품 제조 및 판매에 종사하는 자가 전체의 약 31% 정도를 차지하였고 그 대부분은 곡물 관련업(21명) 또는 酒類·醬油 제조 및 판매업(17명)이었다. 다음으로 荒物雜貨가 약 10%를 차지하였고 잡화상(24명)이 중심이었다. 이어서 金物·철공·기계·造船이 약 9%를 차지하였는데 철공업(6명)과 造船業 관련업종(6명)이 두드러졌다. 그리고 布帛類가 약 8%로 그 뒤를 이었는데 면화상(8명)을 비롯하여 면화관련 제조업(3명)이 중심이었다.

---

121) 호남철도는 일제시기 이전에 완료되었고 목포항 설비는 1920년대 후반에 이르러 시작되었다.
122) 木浦府, 앞의 책, 592쪽.

결국 개항장이며 무역항이라고 하는 지역적·경제적 특성으로 말미암아 일본인 상공업자들의 경제적 기반이 조선인에 비해 압도적이었다는 점과 곡물 및 잡화의 수출입무역과 조선업 등 중공업에 종사하는 자들이 다수를 차지한 점은 다른 개항장 상업회의소와 유사하였다. 다만 면화수출항이라는 또 다른 지역적 특성으로 말미암아 면화를 중심으로 하는 원료 및 제품의 제조판매에 종사하는 회원이 상대적으로 많았다는 것은 목포상업회의소만의 특징으로 볼 수 있을 것이다.

(4) 인천상업회의소

조선인과 일본인 합동의 상업회의소는 이미 살펴본 부산, 원산, 목포 이외 인천, 진남포, 군산 등의 개항장도시에도 설립되었다. 그 외 개항장도시인 청진, 신의주, 마산 등지에서도 상업회의소 설립신청이 있었지만 총독부는 인구 및 경제적 규모가 크지 못하다는 이유로 인가하지 않았다.[123] 그러므로 여기서는 자료의 부족으로 구체적인 상업회의소 구성원을 파악할 수는 없지만 민족별 회원 구성과 주도층을 통해 인천, 군산상업회의소의 지역적, 경제적 특징을 대략적으로 살펴보도록 하겠다.

먼저 인천상업회의소를 살펴보자.

인천은 조선의 중심인 경성의 관문인 동시에 부산, 원산에 이어 1883년이라는 이른 시기에 개항되었다는 점에서 일본인 상공업자들의 진출이 빨랐으며 그 기반확대를 위한 움직임 또한 강력하였다. 특히 최대의 소비시장인 한성으로의 경제적 침투를 위해 일본의 大해운회사를 비롯하여 민간은행의 지점들이 속속 개설되면서 일본상인의 기반확대는 더욱 가속화되었다.[124] 뿐만 아니라 청일전쟁 이후 아관파천과 의병의 봉기로 인해 일시 세력이 약화되자 무장행상조직인 계림장업단을 결성하여 공격적인 상업활동

---

[123] 경제적 규모가 적절한 수준에 이르자, 청진과 신의주는 1925년과 1927년에, 마산은 1930년대 후반에 각각 설립인가를 받아 상업회의소가 설립되었다.

[124] 靑山好惠, 『仁川事情』, 朝鮮新報社, 1892, 9~10쪽.

은 전개하는 한편, 미두취인소를 설립하고 조선인 객주들에 대항하여 무역 중개권을 장악하는 등 세력 확대에 심혈을 기울였다.125) 따라서 일본인 상공업자들은 청일전쟁 이전까지는 경제적 기반이 상대적으로 조선인 또는 중국인보다 약했지만 러일전쟁을 기점으로 하여 점차 인천지역의 경제적 기반을 장악해갔다. 인천지역 일본인들의 경제적 기반 확대로 인하여 일제 초기 조선인과 통합된 인천상업회의소는 대다수 일본인들에 의해 장악되었다. 〈표 2-14〉는 인천상업회의소 회원의 민족별 현황이다.

〈표 2-14〉 인천상업회의소 회원 수 현황(1916~1928)

	1916.6.	1917.6.	1918.6.	1919.5.	1923.6.	1925.6.	1927.9.	1928.1.
일본인	287	280	289	309	380	378	306	304
조선인	97	90	95	113	130	138	127	123
합계	384	370	384	422	510	516	433	427

출전: 『每日申報』 1916.1.19, 「仁川의 逐鹿運動」; 朝鮮總督府, 「商業會議所一覽」, 『朝鮮彙報』 7月號, 1917; 朝鮮總督府, 「商業會議所一覽」, 『朝鮮彙報』 7月號, 1918; 『每日申報』 1919.6.27, 「仁川商議當選」; 『東亞日報』 1923.6.28, 「仁商議員選擧」; 1925.6.27, 「仁川評議員」; 『中外日報』 1927.7.20, 「仁川商議賦課金決定」; 1928.1.31, 「賦課金으로 본 仁川의 商工界」.

〈표 2-14〉와 같이 인천상업회의소의 구성원은 상공회의소로 전환하기 전까지 줄곧 일본인이 70% 이상을 차지하였다. 이는 개항장에 설립된 다른 상업회의소에 비하면 상대적으로 높은 비율은 아니지만 내륙도시에 설립된 상업회의소보다는 높은 수치였다. 게다가 조선인의 경제력은 다른 개항장과 마찬가지로 일본인의 10% 정도에도 미치지 못하는 수준이었다.126)

한편 〈표 2-14〉를 통해 회원 수의 변화추이를 살펴보면, 전체적으로 볼 때 다른 상업회의소와 동일한 것으로 보인다. 그러나 다른 상업회의소의 경우 조선인과 일본인이 동시에 증감하는데 반해, 인천상업회의소는 조선

125) 仁川府, 『仁川府史』, 1933, 1044~1058쪽.
126) 『中外日報』 1928.1.31, 「賦課金으로 본 仁川의 商工界, 鮮日人의 差」.

인의 증감은 아주 소폭에 그치고 일본인의 증감이 두드러졌다. 이는 인천 지역의 조선인 상공업자들이 다른 지역보다 상대적으로 적었을 뿐만 아니라 경제력 또한 낮았기 때문으로 보인다. 따라서 인천상업회의소도 다른 개항장 상업회의소와 마찬가지로 경제력이 우월한 절대 다수의 일본인들에 의해 구성되었다고 해도 과언이 아닐 것이다.

인천상업회의소는 일본인 중심으로 재편되었을 뿐만 아니라 부산과 함께 조선 최대의 무역항이라는 지역적 특색으로 말미암아 대부분 수출입무역에 관련된 업종에 종사하는 자들로 구성되었다. 인천은 특히 미곡수출과 관련하여 1896년 미두취인소가 조선에서 유일하게 설치되면서 미곡수출에 관련한 업종에 종사하는 자들이 전통적으로 많았다. 또한 곡물관련 제조업이 일찍부터 일본인들에 의해 주도되어 정미업과 淸酒 등 酒類제조 및 양조업이 발달하였다. 물론 대내외 무역을 위한 해운업 또한 발달하여 원산상업회의소의 중요한 구성원이 되었다.127)

그럼 인천상업회의소의 중요한 문제를 우선 논의하고 결정하였던 역원들을 통해 그 주도층을 살펴보자. 인천상업회의소 역원은 총 8번의 개선을 통해 회두(보결 포함) 4명, 부회두(보결 포함) 15명, 그리고 상무위원 23명으로 총 42명이었다.128) 이를 민족별로 나누어 보면 일본인은 회두 4명, 부회두 9명, 상무위원 18명으로 총 31명이었고 조선인은 부회두 6명, 상무위원 5명으로 총 11명이었다.

인천상업회의소의 중심적인 역할을 수행하였던 일본인 역원들을 살펴보면, 1921년 이후 인천상업회의소의 회두를 역임한 吉田秀次郎(해운업 및 무역업, 吉田·奧田정미소, 미두취인소 및 곡물협회)을 비롯하여 회두였던 奧田貞次郎(곡물무역상, 奧田정미소, 미두취인소 및 곡물협회), 白神專一(철물기계수입상, 金物船具조합장, 미두취인소), 稻田勝彦(토목건축업, 稻田

---

127) 田中麗水, 『全鮮商工會議所發達史』 第4編 仁川編, 釜山日報社, 1936, 6~7쪽.
128) 岡本保誠, 『仁川商工會議所五十年史』, 仁川商工會議所, 1934, 24~38쪽.

組), 부회두였던 萩谷籌夫(조선신문사, 미두취인소), 川添三次(운송업, 운송통관업조합장, 미두취인소), 坂倉伊平(약종상 및 무역업, 미두취인소), 杉野榮八(미곡무역상, 미두취인소 및 곡물협회), 平山松太郞(미곡상, 미두취인소), 野口文一(석탄판매업 및 해운업, 미두취인소), 太田忍(인천신탁주식회사대표 및 조선운송주식회사 인천지점장), 상무위원 加來榮太郞(船具商, 미두취인소), 河野竹之助(무역 및 잡화상, 미두취인소), 田中佐七郞(무역상, 미두취인소), 美濃谷榮次郞(철물판매업), 大石季吉(歐米잡화상), 堆浩(三井物産 인천출장소장, 미두취인소 및 곡물협회), 辻川富重(미곡무역상, 仁川정미소, 미두취인소), 永井市太郞(朝日양조주식회사, 미두취인소), 永井房吉(小間物商, 미두취인소) 등이다. 이들은 주로 일찍부터 인천 및 조선의 다른 개항장에서 대일무역에 종사하던 자들로 특히 조선 유일의 인천미두취인소의 설립에 참여하거나 중역, 대주주, 중매인으로 활동하던 유력자들이었다. 그 외 제18은행 인천지점장이라든지 대판상선주식회사 인천지점장 등 일본의 금융 및 해운회사 지점장들 또한 부분적으로 인천상업회의소의 역원으로 활동하였다. 그러나 일본 대회사의 상사원들은 인천에서의 지속적인 활동보다는 지점장으로 재임한 짧은 시기에만 관여하고 있어 실질적으로 지역사회를 주도하지는 못했다.

한편, 조선인은 조선인상업회의소의 회두와 부회두를 지냈고 다시 조선인과 일본인 합동의 인천상업회의소에서도 특별평의원 및 부회두를 역임한 丁致國(공동우선회사 인천지점장, 미두취인소), 張錫佑(공익사 인천지점장, 물산객주조합장, 곡물협회)를 비롯하여 沈能德(都家業, 朝鮮計理株式會社 취체역), 朱明基(미곡상 및 정미업, 미상조합장, 곡물협회), 沈宜淑(심능덕의 아들, 대종상사주식회사 사장) 등이었다. 이들 대부분은 객주 출신으로 대내외 무역 및 위탁판매업이나 해운업에 종사하였다.

따라서 인천상업회의소는 조선 2위의 수출입무역항이라는 지역적·경제적 특징으로 말미암아 미곡을 중심으로 한 각종 수출입 무역업에 종사하는 자들이 구성원의 대다수를 차지하였을 뿐 아니라 인천상업회의소도 또한 주도하였음을 알 수 있다.

(5) 군산상업회의소

군산은 충청남도, 전라북도의 비옥한 토지로부터 나온 세곡을 금강과 만경강의 수운을 이용하여 집산하고 서해안을 통해 중앙으로 운송하기 수월한 지리적·경제적 요충지였기 때문에 조창이 조선시대부터 설치되었다.[129] 이 때문에 일본인들은 호남평야를 배후지로 한 미곡 수출항으로서 군산의 가치를 인식하고 개항의 필요성을 느끼고 있었다.[130] 따라서 다른 개항장보다는 늦었지만 마산과 함께 1899년에 개항이 되자 많은 일본인들이 이주하기 시작하였다.

군산에 들어온 일본인들 대부분은 일본과의 수출입 무역에 종사하면서 군산에서의 경제적 기반확대에 노력하는 한편, 1907년 상공업에 관한 의견을 총괄적으로 대표하는 기관인 일본인상업회의소도 설립하였다.[131] 반면, 대한제국의 영향력이 약해지는 가운데 군산이 개항됨으로써 다른 개항장과 달리 군산지역에 기반을 둔 조선인들의 성장은 처음부터 보이지 않았다.[132] 따라서 군산상업회의소는 형식상으로는 일본인상업회의소를 해산하고 설립되었지만 실제로는 일본인상업회의소에 일부 조선인 회원을 포함하는 수준이었다.

〈표 2-15〉와 같이 1916년 6월 설립될 당시부터 이후 상공회의소로 전환될 때까지 군산상업회의소의 민족별 회원 수를 보면, 군산지역의 경제적 기반을 일본인들이 장악하고 있었던 것을 쉽게 알 수 있다.

---

129) 소순열·원용찬, 『전북의 시장 경제사』, 신아, 2003, 174~175쪽.
130) 三輪規·松岡琢磨, 『富之群山』, 群山新報社, 1907, 13~17쪽.
131) 田中麗水, 『全鮮商工會議所發達史』 第6編 群山編, 釜山日報社, 1936, 22~23쪽.
132) 이준식, 「일제강점기 군산에서의 유력자집단의 추이와 활동」, 『동방학지』 131, 2005.

〈표 2-15〉 군산상업회의소 회원 수 현황(1916~1928)

	1916.12.	1917.6.	1918.6.	1925	1926.12	1928.6.
일본인	109	110	107			297
조선인	17	16	18			56
합계	125	126	125	224	324	353

출전: 群山府, 『群山府勢要覽』, 1917, 20쪽 ; 朝鮮總督府, 「商業會議所一覽」, 『朝鮮彙報』 7月號, 1917 ; 朝鮮總督府, 「商業會議所一覽」, 『朝鮮彙報』 7月號, 1918 ; 『東亞日報』 1926.12.8, 「群山商議員增加」 ; 1928.6.14, 「群山商議改選 去十一日에」.

〈표 2-15〉와 같이 1910년대 후반 군산상업회의소 회원은 평균적으로 일본인 109명, 조선인 17명, 합하여 126명 정도로 일본인의 비율이 90%에 육박할 정도로 압도적이었다. 1920년대 초반은 자연적인 인구증가율과 부영업세 부과율의 증가로 인하여 전체적으로 100명 이상의 회원 증가가 보이지만 민족별 비율은 1910년대와 그다지 차이나지 않았을 것으로 보인다. 왜냐하면 1926년 회원자격이 부영업세 20원 이상에서 10원 이상으로 낮추어졌음에도 불구하고 1920년대 후반 조선인 회원의 증가는 그리 크지 않았고 그 비율도 조금 상승하였지만 여전히 15% 정도에 머무르고 있었기 때문이다.[133] 따라서 군산상업회의소 회원의 추이를 통해 보면, 다른 개항장 상업회의소와 마찬가지로 군산상업회의소도 압도적인 일본인 우위의 상업회의소였음을 알 수 있다.

1907년의 일본인상업회의소는 수출·수입 관련업자들에 의해 설립되었기에 그 구성원의 대부분도 이들이 차지하였으며 그중 주도층은 군산미곡상조합이었다.[134] 조선인 회원까지 포함한 군산상업회의소도 대체적으로 이전 일본인상업회의소와 유사한 것으로 보인다. 그럼 군산상업회의소를 대표하는 한편, 중요한 안건을 가장 먼저 논의하여 의결하였던 역원을 비롯하여 특별평의원을 통해 그 주도층을 살펴보도록 하자.

---

133) 朝鮮總督府, 『旧商工會議所原簿』, 1929, 14쪽.
134) 田中麗水, 앞의 책, 22쪽 ; 保高正記, 『群山開港史』, 1925, 191~219쪽.

1930년 상공회의소로 전환하기 전까지 군산상업회의소의 역원은 회두, 부회두, 상무위원을 합쳐 총 21명이 역임하였다. 다른 상업회의소와 다른 점은 조선인의 경우 부회두는 물론이고 상무위원조차 단 한 명도 없었다는 점이었다.135) 이는 회원 수 비율에서도 본 것처럼 일정정도 이상의 경제적 기반을 가진 조선인 상공업자가 없었기 때문이었지만 이를 핑계로 군산의 일본인들은 「조선상업회의소령」의 표면적인 구호였던 '내선융화'가 무색하게 군산상업회의소를 일본인 상업회의소로 만들고자 하였기 때문이었다.

그렇기에 군산상업회의소의 주도층 역시 조선인은 거의 찾아보기 힘들었다. 유일하게 특별평의원에 선임되었던 申錫雨가 있었는데 신석우 또한 경제적 기반보다는 관직 및 각종 기부행위로 말미암아 특별평의원에 선임되었던 것 같다.136) 그럼 일본인 역원 가운데 2회 이상 연임한 자를 살펴보면, 1916년 설립부터 1920년대 중반까지 회두였던 大澤藤次郎(해운업 및 재목상, 미곡상조합), 1920년대 초반에는 부회두였다가 후반에는 회두가 되었던 赤松繁夫(醬油양조업, 전북수산주식회사장)가 대표적 인물이었다. 그리고 회두 樋口虎三(토목청부업, 군산전기회사전무, 남조선전기회사전무), 松本市五郎(미곡비료상, 농사경영 및 비료제조판매, 조선비료협회, 미곡상조합), 부회두 檜垣孫三郎(잡화 및 면사포 무역상), 상무위원 橫山與市(잡화상 및 차가업, 미곡상조합), 楠田義達(楠田농장), 花岡鶴松(미곡무역상, 花岡정미소, 미곡상조합), 半田瀧吉(미곡상, 조선정미주식회사 군산지점장, 미곡상조합), 西村又三郎(繩叺곡물상, 토목청부업), 香原助太郎(香原양조장), 上田朴(협동해운주식회사), 梶太三郎(면사포 및 미곡기타수이입 무역상)과 특별평의원이었던 磯部謙哉(福田又상점 군산지점지배인, 군산연초원매팔조합장, 미곡상조합), 森菊五郎(미곡무역상, 森菊정미소, 미곡상조합, 군산미곡신탁회사) 등이 주요한 인물이었다.137) 이들은 군산 개항과 함께 군산에

---

135) 田中麗水, 위의 책, 23~28쪽.
136) 朝鮮總督府 中樞院, 「申錫雨」, 『各道議員 推薦의 件』, 1921.
137) 田中麗水, 앞의 책, 23~38쪽 ; 保高正記, 앞의 책, 191~219쪽 ; 釜山日報群山支社,

들어오거나 다른 개항장에서 이미 경제적 기반을 쌓다가 군산으로 이주하여온 자들로 대부분 수출입 무역에 종사하는 유력자들이었다. 그리고 군산의 지역적 특징으로 말미암아 대체적으로 군산미곡상조합의 일원으로 활동하고 있던 자들이었다.

이상과 같이 개항장 상업회의소 회원 구성의 특징과 그 영업별 상황을 통해 지역적·경제적 특징을 정리해 보면 다음과 같다. 우선, 도시 자체가 일본인들의 진출과 함께 형성되었기 때문에 개항장 상업회의소 구성원은 대부분 일본인이었다. 뿐만 아니라 개항장 상업회의소는 철저하게 일본인에 의해 주도되었다. 그러므로 경제력의 향상과 행정적인 요인에 의해 조선인 회원이 증가하여도 별다른 제지나 감소방안을 마련하지 않았다. 오히려 회원 증가가 가져올 운영비의 확대를 환영하는 분위기였다. 따라서 일제에 의해 강제 개항된 항구도시 상업회의소는 민족적 모순에 의한 일본인과 조선인 간의 첨예한 대립보다는 일본인 및 상공업자 내부의 계급적 모순으로 분열 및 대립할 여지가 있었음을 알 수 있다.[138]

둘째, 회원의 영업별 구성에서 무역항이라는 지역적 특성으로 말미암아 대일본 수출무역과 관련하여 곡물을 기본으로 하여 해산물 및 면화관련 업종과 수입 무역과 관련된 잡화관련 업종이 대다수를 차지하였다. 이는 상업적 기반이 역시 강했지만 내륙도시 상업회의소의 대도시 소비시장과 관련된 소비재판매와는 상당히 달랐다. 그리고 차이는 있겠지만 대체적으로 일본인의 경우 곡물을 기본으로 해산물 및 면화수출에 종사하는 한편, 도시화의 진전으로 인하여 잡화수입에 종사하는 자도 점차 확대되었다. 반면, 조선인의 경우 주로 곡물과 면포의 판매에 종사하였으며 경제적 기반이 상

『開港三十周年記念 群山』, 1928, 52~100쪽 ; 鎌田正一, 『朝鮮の人物と事業』, 實業之朝鮮社出版部, 1936, 109~319쪽.

138) 1920년대 부산상업회의소는 전기부영화문제로, 군산상업회의소는 군산항매축 및 취인소설치문제로, 인천상업회의소는 미두취인소이전문제로 내부의 분열과 격심한 대립양상을 드러내었다.

당히 낮았기 때문에 직접 무역에 종사하는 자는 드물었고 대부분 위탁판매나 소매에 집중되어 있었다.

셋째, 무역항이라는 지역적 특징으로 인하여 임해공업의 성립이 빨랐고 이 때문에 정미업 등 경공업과 조선업 등 중공업에 종사하는 회원 또한 중요한 위치를 차지하였다. 그러나 같은 항구라고 해도 배후지의 특징에 따라 발달하는 제조공업은 비중과 내용은 달랐다. 부산의 경우 대도시일 뿐만 아니라 조선 제일의 수출입무역항이었기 때문에 상대적으로 제조공업의 비중은 낮았다. 그렇지만 곡물류 등의 경공업뿐만 아니라 조선업 등 중공업 등이 골고루 발달하였다. 원산은 강원도 및 북부 조선의 풍부한 광물 자원으로 인하여 제조공업의 비중이 높았으며 주로 조선업 및 철공업 등 중공업이 발달하였다. 이에 비해 목포는 미·면화생산지라는 지역적 특징으로 말미암아 제조공업의 비율이 더욱 높았으며 주로 정미업 및 면방직업 등의 제조공업이 발달하였다. 그 외 인천과 같은 경우도 미곡수출항이라는 특징으로 말미암아 정미업과 청주 등 주류 제조업이 다른 지역에 비해 발달했으며 군산 또한 정미업이 발달하였다.

넷째, 상업 및 제조공업 다음으로 중요한 위치를 차지하고 있던 운송업은 당연하겠지만 해운 관련업종이 중심이었다. 특히 大해운회사의 지점이 설치되고 그에 부속하는 回漕業이나 周旋業 등이 중요한 위치를 점하였다.

다섯째, 내륙도시에 상대적으로 많았던 토목건축청부업자는 개항장의 상업회의소에는 많지 않지만 지역적 상황에 따라 그 비율도 달랐다. 부산의 경우 도시화 및 철도·항만의 개발이 계속해서 이루어지고 있었기에 토목건축청부업자들이 상대적으로 많았지만 그 외 지역은 대규모의 토목사업이 이루어지지 않았기 때문에 최소한의 비율에 지나지 않았다.

제1부 지역 상업회의소의 성립과 조선상업회의소연합회의 결성

제3장 조선상업회의소연합회의 결성과 운영체제

1. 조선상업회의소연합회의 결성

「조선상업회의소령」과 영업세를 제한하는 방법으로 지역 상업회의소를 장악한 이후 영업세 총액을 통해 평의원의 80%를 장악한 일본인들은 지역 사회에 대한 기득권과 자신들의 기반을 확대·강화하려고 하였다. 1차 세계대전으로 인한 일본 경제의 호황은 조선 경제의 활성화에 영향을 미쳤고 일본인과 조선인 자본가들은 지역 상업회의소를 통해 자신들의 경제적 기반을 더욱 확대하고자 노력하였다. 먼저 지역의 경제적 발전을 위한 현안 문제를 해결하려고 하는 개별적인 경제 활동을 전개하였다. 〈표 3-1〉은 지역 상업회의소의 성립과 함께 지역에서 이루어진 주요 활동이다.

〈표 3-1〉 지역 상업회의소의 개별적 청원활동(1916~1917)

구분	주요 활동 및 청원
경성	가정공업실시방법에 관한 현상모집, 상점원수양강화회개최, 회의소분과규정제정, 동부노령아세아의 상품소개와 시찰, **취인소설치청원**, 약속수형지불장소지정 (경성상공회의소25년사), 지방경제상황조사(매일신보)
인천	**관립상선학교설치청원**, 러시아백미수출원조방청원, 철도운임할인제건의, 조선**방직주식회사설치운동**(인천상공회의소50년사)
군산	**취인소설치청원**, 인입선연장청원, 미곡검사원급증요망(매일신보, 부산일보)
목포	조선방직주식회사설치운동(매일신보)
원산	경원철도에 관한 건 청원, 打綿검사규정폐지진정, 繩叭검사규정폐지진정, **평원선부설청원**, 원산리우편소이전청원, 수산비료검사규칙개정, **일본횡단항로 및 평원철도속성동맹회조직**(원산상공회의소60년사), 경성원산간장거리전화개설청원 (매일신보)
평양	포병지창유치운동, **만주시찰단계획**, 세관인입선환장청원, **평원철도속성청원**, 일**본횡단항로개시청원**, 평남간열차증설의, 대동강수운조사, 회의소분과설치, 평양은행설립시도, 겸의포시찰단파견, 보조화부족대응책마련(매일신보)

진남포	**만주시찰단계획**, 대련행기선정기기항도수증가청원, 사리원미곡검사소설치희망청원, 공동하양장토지사용건신청, 백미수출철도운임할인청원, 철도국계약할인운임청원, 사리원곡물검사소설치청원, 축항인입선일반내국화물취급개시청원, 廉庫貸下청원(전선상공회의소발달사 진남포편), **일본횡단항로 및 평원철도속성동맹회조직**
대구	군대유치운동(전선상공회의소발달사 대구편), 대구안동경편철도부설청원 및 운동(매일신보)
부산	일로무역조사, **관립상선학교설치청원**, 주세령인쇄물배부, 체화와 수송업조사, 시가도로 개인소유지 무상제공제의, 부산진방면의 수량과 수질조사, 판신명령, 항로개시청원, 대로무역업자대회 및 시찰보고회, 부울선속성진정, 곡물운임인하요망, 세관감리파출소설치청원, 상업회의소매품관개관, **취인소설치청원**, **조선방직주식회사설치운동**, **일본횡단항로개설문제**(부산일보, 매일신보)
전체	미두검사규칙자문에 대한 답신, 상공금융기관의 利弊에 관한 답신, 중국 및 일본과의 명령항로개설문제

출전: 『每日申報』, 『京城日報』, 『釜山日報』, 『朝鮮時報』참조 ; 岡本保誠, 『仁川商工會議所五十年史』, 仁川商工會議所, 1934 ; 田中麗水, 『全鮮商工會議所發達史』, 釜山日報社, 1936 ; 伊藤正慤, 『京城商工會議所二十五年史』, 京城商工會議所, 1941, 339~342쪽 ; 町田義介, 『元山商工會議所六十年史』, 元山商工會議所, 1942, 212쪽 ;
비고: 강조는 지역 간 연대 또는 동일 문제에 대한 요구임.

지역 상업회의소는 우선 분과의 제정 및 회의소 이전 또는 건축 등 조직체계 및 부대시설을 정비하는 한편, 주로 지역의 현안문제에 대한 해결과 지역경제의 기반확충을 위해 진력하였다.[139] 〈표 3-1〉과 같이 군대의 유치를 비롯하여 미두취인소 등 금융기관의 설치, 관립상선학교 등 실업교육기관의 설치, 조선방직주식회사 조선공장 등 일본자본의 유치 등에 집중하였

---

[139] 일본인 중심의 부 지역에서 명실상부한 자치조직은 지역 상업회의소라고 해도 과언이 아니었다. 1910년대 부 지역의 자치조직으로 학교조합과 부협의회도 존재하였지만 학교조합은 교육과 관련된 부문에 극한되었다. 그리고 부협의회는 1914년 부제의 실시로 조선의 각 부에 설치되었지만 1910년대는 실제적 권한이 없는 자문기구였으며 협의원직 자체는 한낱 명예직에 불과했다(홍순권, 「1910~20년대 '부산부협의회'의 구성과 지방정치-협의원의 임명과 선거 실태 분석을 중심으로-」, 『역사와 경계』 60, 2006, 179~184쪽 참조).

다. 그리고 각종 경제 조사 및 현상모집을 시행하는 한편, 전통적인 상행위에 대해서는 "구습타파"를 외치며 '근대적'인 상거래관행을 정착시키기 위해 노력하였다. 한편 일본정부의 대륙팽창정책에 편승하여 러시아·중국·만주에 대한 무역시찰조사도 계획하였다. 특히 무역 및 상품유통과 관련하여 철도 및 선박운임의 인하를 비롯하여 중국 및 일본과 연결하는 명령항로의 개설 또한 청원하였다. 지역 상업회의소의 활동 중 주목되는 것은 당시 조선 산업개발에 소극적인 일본정부와 조선총독부에 대해 부분적이지만 관사철도의 부설과 각 항만의 증개축 및 명령항로의 개설 등을 점차 적극적으로 요구하였다는 점이다.140)

그러나 지역 상업회의소가 내세운 요구사항은 대부분 지역 현안 및 지역 경제에 한정되어 조선 경제 전체에 대한 체계적인 논의는 거의 이루어지지 못했다. 일부 지역 간의 연대를 통한 조선 산업개발이 제기되었지만 조선 전체의 요구로 확대되지 못했다. 그나마 제기된 조선 산업개발은 지역적 문제로 치부되거나 조선의 경제적 상황을 고려한다는 명분하에 행정당국으로부터 외면당하였다. 부분적으로 진행된 조선 경제에 대한 논의는 총독부의 자문에 대한 답신 정도에 그쳤다.

이상과 같이 지역 상업회의소는 통합과 함께 지역 경제와 관련된 현안문제에 집중함으로써 조선 전체와 관련된 중요한 문제에 대해서는 상대적으로 소극적이었다. 지역 상업회의소의 활동이 지역단위의 개별 운동에 그쳤던 원인은 현행「조선상업회의소령」이 지역 상업회의소의 사무권한을 수동적이고 소극적으로 제한하였기 때문이었다. 그리고 조선 경제에 대한 지역 상업회의소 간의 단결된 목소리가 부재했기 때문이었다.141) 따라서 지

---

140) 이 시기 조선총독부는 재정독립을 선언하고 일본으로부터의 보충금과 사업공채를 중지하는 한편, 새로운 조세원의 개발과 제정을 통하여 예산을 확보하고자 하였다. 따라서 조선 산업개발사업에 투자되는 자금은 점차 줄어들었고 이 때문에 철도부설 등 조선 산업개발은 정체에 빠졌다.
141) 『釜山日報』 1915.7.22, 「朝鮮商業會議所漫評」.

역 상업회의소는 현행 법령의 개정과 집단적으로 그들의 경제적 요구를 주장·관철시킬 수 있는 연합 기구가 필요하였다.142) 일본인 상업회의소시기 이미 연합회조직을 결성하여 활동한 경험이 있을 뿐만 아니라 당시 일본의 전국상업회의소연합회가 결성되어 활동하고 있었기 때문에 연합 조직의 결성은 어쩌면 당연한 일이었다. 더불어 조선 경제의 호황과 만주와의 긴밀한 관계라는 외부적인 상황이 맞물려 조선 지역만의 연합 조직뿐만 아니라 만주지역과의 연합 조직도 동시에 결성하게 되었다.143)

2. 조선상업회의소연합회의 운영체제와 주도층

조선상업회의소연합회는 전선상업회의소서기장회의에서 마련한 연합회 규정에 따라 연합회사무소는 경성에 두며 정기 연합회는 매년 9월 경성에서 개최하는 것으로 되었다. 그리고 지역 상업회의소의 대표위원 2명이 참석하여 제안한 안건에 대해 논의하고 과반수 이상의 찬성을 통해 결의되는 것으로 규정하였다.144) 규정에 따르면 연합회는 상설기구였다. 그러나 결성과 함께 곧바로 상설기구로 되지 못하였고, 1922년에 비로소 경성상업회

---

142) 田中麗水, 『全鮮商工會議所發達史』 第2編 朝鮮商工會議所, 釜山日報社, 1936, 70쪽.
143) 이 시기 조선철도와 남만주철도의 통합, 조선은행과 동양척식주식회사의 만주 진출로 인하여 만주지역과 조선은 경제적으로 밀접한 관계를 맺게 된다(『每日申報』 1917.12.19, 「鮮滿商議提携」; 1918.3.14, 「無足言」). 이 책에서는 조선 경제와 관련된 것만을 분석대상으로 삼았기 때문에 '조선상업회의소연합회'를 논의의 대상으로 삼으며, 만주와 관련된 논의가 대부분인 '만선상업회의소연합회'의 논의과정은 제외하였다. '만선상업회의소연합회'와 관련된 연구는 차후의 과제로 미루어둔다.
144) 『每日申報』 1918.3.15, 「鮮滿書記長會議(第2日)」. 그러나 본격적인 상설기구로 활동하게 된 것은 1921년 제4회 정기 연합회의 논의에 따라 연합회사무소가 경성 상업회의소 내에 설치되는 1922년 이후의 일이었다(『東亞日報』 1922.2.19, 「全鮮商議聯合會」).

의소 내에 연합회사무소가 설치되면서 상설기구가 되었다.[145]

한편, 지역 상업회의소가 제안할 수 있는 의안은 설립 초기에는 제한이 없었지만 제4회 정기 연합회부터는 1회의소에 대해 2문제로, 제7회 정기 연합회부터는 1회의소에 대해 1문제로 축소되었다.[146] 지역 상업회의소마다 제안할 수 있는 의안이 축소된 이유는 동일한 의안이 중복되거나 지역문제에 국한된 의안이 자주 제출되면서 조선의 전반적인 경제 문제를 논의하고 결의하는 연합회의 개최취지와 맞지 않았기 때문이었다. 그리고 조선 전체와 관련된 가장 중요하고 시급한 문제에 연합회의 모든 역량을 집중하여야만 달성할 수 있었기 때문이었다.

조선상업회의소연합회의 정기적인 개최는 설립 초기 주로 9월 또는 10월에 개최되었다. 이는 조선총독부의 예산편성과 관련이 있었다. 그러나 1923년부터 정기 연합회는 5월로 변경되었다. 연합회는 1922년 초부터 산업개발전략으로 '4대 요항'을 마련하고 일본정부와 의회에 대한 실현운동을 전개하였다. 따라서 일본정부와 의회의 예산편성 및 예산심의결정기간인 5월이 연합회에게는 가장 중요한 시기로 대두되었다. 그러자 1922년 제5회 정기 연합회에서 목포상업회의소는 "총독부예산과 긴밀의 관계를" 가진 5월로 개최기일을 변경하자고 제안하였고 만장일치로 받아들여졌다.[147] 이후 정기 연합회는 주로 5월에 개최하였다.[148] 연합회의의 개최기일을 통해 보더라도 연합회가 자신들의 경제적 이익을 위해 조선총독부뿐만 아니라 점차 일본정부 및 의회까지도 영향력을 행사하고자 하였음을 알 수 있다.

조선상업회의소연합회의 개최지는 연합회규정에 의하면 경성이었지만 꼭 경성에만 한정된 것은 아니었다. 1921년 제4회 정기 연합회는 선만(만선)상업회의소연합회의 개최와 함께 평양에서 개최되었으며, 1925년 제8회

---

145) 『東亞日報』 1922.2.19, 「全鮮商議聯合會」.
146) 『東亞日報』 1920.8.30, 「商議聯合會 提案二題로制限」 ; 1924.4.3, 「商議聯合大會」.
147) 『每日申報』 1922.9.18, 「全鮮商議聯合會」.
148) 田中麗水, 앞의 책, 73~112쪽.

정기 연합회는 원산에서, 1926년 제9회 정기 연합회는 전남물산공진회 및 조선면업공진회의 개최와 함께 목포에서 개최되었다.[149] 따라서 특별한 행사가 있다거나 지역 상업회의소의 특별한 요청이 있는 경우 경성을 제외한 지역에서도 정기 연합회의 개최는 가능하였다. 그러나 임시 연합회는 모두 경성에서 개최되었다.[150] 사안의 중요성 및 긴박성으로 말미암아 즉각적인 논의와 결의사항의 청원을 위해서는 조선총독부를 비롯한 식민경제기구가 집중되어 있는 경성이야말로 최적지였음은 어쩌면 당연한 일이었다.

조선상업회의소연합회의 개최여부는 회의의 성격에 따라 달랐다. 정기 회의의 경우 연합회규정에 따라 최초 9월에 개최되었고 그 이후 전회의 정기 연합회에서 논의한 결과에 따라 주로 9월 또는 5월에 개최되었다. 이와 달리 긴급한 경제문제에 대해 논의하여 해결방안을 마련하는 임시 연합회는 설립 초기에는 지역 상업회의소의 발의에 의해 대부분 개최되었다.[151] 그러다가 1922년 연합회사무소가 경성상업회의소 내에 설치되어 연합회가 본격적으로 상설기구가 되자, 임시 연합회는 대부분 연합회사무소의 요구에 의해 열렸다.

다음으로 조선상업회의소연합회의 주도적인 지역 상업회의소와 주도층을 살펴보도록 하자. 연합회의 주도적인 지역 상업회의소는 연합회의 개최 요구를 통해 대체적으로 파악할 수 있을 것이다. 연합회의 개최는 설립 초기 지역 상업회의소가 골고루 연합회의 개최를 발의할 수 있어 처음부터 조선상업회의소연합회는 어느 한 지역 상업회의소에 의해 주도되지는 않

---

149) 『東亞日報』 1921.7.13, 「箕城漫筆 靜波 商議聯合會」; 『東亞日報』 1924.5.19, 「商議聯會終了」; 『每日申報』 1926.9.29, 「商議聯合會議, 11月 木浦에서」.
150) 田中麗水, 앞의 책, 73~112쪽.
151) 1919년 일본 및 상해항로의 개설과 관련해서는 주로 개항장 상업회의소에서 발의하였고, 1920~1921년 평원철도 속성과 관련한 문제에서는 평양을 비롯한 원산, 진남포상업회의소가 발의하였다. 한편, 1920년 조선산업철도회사의 해산문제 및 조선관세문제와 관련해서는 경성이 발의하였고, 1922년 군축잉여금의 조선 투자와 관련해서는 부산상업회의소가 발의하여 임시 연합회가 개최되었다.

앉다. 그러나 임시 연합회의 개최를 발의한 지역 상업회의소가 인천을 비롯한 평양, 경성, 부산 등이었기에 지역 상업회의소라고 해도 어느 정도 경제력이 있는 대도시 상업회의소였음을 알 수 있다. 덧붙여 1920년대 초반 산업개발전략을 마련하는 논의와 이를 실현하기 위한 정치적 활동을 통해 볼 때 부산상업회의소의 주도적인 모습도 보이고 있었다.

그러나 1922년 연합회사무소가 경성상업회의소 내에 설치되면서 1923년부터 본격적으로 경성상업회의소의 주도하에 임시 연합회의 개최가 이루어졌다. 또한 1923년 이후 조선상업회의소연합회의 '4대 요항' 실현을 위한 정치활동은 모두 조선상업회의소연합회의 회장과 서기장에 의해 주도되었으며 이들은 경성상업회의소 회두와 서기장이었다. 따라서 연합회 설립 초기에는 주로 대도시 상업회의소의 주도로 연합회가 운영되었다면 1923년 이후 조선상업회의소연합회 대표와 실무를 맡은 경성상업회의소가 주도하는 형태로 변화되었음을 알 수 있다.

조선상업회의소연합회의 주도층은 지역 상업회의소를 대표하여 연합회에 참석한 자들을 통해 살펴볼 수 있다. 지역 상업회의소의 대표는 주로 회두, 부회두를 중심으로 이루어졌다. 그렇지 못할 경우 회두, 부회두의 경험이 있는 평의원 또는 상무위원 그리고 특별평의원이 중심이 되었다. 또한 사무관계상 서기장이 함께 출석하는 경우도 많았다.[152] 사무적인 일을 처리하는 서기장을 제외하고 정기 및 임시 연합회를 구분하지 않고 대략적으로 2회 이상 참석한 지역 상업회의소의 대표들과 그들의 경제 활동을 정리하면 〈표 3-2〉와 같다.

---

152) 木村健二,「朝鮮における商業會議所聯合會の決議事項」,『戰時下アジアの日本經濟團體』, 日本經濟評論社, 2004, 54~55쪽.

〈표 3-2〉 조선상업회의소연합회 대표의원(1918~1929)

	성명	직위	초기 영업	경제 활동	渡鮮 時期
경성	釘本藤次郎	회두	금물	조선실업은행, 조선상업은행, 경성증권신탁, 남조선철도, **원산수력전기**, 조선피혁, 조선제면, **특허시멘트와제조, 조일양조, 동양축산흥업**, 계림토지물산, **인천미두취인소**, 일독무역(합명), **경성주식현물취인시장**, 온양온천, 경성장의사, 경성극장, 대정토지건물, 한성은행, **조선생명보험, 조선화재해상보험**, 경성곡물신탁, 남조선제지, **조선서적인쇄**, 조선무역조합(합명), 압록강목재, **월미도유원**, 증권금융사	1895
	渡邊定一郎	회두	토목 건축	경성요업, 마이트상회, **조선화약**, 황해사, **조선화약총포, 조선천연빙**, 경성미술구락부, 조선신문사	1904
	韓相龍	상의원	은행	한성은행, 조선삼림철도, 조선중앙철도, 금강산전기철도, 조선방직, 조선생명보험, 조선화재해상보험, 대성사(합자)	
부산	大池忠助	회두	무역	경남은행, 부산상업은행, 부산공동창고, 조선우선, 이등창고, 조선와사전기, 부산일보사, **동양축산흥업**, 부산수산, 인천수산, **인천미두취인소, 경성주식현물취인시장, 조선화재해상보험**, 부산신탁, 부산증권, 부산미곡증권신탁, 통영회조(자), 조선선거공업, 삼천포수산(자), 원산수산, 부산흥업, 송도유원, 대지회조점, 부산회조, 조선기선, 조선비료, 대지정미소(명)	1875
	香椎源太郎	회두	수산	부산상업은행, 부산곡물신탁, 부산공동창고, 조선와사전기, 부산요업, 부산일보사, 부산수산, **조선수산수출, 인천미두취인소**, 평양식량품시장, 경성일환수산, **조선화재해상보험**, 부산신탁, 부산증권, 부산미곡증권식탁, **조선미술품제작소, 조선서적인쇄**, 조선비료, 일본경질도기	1905
	水野巖	부회두	장유 양조	조선와사전기, 부산일보사, **조선화재해상보험**, 경성일환수산, 경성수산	
	福島源次郎	부회두	어구 어망	부산상업은행, 이등창고, 부산식량품, 부산신탁, 평양식량품시장, 부산일보사	1906

	石原源三郎	상의원	경부철도기사	부산요업, 평양식량품시장, 부산식량품, 부산상업은행, 일본경질도기	1901
평양	大橋恒藏	회두		평양은행, 평양전기, 서선조림(자), 환경오복점, 대동은행, 평양신탁	1902
	松井民治郎	회두	광업	조선철도	1904
	福嶋莊平	회두	도기, 연와	평양신탁, 겸이포정미, 정화구락부	1918
	內田錄雄	회두	토목건축	내전백화원	1896
인천	奧田貞次郎	회두	무역	조선인촌, 오전정미소	1888
	稻田勝彦	회두	토목건축		1894
	吉田秀次郎	회두	해운, 무역	원산상업은행, **조선실업은행**, **경성증권신탁**, 조선우선, 길전운송, 길전창고, **원산수력전기**, 조선인촌, 조선전분, **조일양조**, 원산주조, 오전정미소, 길전정미소(자), **인천미두취인소**, **조선화약**, 조선토지경영, **조선화재해상보험**, 조선신탁, **조선화약총포**, **조선천연빙**, **월미도유원**, 노전(자), 내국통운, 동선임산, 조선조선철공소(자)	1897
원산	本岡卯之吉	회두	금물, 회조	원산창고, 조선운수계산, 원산해수욕, 함흥운수, 홍익토지건물, 원산축산	1903
	杉野多平	회두	警部		1908
대구	小倉武之助	회두	경부철도	선남은행, 회령전기, 통영전기, 대흥전기, 대구제연(자), 충청흥업, 경일은행, 제주전기, 마산전기, 울산본부전기, 안동전기, 고성전기, 남원전기, 경주전기, 울산전기, 대구일보사	1903
	永井幸太郎	부회두		대구주조, 동양기업, 대구무진, 대구상호금융, 대구운송, 대륙목재공업, 영목상점, 조선운수계산, 제국탄업	
	河井朝雄	회두	잡화, 연초제조	대구물산무역, 동양기업	1904
	加藤一郎	부회두	法曹	대구기업, 동양기업, 선남은행, 조철자동차	1906

	張稷相	회두	은행	선남은행, 경일은행, 왜관금융창고, 동아인촌, 대구은행, 조양무진, 영흥탄광	
군산	赤松繁夫	회두	장유양조	선남권업, 전북수산, 군산운수	1904
	大澤藤十郎	회두	무역	전북경편철도, 군산통상(자), 군산인쇄, 조선수산수출, 전북수산, 전북철도, 군산상공신탁, 군산무진금융	1897
목포	高根信禮	회두		조선면화, 태평주조, 목포식산, 복전농사, 목포해운	
	山野瀧三	회두	상업	상우목포대리점, 목포해운, 조선면화, 조선제유, 조선승입, 전남인쇄, 조선인쇄, 목포식산, 조일정미소, 제주면업, 전남도시제사, 유항사	1895
진남포	富田儀作	회두	광업	삼화은행, 평양은행, **경성증권신탁**, 진남포기선(자), 진남포창고, 진남포전기, 통영칠공, 서선조면, 호전농구, 조선농산, 부전(자), **동양축산흥업**, 동아잠사, **조선수산수출**, **경성주식현물취인시장**, 진남포물산시장, 대동은행, **조선생명보험**, **조선미술품제작소**, **조선서적인쇄**, 진남포과실, 진남포수산, 서선어업, 조선생명보험, 조선임산공업, 조선무연탄광, 진남포생우이출, 조선물산	1899
	川添種一郎	회두	조선상공	평양은행, 진남포전기, 평양전기, **특허시멘트와제조**, 서선조면, 조선상공, 진남포기선(자), 진남포창고, 협동해운, 진남포생우이출, 조선중앙광업, 조선무연탄광	1920

출전: 田中麗水, 『全鮮商工會議所發達史』, 釜山日報社, 1936 ; 中村資良, 『朝鮮銀行會社要錄』, 東亞經濟時報社, 1921·1923.1925 ; 中村資良, 『朝鮮銀行會社組合要錄』, 東亞經濟時報社, 1927·1929.

조선상업회의소연합회의 주도층을 파악하기 위해서는 정기 및 임시 회의에 참여한 지역 상업회의소의 모든 대표자를 파악하여 분석하여야 하지만 〈표 3-2〉와 같이 파악이 가능한 정기 및 임시 연합회에 2회 이상 참석한 자들을 대략적으로 살펴보아도 연합회의 주도층을 알 수 있을 것이다.

〈표 3-2〉와 같이 조선상업회의소연합회는 지역 상업회의소의 회두를 중심으로 부회두와 상의원이 대표로 참석하고 있었다. 민족별로 보면, 일본인들이 대부분을 차지하였고 조선인은 거의 참여하지 못했다. 간혹 참석한다고 해도 회의에 한 명 정도 포함될 정도로 미미하였다. 대표적인 조선인 참석자로는 〈표 3-2〉와 같이 경성에서 개최될 때 유지의원으로 참석하였던 경성상업회의소 상의원 한상용과 대구상업회의소의 대표로 참석했던 회두 장직상이었다. 하지만 이들은 연합회에 그다지 영향력을 미치지 못했고 발언한 내용도 거의 없었다. 겨우 발언 기회가 주어지면 참석한 다른 일본인들과 유사한 내용을 진술하는 것에 그쳤다. 또한 연합회에 참석한 조선인은 이미 계급적으로 연합회에 참석한 일본인과 유사한 처지에 있었기 때문에 지역 또는 일본인들과 함께 회사의 중역 또는 주주로 참여하고 있는 경우가 많았다. 따라서 조선 경제에 대한 조선인들의 의견을 전달하는 것은 기대하기 어려웠다.

조선상업회의소연합회의 주도층은 앞에서 본 것처럼 일본인들이었다. 이들은 〈표 3-2〉와 같이 이른 시기에 조선에 건너왔던 자들보다는 대부분 청일전쟁과 러일전쟁을 기점으로 조선에 들어온 자들이었다. 개항과 더불어 이른 시기에 조선에 들어온 초창기 일본인들은 부산의 大池와 인천의 奧田 정도였으며 이들은 대일무역을 통해 성장하였다.

청일전쟁기에 조선에 들어온 경성의 釘本, 인천의 吉田, 군산의 大澤, 목포의 山野 등도 일본인들의 전통적인 경제 기반인 수출입 무역업에 종사하면서 자본을 확대하였다. 그에 반해 러일전쟁기에 조선으로 들어온 자들은 경성의 渡邊, 부산의 香椎, 평양의 松井, 대구의 小倉 등은 러일전쟁을 통한 일제의 조선 침략이 강력해지면 이루어진 경부철도건설, 어장 침탈 등 각종 이권사업에 적극적으로 참여하여 자본을 확대한 자들이었다. 따라서 기본적으로 자본의 성격은 조선의 각종 사업에 기초한 자본가라고 할 수 있을 것이다.

이들은 이른 시기에 조선에 들어와 수출입 무역업을 통해 차츰 성장하였거나 러일전쟁을 통한 일제의 조선 침투에 적극 가담하여 일거에 자본을 확대하는 한편, 자신이 속한 지역에서 서로 결속하여 조선인 자본을 구축하고 지역의 경제적 기반을 완전히 장악하였다. 따라서 이들 대부분은 지역의 유력자로서 지역에서 조직된 회사의 중역 또는 주주로 참여하고 있음을 〈표 2-17〉을 통해 알 수 있다. 더 나아가 지역의 범위를 넘어 조선의 다른 지역에까지 그 자본력을 확대하여 전조선적인 대자본가로 성장한 자들도 〈표 3-2〉를 통해서 살펴볼 수 있다. 특히 경성상업회의소 회두 釘本 및 渡邊, 부산상업회의소 회두 大池 및 香椎, 인천상업회의소 회두 吉田, 진남포상업회의소 회두 富田 등은 지역 경제를 넘어 조선의 중요한 회사에 자본을 투자하는 한편 서로 결속하여 회사의 설립 및 자본을 투자하고 있었다. 따라서 조선상업회의소연합회의 주도층은 청일전쟁과 러일전쟁시기에 조선으로 건너와 지역의 강고한 경제적 기반하에 지역 경제를 장악한 자본가들이 대부분이었다. 그 외 예외적으로 지역 단위를 넘어 조선 전체 또는 부분적이지만 일본의 자본과 연결하는 등 자본의 범위를 확대한 자본가들도 존재하였다. 그러나 어떤 경우이든 간에 모두 조선에 기반을 둔 자본가였기 때문에 식민정책도 자신의 토대가 되는 '조선 본위'의 경제정책을 원하고 있었던 것으로 파악할 수 있을 것이다.

제2부

조선 상업회의소의
산업정책 수립과 정치활동

제4장 조선 산업정책의 수립

유래 없는 조선민중의 저항인 3·1운동은 일제의 식민정책을 수정하도록 압박하였다. 새로 부임한 齋藤實 총독은 기존의 '무단통치'를 폐기하고 '문화정치'를 표방하면서 민심수습에 나섰다. '문화정치'는 조선어신문의 발행 허가, '문화창달', 조선사의 정립, 교육제도 개혁을 통한 교육의 문화개방, '지방자치제'의 실시 등으로 이루어졌다. 그렇지만 '문화정치'의 본질은 민족문화를 말살하는 정책이며, 민족의 상층 및 중간계층에 대한 개량화 정책이었다.[1]

한편, 3·1운동 이후 불안해진 조선 경제와 일본의 전후 경제공황으로 말미암아 조선총독부는 새로운 경제정책을 수립하지 않으면 안 되었다. 조선 내 일본인들이 중심이 된 상업회의소도 보다 장기적이고 구체적인 조선 경제정책의 확립을 요구하였다. 조선총독부는 상업회의소의 요구를 받아들여 산업조사위원회를 설치하고 이를 통해 1920년대 조선 산업정책을 수립하였다.[2]

1920년대 조선 산업정책과 산업조사위원회에 대한 기존연구들은 1920년대 초 조선총독부의 산업정책 수립에 대한 조선인들의 대응에 집중되었다.[3] 기존연구들은 산업조사위원회의 설치에 따른 조선인들의 대응이 '조선인본위' 산업정책의 확립으로 나타났고, 다양한 편차가 있었지만 결국 조선총독부의 산업정책에 포함되지 못했음을 밝혔다.[4] 더 나아가 산업조사

---

1) 강동진,『일제의 한국침략정책사』, 한길사, 1980.
2) 당시 자료에 '산업조사회'와 '산업조사위원회'가 혼용되어 사용되고 있으나 공식적인 명칭이 '산업조사위원회'임으로 이 책에서는 '산업조사위원회'로 통일하여 사용한다.
3) 박찬승,「1920년대 초반 '문화운동'과 '문화운동론'」,『한국근대정치사상사연구』, 역사비평사, 1992 ; 윤해동,「일제하 물산장려운동의 배경과 그 이념」,『한국사론』 27, 1992 ; 이태훈,「1920년대 초 자치청원운동과 유민회의 자치 구상」,『역사와 현실』 39, 2001 ; 오미일,「1920년대 초의 산업정책론」,『한국근대자본가연구』, 한울, 2002.

위원회 이후 조선인 자본가들의 경제운동이 어떻게 전개되었는지를 살피면서 그 물적 토대의 차이점을 밝혔다. 이같이 조선인들의 대응에 대한 기존연구들은 일제강점기 민족해방운동에서 부르주아민족주의자들의 다양한 편차와 이후 그러한 편차가 어떻게 민족해방운동상의 분화로 이어졌는지를 확인할 수 있는 점에서 중요한 의미를 지닌다.

이와 달리 조선총독부가 일부 조선인 자본가들의 이해를 받아들여 1920년대 산업정책을 수립하였다는 상반된 견해도 제출되었다. 에커트는 총독부가 한반도의 기업들에게 무언가 특별히 보호해주지 않으면 일본 수입품과의 경쟁에서 살아남기 힘들다고 생각했고, 그래서 식민지 경제정책을 의논하고 공식화하기 위해 산업조사위원회를 소집하였다고 보았다.[5] 이 연구는 산업조사위원회 이후 조선총독부와 조선인 회사인 경성방직과의 사후 관계를 토대로 한 결과론적인 분석이었다.

기존연구들은 그 중요성에도 불구하고 일제와 조선인만의 관계를 시야에 두고 산업조사위원회를 파악하였다.[6] 그 결과, 산업조사위원회의 설치

---

4) 물론 이미 친일화한 조선인 자본가들과 유민회 같은 친일단체들의 주장은 일제의 정책에 순응하고 있었기에 이러한 예에서는 제외된다.
5) 에커트는 또한 산업조사위원회가 일본인들과의 협력적 관계를 향하는 중요한 한 걸음으로, 닷새 동안 총독부의 고위 관료들, 일본본국에서의 고급 공무원들, 그리고 한국에 관심을 갖고 있던 일본의 기업가들과의 자유로운 토론 속에서, 한국인 기업가들은 건의도 허용되었고 또한 한국의 미래 산업발전의 모든 관점에 대하여 의견을 발표하도록 허락받았다라고 주장한다. 이어 회의 마지막 날 한국인들은 한국의 기술을 향상시킬 수 있도록 산업교육시설의 확대를 요구하였고 또한 한국인에 의해서 경영되고 있던 산업회사들을 위한 보조금과 보호를 요구하였다고 총독부의 경제정책과 산업조사위원회에 대해 높이 평가하였다(C. J. ECKERT, *Offspring of Empire*, University of Washington Press, 1991).
6) 이러한 근본적 원인은 기존의 식민지 지배정책에 관한 연구가 일본 제국주의 본국과 조선총독부, 그리고 통치 대상인 조선 민중만을 시야에 놓고 분석했기 때문이다. 기존의 연구가 간과해온 재조일본인은 조선총독부의 통치대상이면서도 피식민자인 조선인과 달리 민간 측 통치자의 위치에 있었다(홍순권, 「일제시기 '부제'의 실시와 지방제도 개정의 추이」, 『지역과 역사』 14, 2004, 221~222쪽). 결국 재조일본인의 인식과 활동을 살피는 것은 일제의 식민지배정책을 올바로 이해하는

와 경제정책 수립과정에 깊숙이 개입한 조선 내 일본인들이 중심이 된 상업회의소를 놓치고 말았다. 기존연구들의 이러한 한계를 극복하고 산업조사위원회를 통해 수립된 조선의 산업정책이 지닌 성격과 의미를 올바로 이해하기 위해서는 조선 상업회의소의 활동을 살펴보아야 할 것이다.[7]

이 장에서는 조선 내 일본인들이 중심이 된 상업회의소가 어떤 상황에서 산업조사위원회의 설치를 주장하였고, 산업정책 수립과정에 적극적으로 참여하여 산업정책 확립에 기여하였는지를 밝히고자 한다. 이 과정에서 조선총독부를 중심으로 하는 식민통치기관뿐만 아니라 상업회의소와 같은 민간기관 또한 적극적으로 조선의 통치에 개입하고 있었던 점을 부각시키고자 한다. 그리고 조선의 산업정책의 수립과 실행을 통한 식민지 개발의 이익이 결국은 누구에게 추수될 것인지를 간접적으로 밝히고자 한다.

1. 조선 경제의 불황에 대한 조선 상업회의소의 인식과 대응

1) 경제불황에 대한 상업회의소의 인식

1차 세계대전시기 일본은 군수물자의 보급과 미국의 호경기의 영향으로 경제적인 성장을 거듭하였다. 일본경제의 호황은 일본 내 대자본이 본격적으로 조선에 진출하도록 이끌었다.[8] 또한 조선의 일본인·조선인 자본가들도 여기에 편승하여 자본을 확대하고자 노력하였다. 합병 이전부터 경성과 개항지를 중심으로 성장한 일본인 자본가들은 '한일병합'과 함께 식민지 경

또 다른 중요한 요소가 될 것이다.
7) 카네코는 이미 조선 내 일본인 자본가의 활동에 중심을 두고 산업조사위원회와 이후 산업정책에 관해 살피고 있으나 개략적인 서술에 그치고 있다(金子文夫, 「1920年代における朝鮮産業政策の形成-産業調査委員會を中心に」, 『近代日本の經濟と政治』, 대천출판사, 1986).
8) 1917년부터 1920년 사이 일본자본의 조선 진출은 三井계의 朝鮮紡織, 南北綿業, 朝鮮生絲, 王子製紙와 日産계의 朝鮮燐寸 등이다.

영의 민간 측 담당자로서 자신들의 경제적 입장을 강화하고자 애썼다. 그 가운데 하나가 상업회의소의 법인화였다.[9]

개항 이후 조선에 들어온 일본인 상인들은 상권 확대와 권리 신장을 위해 상업회의소를 설립하였다. 일본인들이 설립한 상업회의소는 법인체가 아니었기 때문에 운영상 곤란한 점이 많았다. 그래서 일본인들은 상업회의소를 법인화하기 위해 지속적으로 노력하였다. 그 결과, 조선총독부에 의해 1915년 「조선상업회의소령」이 발포되었다.[10] 하지만 「조선상업회의소령」에 의해 규정된 상업회의소는 일본인들이 상공업에 관한 의견을 적극적으로 개진·관철시킬 수 없는 '소극적'인 것이었다. 당연히 이에 대한 불만이 제기되었고 개정하자는 논의도 불거졌다.[11]

법령에 대한 불만 속에서도 일단 일본인들이 중심이 되어 조선인과 통합된 상업회의소가 설립되었다. 각 지역의 통합된 상업회의소는 자신들의 기반을 강화·확대해가면서 지역적인 경제 현안에 대하여 개별적인 청원운동을 전개하였다. 그러나 개별적인 차원에 머무른 청원운동으로는 자신들의 의견을 관철시킬 수 없었던 상업회의소는 집단적인 청원운동의 필요성을 인식하였다. 상업회의소는 먼저 집단적으로 그들의 경제적 요구를 주장·관철시킬 수 있는 통합 기구가 필요하였다. 이러한 내부적인 상황과 경제 호황, 만주와의 긴밀한 관계라는[12] 외부적인 상황이 서로 맞물려 상업회의소는 연합회 조직을 만들었다.

경제 호황기였던 1918년 3월 12일부터 3일간 개최된 전선상업회의소서기장회의를 통해 '소극적'인 상업회의소법령의 개정에 관한 논의와 함께 전선

---

9) 전성현, 「일제초기 '조선상업회의소령'의 제정과 조선인 상업회의소의 해산」, 『한국사연구』 118, 2002, 80쪽.
10) 『조선총독부관보』 1915.7.15 ; 8.10.
11) 전성현, 앞의 논문, 2002, 96~97쪽.
12) 이 시기 조선철도와 남만주철도의 통합, 조선은행과 동양척식주식회사의 만주 진출로 인하여 만주지역과 조선은 경제적으로 밀접한 관계를 맺게 된다.

상업회의소연합회와 선만상업회의소연합회의 규칙을 제정하였다. 그리고 그 해 9월에 첫 모임을 가졌다. 더불어 정기적인 연합회뿐만 아니라 경제적 또는 정치적 문제가 발생하면 즉각적으로 각 상업회의소의 의견을 묻고 결의하는 임시연합회도 개최하였다. 이제 상업회의소는 연합회 조직을 통하여 집단적으로 자신들의 이해를 관철하고자 하였다.

한편, 1920년을 전후하여 조선 경제는 일본의 전후공황에 영향을 받아 호황국면에서 불황국면으로 접어들었다. 때마침 일제의 식민지 경제정책에도 '토지조사사업'의 완료, '회사령'의 폐지,[13] 관세의 통일[14] 등 현안문제가 새롭게 대두되었다. 조선총독부는 새로운 경제정책을 수립하지 않으면 안 되는 상황에 처하였다. 변화하는 경제상황을 자신들의 의도대로 이끌고 가기 위해 상업회의소도 능동적으로 대처하지 않으면 안 되었다.

먼저 상업회의소가 1920년 전후 야기된 경제 불황을 어떻게 인식하고 있었는지를 살펴보도록 하자.

조선 상업회의소가 인식했던 경제 불황의 원인은 크게 두 가지였다. 가

---

13) 조선회사령에 대해 상업회의소는 이미 1918년 제1회, 1919년 제2회 전선상업회의소연합회에서 평양상업회의소의 제안으로 그 철폐를 가결하고 총독부에 청원하였다. 이러한 과정 속에 조선총독부는 조선회사령의 불필요성을 인정하고 1920년 4월에 폐지를 공포하였다(『경성일보』 1918.9.21, 「全鮮商議聯合會」; 『매일신보』 1919.10.12, 「全鮮商議聯合會(二)」; 『매일신보』 1920.4.3, 「重要法令改正(一)」).

14) 1920년 관세거치기간의 만기를 앞두고 이에 대한 논의가 조선총독부를 비롯하여 조선 내 자본가들 사이에 전개되었다. 상업회의소는 제1회 연합회에서 수이출품에 대한 관세철폐를 주장하였고, 이후 조선총독부의 '조선관세정율령중개정'으로 수이출세는 폐지되었다(田中麗水, 『全鮮商工會議所發達史』, 부산일보사, 1936, 79쪽 ; 『조선총독부관보』 1919.1.16). 관세거치기간이 점점 다가오자 총독부는 관세문제에 대한 조사를 진행하는 가운데 경성상업회의소의 자문을 구하는데, 이때 경성상업회의소는 기본적으로 소비자의 입장에서 "이입관세의 일률적인 철폐를 원칙"으로 하되 "일정의 산업보호관세와 재정수입상의 관세 존치"도 가능하며 특히 "만세소요 직후의" 정치적 사정에도 관심이 필요하다고 답하였다(伊藤正慤, 『京城商工會議所二十五年史』, 경성상공회의소, 1941, 167~173쪽 ; 『매일신보』 1919.7.7~10, 「關稅改正問題(一, 二, 三)」).

장 심각하게 생각한 문제는 3·1운동을 통해 분출된 조선인들의 배일행위와 독립운동이었다. 조선인의 배일행위와 독립운동은 조선 내 일본인 자본가의 경제활동을 위축시키고 일본본국 자본가에게는 조선에 대한 투자를 꺼리게 하는 요인이었다. 상업회의소에게 이에 대한 대책마련은 시급한 문제였다. 3·1운동 과정에서 발생한 조선인 상점의 철시는 지방경제를 압박하여 이에 대한 대응책 마련에 고심하는 상업회의소가 늘어났다. 경성상업회의소는 조선인 상점의 철시로 상품매매와 결재가 이루어지지 않아 일본인 상점의 타격이 심각해지자 조선인 상점의 개시를 위한 교섭에 들어갔다.15) 평양상업회의소는 조선인 상점의 철시가 경제계에 심대한 타격을 줄 것으로 인식하고 "조선에 대한 모국자본가와 기업가의 투자가 점점 성하는 차제에 금회 폭동발발로 인하여 차등 자본가에 미칠 심리상태의 결과여하는 금후 조선 산업개발을 위해 실로 한심하다"고 하면서 대시국협의회 결의취지를 조선상업회의소연합회에 제안하였다. 그리고 연합회의 명의로 일본상업회의소연합회와 일본 대도시의 상업회의소 등에 조선에 대한 사업경영에 어려움이 없음을 주지시킬 방법을 취하라고 하였다.16) 대구상업회의소는 일반시민에게 "불령선인의 협박"에 의해 폐점하는 등 상업매매의 정지는 경제상 손실이 막대하니 관헌의 보호를 신뢰하여 안심하고 영업하라는 성명까지 발표하였다.17)

---

15) 『매일신보』 1919.3.21, 「鮮商閉店前途」; 3.26, 「閉店問題經科」.
16) 『매일신보』 1919.4.3, 「門戶閉鎖와 今後의 前後策」; 4.7, 「商業會議所의 努力」; 7.2~3, 「騷擾事件의 産業에 及한 影響」.
17) 대구상업회의소가 일반인에게 권면한 내용은 다음과 같다. "今番 大邱鮮人商民은 不逞한 者의 脅迫에 因하여 閉店하였으나 至今하여 憲의 主導한 用意로 市民保護方法이 備함으로써 以後 市民은 결코 不逞한 徒로 因하여 何等 脅迫을 입지 아니 할지며 金若脅喝을 畏怖하여 閉店 등에 輕擧를 繼續하여 每日 商業賣買를 停止함과 같음은 經濟上 그 損失이 實로 莫大할 뿐 아니라 一般에게 미치는 不利가 역시 不少하니 各位는 以後 諸官憲의 保護를 信賴하여 從前과 같이 安心하여 營業에 從事하시기를 爲하여 이에 勸勉함. 大正8年 4月1日 大邱商業會議所"(『매일신보』 1919.4.6, 「大邱商議勸勉」).

조선인 상인들의 이와 같은 상점 철시와 함께 조선인 노동자의 3·1운동 참여는 경성과 같은 대도시에 심대한 파격을 입혔다. 특히 조선인 노동자가 많은 경성의 대공장과 토목건축현장은 막대한 타격을 입었다. 동아연초공장과 같은 대공장의 경우 전체 노동자의 1/3가량인 500~800명 정도의 노동자가 출근을 하지 않아 회사에 막대한 경제적 손실을 입혔다.[18] 이러한 현상은 3·1운동 당시에만 한정된 것은 아니었다. 3·1운동을 거치면서 조선인들 사이에 독립의지와 배일사상은 널리 퍼졌다. 더구나 민족주의자와 사회주의자의 활동에 의해 더욱 확대되었다. 이와 같은 조선인들의 배일행위와 독립운동은 확실히 상업회의소에 심대한 위협을 주었다. 따라서 상업회의소는 이에 대한 방안을 모색하기 위해 노력하지 않을 수 없었다.

 상업회의소는 경제 불황에 대한 또 다른 원인으로 조선의 금융경색을 지적하였다. 1920년 전후 조선에서의 금융경색은 중앙인 경성보다는 경제력이 약한 지방에서 훨씬 큰 문제였다. 1차 세계대전시기 경제 호황에 따른 과잉투자와 그로 인한 일본 경제의 불황여파가 조선에까지 영향을 미쳤기 때문이었다. 1920년 초 경제 불황에 따른 금융경색이 강화되자 평양상업회의소는 그 원인을 일본과 만주의 경제 공황에 따른 금융기관의 자금통제라고 지적하였다. 이러한 인식하에 현재 조선의 경제는 점차 발전을 모색할 때임에도 불구하고 자금의 자유로운 융통을 경계하는 은행의 입장에 유감으로 표했다. 그리고 경성상업회의소에 통첩하여 "조선 상업회의소는 보조를 맞춰 총독부와 은행업자에 대해 금융 완화를 요망"하도록 하였다.[19] 경성상업회의소는 조선에서의 금융경색에 대해 은행수뇌부와 간담회를 개최하여 그 원인과 대책을 강구하였다. 경성의 경우 다른 지역과 달리 금융경색의 원인을 호경기로 인한 일시적 투기자본의 발호라고 지적하며 이러한 상황은 오히려 조선 경제의 건실화에 도움이 될 것으로 보았다.[20]

---

18) 경성상업회의소,『朝鮮經濟雜誌』40호, 1919, 39~49쪽.
19)『매일신보』1920.4.23,「平壤財界惡化」;『동아일보』1920.5.1,「平商通牒京商」.
20) 경성상업회의소 서기장의 담화에 "現 狀況에 대해 大實業家는 何等의 影響이 없

그러나 경성과 같은 대도시와 달리 지방 도시는 금융경색에 따른 경제 불황이 더욱 심해졌다. 지방의 각 상업회의소는 이를 타개하기 위해 직접적인 구제책을 모색하였다. 원산상업회의소는 상업회의소 임원진이 조선은행과 철도회사 등을 방문하고 재계불황에 대한 구제책을 진원하였다.21) 대구상업회의소는 금융압박을 타개하기 위해 부동산금융요청에 관하여 전선상업회의소연합회의 개최를 경성을 비롯한 각 상업회의소에 제의하였다.22) 이처럼 상업회의소는 1920년을 전후하여 조선에 야기된 경제 불황을 타개하기 위한 대책협의가 필요하였다.

이상과 같이 상업회의소는 1920년 전후 경제 불황을 3·1운동 이후 조선인의 배일행위와 독립운동, 그리고 일본의 경제 공황에 의해 야기된 것으로 보았다. 그리고 이에 따른 식민지 경제의 변화를 전환의 기회로 받아들이면서 이를 극복하자고 하였다. 따라서 상업회의소는 식민지 경영의 안정과 투자 자본의 확대를 통한 식민지 개발에 그 노력의 중심을 두기 시작하였다. 이러한 움직임은 상업회의소연합회와 전선실업가대회를 통해 표출되었다.

2) 경제불황에 대한 상업회의소의 대응

1920년 전후 조선경제의 변화에 직면한 조선 상업회의소는 1920년 9월

고 단지 朝鮮人 側의 綿絲布商과 日本人 側의 小資力者 중 多數히 雜穀을 買收하는 者와 또 資力以上의 株式에 投資한 不實한 商人이 困難을 받기 때문에 이는 自繩自縛"이라는 내용에서 보듯이 경성상업회의소는 일본인 대자본가의 이해를 대표하고 있음을 알 수 있다(『매일신보』 1920.4.24, 「金融懇談會開催」; 6.22, 「金融의 緩和期難測」; 『동아일보』 1920.4.24, 「金融懇談會開催」; 4.25, 「金融懇談會와 大村書記長談」).

21) 원산은 조선은행에 구제자금으로 100만 원의 융통을 요망하고 만철에는 경원선 화물 체하가 60만 톤에 달하여 도저히 수송할 수 없으니 체하가 일소되기까지 하물위탁을 받지 말라고 하였다(『매일신보』 1920.5.7, 「元山商議副會頭 陳情次來京」).

22) 이러한 대구상업회의소의 제의에 대해 경성상업회의소는 조선 금융기관의 현실과 조선과 일본의 차이를 들어 찬동하기 어렵다고 하였다(『동아일보』 1920.7.22, 「全鮮商議聯合問題」; 『매일신보』 1920.7.23, 「京商議不贊同」).

전선상업회의소연합회를 개최하였다. 개최예정지는 평양이었으나 관세철폐문제와 조선인의 배일행위 및 독립운동과 같은 사정의 급변으로 인해 경성으로 개최지를 변경하였다. 일부 상업회의소의 참석여부 때문에 기간의 변경도 생각했지만 총독부의 예산편성시기에 맞춰 9월에 개최하였다.[23] 연합회의 논의는 크게 재계 불황에 대한 원인과 그 대비책으로 이루어졌다. 상업회의소 측은 재계 불황의 원인을 3·1운동 이후 점증하는 조선인의 배일행위 및 독립운동과 일본경제의 영향으로 인한 금융경색으로 파악하였다. 따라서 연합회에 제안된 의안의 논의와 결의는 이 점에 집중되었다.

조선 각 상업회의소가 제출한 의안은 금융경색에 대한 구제안을 비롯하여 당시 현안문제였던 철도·항만·도로 및 운임인하, 산업정책의 수립, 연료 등으로 이루어졌다.[24] 〈표 4-1〉은 연합회에 제출되어 심의를 거쳐 결의한 내용들이다.

〈표 4-1〉 제3회 전선상업회의소연합회 결의안

분류	결의 내용
금융완화책	1. 부동산 담보를 통한 장기자금의 공급 2. 조선은행, 동양척식주식회사, 식산은행의 일반자금의 융통확장 3. 식산은행의 할증금부채권 발행 4. 보험회사의 보험료 조선 내 보유 5. 내장성의 저리자금 공급 6. 무진업법의 제정 7. 식산은행과 금융조합 간의 위체취급사무 개시
산업기반 시설의 확충	1. 철도간선의 수송력 충실과 영양선의 속성(경부·경의선의 복선공사, 사설철도회사의 합병) 2. 주요철도의 완성을 위한 건설비 충실 3. 오지주요도로의 개착개수 4. 진남포축항속성

23) 『매일신보』 1920.8.28, 「商議大會 9月下旬 京城에」; 『경성일보』 1920.9.9, 「商議聯合會期」.
24) 이 제안들은 연합회의를 통해 결의하고 조선총독부와 관련 기관에 청원하였다(田中麗水, 『全鮮商工會議所發達史』, 부산일보사, 1936, 90~93쪽).

기타	1. 철도 및 해운운임의 인하와 운임제도의 개정 2. 연료문제 해결을 위한 공업보호와 석탄공업의 진흥 3. 일반곡물의 건조독려
건의안	1. 조선출항세령에 의한 이출수속에 관한 건 2. **일부 조선인 사상의 악화방지에 관한 청원의 건**(강조는 필자)

출전: 田中麗水, 『全鮮商工會議所發達史』, 부산일보사, 1936, 90~93쪽.

〈표 4-1〉의 연합회 결의안을 살펴보면 이 역시 당면 문제였던 금융경색에 대한 금융완화책과 산업기반시설의 확충에 집중되었음을 알 수 있다. 또한 눈에 띄는 것은 건의안으로 작성된 '일부 조선인 사상의 악화방지에 관한 청원의 건'이다. 이는 상업회의소가 당시 조선 경제의 불황을 어떻게 이해하고 있었는지를 단적으로 보여 준다.

연합회는 본회의에 들어가자 재계의 현안 중 가장 긴급히 해결해야할 문제로 3·1운동 이후 조선인의 배일행위와 독립운동을 지적하며 이에 대한 추가안을 제출하였다. 원산 측은 조선인들의 사상이 더욱더 악화되고 "불령의 무리"가 각처에 발호하여 일본인들의 불안은 물론 상공업 발달을 저해하여 경제계에 큰 영향을 미치고 있다고 지적하였다. 그리고 이에 대해 철저히 그 대책을 강구하여 전선상업회의소연합회의 결의로서 정부에 요망하자고 제의하였다. 평양 측에서는 평양에 동아일보 및 기독교의 일부가 발기한 소극적 비매동맹회가 조직되었고 이 조직은 조선인들에게 자산자급을 통해 일본인들의 생산품을 구매하지 말라고 선동하고 있다고 주장하며 그 심각성을 강조하였다. 그리고 심지어 평양상업회의소 부회두도 이에 연명함으로써 조선인 시가의 일본인 점포는 매매가 적막할 뿐만 아니라 일본인 시가도 역시 그렇다고 하며 조선인의 배일행위와 독립운동으로 인한 피해를 설명하였다. 대구 측에서도 농촌의 일본인 특히 동양척식회사의 이민자들이 강제 퇴거를 강요받고 있으며, 더 나아가 일용품 공급조차 받을 수 없는 경우가 속출하고 있다고 그 대책마련을 호소하였다.[25] 각 상업회

---

25) 『경성일보』 1920.9.30, 「全鮮商議聯合會 最終日=鑛業 및 民情問題」.

의소의 사정을 청취하고 이에 대한 논의를 거친 전선상업회의소연합회는 '일부 조선인 사상의 악화방지에 관한 청원의 건'을 만장일치로 통과시켜 총독부에 건의하였다.26)

이와 같이 상업회의소는 당시 변화하는 경제상황과 조선인의 배일행위 및 독립운동이 경제에 미치는 영향에 대해 전선상업회의소연합회를 통해 결의하고 자신들의 입장을 정리하여 관계당국에 건의·청원하였다. 또한 이러한 입장을 상업회의소 밖으로 확장하여 좀 더 넓은 범위의 단결된 입장을 통하여 강화하려고 하였다.

이미 전선상업회의소연합회의 개최계획과 함께 이 회의 종료 후 "모 중대사건"에 대하여 경성상업회의소에서 전선상업회의소회두 월례회하에 협의회를 개최하기로 하였다.27) 계획에 따라 각 상업회의소의 회두가 발기인이 되어 전선내지인실업유지간화회(이하 간화회)가 개최되었다. 회의 구성원은 상업회의소의원을 중심으로 하여 조선의 일본인실업가가 망라되었다.28) 이 회의의 개최취지는 "(1) 작년 이래 조선민심의 변화동요, (2) 금춘 이래의 재계혼란"으로 인하여 야기된 중앙과 지방의 피해보고와 그에 대한 대책마련 및 산업의 진흥책 도모에 있었다. 그리고 상당한 제안을 총독부

---

26) 동아일보도 "거년에 '서선지방에 조선물산장려회를 조선인끼리 조직하려한 것은 본보에 속히 보도한 바이나 차회는 그 명칭으로 보아도 의심이 없는 조선인의 물산 즉 사업을 계몽시키자 함이니 차가 어찌 배일이라 하며 독립선전이라 하리오 차회가 아직 완성되지 못한 것은 당시 상업회의소의 반대보다도 방해로 그러하다 하며 차문제가 거번 상업회의소연합회에까지 제의되었다"라고 하여 조선인들의 배일행위와 독립운동에 대해 상업회의소가 적극적으로 방해하였다고 회고하였다 (『동아일보』1921.4.19, 「死活의 根本問題」).

27) 『경성일보』1920.9.12, 「重要案件協議」;『동아일보』1920.9.12, 「全道商議協議會」. 이 "모중대사건"은 당시 평양에서 조직되었던 조선물산장려회인지 경성에서 일어났던 조선인의 독립자금 마련을 위한 위조지폐사건인지 알 수 없으나 조선인들의 독립운동과 밀접한 관계를 가지고 있었던 것으로 보인다(『동아일보』1920.9.11, 「鐘路本町兩署에 某重大犯人逮捕」; 9.13, 「鐘路本町兩署 重大事件後報」).

28) 『매일신보』1920.9.25, 「全鮮日人實業家大會」; 全鮮內地人實業有志懇話會, 『全鮮內地人實業有志懇話會速記錄』, 1921, 1쪽.

에 제출하여 시정개선의 자료로 사용되기를 희망하였다.29) 이와 같은 희망 때문인지 계획단계에서 50명 정도의 출석을 예상했으나 회의 당일 160명이 넘는 출석자가 운집하여 대성황을 이루었다. 논의는 각 지역 대표 실업가의 피해상황에 대한 보고와 그 대책안의 발표로 진행되었다. 특별히 이 회의는 조선인들의 감정 등을 고려해서 일반인들의 방청을 금지하고 비밀회의로 진행되었다.30) 회의에서는 조선인들의 일본인 억압 및 협박사례들이 중점적으로 제기되었다. 구체적인 사례로 일본인 학생의 등하교 불안 등 활동의 불안, 주거지로부터의 퇴출위협 등 거주의 불안, '불령선인'의 잦은 출몰로 인한 불안, '불령선인'에게 영향 받은 조선인 청년회의 위협, 조선인 비매동맹의 일본인 상품 불매운동 등이 제기되었다. 그리고 이러한 조선인들의 발호에 적절히 대처하지 못하는 관계당국에 대한 불만도 제기되었다. 또한 새로운 총독의 '문화정치'도 조선인들에게 그다지 효과가 없고 오히려 조선의 일본인들을 소외시키는 감도 없지 않다는 주장이 제기되었다.31) 회의에 참석한 일본인들은 조선인들의 위협사례와 함께 그 대책도 제시하였다. 일본인 대표들이 주장한 대책의 대부분은 군대의 증강과 경찰력의 확대32) 및 일본인의 이주확대였다.33) 그리고 일본인들의 이주확대를 위한 전

---

29) 『경성일보』 1920.10.1, 「政治的 色彩를 띠다. 實業家大會開催의 趣旨 釘本藤次郎 氏談」.
30) 『매일신보』 1920.10.11, 「實業大會 一切傍聽不許」.
31) 물론 그런 소외감은 이번 회의를 통해 해결되었다고 입장을 표명하였다(전선내지인실업유지간화회, 『全鮮內地人實業有志懇話會速記錄』, 1921, 각 대표 실업가 발표사항).
32) 치안유지를 위한 군대 증강문제에 대해 모유력자는 일본본토와의 면적이 같음에도 불구하고 군대는 턱없이 부족하니 치안과 국방상의 필요에 의해 사단의 신설을 바라며 예산관계상 단시일 내에 어려우면 일본의 2, 3사단의 파견을 요청하였다(『경성일보』 1920.10.13, 「朝鮮增師要望」).
33) 청주대표 安東正 등은 "조선인 사이에 일본인 이주에 대한 반감이 심하지만 조선 영유의 목적을 달성하기 위해서는 일본인의 이민을 장려함은 긴요"하다고 건의하였다(전선내지인실업유지간화회, 『全鮮內地人實業有志懇話會速記錄』, 1921, 11~12쪽).

제로서 산업시설의 확충을 주장하였다. 구체적인 방안으로는 조선철도망의 속성과 기업경영을 용이하게 하기 위한 적당한 보호정책 수립34) 등이 제기 되었다. 〈표 4-2〉는 간화회에서 결의한 희망요건과 자영요건이다.

〈표 4-2〉 전선내지인실업유지간화회 희망요건과 자영요건

희망요건	1. 人心이 不安定한 地方에 **守備兵의 配置**를 嚴密케 할 사 2. 賞罰을 明白히 하여 良否의 識別에 遺憾이 無하기를 期하게 할 사 3. 治安維持에 필요한 警備機關의 充實은 그 數보다도 質에 重을 置하여 能率을 增進하고 또 鮮語를 解하는 內地人 警官의 증가를 圖하게 할 사 4. 鮮人의 사상을 善導하고 産業의 發達을 期하기 위하여 **內地人의 移住를 容易케 할 方法**을 講게 할 사 5. 前項 達成의 方法으로 **全鮮의 鐵道網을 速成**케 함과 如함은 尤히 有效한 手段으로 認하는 사 6. 産業開發에 充分한 力을 用하여 企業經營을 容易케 함과 동시에 的當한 保護를 與케 할 사 7. 鮮人의 敎化는 宗敎의 力이 尤히 大함으로 認함으로써 布敎에 대하여는 充分한 便宜와 保護를 與케 할 사 8. 經濟施設에 관한 重要制令의 발포에 就하여는 可成的 民間의 相當機關의 意見을 與케 할 사 9. 各地 鮮人靑年會의 현상은 往往 常軌를 脫하는 경향이 有함으로 認하나 적당한 取締를 講게 할 사
자영요건	1. 在鮮內地人은 各自 品性의 向上을 圖하여 鮮人思想의 善導에 努力할 사 2. 在鮮內地人有志가 協力하여 社會事業을 興하고 慈善救濟感化 등에 貢獻할 사 3. 朝鮮의 實情을 內地의 識者에게 了鮮케 하도록 항상 機宜의 방법을 講할 사 4. **朝鮮統治에 要하는 經費**에 부족이 無케 하도록 **中央政府와 參政機關**에게 양해를 求하기에 努力할 사 5. 本會는 必要에 應하여 開會함이 有할 사(강조는 필자)

출전: 全鮮內地人實業有志懇話會, 『全鮮內地人實業有志懇話會速記錄』, 1921, 14~15쪽.

간화회는 회의를 통해 마련된 희망사항을 발기인대표를 통해 총독과 정무총감을 비롯한 관계당국에 진정하였다. 물론 일본인들의 대책안이 조선

---

34) 이러한 산업개발과 관련된 대책은 이 회의를 주최했던 발기인들 즉 조선의 상업회의소가 가장 중요하게 생각하는 점이었다(『경성일보』 1920.10.1, 「政治的 色彩를 띠다. 實業家大會開催의 趣旨 釘本藤次郎氏談」).

인 민정의 악화를 완화시킬 수 있는 적절하며 효과적인 대책인가 의심하여 그 대책안에 유감을 표하는 자도 있었다.[35] 그러나 일본인들의 희망사항은 조선총독부의 통치방안 속에서 일반경찰력의 증강으로 일부 실현되었다. 하지만 통치 안정을 위한 경무비의 과다지출로 인하여 산업개발과 관련된 비용은 여전히 적었기 때문에 이후 상업회의소의 활동은 산업개발과 관련된 분야에 집중될 수밖에 없었다.

이상과 같이 상업회의소를 중심으로 한 연합회와 간화회의 전조선적인 논의와 제안은 조선총독부가 허용하는 범위 내에 일부 실현되는데 그쳤다. 이러한 상황에서 1910년대부터 평양, 원산, 진남포상업회의소가 중심이 되어 열렬하게 그 실현을 위해 노력하였고, 전선상업회의소연합회도 적극적으로 실현을 요구한 평원철도의 부설이 대장성의 경비 삭제로 인하여 연기되었다. 이에 대해 즉각적으로 평양, 원산, 진남포상업회의소는 평원철도 속성을 위한 예산확보를 주장하며 운동에 들어갔다.[36]

또한 조선철도망의 완성을 위해 설립되었던 각종 사설철도회사 중 조선산업철도주식회사가 경기 불황과 기타 원인에 의해 그 해산수속을 밟는다는 소식이 전해졌다. 경성상업회의소는 이러한 현상이 "조선철도망의 파괴로서 산업개발을 저지하는" 것이라 하여 조선 경제에 미칠 영향이 심대함을 우려하였다. 그리고 그 대책마련에 부심하고 산철회사해산방지운동을 전개하였다.[37]

이와 함께 관세철폐의 연기도 기정사실화 되자, 공업가 측에서 관세철폐의 연기는 당연하다는 설이 제기되면서 이 문제에 대한 전면적인 논의가 필요하게 되었다.[38] 일제는 병합 당시 "諸通商國과의 關係上 일본의 관세

---

35) 『경성일보』1920.10.14, 「增兵과 警察充實, 全鮮實業家懇話會出席感想 京城商議會頭 美濃部俊吉氏談」.
36) 『매일신보』1920.12.14, 「平元鐵延期對策」.
37) 『매일신보』1920.12.14, 「産鐵非解散運動」 ; 12.16, 「産鐵解散防止運動」.
38) 『경성일보』1920.12.18, 「商議大會」 ; 『매일신보』1920.12.19, 「聯合商議決定」.

법을 조선에 적용하는 것은 병합 실현에 다소 장애가 될 우려가 있음"을 염려하여 관세거치기간을 두었는데 그 만료가 1920년이었다.[39] 만료기간이 가까워지자 경성상업회의소를 비롯한 각 상업회의소는 관세문제에 대한 조사에 들어갔다.[40] 그리고 제1회 전선상업회의소연합회의 성립과 함께 인천의 제안으로 수이출품에 대한 관세철폐를 주장하였다.[41] 이 과정에서 수이출세의 전부 폐지가 실현되었고, 상업회의소는 "조선 산업계의 일대 복음"으로 인식하였다. 수이출품 관세의 철폐는 조선의 수이출업자와 일본 수요자의 부담을 경감시켜 곡물을 비롯한 식료품과 공업원료의 일본 이출을 보다 원활하게 하였다.[42]

조선총독부는 현행관세제도의 정리를 인식하고 관세개정에 관한 건에 대하여 민간 해당업자들의 의견을 구하기 위해 경성상업회의소를 비롯한 각 상업회의소에 조회를 발송하여 자문을 구하였다.[43] 초미의 관심인 관세문제에 대해 상업회의소 측은 자신들의 입장을 강력하게 밝힐 필요가 있었고 이에 대한 조사 작업을 본격적으로 전개하였다.[44] 경성상업회의소는 조사 결과, 기본적으로 소비자의 입장에서 "이입관세의 일률적인 철폐를 원칙으로 인정하지만 일정의 산업보호관세와 재정수업상의 관세는 존치할 수

---

39) 『매일신보』 1918.5.11, 「朝鮮關稅問題(上)」.
40) 경성상업회의소의 경우 1917년 가을부터 관세문제에 대해 일본의 학자, 정치가와 식견 있는 실업가에게 의견을 구하여 일부 학자에게 관세철폐의 회답을 얻었다(『매일신보』 1918.5.11·12·14, 「朝鮮關稅問題(上, 中, 下)」).
41) 부산일보사, 앞의 책, 79쪽.
42) 조선총독부는 칙령 제1호와 제2호 〈조선관세정율령중개정〉를 재정하여 밀, 콩, 팥, 들깨, 소, 소가죽, 석탄 및 철광 등 8개 품목에 대한 수이출세를 전폐하였다(『조선총독부관보』 1919.1.16 ; 『매일신보』 1918.2.28, 「移入稅免除와 朝鮮」).
43) 『매일신보』 1919.3.22, 「商議關稅調査」.
44) 경성의 경우 평의원 29명에게 관세개정의 건에 대하여 은폐함이 없이 의견을 발표하라는 취지의 통첩을 보냈고(『매일신보』 1919.3.28, 「會議所와 關稅改正問題」), 기타 상업회의소는 조사위원회를 따로 두고 관세문제에 대한 조사를 실시하였다(『매일신보』 3.31, 「會議所와 調査」 ; 4.29, 「關稅調査研究材料」).

있으며, 특히 만세소요 직후의 政情에도 관심이 필요"하다고 주장하였다.45) 그러나 조선총독부는 대정9(1920)년도 예산 팽창으로 인한 재정상의 이유로 관세철폐의 연기를 시도하였다. 관세철폐 연기론이 대두되자, 조선상업회의소연합회사무소는 각 상업회의소에 대해 "조선산업의 개발을 위하여 조선에서의 이출품에 한하여 관세를 철폐함과 함께 일본으로부터 조선에 이입하는 각종 제조공업의 원료품의 관세까지도 면제하기를 당국에 청원하라"고 장문의 통첩을 발송하였다.46) 곧이어 각 상업회의소로부터 회답이 오자 경성상업회의소가 대표로 공업관계 관세의 철폐에 대하여 내각총리대신, 대장대신, 주세국장, 척식국장, 총독부내무국장에게 전보하고 총독부 및 관계당국에 의견서를 제출하였다.47) 상업회의소의 요망과는 달리 조선총독부는 "조선에서 일본으로 이출하는 것에 대하여는 그 관세를 전부 철폐하고 일본에서 조선으로 이입하는 것에 대해서는 아직 그 관세를 철폐치 아니하고 당분간 이를 의연히 존치"할 것을 공표하였다. 이입관세의 존치 이유는 총독부 예산 중 700만 원의 세입이 감소하기 때문이라고 설명하였

---

45) 보호를 필요로 하는 산업으로는 木綿絲・生絲・麻絲제조 및 染織業・和洋紙製造業・陶器磁器製造業・酒類釀造業・味噌醬油製造業・製鹽業・漆器製造業・製革 및 皮革製造業・海産物加工業・澱粉製造業・搾乳業・石鹼製造業・메리야스제조업・기유세공 등이다(경성상공회의소, 앞의 책, 167~173쪽 ; 『매일신보』 1919.7.7~10, 「關稅改正問題(一, 二, 三)」). 이상의 업종은 조선의 일본인들이 주로 진출해있던 제조업 부분이었다. 따라서 관세 특히 이입관세철폐에 대한 기존의 논의는 문제가 있는 것으로 보인다. 기존의 연구에서는 일본인은 관세철폐를 통한 統一關稅制를 주장하고 조선인은 관세설치를 통한 保護關稅制를 주장한 것으로 파악하지만, 실질적으로 일본인 내부에도 다양한 차이가 있음을 간과해서는 안 된다. 즉 조선과 일본의 어디에 경제 기반을 두고 있느냐라는 지리적 차이와 수출입무역업을 기반으로 하는 상인층과 제조업을 담당하는 기업가층이라는 경제적 기반의 차이는 관세부분에서도 다른 이해를 가졌다. 이 부분은 차후 연구과제로 남겨둔다.

46) 『매일신보』 1920.1.21, 「關稅撤廢運動」; 1.24, 「關稅撤廢」; 1.27, 「關稅撤廢의 意見開陳」.

47) '이입관세면제에 관한 건'이라는 건의서를 제출하였다(경성상업회의소, 앞의 책, 171~172쪽).

다. 그리고 관세개정은 당국의 면밀하고 상세한 조사와 각 상업회의소의 의견도 참작하였기 때문에 적당한 세법이라고 밝혔다.[48] 상업회의소의 의견을 참작하였음에도 불구하고 조선총독부의 관세정책이 전폐로 귀결되지 않자 상업회의소는 이 문제에 대해서도 보다 강력한 대응이 필요하였다.[49]

경성상업회의소는 이상과 같은 긴박한 세 문제에 관한 의견을 수렴하기 위해 각 상업회의소에 임시상업회의소연합회의 개최를 제기하였다. 연말임에도 불구하고 경성, 인천, 평양, 원산, 부산상업회의소가 참석하여 이 문제를 논의하게 되었다.[50] 본회의에서 상업회의소는 먼저 산업철도 해산파와 총독부 관리들을 초청하여 '조선산업철도에 관한 건'을 논의하였다. 그 결과 조선산업철도주식회사 해산문제는 조선 통치와 개발상 지대한 관계가 있어 해산파의 반성을 촉구하였다. 구체적인 실행방안으로는 해산파주주의 반성촉구, 조선사설철도에 대한 최대한의 금융주선, 조선사설철도의 불입 8朱 이상의 보급 등 세 가지 실행안을 제시하였다. 또한 철도의 근본개선에 대한 청원을 일본 의회와 조선총독에게 제출하였다. 청원안은 조선에 있는 '사설철도의 속성을 위하여 현재의 각 사설철도를 반관반민의 일대회사로 조직할 것'과 '척식철도법을 금기 의회에 제출하여 조선에 있는 사설철도의 기초를 확립할 것'이었다.

다음 '평원철도예산에 관한 건'에 대해 상업회의소는 평원철도는 전선상업회의소연합회의 요망과 조선 통치상 필요에 의해 총독이 이미 2번에 걸쳐 예산을 편성하였으나 일본정부의 사정으로 예산이 삭제되었으니 다시 예산의 부활에 노력해달라고 하였다. 이어 '조선이입관세철폐연기에 관한 건'에 대해서도 "2개월 전 법령으로 포고하였으나 다시 연기하기로 결정함

---

48) 『매일신보』 1920.8.24, 「關稅改正과 그 影響(一) 關稅改正에 就하여 林關稅課長談」; 『조선총독부관보』 1920.8.28.
49) 『동아일보』 1920.8.30, 「商議聯合會 提案二題로 制限」; 『매일신보』 1920.12.19, 「聯合商議決定 來21日 京城에서」.
50) 『매일신보』 1920.12.21, 「全鮮商議會議」.

은 총독의 위신을 실추하는 중대사"라고 하면 단연코 철폐하기를 열망하였다.51)

상업회의소는 이상의 세 문제에 대한 청원안을 총독 이하 정무총감 및 관계 각국부장을 방문하고 제출하였다. 이에 대해 총독부는 산업철도해산은 조선 통치와 교통정책상 매우 유감으로 생각하며 "당국에서도 해산을 반대하며 그 부활방지에 상당히 진력하겠다"는 대답을 들었다. 그러나 평원철도문제는 일본정부의 재정상 부득이 다음으로 넘길 수밖에 없으며, 이입관세의 철폐문제는 세입부족으로 인하여 힘들다고 하였다.52) 상업회의소의 조선 경제에 대한 요구는 적극적인 청원운동에도 불구하고 조선총독부 및 일본정부의 예산으로 번번이 좌절되었다. 상업회의소는 조선 경제에 대한 단기적이고 일시적인 산업정책으로는 자신들의 요구를 제대로 실현시키기 어렵다고 인식하였다.

2. 조선 상업회의소의 산업조사위원회 설치요구와 조선 산업정책의 수립

1) 산업조사위원회의 설치요구와 자문내용

조선 상업회의소는 이제 장기적이고 계획적인 산업방침의 수립을 요구하게 되었고 그 가운데 제기된 것이 산업조사위원회의 설치였다.53) 경성상업회의소의 산업조사위원회 설치에 대한 생각은 조선산업철도회사의 해산문제로 사설철도회사의 중역들과 협의하는 과정에서 이루어진 것으로 보

---

51) 『경성일보』 1920.12.22, 「臨時商議聯合會, 鐵道問題=移入稅据置附議」 ; 12.23, 「臨時商議聯合會, 産鐵解散反對=平元線復活要望=移入稅撤廢請願」 ; 『매일신보』 1920. 12.24, 「商議決議 各要路에 請願」.
52) 『경성일보』 1920.12.24, 「總督府의 意向」.
53) 『경성일보』 1921.1.13, 「産業調査會必要」.

인다.54) 이 때문인지 경성상업회의소의 산업조사위원회 설치요구와 동시에 산업철도문제로 상업회의소와 협의하고 있었던 西鮮殖鐵전무 賀田直治도 사이토 총독에게「조선재정 및 산업정책 혁신에 관한 희망」이라는 문건을 통해 '조선경영방침에 대한 전국적 조사연구'를 제기하였다.55)

경성상업회의소를 비롯한 경성의 일본인 자본가가 산업조사위원회의 설치를 요구하게 된 근본적인 원인은 앞에서 살펴본 것처럼 조선 경제의 불황과 경제적인 문제에 대한 즉각적이고 일시적인 대응이 아니라 체계적이고 종합적인 대책이 필요하다고 인식했기 때문이었다. 또한 산업개발을 위한 철도 등 산업기반확충은 장기적인 마스트플랜 없이는 어렵다는 것을 이미 청원운동을 통해 인지하였기 때문이었다. 더불어 외부적으로는 1920년 초 전후 공황에 대한 종합적인 경제정책의 수립을 목표로 한 일본의 산업조사위원회 설치 또한 조선의 일본인 자본가에게 영향을 주었을 것이다.56) 그리고 조선총독부의 정책수립을 위한 자문기관들의 설립 및 운영 또한 상당히 작용했던 것으로 보인다.57)

---

54) 당시 신문기사는 경성상업회의소와 서선식철전무 賀田直治가 각각 산업조사위원회의 설치를 주장한 것으로 보도하고 있는데, 그 과정을 보면 경성상업회의소와 賀田直治 등은 이미 조선산업철도주식회사 해산문제와 관련하여 협의하고 있으며 또한 임시상의연합회 결의안 중 조선사설철도법의 제정을 위해서도 계속하여 협의하고 있는 것으로 보아 그 협의과정에 산업조사위원회와 같은 조사기관의 필요를 논의하게 되었던 것 같다(『매일신보』 1921.1.13,「産業根本對策要求」; 1.14,「産業調査會」;『경성일보』1920.12.22,「臨時商議聯合會」; 12.28,「聯合會의 申請」; 1921.1.13,「産業調査會必要」).

55) 賀田直治,「朝鮮財政 및 産業政策革新에 關한 希望」,『재등실문고』6, 1999, 783~801쪽.

56)「勅令第三十二号 臨時産業調査会官制」,『御署名原本』, 1920, ;『매일신보』1920.2.24,「臨時産業調査會官制發表」; 3.15,「臨時産業調査會 第1會 開會」.

57) 경성상업회의소는 조선개발상 가장 급선무인 산업방면에 대한 대방침을 확립하기 위한 특설의 통일기관이 결여된 점을 유감으로 생각하며 교육조사회와 같이 산업방침에 대해서도 산업조사위원회와 같은 유력한 조사기관을 설치하여야 한다고 주장하였다(『경성일보』1921.1.13,「産業調査會必要」;『매일신보』1921.1.13,「産業根本策要求」).

경성상업회의소는 산업조사위원회 설치요구의 논의를 확대하고 그 실현을 위해 전선상업회의소연합회를 개최하고자 하였다.[58] 이러한 상업회의소 측의 움직임에 조선총독부도 설치필요성을 인정하였다.[59] 산업조사위원회 설치문제가 본격적으로 무르익자, 각 상업회의소는 연합회에서 논의할 산업조사위원회 관련 사항들을 심의하기 시작하였다.[60] 점차 임시상업회의소연합회 개최기일이 정해지고 결의사항도 산업조사위원회의 설치문제로 확정되었다.[61] 경성상업회의소는 연합회의 개최와 함께 관민유지를 초대하여 산업정책에 관한 강연회도 개최하기로 하였다.[62]

조선 상업회의소의 이러한 움직임 속에서 산업조사위원회의 필요를 인정한 조선총독부는 그 설치에 필요한 경비 5만 원을 추가예산으로 편성함으로써 마침내 계획이 실현되기에 이르렀다.[63] 연합회를 통해 산업조사위원회 설치를 논의할 예정이었던 상업회의소는 총독부가 민간의 여론에 공명하여 그 설치비를 요구한 이상 이미 목적은 달성하였기 때문에 연합회에서 논의할 필요가 없다고 생각하였다. 따라서 임시상업회의소연합회는 산업개발에 관한 조사 자료를 발표하고 발표 자료를 모아 조직될 산업조사위원회의 설치에 유력한 참고자료가 될 수 있도록 당국에 제출하는 것으로 계획을 변경하였다.[64]

---

58) 『매일신보』 1921.1.13, 「産業根本策要求」 ; 『경성일보』 1921.1.22, 「産業調査會와 會議所」.
59) 『경성일보』 1921.1.18, 「水野政務總監」 ; 1.21, 「朝鮮의 諸問題, 水野政務總監談」 ; 『매일신보』 1921.1.18, 「最近朝鮮事情談 水野總監談」.
60) 『매일신보』 1921.2.25, 「木浦商議任員會(목포)」 ; 3.7, 「平壤商議平議員會(평양)」 ; 3.11, 「群山商業總會所(군산)」 ; 3.13, 「元山商議員會(원산)」 ; 『경성일보』 1921.2.22, 「商議役員會(대구)」 ; 2.28, 「商議役員會(경성)」 ; 3.12, 「産業調査會設立의 曉(부산)」.
61) 『매일신보』 1921.3.3, 「全鮮商議聯合」 ; 『경성일보』 1921.3.5, 「商議聯合會開期」.
62) 『경성일보』 1921.3.9, 「産業講演會計劃」 ; 『매일신보』 1921.3.10, 「産業政策講演」.
63) 『경성일보』 1921.3.20, 「産業調査會愈愈設置」 ; 3.20, 「問題의 産業調査會」 ; 『매일신보』 1921.3.20, 「總督府追加像算의 提出」 ; 『동아일보』 1921.3.20, 「産業調査會設立」.

경성에서 개최된 임시상업회의소연합회에서 각 상업회의소 대표들은 먼저 조선 산업에 대한 총독부의 등한과 냉담을 지적한 후 여론에 의해 의회에 산업조사위원회 설치경비를 추가예산으로 계상한 것은 다행이며 "이 기관을 권위 있게 하자"고 결의하였다. 논의의 중심은 산업조사위원회 조직을 어떻게 구성하느냐로 모아졌다. 논의과정에는 상업회의소를 중심기관으로 하고 산업관계자를 망라하자는 설과 식산국을 중심으로 관민이 일치 연결하여 산업의 근본방침을 확립하자라는 설이 맞섰다.65) 결국 4명의 위원을 선정하여 연합회의 결의문을 작성하고 만장일치로 가결하여 총독부에 청원하였다. 그 결의문의 내용은 다음과 같다.

　一. 朝鮮産業調査會設置의 速成을 望함
　二. 同會調査方針은 可及的 實際의 事情을 根據할 事를 望함
　三. 同會組織은 産業에 關係聯絡을 有한 職責者를 網羅할 事를 希望함
　四. 同會組織에 當하여 그 委員되는 者는 **朝鮮**에 **永住**하고 **且 實業**에 **從事**하는 **博識經驗**이 **有한 日鮮人**을 比例로 可及的 多數를 任命할 事을 望함(강조는 필자)66)

임시상업회의소연합회의 결의문은 산업조사위원회 조직의 속성을 요구하며 두 가지에 중점을 두었다. 하나는 어느 실정에 맞추어 조사방침을 정하느냐 하는 문제였고 다른 하나는 조사와 방침마련은 누가하느냐의 문제였다. 먼저 2항과 같이 조사방침은 "가급적 실정에 근거"하여야 한다고 주장하였다. 그 실정이란 4항의 조직위원 규정에서 제기하고 있는 "조선에서 영주하는", 즉 조선의 실정이었다. 따라서 조사방침은 조선의 실정에 근거한 '조선 본위'가 되어야 한다는 것이었다. 그렇기 때문에 조직 인선에 관한

---

64) 『매일신보』 1921.3.21, 「産業調査會設立에 대하여 京城商議所 大村書記長談」.
65) 『동아일보』 1921.3.24, 「商議聯合會開催」.
66) 『동아일보』 1921.3.25, 「商議聯合會」.

희망에서도 조선에 있는 실업가를 강조하였다. 조직 구성원에 대해 구체적인 요건을 보면 ① 산업에 관계가 밀접한 직책자, ② 조선에 영주하며 실업에 종사하는 박식하고 경험이 있는 일본인과 조선인이었다. 상업회의소가 희망하는 산업조사위원회 구성원은 학자, 전문가, 그리고 관료와 조선에서 산업에 종사하는 자들, 즉 자신들로 구성되어야 함을 주장하였다.67) 물론 여기에는 일부의 조선인들이 포함되었다. 이러한 조선인은 일제의 산업정책에 대해 맹종할 친일적 인사들임은 두 말할 필요가 없을 것이다.

한편, 산업조사위원회 설립에 대해 조사하던 총독부는 조사·연구할 사항이 적지 않아 일반 민간 측의 의견을 수렴할 필요를 인식하였다. 그래서 총독부는 조선은행, 동양척식주식회사, 식산은행 등의 각 은행회사 및 조선 각 상업회의소에 자문을 의뢰하였다. 조선은행 등 일제의 식민회사들은 산업정책의 실행기관임으로 실질적인 자문은 상업회의소에서 적극적으로 이루어졌다. 자문안은 '조선 산업개발에 관한 제반의 계획상 가장 중요하다고 인정하는 사항 및 이에 대한 견해'를 묻는 것이었다.68) 조선총독부가 실현해야할 조선 산업정책은 무엇인가를 묻는 것이고 이것이야말로 상업회의소의 초미의 관심사였다. 상업회의소는 적극적으로 조사협의에 들어갔고 자문기한에 맞추어 각각의 자문안을 제출하였다.69) 상업회의소의 자문안은 산업조사위원회가 설치되면 조사위원들의 중요한 자료로 사용될 예정이었다. 실제, 조선총독부는 조선 각 상업회의소의 자문안을 토대로 「조선

---

67) 『조선시보』 1921.3.26, 「商議聯合會結果」.
68) 산업조사위원회에 관한 자문과 함께 미곡법시행과 관련된 자문도 이루어지고 있다(『조선시보』 1921.4.8, 「産業調査會諮問」; 4.9, 「商業諮問과 商議」).
69) 관련 자료가 없어 상세하게 파악할 수 없지만, 신문에서 확인할 수 있는 자문안은 경성, 부산, 원산, 평양 등이며, 이 자문안를 통해 상업회의소의 자문활동을 살펴 보도록 하겠다. 자문안의 인용에 대해서 각각의 주는 생략하겠다(『매일신보』 1921.4.14, 「産業調査意見(경성)」; 『조선시보』 1921.4.29~30, 「平議員會에서 確定된 釜山商議答申案」; 『동아일보』 1921.4.30, 「産業開發意見提出(원산)」; 『동아일보』 1921.5.10, 「産業調査會에 對한 平壤府答申(평양)」).

산업에 관한 계획요항 참고서」(이하 「참고서」)와 「조선 산업에 관한 일반 방침과 계획요항」(이하 「계획요항」)을 만들었다. 그리고 산업조사위원회가 열리자 위원들에게 배부하였다.[70] 이 점은 산업조사위원회에 대한 총독부 식산국장 西村保吉의 아래와 같은 담화를 통해 명확히 알 수 있다.

> 이번 會議에도 總督府로부터 若干의 提案으로써 委員의 意見을 問함이 無치 아니하나 委員側으로부터도 各種의 提議와 決議案의 提案이 있을지며 따라서 議題의 範圍限定과 委員의 發議約束이 絶對로 無할지오 (중략) **現에 朝鮮內 各商業會議所로부터 總督府에 提出한 意見書 등을 一括하여 委員에게 配付코저 하노니** 一言으로써 發하면 總督府는 我是에 贊同을 强要치 아니하고 民意를 重히 하며 衆智를 集하여 官民과 內鮮의 一致로 朝鮮開發을 圖함에 不外하도다 云云(강조는 필자)[71]

식산국장의 담화에 의하면 조선총독부가 산업조사위원에게 "약간의 제안"으로 조선 내 각 상업회의소로부터 제출된 의견서를 일괄하여 위원에게 배부한다고 하였다. 조선총독부가 산업조사위원회에서 위원에게 배부한 문건은 「계획요항」과 「참고서」이고 「계획요항」은 「참고서」를 기본으로 제안만을 정리한 것이었다. 결국 조선총독부는 조선 내 각 상업회의소가 총독부에 제출한 자문안을 토대로 「참고서」를 제작하였음을 알 수 있다.

그럼 조선 각 상업회의소가 제출하여 산업조사위원회의 참고자료가 된 「참고서」에 상업회의소의 견해가 어느 정도 반영이 되었는지 살펴보고 상업회의소의 조선 산업정책을 살펴보도록 하자.

---

70) 朝鮮總督府, 『産業調査委員會會議錄』, 1921, 13쪽. 산업조사위원회를 통해 각 위원에게 배부한 서류 참조.
71) 『매일신보』 1921.9.6, 「要在官民一致 西村殖産局長談」.

〈표 4-3〉 조선 산업에 관한 계획요항 참고서(1921)

부문	세부 사항
농업	① 産米(토지·경종법개량과 저장법 및 판매관습의 개선) ② 米 이외의 주요 농산물의 개량증식(食用作物, 輸移出用 농작물, 工業原料用 농산물, 綿) ③ 養蠶業(栽桑의 개량증식, 養蠶의 개량보급, 養蠶業의 발달) ④ 畜産(牛·馬의 개량증식, 綿羊의 사육시설필요, 가축사료의 충실) ⑤ 小農保護(小作慣行의 개선, 자작농의 보호증식, 및 小農保護)
임업	① 國有林經營(국유림경영의 통일, 林利보호, 중요수종보호 및 증식, 未立木地의 조림, 火田의 정리 및 산림보호 등), ② 造林促進 ③ 不要存林野의 處分
수산업	① 漁場의 보호 및 확장 ② 漁船具의 개량 및 증가 ③ 漁利의 증진 ④ 漁港수축 ⑤ 중요제조물 개량 및 증진 ⑥ 對支水産貿易의 진흥 ⑦ 漁業組合의 보급개선 ⑧ 水産組合의 조직변경과 기초공고 ⑨ 이민의 보호와 扶腋 도모
공업	① 조선 내 수요액 혹은 수이출액이 상당한 공업 또는 그 액이 과소하더라도 생산바탕이 있거나 원료생산증가의 여지 혹은 수이입이 용이하거나 조업이 간단한 소공업에 대한 장려 및 원조 ② 관세안배 ③ 공업의 原料·製品·勞力·市場의 조사 ④ 조선의 실제에 적합한 중요사항의 조사시험철저 ⑤ 기술원 및 직공의 양성 ⑥ 소공업 보호 ⑦ 대공업의 조장
광업	① 실시 중인 지질조사의 속성 ② 생산비 경감 ③ 기술의 응용보급 ④ 광석처리시설의 보급과 개선 ⑤ 坑夫의 保護取締 ⑥ 保留金山의 민간개방
연료 및 동력	① 薪炭의 증식 ② 석탄의 産額 및 이용의 증진 ③ 전력수력의 이용증진 ④ 動力統一의 調査研究
산업자금	① 산업자금의 집적 ② 산업자금의 융통(산업조합, 농업창고를 통한 융통)
해운시설	① 支那무역의 조장을 위한 상해이북 諸要港의 航路開施 ② 조선동해안일대와 내지와의 해운발달을 위한 吉會鐵道의 속성 ③ 內地沿岸貿易時 內地船과 동일
철도시설	① 관영철도의 부설과 사설철도의 부설장려 ② 철도보급 6천마일 달성 ③ 사설철도의 장려를 위한 보조와 편의제공 ④ 철도선로의 조사측량과 선정을 통한 교통계통의 정비 ⑤ 철도관련 제반시설의 완성 ⑥ 철도경영의 원활을 위해 최선고려
도로·항만·하천	① 도로의 보급 ② 旣成도로 구조물의 완비 ③ 도로의 유지 ④ 樞要항만의 설비 완성과 기타 항만의 제방 및 긴급시설의 조성 ⑤ 하천조사완료 후 시가방수, 상공업 시설의 안전 등을 도모

출전: 朝鮮總督府, 『朝鮮産業二關スル計劃要項參考書』, 1921.

〈표 4-3〉과 같이 「참고서」는 산업전반에 대한 요구를 담고 있지만, 특히

농업을 비롯한 1차 산업과 산업 기반사업 및 공업에 집중되어 있음을 알 수 있다. 농업을 비롯한 1차 산업에 대해 살펴보면, 조선을 식량·원료공급지로 만들려는 조선총독부의 정책과 그 정책에 편승하여 자본을 확대하려고 하는 조선의 일본인 상인들의 의도가 결합되었음을 알 수 있다. 조선총독부 정무총감 水野鍊太郞의 조선통치상 5대 정책에 의하면 그 3번째 산업의 개발에서 "조선 산업의 대종인 농업"에 주력하여 산미증식을 위한 토지의 개량, 간척개간, 기타 대규모의 계획을 수립하여야 한다고 피력하였다.[72]

조선총독부의 이러한 생각과 동일하게 부산상업회의소도 조선의 산업정책으로는 농업과 수산업의 2대업으로 기본산업을 삼아야 한다고 주장하였다. 부산상업회의소는 농업을 기본산업으로 삼는 이유를 "조선의 농업정책으로서는 일본의 식량정책에 협조하여 미작에 주력하고 또한 장래 공업과 관련한 미작 이하 공업원료인 농업으로 종위로 삼아 그 장려시설에 대해 철저한 조획의 급요를 제창"한다고 주장하였다. 구체적인 내용으로 "米作으로 농업의 본위를 삼고 米作, 大豆作, 蠶業, 綿業, 麻·苧作 및 畜産으로 그 종업을 삼아" 이의 개량발전에 대해 철저한 시설을 강구할 것을 제안하였다. 이러한 부산상업회의소의 인식은 조선총독부의 농업정책과 정확히 부합하는 것이며, 일본과의 미곡수출을 통해 발전하고 있던 다른 개항지 상업회의소와 크게 차이나지 않았다.

이와 달리 조선인들은 조선인 농민의 보호·장려정책으로 토지개량, 권업기관 확장, 소작인 보호, 농업자금, 부업장려, 지가 및 곡가의 변동예방, 동척이민 폐지, 만주의 조선농민보호 등을 제시하였다.[73] 이러한 조선인들의 요구는 조선총독부와 조선 각 상업회의소의 주장인 일본의 식량 및 공업원료정책을 담고 있는 「참고서」와는 다른 내용이었다. 따라서 조선인들의 주장은 조선 산업정책에 반영될 수 없었다.

---

72) 水野鍊太郞,「朝鮮統治의 一轉機」,『朝鮮』9월호, 1921.
73) 『동아일보』1921.9.16,「朝鮮人産業大會建議案」.

「참고서」에서 산업기반 조성과 관련해서 가장 중요하게 제기된 것이 철도 및 해운시설 등 운수교통기관의 완성이었다. 이미 살펴본 것처럼 상업회의소는 오래전부터 이 부분의 실현을 요망했고 적극적인 실현운동도 전개하였다. 구체적으로 평원·길회선 등 철도의 부설 및 사설철도회사의 보조, 경인전철을 비롯한 각지 경편철도의 부설, 진남포·청진 축항을 비롯한 기존 항의 확장·개선, 동해횡단항로 및 중국항로의 개설, 오지 주요도로의 개반개수 등을 이미 일본정부와 조선총독부를 비롯한 관계당국에 청원하였거나 계속해서 청원하고 있었다.74) 따라서 산업조사위원회 자문안을 통해 경성상업회의소는 "인문의 개발 및 생산물에 가치"를 부여하는 것은 운수교통만한 것이 없다며 조선 산업개발상 가장 중요한 사항으로 운수교통기관의 완성을 주장하였다. 원산상업회의소도 산업개발을 도모함에는 적절한 교통망의 정비가 필요하다고 하며 철도와 도로의 개통을 중요한 사항으로 제기하였다. 부산상업회의소 또한 철도운임의 저감, 사설철도망의 완성, 상해명령항로의 개시 등의 구체적인 사항을 제시하였다. 이 같은 요구는 이미 조선상업회의소연합회를 통해 제기되었던 것으로 새삼 새로운 것이 아니었다. 결국 조선 각 상업회의소의 주장이 「참고서」에 반영되어 철도망의 완성을 위한 관사설철도의 부설속성과 보조문제, 일본·조선·중국을 연결하는 철도경영의 원활, 그리고 항만시설의 완성과 도로망의 완비 등이 제기되었던 것이다.

공업부문의 참고사항도 상업회의소의 주장이 적극적으로 반영되었다. 공업부문의 산업정책은 1910년 후반 이후 조선에서 성장하는 공업에 대한

---

74) 철도망의 완성과 사설철도회사의 보조문제는 전선상업회의소연합회의 중요한 안건으로 지속적인 청원활동이 전개되었으며, 평원선은 평양, 진남포, 원산상업회의소을 중심으로 전선상업회의소연합회에서, 길회선은 원상상업회의소가 중심인 된 북선상공연합회에서, 진남포항과 청진항의 축항 및 부산, 인천, 군산, 목포항의 확장 및 개선은 각 상업회의소에서, 일본해횡단항로 및 지나항로의 개설은 부산, 인천, 군산, 목포, 진남포, 원산상업회의소 중심으로 전선상업회의소연합회에서 청원활동을 전개하고 있었다.

조장책과 동시에 일본으로부터의 상품과 자본의 유입에 적합한 공업에 대한 보호·장려책이었다. 당시 조선인들은 조선인 공업발달을 본위삼아 조선 산업의 대정책을 결정하라는 주장과 함께 그 방안으로 보조금과 수입관세의 부과를 제시하였다.[75] 이에 반해 경성상업회의소는 관세문제에 대한 자문안에서 관세철폐를 기본 전제로 하면서 보호·장려해야할 공업을 제기하였다. 이러한 주장은 이후 연합회를 통해 누차 조선총독부에 전달되었다.[76] 또한 부산상업회의소의 경우 공업의 보호·장려방침의 수립을 주장하며 "공업자연의 요소와 일본공업정책과의 관계에 따라 공업장려의 방침"을 정하고 "관세운임 또는 금융 등에 관한 공업상 조장·보호의 시설"을 주장하였다. 원산상업회의소는 적극적으로 조선에 공업을 도모하여 공업에 필요한 수이입품의 관세를 제거하고, 공업에 관한 기술자를 상치할 것을 그 방법으로 제기하였다.

〈표 4-4〉「참고서」와 상업회의소의 보호·장려공업 비교

구분	참고서	경성상업회의소	부산상업회의소
업종	製絲業, 紡績業, 機業, 製紙業, 窯業, 釀造業, 鐵工業, 製革業, 製燉業, 製筵業, 編組物製造業, 木工製品製造業, 漆器製造業, 竹器製造業, 杞柳·木通等製造業, 魚網製造業, 製粉業, 植物性脂油業, 石鹼製造業, 製糖業, 藁製造業, 瓶詰罐詰業(22)	木綿絲·生絲·麻絲제조, 染織業, 和洋紙製造業, 陶器磁器製造業, 酒類釀造業, 味噌醬油製造業, 製鹽業, 漆器製造業, 製革 및 皮革製造業, 海産物加工業, 澱粉製造業, 搾乳業, 石鹼製造業, 메리야스제조업, 杞柳細工(15)	織物工業, 陶磁器工業, 製革工業, 製紙工業, 水産製造功業(5)

출처: 朝鮮總督府, 『朝鮮産業ニ關スル計劃要項參考書』, 1921, 37~41쪽 ; 伊藤正愨, 『京城商工會議所二十五年史』, 경성상공회의소, 1941, 167~173쪽 ; 『조선시보』1921.4.21, 「産業調査回答案」.
비고: 참고서의 강조한 업종은 상업회의소의 업종과 동일한 것이며, 부산의 경우는 대공업임.

---

75) 『동아일보』 1921.4.18, 「産業開發에 對하여(三)」.
76) 伊藤正愨, 『京城商工會議所二十五年史』, 경성상공회의소, 1941, 167~171쪽.

이러한 주장은 조선의 공업정책이 일본과의 관계에서 이루어져야 한다는 점을 지적한 것으로 조선에서 조장·보호받을 공업에 대한 제한을 〈표 4-4〉와 같이 설정하였고 그 방법도 제시하였다. 이는 일본과 조선의 공업이 경쟁함을 의미하는 것이 아니라 동시에 성장할 수 있는 방안을 제시한 것으로 조선인들이 주장하는 적극적인 보호정책이 아니라 일본자본의 진출과 함께 동반 상승할 수 있는 소극적인 공업 보호·장려책이었다.「참고서」에는 이러한 조선 각 상업회의소의 주장과 농업중심의 산업정책을 운영하려는 조선총독부의 견해가 결합되어 조선에서는 수요액 또는 수이출액이 상당한 공업과 그 생산액이 적더라도 ① 生産素地, ② 輸移入의 容易, ③ 操業의 簡易 중 하나의 조건을 갖춘 20개 공업에 한정하여 조장·보호받아야 한다는 것으로 제안되었다. 이러한 보호공업은 〈표 4-4〉와 같이 조선 내 일본인들이 장악하거나 점차 주도해갈 製絲業, 機業, 製紙業, 釀造業, 鐵工業, 製革業, 製燧業, 木工製品製造業, 石鹼製造業, 製糖業, 瓶詰罐詰業 등을 비롯하여 일본 대자본의 진출을 통해 경영되고 있던 紡績業(조선방직주식회사), 窯業(소야전시멘트주식회사 평양지사, 일본경질도기주식회사) 등이 있었다.77) 그리고 그 방법으로 관세안배를 통한 외국산 상품의 구축과 재정이 허락하는 한 원료·제품·노동력·시장의 조사를 통한 공업의 보호·장려였다.78)

그 외「참고서」에서 제기된 광업과 연료 및 동력은 공업과 일반 생활에 밀접한 관계를 지녔다. 당시 조선에서는 탄가상승으로 인하여 공장을 비롯하여 일반 가정에서도 심각한 어려움에 봉착하였다. 그러자 경성, 평양 등이 중심이 된 상업회의소는 개별적으로 또는 연합회를 통해 만철과 조선총독부에 연료가의 인하와 탄광개발에 대한 진정과 청원을 계속하였다. 이러한 사정이「참고서」의 자문사항으로 자연스럽게 제기되었다.

---

77) 조선총독부, 『조선총독부통계연보』, 1921년판 ; 『조선총독부시정년보』, 1921년판.
78) 朝鮮總督府, 『朝鮮産業ニ關スル計劃事項參考書』, 1921, 37~41쪽.

수산업에 대해서도 부산상업회의소는 "1억 해리에 걸친 연안선을 가진 무진장의 수산을 포용한 조선반도는 이 부원의 개발과 이용을 마땅히 얻는다면 제국으로써 확실히 세계유수의 수산국이 될"만한 운명을 지녔다고 하며 수산업의 조장·장려를 강조하였다. 임업의 경우도 조선의 산업개발을 위해 빠질 수 없는 사항이었다. 장래 산업기반시설의 확충과 공업의 장려에 목재의 수요는 필수적이고 따라서 이에 대한 종합적인 시설계획이 이루어져야했다. 그런 점 때문에 조선의 산업개발에 필요한 사항으로 경성상업회의소 등이 제기하였다. 또한 산업조사위원회 설치문제를 협의하던 임시상업회의소연합회는 임업문제와 관련된 강연회도 개최하였다. 이러한 각 사항에 대한 상업회의소의 요망들이 「참고서」에 적절히 반영되었던 것이었다.

이상과 같이 조선 상업회의소의 주장이 산업조사위원회에 「참고서」에 적극적으로 반영되었다. 이러한 상업회의소의 주장은 1920년을 전후한 경제 불황과 식민지 경제체제의 변화에 대한 종합적인 대응책이었음을 이미 살펴보았다. 결국 상업회의소의 산업정책은 조선인들이 주장한 '조선인본위'의 산업정책이 아니라 조선에 있는 일본인 자본가들이 중심이 된 '조선을 본위'로 한 산업정책이었다.

이처럼 산업조사위원회를 통해 수립될 1920년대 조선의 경제정책은 산업조사위원회가 열리기 전에 이미 조선총독부가 상업회의소의 자문안을 중심으로 그 방안을 이미 확정 지움으로써 실질적인 조사와 연구를 통한 방안의 수립은 이루어질 수 없었다. 때문에 산업조사위원회는 일본과 조선의 실업가들을 초청하여 이미 만들어진 조선의 산업정책을 알리고 홍보하는 장으로 그 의미와 역할은 축소되어질 운명이었다. 한편, 산업조사위원회의 설치를 기회로 '조선인본위' 산업정책의 수립을 열망했던 조선인들은 조선총독부의 '문화정치'라는 무대에서 엑스트라로 만족할 수밖에 없었다. 산업조사위원회는 조선총독부의 '문화정치'를 선전하는 하나의 무대였고 주인공은 조선인이 아니라 조선총독부와 조선 내 일본인들이 중심이 된 상업회의소였던 것이다.

2) 산업조사위원회의 개회와 조선 산업정책의 수립

조선총독부는 산업조사위원회 자문안을 수집하고 「참고서」를 만들어 산업조사위원회에서 논의할 사항을 확정지었다. 「계획요항」이 바로 그것이다. 「계획요항」의 내용은 조선 산업에 대한 일반방침과 계획요항으로 「참고서」의 내용을 거의 그대로 수용하였다. 이와 함께 산업조사위원회와 관련된 법규 및 위원인선에 들어갔다. 조선총독부는 조선총독부 훈령 제36호인 〈산업조사위원회규정〉의 발포와 1921년 8월 30일과 9월 3일 양일 동안의 위원임명을 통해 총독부 내에 산업조사위원회를 임시적으로 설치하였다. 〈산업조사위원회규정〉에서는 위원회를 조선총독의 자문에 의해 조선 산업에 관한 중요한 사항을 조사·심의하는 기구로 규정하였다.[79] 이 산업조사위원회는 일본과 조선에 거주하는 관료, 학자, 실업인 총 48명(일본거주자 20명, 조선거주자 20명, 각국 부장 8명)으로 구성되었다. 먼저, 산업조사위원회 구성원을 통해 그 성격을 살펴보자.

〈표 4-5〉 산업조사위원회 위원명단

일본 측		團琢磨(三井物産理事長), 木村久壽彌太(三菱總理事), 佐佐木勇之助(第一銀行頭取), 志村源太郎(勸業銀行總裁), 和田豊治(富士紡績會社長), 石塚英藏(東洋拓植總裁), 井上角五郎(代議士, 조선농업개량회사), **原田金之祐(朝鮮郵船社長, 前경성상의회두)**, 領木馬左也(住友總本店理事), 山岡順太郎(大阪鐵工所社長), 松本健次郎(明治鑛業會社長), 四條隆英(농상무성공무국장), 松波秀實(농상무성기사, 임학박사), 小野義一(대장성 이재국장), 元田敏夫(대장성척식국차장), 松村眞一郎(법제국참사관), 上野英三郎(동경제대교수, 농학박사), 岸上鎌吉(동경제대교수, 이학박사), 加茂正雄(동경제대교수, 공학박사), 高岡熊雄(북해도제국대학교수, 농학·법학박사)
조선 측	일본인	**美濃部俊吉(조선은행총재, 경성상의회두), 有賀光豊(조선식산은행두취, 경성상의특별평의원), 釘本藤次郎(경성상의소부회두)**, 藤井寬太郎(不二興業사장), **久保要藏(滿鐵京官局長, 前경성상의특별평의원)**, 松山常次郎(代議士, 황해사), **賀田直治(西鮮殖鐵專務, 경성상의특별평의원)**, 香

---

79) 『朝鮮總督府官報』 1921.6.6, 「訓令」.

	椎源太郎(부산상의회두), 松田貞次郎(황해도 실업가, 서선식철이사), 富田儀作(평안남도 실업가, 前진남포상의회두)
조선인	李完用(후작), 宋秉畯(백작, 경성상의특별평의원), 趙鎭泰(상업은행두취, 경성상의부회두), 韓相龍(한성은행전무, 경성상의상의원), 李基升(충청남도 실업가), 鄭在學(경상북도 대구은행장, 대구상의평의원), 朴永根(전라북도 三南銀行중역), 玄基奉(전라남도 실업가, 前목포상의상의원), 崔熙淳(평안북도 실업가, 조선산업철도감사역), 趙炳烈(함경남도 실업가)
총독부	水野鍊太郎(政務摠監, 産業調査委員會 委員長), 西村保吉(殖産局長), 河內山樂三(財務局長), 和田一郎(參事官), 時實秋穗(內務局長), 柴田善三郎(學務局長), 竹內友治郎(遞信局長), 弓削幸太郎(鐵道局長), 原靜雄(土木部長)

출전: 朝鮮總督府, 『産業調査委員會會議錄』, 1921, 産業調査委員會氏名 편 ; 『每日申報』 1921.9.6, 「産業調査委員決定」 ; 田中麗水, 『全鮮商工會議所發達史』, 부산일보사, 1936 ; 伊藤正悊, 『京城商工會議所二十五年史』, 경성상공회의소, 1941 ; 기타 각종 신문 및 인명록 참조.
비고: 강조는 전현직 상업회의소 관련자들임.

〈표 4-5〉와 같이 일본 측 산업조사위원은 일본재계 실업가, 관료, 학자로 이루어졌다. 이를 더 세분화하면 조선의 식민지 경영에 참여하고 있는 동양척식회사, 조선우선주식회사, 대판상선주식회사 등의 중역, 장래 조선 개발에 적극적으로 참여할 미쓰이, 미쓰비시, 스미모토 등 일본재벌의 중역, 그리고 조선의 산업개발에 기술·행정적인 지원을 책임질 일본의 경제 관료 및 식민학자들이었다. 결국 일본 측 위원의 인선을 통한 조선총독부의 의도는 조선 산업개발의 당위성과 그 필요성을 소개하고 일본정부의 행정적 지원, 식민학자의 기술적 지원, 그리고 일본 실업가의 자본투자를 적극 유치하는 것이었다. 이는 상업회의소가 원했던 "산업에 관계연락을 가진 직책자"에 부응하는 인선이었지만, 조선인들은 이를 상당한 우려하였다. 당시 동아일보는 대판 모신문의 "산업조사위원을 관광단과 동일시" 하는 어조를 인용하며 이와 같이 된다면 "산업조사위원회가 아니라 산업소개회"라고 신랄히 비판하였다.[80]

다음으로 조선 측 산업조사위원을 살펴보면, 표면상 동수의 일본인과 조선인을 배분하여 사이토 총독의 관민일치와 민족무차별의 '문화정치'가 구현된 것으로 보인다. 그러나 이는 조선 측만의 것이고 일본 측을 합치면, 조선인은 민간 측 총인원의 1/4에 지나지 않았다. 이러한 인선은 구조적으로 조선인들의 요구를 받아들이지 않겠다는 의도가 숨어있는 것이었다.[81] 또한 조선인위원의 면면을 보면, 조선인 측에 유리한 산업정책의 수립에 기여하기 힘들 것으로 보인다. 이미 당시 조선인들 중에는 산업조사위원이 "당국에 교언영색한 조선인 중에서 임명하면 원안통과에 맹종함으로써" 조선인을 위한 산업정책은 이루어지지 않을 것이라고 우려를 나타내었다.[82] 그러나 이러한 우려는 현실로 드러났다. 조선인위원은 표와 같이 병합에 동조한 이완용, 송병준과 같은 친일인사를 비롯하여 일제의 식민지정책하에서 부를 축적한 자들이었다. 또한 이들 중 조진태, 한상용, 정재학, 현기봉 등은 경성, 대구, 목포상업회의소의 중역이었기에 기본적으로 상업회의소 측의 주장과 다르지 않았다.

다음으로 조선 측 일본인들의 면면을 보면, 조선은행, 식산은행, 만철경관국 등 조선총독부의 식민지 경영회사의 대표를 비롯하여 불이흥업, 황해사, 서선식철 등 민간 측 식민지 경영회사의 중역과 전현직 조선 각 상업회의소 중역 등 조선에서 실업에 종사하며 일제의 민간 측 식민지 경영자로서 활동하던 자들이었다. 이들은 그들이 속해있는 상업회의소를 통해 산업조사위원회의 설치를 요구하였고, 산업조사위원회 과정에도 가장 열성적으로 참여함으로써 조선의 산업정책에 자신들의 요구주장을 관철시키기 위해 노력하였다. 결국 산업조사위원회는 표면적으로 다수의 민간인들을 중

---

80) 『동아일보』 1921.9.12, 「橫說竪說」.
81) 동아일보도 이에 대해 "산업조사위원 중에도 조선인의 수는 전체의 4분의 1에도 불급하는 고로 여사한 형식하에 결정되는 산업방침은 도저히 조선인의 동의를 경한 자이라 간주키 불능하다"고 하였다(『동아일보』 1921.9.9, 「橫說竪說」).
82) 『조선시보』 1921.6.29, 「二千萬民衆의 運命을 顧한 産業調査會에 對한 希望(一) 釜山實業家 金鍾範氏談」; 『동아일보』 1921.7.2, 「産業調査會에 對한 要望(一) 金鍾範(奇)」.

심으로 조선 산업에 대해 논의하였지만, 정책당국인 조선총독부와 그 정책을 직접 수행하거나 이를 통해 부를 축적할 수 있는 조선 내 일본인들이 중심이 될 수밖에 없었다.

　조선총독부는 산업조사위원회에 참고할 자료와 인적 구성이 끝나자, 본격적으로 산업조사위원회를 개최하였다. 산업조사위원들에게는 이미 언급한 조선총독부의 「계획요항」과 「참고서」가 배부되었다. 물론 산업조사위원회는 이 자료에 따라 논의가 진행되었다.[83] 조선총독부의 「계획요항」은 「참고서」를 토대로 만들어진 것으로 그 내용은 조선 산업에 대한 일반방침이라는 큰 전제하에 「참고서」에서 제기하고 있는 농업, 임업, 수산업, 공업, 광업, 연료 및 동력, 산업자금, 해운시설, 철도시설, 도로・항만・하천에 관한 사항이었다.[84] 산업조사위원들은 이 「계획요항」과 「참고서」에 따라 회의를 진행하였고, 그 외 다른 참고자료는 특별위원회에서 부수적으로 참고하며 진행하였다.[85] 조선인들의 참고자료는 말 그래도 참고만 되었지 산업조사위원회의 결정사항에 영향을 미치지는 못했다. 일제가 조선인들의 의견을 적극적으로 수용하겠다는 허명 아래 실시한 산업조사위원회도 결국은 총독부의 경제정책을 그래도 인정할 수밖에 없는 중추원과 같은 자문기구에 지나지 않았다. 따라서 조선인 측에서는 "'조선산업의 대방침을 신중심의한다'는 총독부의 대간판을 무할인으로 인정하고라도 회기 근 5일간에 형식이나마 이 심의를 종료한다하는 것이 일종의 기적과 같이 사량된다.

---

83) 이와 함께, "이를 자문안으로 심의하는지 혹은 참고로 하여 별로히 입안함은 전혀 각위의 편의에 임"한다고 하며 자율적인 협의를 강조하였다. 하지만 5일이라는 기간 동안 새로운 안을 제시한다는 것은 불가능한 일이었다(『매일신보』1921.9.17, 「總監演說(續) 産業調査會에서」).
84) 『매일신보』1921.9.20, 「産業調査協議案」.
85) 기타 참고자료는 한상용의 산업개발의견서와 내지실업가에 대한 희망서, 賀田直治의 조선산업일반방침실행에 관한 의견, 정재학의 조선산업에 관한 일반방침의견, 최희준의 조선산업개발에 관한 의견서, 임시조선인산업대회의 조선산업개선건의안, 유민회의 건의서, 香椎源太郎의 수산에 관한 의견 등이다(조선총독부, 『산업조사위원회회의록』, 1921, 14~15쪽).

차라리 모지 기자의 의견과 같이 산업소개위원회라고 간판을 개찰하는 것이 도리어 정직할 듯"하다고 산업조사위원회의 본질을 비판하였다.[86]

6일간의 회기 동안 산업조사위원회는 본회의와 특별위원회로 구분하여 총독부에서 제시한 「계획요항」과 「참고서」를 토대로 심의하였다. 심의는 해당 사항에 대한 조사위원의 견해피력을 비롯하여 질문, 이에 대한 총독부 측의 설명, 그리고 답변 등으로 이루어졌다. 심의 과정의 결과는 위원회에 의해 답신안의 형식으로 총독부에 제출하였다.[87] 위원회에서 결정한 사항은 〈표 4-6〉과 같다.

〈표 4-6〉 산업조사위원회에서 결정한 사항

부문	결정 사항
농업	① 産米의 改良增殖, ② 米이외의 食用作物의 改良增殖, ③ 輸移出用 농작물의 改良增殖, ④ 工業原料用 농산물의 培養增殖, ⑤ 蠶業의 獎勵普及, ⑥ 牛의 改善增殖, ⑦ 말과 綿羊의 種類試驗, ⑧ 小作慣行의 개선 및 小農保護
임업	① 國有林野 관리경영의 통일, ② 民有林野의 造林, ③ 不要存林野의 造林促進
수산업	① 漁場의 保護擴張 및 漁船漁具의 改良增加, ② 어획물의 처리제조방법의 개선과 對支貿易의 振興, ③ 漁港의 修築, ④ 어민의 보호와 수산단체의 개선발달
공업	① 朝鮮內 需要 및 輸移出用 工業品 製造工業의 발달, ② 負擔의 輕減, 원료의 공급, 노동능률의 증진, 제조방법의 개선에 상당한 원조, ③ 소공업 보호
광업	① 지질조사의 촉진과 생산비 경감, ② 選鑛製鍊의 보급과 개선, ③ 坑夫의 保護誘掖, ④ 保留金山의 민간개방
연료 및 동력	① 薪炭資材의 증식과 이용의 개선, ② 無煙炭, 褐炭田의 개발과 이용, ③ 주요하천의 水原涵養 노력과 發電水系의 探査, ④ 動力統一에 관한 諸般의 調査硏究
산업자금	① 조선산업의 진흥을 위한 자금의 집적, ② 산업자금의 보급과 융통

---

86) 『동아일보』 1921.9.15, 「橫說竪說」.
87) 조선총독부, 『산업조사위원회회의록』, 1921, 29쪽 답신안.

해운시설	① 상해이북 諸要港의 航路開設, ② 內地沿岸貿易時 內地船과 동일
철도시설	① 官私鐵道의 보급, ② 鐵道線路網의 조사, ③ 旣成철도의 개량 및 철도 이용설비의 충실, ④ 철도경영의 조선산업발달 최선고려
도로·항만·하천	① 도로의 보급, ② 旣成도로 구조물의 완비, ③ 도로의 유지, ④ 樞要항만의 설비 완성, ⑤ 상공업 시설의 안전을 도모, ⑥ 內陸水運의 이용
기타	① 1923년 박람회 개최, ② 철도의 보급에 관한 의견 – 조사연구, ③ 일본 측 위원들의 조선산업 개발에 대한 노력 희망

출전: 『朝鮮總督府官報』 1921.10.5, 「通牒」.

〈표 4-6〉을 보면, 대체적으로 조선총독부가 제시한 「계획요항」과 그다지 차이가 없었다. 기껏해야 자구의 수정정도에 지나지 않았다. 먼저, 답신서는 총독부의 「계획요항」과 같이 '조선산업에 관한 일반방침'과 '조선산업에 관한 계획요항'으로 나뉘어져 있다. 답신서의 '일반방침'은 조선의 산업개발계획은 "제국산업정책의 방침에 순응할 것을 기대한다"는 전제하에 "내지, 중국 및 노령 아세아 등 인접지방의 경제적 사정"을 고찰하여 그 대책을 강구할 필요가 있다고 하였다. 결국 산업조사위원회에서 결정한 답신안은 식민지 조선의 수탈과 대륙침략의 발판을 위한 산업개발계획에 지나지 않았다.

〈표 4-6〉와 같이 산업조사위원회의 결정사항은 산미의 개량증식을 최우선 과제로 하여 식민지 조선을 일본의 식량·원료 공급지의 완성을 목표로 하는 '산미증식계획', 일본 자본의 진출을 용이하게 하는 관세철폐, 대중무역 진흥, 상해항로의 개설 등과 조선개발 및 장기적으로는 대륙침략을 위한 발판을 만들기 위한 사회간접시설에 대한 사항이었다. 이는 조선총독부가 미리 조사·연구한 「계획요항」과 대동소이하며 조선총독부의 「계획요항」의 작성에 영향을 미친 「참고서」와도 거의 유사하다. 차이점이라면, 「참고서」 단계에서는 산업자금에 대해 산업조합과 농업창고를 통한 구체적 해결을 제시하였으나 산업조사위원회의 결정사항에서는 좀 더 추상적이고 넓은 범위의 해결책을 제시한 것과 새롭게 내륙수운의 이용, 박람회 개최, 철도보급에 관한 의견의 조사·연구, 일본 측 위원들의 조선 산업개발에 대

한 노력 등을 희망하는 안이 추가된 정도이다. 박람회 개최, 철도보급에 관한 의견의 조사연구, 일본 측 위원들의 조선 산업개발에 대한 노력 등은 이미 상업회의소에서 제기된 부분들이고 위원회에서도 전현직 상업회의소 중역들이 제기하였다.[88]

결국, 산업조사위원회를 통한 조선 산업정책 수립은 조선총독부와 조선 각 상업회의소의 의도와 주장에 의해 이루어졌다. 이는 조선인들이 바라던 '조선인본위'의 산업정책이 아니라 조선 내 일본인을 중심으로 하는 '조선의 개발을 본위'로 한 산업정책임은 의심할 여지가 없다. 조선총독부의 '문화정치'는 '관민합동에 의한 조선 산업정책의 수립'이라는 슬로건을 걸고 산업조사위원회를 개최하였다. 그러나 조선총독부가 제기한 '관민' 중 '민'은 조선 민중이 아니라 조선에서 영주하는 일본인과 일제에 동조하는 일부의 조선인들이었음이 산업조사위원회의 설립과 이를 통한 산업정책의 내용을 통해 드러났다. 한편, 조선에서 통치의 대상이면서 또한 식민지 경영의 민간 측 담당자인 조선 내 일본인들은 식민지정책 수립에 적극적으로 관여하였고 이를 통해 자신의 이익을 확대하고자 하였다. 산업조사위원회의 설치와 이를 통한 조선 산업정책의 수립도 그 활동의 일부분이었다. 그렇다면 식민지 개발의 이익은 일차적으로 누구에게 돌아갈 것인지는 자명한 사실일 것이다.

---

88) 조선총독부, 『산업조사위원회속기록』, 1921.

제5장 산업개발 '4대 요항'과 정치활동

조선총독부는 신임총독의 부임과 함께 서둘러 '문화정치'라는 새로운 형태의 통치체제를 마련하였다. 새로 부임한 齋藤實 총독은 조선 내 자본가들을 통치의 중요한 근간으로 삼고자 하는 소위 '문화정치'를 추진하였다.[89] 일제는 조선 내 뿌리를 내리고 있는 자국의 자본가뿐만 아니라 식민지하에서 성장하고 있던 조선인 자본가들을 식민통치의 중핵으로 삼아 식민지를 효과적으로 통치하고자 하였다. 이러한 변화를 재빨리 인식하고 적극적으로 대응하고자 한 자들이 조선 내 자본가 집단인 상업회의소였다.

조선총독부의 '문화정치'는 언론·출판·결사의 자유를 부분적으로 허용하였을 뿐만 아니라 지방 제도를 개정하여 도협의회, 부협의회, 읍·면협의회 등 자문기구에 조선인 자본가들이 본격적으로 진출할 수 있도록 허용하였다.[90] 또한 일본의 정당 내각제의 정착과 1925년 보통선거법의 통과 등 소위 '대정데모크라시'는 조선 내 자본가들의 폭발적인 정치 활동을 야기하는 중요한 요인으로 작용하였다.[91] 그 결과 1920년대는 가히 '정치의 시대'라고 할 수 있을 정도로 식민 본국에서 뿐만 아니라 식민지 조선에서 자본가들은 정치적 활동을 활발히 전개하였다.[92] 그 중심에는 일본인 자본가

---

89) 조선인 상층 및 중간계층에 대한 개량화 정책이 '문화정치'의 중요한 근간이었다 (姜東鎭, 『日帝의 韓國侵略政策史』, 한길사, 1980, 115~432쪽).
90) 홍순권, 「일제시기 '부제'의 실시와 지방제도 개정의 추이 - 부산부 일본인사회의 자치제 실시 논의를 중심으로 -」, 『지역과 역사』 14, 부경역사연구소, 2004.
91) 李武嘉也, 『大正期の政治構造』, 吉川弘文館, 1998.
92) 1920년대부터 지방 제도가 개정되어 도 협의회, 부 협의회, 읍·면 협의회 등 지방의 자문기구가 활성화 되었으며, 이미 설치되어 있던 상업회의소와 교육조합도 더불어 활성화 되었다. 뿐만 아니라 식민지 조선사회 내부에서도 1920년대부터 지역 단위의 행정 구역에서 각종 시민대회들이 개최되었다(한상구, 「일제시기 '시민대회'의 전개 양상과 성격」, 『제43회 전국역사학대회 발표문』, 2000). 전체라고는 할 수 없지만 대부분의 정치 활동에는 '지역의 유력자' 또는 '지역 유지'라고 할 수 있는 자본가들이 중심이었다. 일제시기 지방 정치에 대한 홍순권의 연구에 의

중심의 지역 상업회의소와 그 연합조직인 조선상업회의소연합회가 위치하고 있었다.93)

일본인 자본가 중심의 지역 상업회의소와 연합회는 새로운 통치체제와 경제 환경에 맞는 정책을 입안하도록 산업조사위원회의 설치를 강력하게 주장하였다. 뿐만 아니라 그들의 요구에 의해 설치된 산업조사위원회에서 자신들의 지역적·경제적 입장에 기반한 정책이 수립되도록 정치적 활동을 전개하였다. 그 결과 1921년 산업조사위원회에 의해 조선 산업개발정책이 포괄적이나마 확정되었다.94)

그러나 산업조사위원회를 통해 확정된 조선 산업개발정책은 식민지 개발을 위한 모든 산업부문을 망라하였기 때문에 정책 집행을 위해서는 많은 시간이 필요하였다. 게다가 산업개발정책의 구체적인 세부 내용과 예산확보 문제 등 중요한 부분이 확정되어 있지 않아 실현상 많은 문제점을 지니

하면 1910~1920년대 부협의회 의원의 대부분은 지역의 자본가들이었으며 상업회의소 평의원을 겸임하고 있었다. 1930년대에 들어오면서 의사, 변호사, 교사 등 전문가집단이 조금씩 확대되고 있었지만 여전히 지역 내 자본가들이 지방 정치의 근간을 이루고 있었음을 알 수 있다(홍순권,「1910~20년대「부산부협의회」의 구성과 지방정치 - 협의원의 임명과 선거 실태 분석을 중심으로 - 」,『역사와 경계』60, 부산경남사학회, 2006 ;「1930년대 부산부회의 의원 선거와 지방 정치세력의 동태」,『지방사와 지방문화』제10권 1호, 역사문화학회, 2007). 부분적인 사례 연구이지만 1920년대 이후 폭발적으로 일어나고 있는 정치 활동의 중심에는 상업회의소를 중심으로 하는 자본가들이 위치하고 있었음을 알 수 있다.

93) 지역 상업회의소와 그 연합조직인 조선상업회의소연합회는 설립 이후 상공회의소로 전환하기까지 줄곧 일본인 자본가들이 주도하고 일부 조선인 자본가들을 포함하는 형태로 조직·운영되고 있었다(全盛賢,「日帝初期 '朝鮮商業會議所令'의 制定과 朝鮮人 商業會議所의 解散」,『韓國史研究』118, 2002 ;「日帝下 朝鮮商業會議所聯合會의 産業開發戰略과 政治活動」, 東亞大學校 史學科 博士學位論文, 2007, 제2장 조선상업회의소연합회의 결성 참조).

94) 전성현,「1920년 전후 조선 상업회의소와 조선 산업정책의 확립」,『역사와 경계』58, 부산경남사학회, 2006. 조선인 자본가들 또한 새로운 경제정책의 수립을 위해 대대적인 정치 활동을 전개하였다(오미일,「1920년대 초의 산업정책론」,『한국근대자본가연구』, 한울, 2002, 418~444쪽).

고 있었다. 물론 조선총독부는 이미 산미증식계획 등 농업부문을 중점사업으로 정하였다. 정무총감 水野錬太郎은 '문화정치'를 기초로 한 조선 통치 5대 정책을 선정하고 3대 정책인 산업의 개발에서 "조선 산업의 대종인 농업에 주력"한다고 선언하였다.[95] 또한 식산국장은 1921년 연말 조선 산업의 3대 근본문제로 토지개량, 석탄조사, 치산사업을 제기하였다.[96]

일본인 자본가 중심의 지역 상업회의소와 연합회도 조선총독부의 농업중심에 반대하는 것은 아니었다. 그렇지만 농업뿐만 아니라 변화하는 경제환경에 대응하고 자신들의 이해관계를 더욱 확대하기 위한 조선 산업개발 정책의 실현도 필요하였다. 연합회는 먼저 조선총독부의 입장에 편승하면서도 현안 문제로 대두한 산업개발의 선결부문을 정하고 그 구체적인 내용도 확정하고자 하였다. 그 과정에 수립되어 제기된 것이 조선 산업개발 '4대 요항'인 철도건설, 관세철폐, 산미증식, 수산장려였다.

따라서 이 장에서 분석하고자 하는 일본인 자본가 중심의 지역 상업회의소와 조선상업회의소연합회의 '4대 요항'과 그 실현을 위한 정치 활동은 일본 제국주의의 성격을 밝히는 데 일정정도 기여할 것이라고 생각한다. 뿐만 아니라 일제시기 조선 사회의 자본주의적 변화에 상업회의소가 어떤 역할을 하였는지를 구체적으로 살펴볼 수 있을 것이라 기대한다.

1. 산업개발 '4대 요항'의 확립과 내용

1) 산업개발 '4대 요항'의 확립과정과 배경

1921년 11월부터 워싱턴에서 군축회의가 개최되었다. 워싱턴회의는 주력전함 건조경쟁을 억제하기 위한 영국과 미국의 기도로 이루어졌다. 군축회

---

95) 水野錬太郎, 「朝鮮通治의 一轉機」, 『朝鮮』 9월호, 1921.
96) 『每日申報』 1921.12.16, 「朝鮮産業의 三大根本問題」.

의를 통해 일본은 세계 3강의 지위를 인정받았으나 영·미보다 낮은 비율의 전함을 배정받았다. 회의 결과 일본은 2억 원이라는 군축잉여금이 생겼다. 일본에서는 잉여금 처분에 대해 "국내(일본-필자)의 교육, 산업 및 기타 국민의 유용한 사업에 이를 사용할 것"으로 의견이 모아졌다.[97]

1922년 새해가 되자 부산상업회의소 회두 香椎源太郞은「조선개발과 선전」이라는 제목하에 조선에서 "제일의 결함은 재정의 빈약과 민간자금의 결핍"이라고 주장하였다. 그리고 일본의 영토인 조선의 개발은 자본의 확보로부터 시작되며 이를 위해 조선의 사정을 일본 정계에 선전하여 그 이해를 끌어내야 한다고 주장하였다.[98] 이러한 생각은 조선 내 일본인의 공통된 생각이며 다른 상업회의소도 물론 같은 생각이었다. 따라서 부산상업회의소는 군축회의 과정을 인지하고 재빨리 임시 역원회를 열어 군축잉여금 2억 원 중 일부를 조선개발자금으로 흡수하기 위해 방안을 논의하였다. 그 결과 임시연합회를 개최하여 정부에 요망할 것을 결의하였다. 그리고 지역 상업회의소에 결의사항을 긴급사항으로 타전하고 찬동을 구하였다.

경성을 비롯한 인천, 평양, 군산상업회의소는 즉각적으로 찬성하고 임시연합회를 개최하기로 하였다.[99] 목포상업회의소는 시기상조를 주장하며 반대하였지만 대상업회의소인 경성, 부산, 인천, 평양이 찬성하였기 때문에 소수의 의견은 묵살되었다.[100] 그리고 단순하게 군축잉여금의 일부를 조선의 산업자금으로 배분해 달라는 요구는 "권위 있는" 요구가 아니기에 적절한 용도와 금액을 갖추어 일본의회와 정부에 제출하기로 하였다.[101] 지역 상업회의소는 각자의 입장에서 적절한 용도와 금액을 제시하였다. 경성상

---

97)『每日申報』1922.2.26,「軍縮剩餘金과 朝鮮」.
98)『京城日報』1922.1.5,「朝鮮開發と宣傳」.
99)『東亞日報』1922.1.25,「商議聯會」.
100)『每日申報』1922.2.1,「軍縮金과 商議所」.
101) 京城商業會議所,『朝鮮經濟雜誌』제73호, 1922, 39쪽 ;『每日申報』1922.2.1,「軍縮金과 商議所」.

업회의소는 "산업발달에는 교통기관의 완비가 제일 급무"이니 "국유철도의 증설과 사철보조금의 증가"에 충용하자고 주장하였다. 그러자 부산상업회의소는 우선 특정 산업을 지정하지 말고 선결문제를 해결하는 것이 옳다고 주장하였다.[102] 이에 따라 연합회는 각 회의소별로 적절한 용도를 미리 논의하고, 새해 벽두부터 개최된 회의에 임했다. 연합회에서 제출한 지역 상업회의소별 잉여금의 용도는 〈표 5-1〉과 같다.

〈표 5-1〉 지역 상업회의소의 산업개발을 위한 선결과제(1922)

지역	제안 내용	비고
경성	조선철도정책의 2대 요강(① 국유철도비 연액 5천 1백만 원, ② 사설철도보조비 연액 5백만 원)	국유철도10년계획, 사설철도 3년간
원산	노동공업자 이주장려	
평양, 대구	관세철폐	
부산	사설철도합동, 항만수축, 어항설치, 식림·치수	
인천	산미증식	
진남포	조선의 有職無産階級의 救濟	※ 張瑞奎 제기

출전: 京城商業會議所, 『朝鮮經濟雜誌』 제74호, 1922, 41쪽 ; 『東亞日報』 1922.2.19, 「全鮮商議聯合會」 ; 『京城日報』 1922.2.19, 「臨時全鮮商議聯合會」.

〈표 5-1〉를 보면, 산업자금의 용도에 대한 지역 상업회의소의 제안내용이 서로 다름을 알 수 있다. 경성의 경우를 제외하면 구체적인 내용을 알 수 없지만 제안만으로도 지역 상업회의소의 조선 산업개발상 긴급을 요하는 부문에 대한 인식이 다름을 알 수 있다. 이전 산업조사위원회 개최에 즈음하여 지역 상업회의소가 제출한 자문안을 통해서도 그 인식의 차이를 알 수 있었다.

경성의 경우, 조선의 '수도'일 뿐만 아니라 교통의 중심지였고 중요한 사설철도회사들이 대부분 경성에 본점을 두고 있었다. 정치·행정·경제의

---

102) 『東亞日報』 1922.2.18, 「全鮮商議聯合會」.

중심일 뿐만 아니라 조선의 가장 큰 소비시장이었던 지역적 특성에 따라 1910년대 상업회의소의 구성원은 경성상공연합회가 중심이었다. 1910년대 후반부터 시작된 주택건설 및 철도·항만·도로 등 토목공사의 확대로 인하여 점차 토목건축협회 세력도 확대되고 있었다.[103] 토목건축협회 세력이 더욱 확대되면서 1920년대 상업회의소는 이 두 단체를 중심으로 양분되었다.[104] 그래서 상품유통과 토목공사라는 상업회의소 구성원들의 이해를 반영한 철도부문이 경성상업회의소의 조선 산업개발상 가장 중요한 부문으로 제안되었다.

경성과 달리 부산은 대일본 최대의 무역항인 동시에 조선 수산업의 4할을 점하는 어항이었다. 그래서 무역과 수산업에 종사하는 상공업자들이 상업회의소의 평의원을 구성하고 있었다.[105] 따라서 부산상업회의소는 무역항과 어항이라는 지역적 특성과 이를 기반으로 한 상업회의소 구성원의 경제적 토대로 말미암아 조선의 산업개발은 수산업을 중심으로 이루어져야 한다고 주장하였다. 물론 1920년대부터는 철도부설, 항만수축 그리고 주택건설과 함께 부산에서도 토목건축업자들의 모임인 남선토목건축협회의 약진이 보인다.[106] 때문에 부산에서도 철도 및 항만과 관련된 개발에도 적극

---

103) 京城商業會議所, 『京城商工名錄』, 1923.
104) 당시를 회고한 자료에서 1920년대를 '상업파' 대 '토목파(혹은 공업파)'의 대립구도로 파악하고 경성의 경제적인 부분에서는 '상업파'가 조선 전체의 경제와 관련해서는 '토목파'가 주로 활약하였다고 한다(伊藤正愨, 「沿革編」, 『京城商工會議所二十五年史』, 1941, 251~252쪽).
105) 1910년대 후반부터 1920년대 전체를 통해 가장 많은 상업회의소 회원과 상업회의소 평의원을 보유하고 있는 조직이 부산사상동맹회였고, 그 다음이 남선토목건축협회, 해산물상조합이었다. 특히 부산사상동맹회와 해산물상조합은 부산상업회의소의 가장 많은 회원을 보유하고 있었고 가장 많은 상업회의소 평의원을 배출하였다(차철욱, 「일제강점기 부산상업(공)회의소 구성원의 변화와 '釜山商品見本市'」, 『지역과 역사』 17, 부경역사연구소, 2005). 이를 통해 부산상업회의소가 무역과 수산업에 가장 많은 관심을 가졌다는 것을 알 수 있다.
106) 釜山商業會議所, 『昭和元年 會員名簿』, 1926. 1926년의 경우 평의원선거에 부산사상동맹회가 7명의 후보를 내어 가장 많았고, 그 다음이 5명의 후보를 내고 있

적이었다. 그렇지만 전체적으로 부산상업회의소는 부산수산주식회사를 필두로 하는 수산업관련 상공업자들이 강력한 세력을 형성하고 있었기 때문에 산업조사위원회 자문안뿐만 아니라 연합회의 선결부문 선정에도 수산업관련 사항을 제출하였던 것이다.

인천의 경우, 미두취인소를 비롯한 미곡협회의 세력이 가장 강고하였다. 상업회의소의 평의원을 비롯하여 역원들도 미두취인소 및 미곡협회원들이 중심이었다.[107] 따라서 인천상업회의소의 구성원들은 곡물 수이출과 밀접한 관계를 가졌고 그들의 지역적 기반이 상업회의소의 선결문제를 논의하는 자리에 산미증식을 주장하게 하였던 것이었다. 특히 인천상업회의소의 제안은 산업조사위원회의 자문안에 "농산원료품의 증수"를 가장 중요한 산업개발로 제기한 부분과도 일치하였다.[108]

평양의 경우, 다른 상업회의소 회원들과 마찬가지로 상업에 종사하는 이가 많았다. 민족별로 보면, 조선인 중에서는 무역업과 관련된 곡물 및 우육상이 많았다. 일본인은 숫자상으로는 수입업인 잡화상이 가장 많았지만 경제규모 면에서는 무역상이 가장 컸다.[109] 한편 대구의 경우도 회원의 대부분이 상업에 종사하였고 평양과 마찬가지로 조선인은 무역업인 곡물상 및 면사포상과 지역의 전통적인 약령시로 인하여 약종상이 가장 많았다. 특징적인 것은 곡물류의 경우 직무역을 하는 상인은 거의 없었고 주단포목의 경우 수입상은 거의 없을 정도로 상인자본은 영세하였다.[110] 이에 비해 일본인은 수입업에 종사하는 무역상과 잡화상이 가장 많았다.[111] 따라서 평

는 남선토목건축협회였다(『朝鮮時報』 1926.3.31, 「한창인 전선을 누비는 각 전사의 분투모습」).
107) 岡本保誠, 『仁川商工會議所五十年史』, 1934.
108) 인천상업회의소는 산업조사위원회 자문안에 농산품의 증수와 각종 공예품의 제산을 가장 중요한 것으로 제기하였다(大平鐵畊, 앞의 책, 33~34쪽).
109) 平壤商業會議所, 『平壤商工人名錄』, 1919.
110) 徐相日, 「大邱商工界의 一瞥」, 『別乾坤』 5권 9호, 1930년 9월, 83쪽.
111) 佐瀨直衛, 『最新大邱要覽 附商工人名錄』, 1920.

양과 대구상업회의소를 주도한 일본인 대무역상 및 수입상들의 주장에 따라 관세철폐문제가 가장 먼저 해결해야 할 과제로 제기되었던 것이다. 이렇게 조선에서 큰 비중을 차지하고 있던 주요 도시 상업회의소를 통해 보더라도 지역 상업회의소의 지역적 특성과 구성원의 차이에 따라 제안된 조선 산업개발자금의 용도는 달랐으면 그러한 차이 때문에 〈표 5-1〉과 같이 다방면에 걸쳐 산업개발을 위한 선결과제가 제기되었다.

한편, 진남포를 대표한 장서규는 연합회에 참석한 유일한 조선인이었다. 간혹 경성에서 연합회가 개최될 때 경성상업회의소의 조선인 평의원이 대표가 아니라 유지의원으로 참석한 경우도 있었다. 그러나 지역 상업회의소의 대표로 조선인이 참석한 것은 드문 일이었다. 그렇기에 그를 통해 조선인의 입장을 조금이나마 파악할 수 있다.

그가 연합회에서 제시한 제안과 발언은 조선인 자본가의 입장에서 이루어진 것으로 파악된다. 장서규는 1912년부터 신의주세관, 진남포부청, 성천군청에서 근무한 후 사임하고 정미업을 경영하였다. 1920년에는 동아일보 진남포지국장을 지냈고 1922년 현재 신일조합 상담역, 객주조합 역원, 학교조합 평의원, 상업회의소 평의원 등으로 활동하고 있었다.[112] 임시 연합회에는 진남포상업회의소 상무의원으로 진남포를 대표하여 출석하였다. 그는 회의석상에서 철도건설과 관세철폐는 조선인을 도외시하는 것이며 오히려 조선의 "유직무산계급의 구제가 긴요한 문제"라고 주장하였다. 장서규의 약력과 연합회에서의 발언을 볼 때, 그의 제안과 주장은 1920년대 초 '동아일보계열'의 민족주의자들이 주장하던 '조선인 본위'의 산업정책이었음을 알 수 있다.[113]

그의 제안이 조선과 조선인의 산업발달에 적당한 제안인가 하는 문제를 떠나서 중요한 점은 조선의 산업개발 중 선결 과제를 결정하는 중요한 자

---

112) 『東亞日報』1920.4.1, 「本社社員氏名」; 朝鮮新聞社, 『朝鮮人事興信錄』, 1922, 129쪽.
113) 오미일, 「1920년대 초의 산업정책론」, 『한국근대자본가연구』, 한울, 2002, 418~444쪽.

리임에도 불구하고 조선인은 장서규가 유일했다는 점이다. 그나마 그의 제안은 회의과정에서 일본인 대표에 의해 비판받으며 묵살되었다. 일본인 대표는 철도건설 등은 조선을 위한 것이기 때문에 조선인에게도 분명 이익이 된다고 장서규의 주장을 논박하였다.114) 하지만 조선을 위한 것이 조선인을 위한 것은 아니며 당시 한 언론은 군축잉여금이 조선에 유입된다면 교육부문에 사용되어지기를 바란다고 주장하고 있었다.115) 따라서 연합회는 표면적으로 조선을 위한 것이라고 주장하였지만 그 실제 속셈은 조선에 있는 일본인 자본가와 일부의 조선인 자본가를 위한 것이었다.

조선인 대표로 유일하게 참여한 장서규의 제안을 묵살하였지만 경제적 토대 및 지역적 특성에 따라 제기된 지역 상업회의소의 주장은 그렇게 할 수 없었다. 그렇다고 각기 다른 주장을 당국에 제안하면 제대로 성취할 수 없을 것이라는 우려도 제기되었다. 임시 연합회에서는 5명의 위원을 선정하여 가장 적당하다고 생각하는 2, 3건만을 선정하여 청원하자고 하였다. 참석한 모든 상업회의소의 찬성을 받아 논의한 결과, "조선산업개발에 필요한 보급금증액요망의 건"이라는 제목하에 ① 철도건설, ② 관세철폐, ③ 산미증식, ④ 수산장려를 결정하고 정부당국에 청원하기로 하였다.116) 이렇게 임시 연합회를 통해 수립된 '4대 요항'은 지역 상업회의소의 지역적·경제적 특성을 고려하였지만 조선인 자본가들의 의견조차도 철저하게 배제한 일본인 자본가들에 의한 조선 산업개발의 선결 과제로 이해할 수 있을 것이다.

그럼 연합회가 어떤 배경에서 '4대 요항'의 완성을 희망하였는지를 살펴보자. 연합회가 제출한 청원서에서 조선 산업개발에 필요한 보급금 증액을 요망하게 된 배경을 다음과 같이 제시하였다.

---

114) 『京城日報』 1922.2.19, 「臨時朝鮮商議聯合會」.
115) 『東亞日報』 1922.2.21, 「軍縮剩餘金利用問題」.
116) 『東亞日報』 1922.2.19, 「全鮮商議聯合會」.

朝鮮의 産業開發은 經濟上의 利害뿐만 아니라 國策上의 大義를 지녀 擧國一致의 人力과 財力을 傾注하여 極力 그 經營에 當할 帝國의 文化的 大司命인 것은 倂合의 大照에 鑑하여 炳乎치 못할 것이다. 그런데 內地 一般의 朝鮮에 意를 拂함이 極히 冷淡하여 대부분 風馬牛의 觀이 있을 뿐만 아니라 中央政府도 역시 朝鮮財政의 補給에 對하여 例年 그 縮減에 努하고 항상 緊切한 統治上의 要求에 伴키 불능함은 진실로 遺憾스러운 바이다. (중략) 다행히 華盛頓會議에 의한 海軍制限協約과 陸軍減少의 結果에 따라 政府의 財政에 幾多의 餘裕를 보게 된 好機를 만나 吾等은 特히 그 感을 深히 하는 바이다. **政府는 마땅히 倂合의 大意義에 鑑하여 吾等의 熱誠을 諒解하고 朝鮮統治에에 있어서 國策의 遂行에 遺憾이 없기를 期한다.**[117](강조는 필자)

청원서를 통해 연합회는 자신들이 제기하는 조선 산업개발은 식민지 조선에서의 국책사업이며 "제국의 문화적 대사명"이기 때문에 반드시 완수되어야한다고 강조하였다. 물론 "문화적 대사명"이라는 것은 조선 병합의 명분으로 일제가 제기한 정치적 수사에 지나지 않았다. 그렇더라도 연합회는 이러한 점을 적극 활용하여 자신들의 뜻을 관철시키고자 하였다. 그리고 일본 정부에 의해 조선의 산업개발이 적극적으로 수행되어야함에도 불구하고 여전히 냉담한 태도에 유감과 우려를 표시하였다. 이어서 인고의 세월 끝에 스스로 조선 산업개발의 필요를 역설하며 그 이행을 위해 운동한다고 강조함으로써 자신들이 정치적 측면에서도 식민경영의 적극적인 담당자임을 자처하였다. 더불어 조선 산업개발이라는 국책의 완수는 자신들과 일본의 경제적 이익과도 결부되어 있음을 지적하였다. 이 또한 일본의 식민지에 대한 경제적 이해와 자신들의 계급적인 이해가 조선의 개발과 밀접하게 연관되어 있음을 드러낸 것이었다. 그렇기에 동아일보와 같은 조선인 언론은 조선 산업개발의 이익은 소수의 자본계급이나 다수 일본인의 수중으로

---

117) 『京城日報』 1922.2.21, 「四大綱目基礎」; 京城商業會議所, 『朝鮮經濟雜誌』 제75호, 1922, 55쪽.

돌아갈 것임을 지적하였다. 그리고 조선인의 산업발달을 위해서라면 직접적인 산업정책보다는 교육정책에 힘을 쏟을 필요가 있다고 주장하였다.

2) 산업개발 '4大 要項'의 내용

이제 조선상업회의소연합회가 청원한 '4대 요항'의 내용을 구체적으로 살펴보자.

첫 번째, 철도건설은 임시상의연합회의에 제출한 경성상업회의소의 제안을 기본으로 진해선을 추가하여 결정되었다.[118] 당시까지 관계당국에 제출된 상업회의소의 철도문제는 평원철도와 같은 국유철도의 경우 조선총독부의 인가를 받아 예산편성을 위해 일본 정부에 제출되었지만 매번 예산문제로 좌절되었다. 또한 사설철도의 경우 철도부설을 위한 철도회사의 보급금문제와 관련하여 지속적인 증액을 요청하였지만 예산문제로 이루어지지 못했다. 그렇기에 문화정치기의 산업정책을 수립하는 산업조사위원회 자문안 및 산업조사위원회 자리에서도 철도망의 완성을 위한 장기적인 계획마련과 그 조사를 별도로 주장하였다.[119]

조선총독부는 1922년 철도망 조사에는 들어갔지만 장기적인 철도부설계획은 마련하지 못하였다.[120] 따라서 1922년 현재 조선총독부가 실시하고 있던 철도부설 및 개량은 함경선의 부설과 호남선의 개량에 그치고 있었다.[121]

---

118) 京城商業會議所, 『朝鮮經濟雜誌』 제75호, 1922, 55쪽.
119) 大平鐵畊, 『朝鮮鐵道十二年計劃』, 鮮滿鐵道新報社, 1927, 33~42쪽 ; 賀田直治, 「朝鮮의 鐵道網에 관한 考察과 그 延長의 必要」, 『朝鮮』 제102호, 1923.
120) 1923년 西村식산국장의 말을 통해 조선총독부의 철도정책 및 철도계획을 대략 알 수 있다. 그에 따르면 조선총독부의 철도정책은 철도보급방법과 철도계획으로 나누어 살펴볼 수 있다. 먼저 철도보급방법은 우선 재원을 공채 또는 국채지변으로 확보하는 것이다. 둘째 지방적 선로는 사설철도사업으로 실시한다는 것으로 조선사설철도보조법에 의해 보조한다는 것이다. 그리고 철도계획은 건설 중인 함경선, 진해선, 평원선을 계속사업으로 부설한다는 것이다. 이상과 같이 조선총독부는 1923년에도 구체적이고 근본적인 철도정책을 제시하지 못하고 있었다(西村保吉, 「朝鮮の産業及交通」, 『朝鮮』 제98집, 1923).

그나마 부설되던 철도와 예정된 철도망 조사는 일본정부와 조선총독부의 소극적인 예산편성으로 거의 답보상태였다.[122] 연합회로서는 조선총독부의 장기적인 계획수립을 마냥 기다릴 수는 없었다. 경성상업회의소는 1922년 초부터 운수부회를 통해 철도부설계획안을 마련하였다.[123] 그러던 찰나 워싱턴 군축회의에 의한 군축잉여금 소식이 조선에 전해졌다. 경성상업회의소는 군축잉여금의 조선 투여를 기회로 철도부설10개년계획안을 연합회에 제출하였다. 연합회는 경성상업회의소가 제출한 철도부설계획을 중심으로 철도건설을 위한 구체적인 내역을 수립하였다. 그 내용은 〈표 5-2〉와 같다.

〈표 5-2〉 조선상업회의소연합회의 철도부설10개년계획과 소요비(1922)

구분	내역 및 금액(단위: 哩, 圓)			비고
국유철도	진해선	13리 건설비	160,000,000	1922년부터 10개년 계획
	함경선(未成分)	232리 건설비		
	평원선	133리 건설비		
	경부, 경의선	602리 復線布設	120,000,000	
	동해안선(원산부산간)	401리 건설비	110,000,000	
	경성강릉선	194리 건설비	70,000,000	
	既成線改良 및 車輛增備費 10년분		50,000,000	
	합계		510,000,000	
사설철도	보급액		5,000,000	3년간

출전: 京城商業會議所, 『朝鮮經濟雜誌』 제75호, 1922, 55쪽.

121) 朝鮮總督府 鐵道部, 「朝鮮에서 鐵道現在施設」, 『朝鮮』 제102호, 1923.
122) 조사 및 부설에 착수하기로 한 평원철도 예산문제로 계속 이루어지지 못하여 평양, 진남포, 원산상업회의소는 연합하여 시민대회를 개최하는 등 철도부설을 주장하고 있었다(『東亞日報』 1921.10.22, 「平壤線速成陳情」; 10.22, 「市民大會續報」; 『每日申報』 1921.10.30, 「平元鐵道速成市民大會決議」).
123) 『京城日報』 1922.2.3, 「商議運輸部會」.

청원서의 이유 설명에서 연합회는 조선철도는 658마일의 국유본선과 230마일의 사설지방선을 보유한 것에 반해 면적이 조선의 6분의 1에 불과한 대만은 2,040마일의 관사철도를 보유하고 있는 점을 지적하였다. 그리고 조선철도의 근본적 건설방침을 결정하여 실행·경영하지 않으면 산업의 개발은 물론 조선 통치의 대방침인 '문화정치'의 목적도 달성하기 어렵다고 주장하였다. 이상과 같은 제안 설명과 함께 국유철도는 기정계획수행에 필요한 소요액 5억 1만 원 중 1개년 평균비용 5천 1백만 원, 사설철도는 사설철도보조법에 의한 보급액의 한도가 연액 250만 원이지만 현재 불입에 대한 보급이 없어 금후 3년간 연 500만 원의 보급금을 지급해 줄 것을 주장하였다.[124]

연합회는 우선 일본 및 대만과의 기설 철도선을 비교하며 조선의 산업개발에 대한 일본정부와 조선총독부의 소극적인 정책을 비판하였다. 더 나아가 조선철도의 근본적 건설방침을 결정하지 않으면 문화정치의 목적도 달성하기 어렵다고 조선총독부의 철도부설에 대한 무방침을 지적하였다. 그리고 조선총독부의 철도부설 및 개량비 2천만 원 정도로는 조선의 개발은 요원하기 때문에 10개년계획으로 1년에 5천만 원 이상의 경비가 투여되어야한다고 주장하였다.[125] 이는 군축잉여금 2억 원 중 일부의 조선 유입을 넘어 조선 개발을 위한 근본적인 자금 유입을 기도하고 있음을 알 수 있다. 그리고 연합회의 10개년계획은 조선총독부의 철도부설에 대한 장기적인 계획안이 마련되지 않은 것을 비판하며 스스로 철도부설계획을 수립하여 적극적인 조선 개발을 요구한 것이었다. 그렇기 때문에 연합회의 철도부설10개년계획안은 이후 제국철도협회와 조선총독부의 철도부설계획에 심대한 영향을 미쳤을 뿐만 아니라 '조선철도12년계획'을 추동한 중요한 요인이었다.[126]

---

124) 京城商業會議所,『朝鮮經濟雜誌』제75호, 1922, 55쪽.
125)『京城日報』1922.2.5,「鉄道完成対案, 関係法規の改正補給金限度増額」; 2.18,「朝鮮と産業開發」.
126) '조선철도12년계획'에 관해서는 金景林,「日帝下 朝鮮鐵道 12年計劃線에 關한 硏

'4대 요항' 중 그 두 번째는 이입관세 철폐였다. 이입관세 철폐는 관세거치기관이 만료되는 1920년을 앞두고 조선과 일본에서 중요한 문제로 대두되었다. 일본은 당연히 조선의 완전한 지배를 위해서는 조선과 일본 사이에 존속하던 이입관세를 철폐하여 관세를 통일시켜야 한다고 주장하였다. 이와 달리 연합회는 처음부터 이입관세 철폐를 주장하지는 않았다. 오히려 경성상업회의소의 경우 조선의 정치·경제적 특수성을 고려하여 가능한 한 '독립관세제도'의 유지를 주장하였다.127) 그러나 점차 일본의 견해가 '통일관세제도'로 모아지고 이입관세 철폐로 결정되자, 연합회도 이를 받아들였다. 하지만 상업회의소의 이입관세 철폐는 일본의 전면적인 이입관세 철폐와는 달랐다. 상업회의소는 연합회와 산업조사위원회 자문안을 통해 조선에서 일본으로 수이출되는 물품에 대한 관세의 철폐와 함께 일본에서 조선으로 들어오는 공업원료에 대한 이입관세의 철폐를 강력하게 주장하였다. 물론 이입관세가 철폐되면 공업원료만이 아니라 일본에서 제조되는 각종 상품들이 조선으로 들어와 조선에서 만들어진 상품들과 경쟁하게 되고 이 때문에 조선에서 발흥하고 있던 각종 제조업에 영향을 미칠 것은 자명한 사실이었다. 그렇기에 조선의 일본인과 조선인 공업가들은 이입관세 철폐에 대해 반대하였다. 물론 연합회도 이입관세 철폐에 따른 대비책으로 보호·육성해야 할 공업의 지정과 지정된 공업에 대한 관세안배도 또한 제기하였다.128)

일본 자본가의 이해를 대변하는 일본정부와 조선 내 일본인과 일부 조선인 자본가의 이해를 대변하는 조선상업회의소연합회의 의견을 참작하여

究」, 『經濟史學』 12, 경제사학회, 1988 ; 全盛賢, 「日帝下 朝鮮商業會議所聯合會의 産業開發戰略과 政治活動」, 東亞大學校 史學科 博士學位論文, 2007, 제6장 조선철도망계획의 수립 참조.
127) 『每日申報』 1918.5.14, 「朝鮮關稅問題(下) 批評보다 立案」.
128) 『每日申報』 1919.7.7·8·10, 「關稅改正問題(1·2·3)」 ; 朝鮮總督府, 『朝鮮産業ニ 關スル計劃要項參考書』, 1921.

조선총독부는 이입관세 철폐를 기정사실화 하였지만 1920년 재원결핍을 이유로 관세철폐를 유보하였다. 그 다음 해인 1921년도 같은 이유로 이입관세 철폐는 유보되었다. 이입관세 철폐의 당위성은 조선총독부도 인정하였지만 철폐로 인한 예산상의 공백은 식민경영에 큰 타격을 주는 것이었기에 그 해결은 좀처럼 쉽지 않았다. 물론 새로운 세원을 통해 보충하면 되겠지만 이에 대한 피해는 고스란히 상업회의소의 구성원들에게 미칠 것이었다.[129] 따라서 특별한 재정의 보충이 이루어지지 않으면 계속해서 관세철폐는 유보될 수밖에 없는 처지였다.

그러나 조선상업회의소연합회는 더 이상 관세철폐를 늦출 수 없었다. 조선 산업개발을 위해 조선총독부와 일본정부가 적극적으로 나서주기를 바랬지만 현실은 그렇지 못했다. 따라서 일본으로부터 자금유입이 없이는 조선의 산업개발은 요원한 것임을 인식하기 시작하였다. 이때 워싱턴 군축회의가 진행되었고 그 결과 군축잉여금이 발생하게 되었다. 상업회의소는 군축잉여금의 일부를 관세철폐를 통한 재정상의 손실을 메우는 자금으로 이용하고자 하였다.

청원서의 이유 설명에서 연합회는 지금까지의 이입관세 철폐를 둘러싼 조선총독부의 태도를 비판하며 이입관세 철폐는 "조선 주민의 부담을 경감"하게 하고 "산업의 발달에 이바지"하는 바 크기 때문에 속히 단행해야 한다고 주장하였다.[130] 연합회의 주장은 소비자의 측면에서 부담의 경감을, 그와 일견 모순되는 생산자의 측면에서 산업의 발달을 고려한 것처럼 보인다. 즉 연합회는 소비자와 상인의 이익을 고려하는 동시에 생산자인 제조업자들도 고려하면서 이입관세 철폐를 주장하였던 것이다.[131] 이는 일견

---

129) 이입관세가 완전히 철폐되고 그 예산상의 보충으로 영업세가 새롭게 제기되자 상업회의소는 이에 대해 반대하거나 완화할 것을 주장하였다(『每日申報』 1926. 10.22, 「商議聯合會가 課稅緩和要望」).
130) 京城商業會議所, 『朝鮮經濟雜誌』 제75호, 1922, 55~56쪽.
131) 『每日申報』 1919.7.7, 「關稅改正問題(1・2・3)」, 京城商業會議所答申案.

모순되지만 이입관세 철폐에서 연합회가 강조하고 있던 부분이 공업원료의 관세철폐였음을 감안할 때 어느 정도 그러한 주장을 이해할 수 있을 것이다.[132] 그러나 연합회가 주장하듯이 관세철폐를 통해 이익을 얻을 조선 내 소비자와 상인은 극소수에 지나지 않았다. 당시 조선인 자본가들은 이입관세 철폐에 강력하게 반대하고 있었으며 관세철폐가 조선인과 조선인 산업에 미칠 영향에 대해서 우려하고 있었다.[133] 더 나아가 일본이입품의 소비자는 조선인이 아니라 일본인이고 조선인은 오히려 중국수입품을 사용하고 있기 때문에 수입관세는 높이고 이입관세만 철폐하는 것은 조선인들에게는 오히려 부담만 과중된다고 지적하였다. 또한 상인들도 마찬가지로 일본과의 무역에 종사하는 자들은 거의 일본인들이며 조선인 무역업자들은 연육국경무역을 통한 대중국 무역업자들이기 때문에 이 또한 조선인 상인에게 심대한 타격을 줄 것이라고 비판하였다.[134] 결과적으로 연합회가 말하는 "조선 주민"과 "산업의 발달"은 조선인과 조선인 산업의 발달이 아닌 조선 내 일본인과 일본인 산업의 발달이었던 것을 알 수 있다.

세 번째 항목인 산미증식은 두 말할 것도 없이 1920년대 '문화정치'를 표방하는 조선총독부의 유일한 산업정책이었다. 또한 일본 자본주의의 발전을 위한 식량・원료공급지 및 상품소비지라는 식민지의 역할을 유감없이 발휘하기 위한 산업정책이었다. 산미증식을 통해 일본은 물론이고 식량, 원료, 상품의 유통을 책임지고 있는 조선 내 일본인들의 이익도 더욱 확대될 예정이었다. 따라서 연합회는 처음부터 조선총독부의 산미증식계획에 적극적으로 편승하여 이 계획의 안정적인 실시를 위해 측면에서 지원하였다. 연합회의 산미증식에 대한 태도는 조선 산업개발을 위한 예산확보운동의 일환인 '4대 요항'의 수립에도 그대로 드러났다. 〈표 5-3〉은 연합회가 제출

---

132) 『每日申報』 1920.1.27, 「關稅撤廢의 意見開陳 京商役員會結果」.
133) 『東亞日報』 1920.7.10・11・12, 「關稅撤廢와 朝鮮産業(1・2・3)」.
134) 金達浩, 「關稅改正이 朝鮮人産業界에 及하는 影響」, 『開闢』 29호, 1922 ; 『東亞日報』 1920.9.2, 「新關稅와 日常生活」.

한 산미증식에 필요한 경비내역이다.

〈표 5-3〉 조선상업회의소연합회의 산미증식 10개년계획과 소요비(1922)

항목 및 금액(단위: 圓)		비고
토지개량조사비	3,000,000	
토지개량사업보조비	46,000,000	
각종장려비	7,000,000	1개년 평균 6백만 원
농업기술원설치비	4,000,000	
합계	60,000,000	

출전: 京城商業會議所,『朝鮮經濟雜誌』제75호., 1922, 56쪽.

청원서의 이유 설명에서 연합회는 조선의 산미는 조선 경제를 지배하는 물산의 대종일 뿐만 아니라 식민모국의 식량 조절상 중대한 관계를 가지는 것으로 그 증수는 제국의 경제정책상 가장 긴급한 시설이라고 주장하였다. 그리고 대략적인 계산에 의해 토지개량사업이 완성할 경우 약 80만 정보의 양전을 얻을 수 있고 10개년계획으로 그 2분의 1인 약 40만 정보의 토지개량이 실시·완성되면 9백만 석의 증수를 얻을 수 있다고 하였다. 따라서 조선의 경제와 일본의 식량 정책상 산미증식계획은 긴급한 사업임으로 소요경비를 보급해 달라고 하였다.[135]

그러나 사업경비를 자세히 살펴보면, 조선총독부의 산미증식계획과는 큰 차이가 있었다. 사업의 규모는 총독부와 같이 40만 정보의 토지개량을 통해 9백만 석의 증수를 예상하였다. 그렇지만 사업경비는 엄청나게 차이가 났다. 연합회의 사업경비는 6천만 원에 불과하였지만 조선총독부의 그것은 그 4배에 해당하는 2억 3천여만 원이었다.[136] 실시기간을 비교하면 조선총

---

135) 京城商業會議所,『朝鮮經濟雜誌』제75호, 1922, 56쪽.
136) 河合和男,「産米增殖計劃과 植民地 農業의 전개」,『韓國近代經濟史硏究』, 사계절, 1983, 378~380쪽.

독부의 1개년 사업경비의 비중은 연합회의 그것보다 더 컸다. 이를 통해 총독부와 연합회 모두 표면적으로 일본과 조선의 안정적인 식량보급을 목표로 사업비를 책정하였지만 그 중요성은 상당히 달랐음을 알 수 있다. 연합회는 조선 산업개발 '4대 요항'에서 사업경비의 대부분을 철도부설에 배분하였다. 산미증식을 위한 사업비는 철도부설의 1/10 정도에 그쳤다. 연합회에게는 산미증식도 필요한 사업이지만 산업기반시설의 확충이 더욱 중요하였다. 따라서 총독부가 조선 경제의 중심을 일본 식량문제의 해결을 위한 산미증식계획이라는 농업개발에 주안으로 삼았다면 연합회는 조선의 개발을 위한 철도부설을 비롯한 산업기반시설의 확충에 주안을 삼았음을 알 수 있다.

마지막 항목으로, 수산개발은 조선 수산업의 4할을 점하고 있는 부산상업회의소의 주장이 반영되어 만들어진 것으로 보인다. 부산상업회의소는 임시연합회에서의 제안뿐만 아니라 이미 산업조사위원회의 자문안을 통해 조선 수산개발을 위한 필요한 사항들을 제시하였다. 그리고 자문내용은 산업조사위원회에 의해 확정된 조선 산업개발정책에 고스란히 포함되었다.[137] 연합회는 기존의 조선 산업개발정책을 근간으로 하여 부산상업회의소의 제안을 받아들여 구체적인 사업내역을 작성하여 제출하였다. 수산개발의 구체적인 사업내역은 〈표 5-4〉와 같다.

〈표 5-4〉 조선상업회의소연합회의 수산개발 10개년계획과 소요비(1922)

항목	금액(단위: 圓)	비고
漁場의 探險保護 및 養殖適地調査	1,200,000	1개년 평균 291만 원
沖合漁船의 建造獎勵	1,000,000	
貯氷庫의 施設獎勵	3,400,000	

137) 『朝鮮時報』 1921.4.30, 「平議員會에서 確定된 釜山商議答申案(二)」; 朝鮮總督府, 『朝鮮産業ニ關スル計劃要項參考書』, 1921; 『朝鮮總督府官報』 1921.10.5, 「通牒」.

漁港調査 및 修築	3,000,000
製造 및 取引의 共同施設獎勵	200,000
對支水産貿易의 振興	4,000,000
漁獲物處理運搬獎勵	7,400,000
水産試驗場의 完成	5,000,000
漁業組合의 普及改善	800,000
水産會의 事業獎勵	800,000
低利漁業資金의 貸付	2,000,000
移住漁民의 獎勵	300,000
합계	29,1000,000

출전: 京城商業會議所, 『朝鮮經濟雜誌』 제75호, 1922, 56쪽.

청원서 이유 설명에서 연합회는 조선의 해안선과 연해는 무진장의 수산동식물을 보유하고 있어 세계 유수의 수산국이 될 소질이 있음을 지적하였다. 그리고 지금까지 공사의 시설경영이 심히 불비·부진하여 천혜의 무한한 부원을 충분히 이용하지 못하여 국가로서도 큰 손실이었음을 지적하였다. 따라서 수산업의 진흥에는 〈표 5-4〉와 같은 시책의 수행이 가장 긴요하니 수산개발에 필요한 경비를 보급해 달라고 희망하였다.

개항 이후부터 꾸준히 조선 영해를 침범하여 어로행위를 자행하던 일본인들이었기에 조선 연해의 수산물에 자연히 관심을 가지는 것은 어쩌면 당연한 일이다. 그리고 일제는 농업이민과 함께 어업이민도 적극적으로 조장하고 있었기 때문에 중요한 어항마다 일본인 이주어촌들이 들어서고 그들에 의해 조선인 어촌은 구축되고 있었다. 결국 수산개발의 목적도 일본인의 수산개발을 통한 조선인 어촌의 구축임을 알 수 있다. 그리고 수산개발을 통해 획득된 어획물은 전부 일본으로 이출되는 것으로 식민모국을 위한 개발임은 의심할 여지도 없다. 특히 수산개발을 조선에서 일본인이 가장 많았으며 일본인들에 의해 수산업이 좌우되던 부산상업회의소가 제안했다는 것만 봐도 그 의도가 명백해진다. 그러나 연합회의 '4대 요항' 중 수산개발은 부산상업회의소의 독자적인 어항설비를 비롯하여 인천, 군산, 진남포, 신의주 등 개항장 상업회의소의 항만설비와 맞물려 개별적인 실현운동에 국한되는 바람에 적극적으로 요구되지 못하였다.

2. 산업개발 '4대 요항'의 실현을 위한 정치활동

1) 일본정부에 대한 직접적인 요구활동

조선상업회의소연합회는 조선 산업개발 '4대 요항'을 결의하고 이를 달성하기 위해 조선 내 상공업자들의 결의와 후원을 이끌어내는 한편, 조선총독부와 일본 정부를 비롯한 관계당국에 지속적인 청원운동을 전개하고자 하였다. 상업회의소는 그 구체적인 실천방안으로 동경에 대표단을 파견하는 '東上運動' 또는 '上京運動'을 결정하였다.

종전에는 연합회의 정기 및 임시회의를 통해 결의한 내용을 선정된 대표단을 통해 조선총독부와 관계당국에 직접 청원하는 것이 보통이었다. 다만, 일본 정부나 식민개발회사의 본사가 일본일 경우는 전보를 통해 청원서를 제출하였다. 간혹 예외적으로 동경에까지 직접 대표단을 보내어 청원활동을 전개하는 경우도 있었다. 이런 활동을 조선상업회의소연합회는 '동상운동' 또는 '상경운동'이라고 하였는데 이 경우는 아주 긴급하고 절박한 문제일 경우에 한정되었다. 이런 점으로 미루어 연합회가 얼마나 이 문제를 중요하게 생각했는지를 알 수 있을 것이다.

연합회는 조선 산업개발 '4대 요항'을 관철시키기 위해 이 시기 모두 3차례에 걸쳐서 '동상운동'을 전개하였다. 〈표 5-5〉는 연합회가 전개한 '동상운동'을 정리한 것이다.

〈표 5-5〉 조선상업회의소연합회의 '4대 요항' 실현운동(1922~1923)

기간	대표위원	청원 및 접촉인사	
1922.3	美濃部俊吉(경성회두) 賀田直治(경성특별평의원) 香椎源太郎(부산회두) 福島莊平(평양회두) 志岐信太郎(경성상의원)	총독부	齋藤 총독(동경체류 중)
		일본정부	高橋 수상, 野田체상
		일본의회	귀족원의 佐竹, 福原, 櫻井의 각 의원, 衆議院의 松山, 牧山, 松野, 阪上의 政友會 각 대의사, 憲政會의 濱口, 隆旗, 加藤, 國民黨의 關, 濱田의 각 대의사
		일본재계	재동경 조선 각 사설철도회사의 주주 및 중역
		기타	의회출입기자
1922.10	志岐信太郎(경성부회두) 大石季吉(인천상의원) 水野嚴(부산상의원)	총독부	有吉 정무총감
		일본정부	加藤 총리대신(宮崎 서기관), 水野 내무대신, 赤池 척식국장관, 市來 장상, 西野 대장차관, 田주계국장, 체신대신, 若宮 체신차관, 野田 전체상
		재계	美濃部俊吉 조선은행총재
1923.2~4	香椎源太郎(부산회두) 志岐信太郎(경성부회두) 吉田秀次郎(인천회두) 水野嚴(부산평의원)	일본정부	2월 23일 加藤 총리 등 내각 각 대신
		일본정계	2월 27~28일 정우회 간부 및 헌정회 간부 3월 24일 중의원 각파 대표(축지정양헌) 4월 2일 정우회 및 헌정회간부, 귀족양의원, 귀족원 각파간부 및 조선관련 대의사 (동양관) 4월 山縣, 木內, 石塚 등 귀중원 각파 및 憲政會, 革新俱樂部의 諸員, 政友會 의원 (동경회관)

출전: 京城商業會議所,『朝鮮經濟雜誌』제81호, 1922, 41~43쪽 ; 伊藤正愍,「沿革」,『京城商工會議所二十五年史』, 1941, 183쪽 ;『京城日報』1922.3.26,「補給金增額運動經過」;『京城日報』1922.10.6,「中央의 諒解를 얻어」;『東亞日報』1922.10.7,「商議運動經過」;『東亞日報』1923.2.26,「商議四大政綱陳情」; 4.4,「朝鮮事業關係協議」;『京城日報』1923.3.26,「朝鮮産業宣傳」; 4.17,「經濟的 朝鮮建設을 위해 實業家의 覺醒을 促한다」.

1922년 2월 연합회는 조선 산업개발 '4대 요항'을 결의하고 이를 조선총독부 및 일본 정부에 청원하기 위해 실행위원 5명을 선정하였다. 실행위원과 임시의장 釘本藤次郎은 먼저 조선총독부의 水野鍊太郎 정무총감을 방문하고 연합회의 결의문을 제출하고 이를 위해 힘써 줄 것을 청원하였다.138) 이어서 실행위원은 동경으로 건너가 미리 작성한 청원서를 내각 대신을 비롯한 일본 내 관계자에게 배부하였다.139)

연합회의 1차 대표위원들은 주로 대상업회의소의 대표들로 이루어졌다.140) 이들은 대부분 지역 경제계의 중심적인 유력 자본가들이었다. 또한 연합회의 '4대 요항'은 자신이 대표하는 지역 상업회의소의 이해와 결부되어 있지만 궁극적으로 자신들의 이해관계와도 밀접히 연결되어 있었다. 경성의 志岐와 賀田은 철도건설과 밀접한 경제활동을 전개하고 있었다. 志岐의 경우 志岐組를 통해 철도건설 등 토목건축업으로 자본을 확대하고 있었으며 당시 조선토목건축협회장이었다. 賀田 또한 西鮮殖産鐵道株式會社의 중역으로 재임하고 있었기 때문에 이미 오래전부터 철도건설의 필요성을 지속적으로 강조하고 있었다.

한편, 부산의 香椎는 조선의 수산왕으로 불릴 정도로 수산업계의 대자본가였다. 따라서 연합회의 '4대 요항' 중 수산개발에 대한 제안을 부산상업회의소를 대표하여 하였을 뿐만 아니라 연합회의 '동상운동'을 실질적으로 이끌고 있었다. 그 외 인천의 吉田은 무역업, 해운업, 정미업 등 주로 미곡무역을 통해 자본을 확대하였기 때문에 인천상업회의소를 대표하여 산미증식을 주장하였다. 결국 연합회의 대표위원들은 자신들이 대표로 있는 지역 상업회의소의 경제적 기반뿐만 아니라 자신들의 경제적 기반을 확대하기

---

138) 『東亞日報』 1922.2.19, 「全鮮商議聯合會」.
139) 『每日申報』 1922.2.24, 「全鮮商議請願書」; 伊藤正慤, 「沿革」, 『京城商工會議所二十五年史』, 1941, 183쪽.
140) 인구 수, 회원 수, 예산 등을 통해볼 때 9개의 상업회의소 중 경성, 부산, 평양을 首位로 하여 인천, 원산, 대구 등이 그 뒤를 잇고 있어 이들 상업회의소에 의해 조선상업회의소연합회가 주도되고 있음을 알 수 있다. 그런 이유로 계속되는 '東上運動'도 조선 내 大상업회의소를 중심으로 이루어지고 있음도 주목할 필요가 있다.

위해 연합회의 산업개발 '4대 요항'을 실현시키기 위해 적극적으로 나섰던 것이었다.

1차 대표위원은 한 달이 못되는 기간 동안 〈표 5-5〉와 같이 일본의 정·재계 인사를 골고루 만났다. 연합회의 대표위원들이 접촉한 인사들은 일단 정부 관료 및 제국의회 의원들이 대부분이었다. 대표위원의 목적이 군축잉여금의 조선 유입이었기에 이를 논의하는 일본정부와 제국의회 의원이었음은 당연할 것이다. 특징적인 것은 제국의회 의원들도 당파를 막론하고 만나고 있었다는 점이다. 조선은 참정권을 가지지 못했기에 조선지역을 대표하는 의원이 없었다. 이 부분은 대표위원이 '동상운동' 동안 가장 아쉬워 했던 부분이었다.[141] 그렇다고 마냥 잠자코 있을 수는 없었을 것이다. 따라서 대표위원들은 조선관련 대의사를 중심으로 각 정파를 막론하고 되도록 많은 제국의회 의원들과 만나 자신들의 주장을 제기하였다. 특히 조선관련 대의사는 현재 조선에 거주하며 조선의 개발에 뛰어들고 있거나 과거 조선에서 행정, 언론, 교육, 경제 분야에서 활동한 자들이었다. 특히 주목되는 사람이 식민개발회사인 황해사 대표였던 松山常次郎과 조선신문사 사장이었던 牧山耕藏이었다.[142] 이들은 조선에 재주할 뿐만 아니라 조선의 산업개발에 적극적으로 뛰어들고 있었다.[143] 따라서 제국의회 의원들 중 누구보다 조선에 대해 많이 알고 있었기 때문에 일본 정계의 접촉창구로서 가장 적합한 인사들이었다.

---

[141] "이미 정치의 실질은 민중의 소리에 따라서 행해지고 있어 문제 매번 각 부현으로부터 운동위원을 상경시켜서 선전에 노력하는 것과 함께 선출대의사와 제휴하여 운동을 하는 모양이다. 그런데 조선은 단지 총독에 의지할 뿐 별도의 방법에 따라서 민의의 주장을 할 수 없는 것으로 진실로 조선을 양해하는 사람이 극히 적다(『京城日報』 1922.3.26, 「補給金增額運動經過, 各 方面의 諒解를 얻었다. 가장 통절하게 느꼈던 것, 商議聯合會委員 志岐信太郞氏談」)."

[142] 『朝鮮時報』 1924.2.3, 「解散으로 처음으로 돌아가다, 朝鮮出의 代議士連」.

[143] 1922년 현재 松山常次郎은 황해사 대표였고 牧山耕藏은 금강산전기철도주식회사의 감사역이었다(東洋經濟新聞社, 『朝鮮銀行會社要錄』, 1921·1923).

한편, 연합회의 대표위원들은 정계인사와 함께 조선의 산업개발에 적극적으로 투자하고 있는 일본 자본가들과 접촉하였다. 1910년대 조선 각지에는 각종 사설철도회사가 설립되고 지역의 경제선을 건설하고 있었다.[144] 이러한 철도회사는 부분적으로 조선인도 투자하였지만 대부분 일본 및 조선의 일본인 자본가들이 자본을 투자하여 설립한 것으로 조선 산업개발의 중요한 부분을 담당하고 있었다. 연합회는 각 지역의 경제선을 책임지고 있는 사설철도회사의 적극적인 철도부설을 돕기 위해 정부보급금의 증액을 지속적으로 주장하고 있었다. 따라서 연합회의 입장에서 일본의 자본가 특히 철도회사의 대주주들은 조선 산업개발에 중요한 인사들이며 필요한 자들이었다. 그러므로 그들에게 조선의 사정을 선전하며 현재 부설하고 있는 철도의 완성을 주문하고 더욱 많은 자본의 조선 투자를 끌어내는 것이 대표위원의 목적이었음을 두 말할 필요가 없을 것이다.

20일가량의 1차 '동상운동'을 통해 얼마만큼의 성과를 거뒀는지는 자료의 부족으로 알 수 없다. 조선 일각에서는 예산의 확보도 중요하지만 우선 조선의 사정을 알리고 이해를 구하는 일이 우선이라는 의견도 제기되었다.[145] 물론 조선의 개발가능성이 그 선전의 중심이었다. 그래서인지 대표위원들 스스로는 "예기의 성과"를 거둔 것으로 평가하였다.[146] 물론 군축잉

---

144) 1922년 현재 철도를 부설하고 있는 조선 내 사설철도회사는 조선중앙철도주식회사(대구)의 울산동래선·울산장생포선·청주충주선, 남조선철도주식회사(마산)의 송정리마산선·원촌전주선, 조선삼림철도주식회사(경성)의 함흥장진선·장진후주고읍선·장진만초진선·오노리한대리선, 함흥탄광철도주식회사(함흥)의 함흥오노리선, 양강척림철도주식회사(경성)의 고무산합수선·길주혜산진선, 금강산전기철도주식회사(철원)의 철원화천선, 조선경남철도주식회사(천안)의 군산대안안성선, 서선식철주식회사(경성)의 신주저도선·석난해주선·신천용당포선·이목장연선, 조선산업철도주식회사(경성)의 김천안동선·맹중리희천선, 북선철도주식회사의 나남훈율선, 북선흥업철도주식회사의 회령금동선, 조선경동철도주식회사의 영원여주선, 도문철도주식회사(회령)의 상천봉용관진선, 경춘전기철도주식회사의 경성춘천선 등이다(京城商業會議所, 『朝鮮經濟雜誌』 제74호, 1922, 31~34쪽).
145) 『每日申報』 1922.2.26, 「군축잉여금과 조선」.

여금의 일부를 조선에 투자하는 적극적인 성과는 거두지 못했다.147) 그러나 조선 개발의 필요성은 충분히 일본의 정·재계에 알린 것으로 보인다. 따라서 대표위원들이 평가한 성과도 조선 사정의 선전정도로 이해할 수 있을 것이다. 한편, 청원운동상의 변화도 보인다. 지금껏 조선의 상황은 총독을 통해서만 전해졌기 때문에 '조선의 민의'는 제대로 전달되지 못했다고 인식하였다. 때문에 일본이 조선의 사정을 잘 이해하지 못하고 항상 조선의 개발은 늦어지게 되었다고 비판하였다. 따라서 연합회는 총독부와 교섭 없이 지속적인 '동상운동'을 통해 조선의 사정을 알리고 필요한 조선 개발에 필요한 것들을 확보하고자 하였다.148)

1차 '동상운동' 이후 연합회는 실현운동의 결과 일정정도의 예산확보를 기대하였다. 1922년 6월부터 高橋 내각의 경질설이 나오더니 7월에 결국 내각이 경질되었다. 이에 따라 水野 정무총감이 새 내각의 내상으로 전임하게 되었고 연합회는 이를 기회로 다시 자신들의 주장을 관철시키고자 하였다.149) 마침 예산편성기가 다가오자, 연합회사무소는 다시 임시 연합회 개최의 건에 관하여 지역 상업회의소에 통지서를 발송하였다.

1922년 7월 경성에서 임시 연합회가 개최되었다. 회의는 처음부터 '4대 요항'에 관한 자금보급방법에 관한 것이었다. 현장에 참석했던 조선총독부 田中 상공과장은 "군축에 의한 잉여금을 조선 산업개발자금으로 요구하는" 것은 찬성하지만 "그것을 인가 혹은 부결함은 총독부 권한 이외에 있다"고 하여 결정적인 대답은 회피하였다. 그러자 운동방법에 대한 의견이 갈렸다.

---

146) 『每日申報』 1922.3.25, 「상의동상위원」.
147) 『京城日報』 1922.3.25, 「齋藤총독귀임담」.
148) 이러한 상업회의소의 견해는 점차 조선 내 일본인사회로 확대되어 1923년 전선공직자대회를 통해 '특별시구제'의 실시를 주장하기에 이른다. 특별시구제에 대한 '在朝日本人社會'의 논의는 홍순권, 「일제시기 '부제'의 실시와 지방제도 개정의 추이-부산부 일본인사회의 자치제 실시 논의를 중심으로」, 『지역과 역사』 14, 부경역사연구소, 2004 참조.
149) 『京城日報』 1922.6.16~19, 「水野政務總監轉任と朝鮮」.

조선총독부의 동의를 먼저 구하자는 측과 동의 없이도 중앙정부에 직접 청원운동을 전개하자는 측으로 양분되었다. 논의를 거쳐 조선총독부의 동의와 관계없이 중앙정부에 직접 청원운동을 전개하자는 쪽으로 의견이 모아졌다.[150] 실행위원으로는 경성, 평양, 부산, 인천, 대구상업회의소의 위원 1명씩 5명을 선정하였다. 실행위원은 '4대 요항'에 기초하여 예산을 편성하도록 총독부에 진정하기로 하였다. 또한 의회 개회 중에 동경으로 건너가 정부와 의회 및 기타 각 방면에 운동할 것을 일임하였다.[151]

먼저 연합회 실행위원들은 총독, 정무총감, 재무국장, 상공과장, 철도부장 등을 방문하고 연합회에서 논의된 문제를 진정하였다.[152] 7월 26일에는 '4대 요항'에 기초하여 1923년 조선총독부예산을 편성해 달라는 청원서를 加藤 총리대신, 市來 대장대신, 齋藤 조선총독, 赤池 척식국장관에게 제출하였다. 7월의 청원서는 이전의 청원서와 대동소이하나 더욱 확실하게 '4대 요항'이 "문화정치와 상사하는 조선통치의 기조를 위하고 일선병합의 성지에 비추어 끽긴의 급무"라고 강조하였다.[153] 이 청원서 제출은 의회 개회기가 아님으로 '동상운동'을 통해 제출된 것이 아니라 전보를 통해 제출된 것으로 보인다.

연합회는 다시 9월에 정기 회의를 개최하여 7월 임시 연합회에서 결정한 실행위원의 '동상운동'을 결정하였다.[154] 따라서 실행위원 5명은 정기 회의가 종료되자 바로 동경으로 건너가 실현운동을 전개하였다.

2차 연합회 대표위원은 원래 5명이었으나 평양과 대구 실행위원은 사정상 참여하지 못했다. 2차 '동상운동'은 4일간의 짧은 기간에 〈표 5-5〉와 같

---

150) 『京城日報』 1922.7.18, 「全鮮商議聯合會」.
151) 『東亞日報』 1922.7.18, 「全鮮商議聯合會」 ; 7.19, 「商議聯合」.
152) 『京城日報』 1922.7.19, 「四大要項實行委員訪府」.
153) 『每日申報』 1922.8.1, 「朝鮮開發四大要項」.
154) 朝鮮商業會議所聯合會, 『第五回 朝鮮商業會議所聯合會議事速記錄』, 1922, 158~168쪽.

제2부 조선 상업회의소의 산업정책 수립과 정치활동

이 집중적으로 일본정부의 각 대신을 방문하여 상업회의소의 입장을 전달하였다. 이는 일본정부의 예산 편성기였고, 조선총독부 정무총감 有吉忠一이 조선의 예산편성을 위해 동경에 체재하고 있었기 때문이었다. 대표위원들은 '4대 요항'의 목적달성은 물론이고 조선에 유리한 예산편성이 되도록 지원하는 활동도 전개하였다. 대표위원이 청원한 내용은 다음과 같다.

1. 진실로 내선융화의 열매를 맺고 문화정치의 철저를 기하기 위해서는 가능한 한 양 민족의 잡거잡혼을 장려하고 적어도 2백 5, 6십만의 내지인을 조선에 보내는 방도를 강구할 필요가 있고 (중략) 그 근본책으로서 우선 경제력의 충실을 선결문제로 할 것

1. 官設鐵道의 建設開通豫定을 1改年 150哩 程度로 진행하면 旣設의 鐵道는 官私 合하여 겨우 2千哩에 이른다. 大正元年 以降의 平均開通 1改年 約 10哩 內外에 지나지 않는 狀態로서는 內地는 물론 臺灣에도 미치지 못하여 産業開發의 根本됨에 닿을 수 없다고 하여도 過言이 아닌 貧弱한 程度인 現實도 考慮할 것

1. 사설철도의 보급금은 500만 원으로 증가하고 기공상 적당히 처리하지 말고 진행 가능한 방법으로 할 것

1. 횡빈기점 서해안명령항로는 체신성의 요구대로 계속 실현시키도록 할 것

1. 철도건설, 산미증식, 수산개발, 축항비 등의 사업비를 10개년 간 매년 약 6천만 원 증액하고 기정사업비를 합하여 1개년 간 약 1억 원 정도의 투자실현을 절망하며, 일반긴축방침에 따라 총독부는 우리의 요청에 귀를 기울여 절약된 예산을 제출하고 있는 것으로 상찰하나 해당 예산 중 다시 삭감하는 것은 통치상은 물론 산업개발상의 齟齬을 초래하니 이 점도 충분히 고려해줄 것[155]

연합회는 대표위원을 통해 "내선융화의 열매"와 "문화정치의 철저"를 기

---

155) 伊藤正慤,「沿革」,『京城商工會議所二十五年史』, 1941, 190~192쪽 ; 京城商業會議所,『朝鮮經濟雜誌』제81호, 1922, 41~43쪽;『京城日報』1922.10.6,「中央의 諒解를 얻어」.

하기 위해 두 민족의 잡거잡혼을 장려하고 적어도 250~260십만의 일본인을 조선에 이주시켜야 한다고 주장하였다. 이를 위해서는 경제력의 충실이 선결되어야 하며, 그 선결과제로는 조선 산업개발 '4대 요항'의 달성을 비롯한 제반 경제적 사항이라고 주장하였다. 또한 조선 내 일본인의 경제력 충실은 조선 주민의 안정과도 밀접한 관계가 있음을 지적하였다. 일본인의 이주와 조선 주민의 안정문제는 일찍부터 일본인들이 주장한 내용이었다. 특히 이것은 3·1운동 발발 직후 조선의 일본인 실업가들이 비밀리에 모여 논의한 희망요건 중에 하나였다.156) 따라서 일본인의 이주를 '내선융화'나 '문화정치'를 위해 필요하다고 주장하지만 실제로는 일본의 안정적인 조선 통치를 위한 식민정책의 일환이며 조선 내 일본인의 이익과 안녕에 긴밀히 결부되어 있음을 알 수 있다.

연합회의 2차 '동상운동'은 어느 정도의 성과를 거뒀다. 먼저, 조선총독부가 관세의 일부철폐를 감행하고 예산을 편성하였다. 때문에 연합회 대표위원은 정무총감에게 이에 대한 감사의 뜻을 전하였다. 그리고 '4대 요항'은 아니지만 2차 '동상운동'과정에 요구한 명령항로의 계속 개설이 실현됨으로써 일본정부의 전·현직 체신대신과 차관에게 감사의 뜻을 전하였다.157)

연합회는 2차례의 '동상운동'을 통해 목적의 일부를 달성하였지만 가장 중요한 철도부설을 비롯하여 산미증식과 수산개발의 완성은 아직 멀기만 했다. 연합회는 목적의 완전한 달성을 위해 또다시 대표위원을 선정하여 대대적인 운동을 전개하고자 하였다. 먼저, 경성상업회의소는 부산, 인천상업회의소와 협의하여 5개소의 상업회의소를 선정하여 대표위원을 구성하였다. 대구와 평양은 이번에도 지역적인 사정으로 동경행이 어렵게 되자, 3개 상업회의소의 대표로 실행위원이 구성되었다.158) 3번째 대표위원의 한

---

156) 全鮮內地人實業有志懇話會, 『全鮮內地人實業有志懇話會速記錄』, 1921, 11~15쪽.
157) 京城商業會議所, 『朝鮮經濟雜誌』 제81호, 1922, 43쪽.
158) 『每日申報』 1923.1.26, 「産業開發四大要項委員 又 上京乎」 ; 『東亞日報』 1923.1.26, 「産業開發要項」.

제2부 조선 상업회의소의 산업정책 수립과 정치활동

사람인 경성상업회의소 부회두 志岐信太郞은 3차 '동상운동'에 앞서 2차례의 '동상운동'을 통해 중앙정부의 찬동을 얻지 못한 이유를 "조선의 사정을 중앙당국자 간에 지실되지 못한 소이"로 파악하였다. 그리고 3차 '동상운동'의 목적은 중앙정부와 회합하여 조선의 사정을 충분히 설명함에 있다고 강조하였다. 또한 즉각적으로 '4대 요항'의 승인을 구하지 못하더라도 실망하지 않고 달성될 때까지 운동을 중지하지 않을 것을 결의하였다.[159]

연합회의 3차 '동상운동'은 두 달이라는 긴 기간 동안 〈표 5-5〉와 같이 역시 일본 정계의 인사, 특히 일본 정당관계자와 제국의회의원들에 집중되었다.[160] 이는 제국의회의 개원과 관련이 있겠지만 더 나아가 상업회의소의 대표위원이 조선의 민의를 전달하는 대의사와 같은 역할을 대신하려고 했기 때문이었다.[161] 대표위원들이 일본정계의 인사를 초대하여 청원한 구체적인 내용은 다음과 같다.

> 조선의 통치는 臺灣, 樺太의 예에 의하여 좌우될 수 없으며 국책상으로 보아 조선의 개발은 1일도 소홀히 할 수 없다. **철도의 촉성, 수리 관개의 급시, 수산의 장려를 역설한바** (중략) 조선에서 각종회사의 비례를 통계에 의해 보면 금융업을 제일로 하고 있음은 필경 금리로써 영업하는 소위 金貸의 발호만으로 다른 산업의 융흥을 阻害하고 있음을 유감으로 하며 마땅히 **내지연장주의로서 철도, 체신, 기타를 내지에 부속하고 교육의 확장을 계획하는 동시에 이 같은 피교육자를 수용하기 위해서 크게 내지 자본의 유입에 의해 공업회사를 일으키고 그리고 선거구를 연장하여 조선으로부**

---

159) 『每日申報』 1923.2.7, 「朝鮮開發四大要項實行委員東上」.
160) 부산의 일본인 신문은 대표위원의 활동을 평가하면서 "산업상 조선을 내지 유력자 간에 설명하는 일은 현 총독도 역시 게을리 하지 않았으며 다만 많은 실업계의 방면에 대해서이고 이번 상의연합회가 시도하는 것과 같이 정계의 인사는 아니었다"고 평가하며 "일본의 경제계, 정계의 유력자 간에 조선을 설명하고 사정을 호소하는 일은 적잖게 중요한 일"이라고 하였다(『朝鮮時報』 1923.4.4, 「母國と朝鮮の理解」).
161) 『京城日報』 1923.4.17, 「經濟的 朝鮮建設을 위해 實業家의 覺醒을 促한다」.

터 대의사를 중앙정계에 송출하지 않으면 용이히 통치의 목적을 달성하지 못할 것이라162)(강조는 필자)

물론 대표위원의 목적은 '4대 요항'의 달성이었다. 실행방법으로 ① 내지연장주의로서 철도, 체신, 기타를 내지에 부속시킬 것, ② 교육의 확장을 꾀하는 동시에 피교육자를 수용하기 위한 공업회사의 발흥을 위해 일본자본을 유입할 것, ③ 선거구를 연장하여 조선의 대의사가 중앙정계에 진출하도록 할 것을 제시하였다. 조선의 특수한 사정을 강조하고 본국보다는 만주와 긴밀한 관계를 유지하려고 했던 연합회의 생각은 점차 내지연장주의에 따른 일본과의 긴밀한 관계를 주장하기에 이르렀다. 이는 당시 일본정부와 조선총독부의 내지연장주의 및 문화정치에 영향 받은 바 크지만 조선산업개발을 위한 절대적인 자금부족을 경험했던 현장의 입장에서 일본으로부터의 정책적 배려와 자금유입은 가장 시급한 문제였다. 그렇기에 연합회는 조선의 민의를 직접 일본정부에 전달할 수 있는 조선의 대의사를 필요로 하게 되고 이에 대한 참정권 요구까지 하게 된 것이었다.163)

연합회 3차 대표위원의 요구와 제안은 당장 제국의회에 제출된 조선관계 문제에 영향을 미쳤다.164) 당시 제국의회에 제출된 조선관련 사항은 4대항 축항문제와 사설철도합동 및 보급금 공채문제였다.165) 대표위원의 노력에 의해 4대항 축항문제는 제국의회를 통과하였지만 사설철도합동문제는 그 타당성은 인정되었으나 보급금 공채문제는 다른 지역과의 형평성 때문에

---

162) 『朝鮮時報』 1923.4.19, 「釜山商工業의 振興에 관한 三氏의 視察報告」.
163) 조선 내 일본인사회의 자치문제와 특별시구제에 대한 문제는 홍순권, 앞의 논문, 2004 참조.
164) 『每日申報』 1923.4.17, 「四大要項委員歸來談」.
165) 제국의회에 제출된 4대항 축항 건의안은 '인천축항 확장에 관한 건의안', '조선 다사도 축항 속성에 관한 건의안', '군산항 국영수축에 관한 건의안', '진남포 축항 속성에 관한 건의안'이었다(북악사학회 편, 『제국의회 일본중의원의사속기록 – 조선관계발췌 – 』, 1991).

부결되었다. 연합회는 지속적으로 사설철도의 보조 및 합동을 주장하였기 때문에 총독부는 그냥 조선의 철도정책상 두고 볼 수 없었다. 따라서 총독부는 조선은행의 지원을 받아 사설철도합동을 결정하였다.166)

2) 조선 선전기구의 설치기도

한편, 연합회는 '4대 요항'의 실현은 물론이고 조선 관련 사항에 대한 일본 정계와의 긴밀한 협조관계를 위해 동경에 조선의 사정을 선전할 수 있는 기구를 계획하였다.167) 연합회의 계획은 1923년 말 有吉 정무총감의 후원과 노력으로 조선협회회관의 설립을 보았으며 이듬해 새로 부임한 정무총감 下岡忠治의 노력으로 조선협회의 창립으로 결실을 맺었다.168)

3차례의 '동상운동'을 통해 조선 산업개발 '4대 요항'의 달성을 주장했던 연합회는 목적달성을 위해 '동상운동'과 더불어 또 다른 측면의 대응이 필요함을 느꼈다. 3차례의 '동상운동'에 모두 참가했던 경성상업회의소 부회두 志岐信太郎은 3차 동상운동 직후 대련은 남만주철도주식회사로 인해 무역액만 비교해도 조선 전체보다 많다고 지적하며 조선과 일본만의 문제에 구애받지 말고 만주로 시야를 넓혀야 함을 강조하였다. 그러기 위해서는 북부조선 지방의 개발은 필수적이고 이를 위해서는 조선 전체 실업가의 대단결이 필요하다고 하며 실업가단체의 필요성을 제기하였다.169) 따라서 연합회는 회의를 열고 조선 전체를 아우르는 실업가단체에 대한 논의에 들어갔다.

---

166) 弓削幸太郎, 「私設鐵道六會社合倂의 經過」, 『朝鮮』 제102호, 1923.
167) 『京城日報』 1923.3.26, 「朝鮮産業宣傳」.
168) '조선협회'에는 水野 전정무총감 등 조선총독부 구관료를 비롯하여 澁澤 전제일은행장 등 조선과 밀접한 관련이 있는 경제계 인사가 망라되었다(『朝鮮時報』 1924.10.10, 「諸名士를 網羅하여 日鮮俱樂部組織, 澁澤子를 中心으로 水野 前總監이 立案하였다」; 『每日申報』 1924.10.22, 「余의 當然한 陳情에는 上下官民이 無不同情하였다, 渡邊商議會頭歸來談」).
169) 『京城日報』 1923.4.17, 「경제적 조선건설을 위해 실업가의 각성을 촉구한다」.

연합회의 논의 과정에서 연합회주체의 선전기관, 일본으로부터의 자본·기술유입을 위한 산업진흥회, 그리고 조선인 실업가와의 협력기관 등 다양한 의견이 제기되었다. 결국 명칭만은 '4대 요항' 달성을 위한 조선실업협의회로 결정하고 준비위원을 통해 협의하기로 결정하였다. 준비위원은 대구, 부산, 인천, 평양, 경성상업회의소 회두가 맡았다. 연합회의 결의에 대해 한 조선인 신문은 상업회의소라는 기관은 "조선의 상공업 또는 일반 산업 전체에 걸쳐 그 실질을 연구하고 장래의 발전책을 도모"하는 것이 본분인데 조선의 상업회의소는 일본인 본위의 이익만을 도모한다고 비판하였다. 그리고 상업회의소를 "일본인 상업자의 평화적 침략주의의 대표기관"으로 지칭하였다. 앞에서도 언급하였지만 조선인 신문은 조선의 상공업 또는 산업 일반을 논의하는 자리에 조선인이 단 한명도 없었으며 장차 조선의 산업개발을 위해 노력할 가칭 조선실업협의회의 결성과정에도 조선인은 단 한명도 포함되지 못했음을 정확하게 지적하였다. 그래서 연합회의 주장을 '일본인 본위'라고 강하게 비판하였던 것이다.[170]

준비위원회는 논의과정을 거쳐 전선실업가대회를 개최하기로 결정하였다. 그리고 준비를 위해 조선 전체 상업회의소 회두 9명이 모여 협의하였다. 협의 과정에서 최초의 '4대 요항' 달성을 위한 조선실업협의회는 조선 산업개발을 위한 전선실업가동맹회로 명칭이 바뀌게 되었다. 명칭의 변화와 함께 그 성격도 차츰 변하였다. 조선상업회의소연합회는 '동상운동'을 통해 경제적 운동에서 정치적 운동으로 그 성격이 점차 변모해갔다. 따라서 현행「조선상업회의소령」이 정치적 운동을 금지하고 있기 때문에 조선상업회의소연합회와는 별도의 조직을 만들 수밖에 없었다. 또한 일본의 기술·자본을 유입하는 산업진흥기관이며 그리고 총독부의 산업조사회와 비견할 수 있는 大조사기관의 설치로 전환하고자 하였다. 이는 연합회가 총

---

170)『京城日報』1923.5.17,「전선상의대회」;『東亞日報』1923.5.20,「조선상업회의소연합회」.

제2부 조선 상업회의소의 산업정책 수립과 정치활동

독부의 경제정책을 입안하고 결정하는 산업조사회를 민간에도 설치하여 동등하게 경제정책을 입안하고 결정하고자 한 저의가 깔려 있었다.

전선실업가대회의 개최가 결정되고 출석자의 범위도 결정되었다. 출석자는 조선 내 부청 소재지인 경성, 인천, 평양, 신의주, 진남포, 대구, 부산, 마산, 원산, 군산, 목포의 일본인과 조선인 유력자로 한정하였다. 역시 조선인의 참여를 허용했지만 일본인들이 경제적 기반을 확보하고 있던 부 지역으로 한정하였다. 〈표 5-6〉은 전선실업가동맹회 발기인회에 참석할 대상자들이다.

〈표 5-6〉 전선실업가동맹회 발기인회 참석 예정자(1923)

지역	참석예정자	
	일본인	조선인
경성	釘本藤次郞(회두), 賀田直治(특별평의원), 志岐信太郞(부회두), 佐藤虎次郞(한국농림주식회사전무)	趙鎭泰(부회두) 元悳常(부협의원)
인천	吉田秀次郞(회두), 萩谷籌夫(전회두), 加來榮太郞(전회두)	張錫佑(부회두)
부산	香椎源太郞(회두), 大池忠助(전회두, 특별평의원), 迫間房太郞(전회두, 특별평의원)	
대구	小倉武之助(회두), 伊藤吉三郞(평의원)	李柄學(부회두)
진남포	川添種一郞(회두), 富田儀作(전회두), 西崎源太郞(부회두)	1명(미정)
원산	本岡卯之助(회두), 葭濱忠太郞(전회두)	南忠熙(부협의원)
목포	高根信禮(회두), 小野流三	金商燮(부회두)
마산	目賀田平次郞	具麟旭(원동무역주식회사전무)

출전: 『東亞日報』 1923.8.11, 「實業家集會出席者」; 8.15, 「全鮮實業大會延期」.
비고: 청진, 군산, 신의주상업회의소는 미정.

〈표 5-6〉의 전선실업가동맹회 발기인회의 인원구성을 보면 명백히 일본인 중심임을 알 수 있다. 특히 일본인이 많이 거주하는 부 지역으로 참석자를 한정한 것은 일본인 중심의 단체를 만들겠다는 의도가 숨어 있었다. 부

분적으로 조선인을 포함시켰지만 조선 전체를 대표한다면 명분을 얻기 위해서였고 그나마 참여한 조선인들은 계급적인 측면에서 조선 내 일본인의 이해와 동일한 것으로 보인다. 일본인들의 대부분은 지역 상업회의소 회두를 비롯하여 전직 상업회의소 회두 등 지역에서 정치적·경제적·사회적으로 막강한 영향력을 행사하는 유력 자본가들이었다. 참석을 결정한 조선인들도 지역 상업회의소 부회두 및 지역의 부협의원이 대부분이며 회사중역 등으로 일본인과 동일한 유력 자본가들이었음을 알 수 있다.

결국, 조선의 정치적·경제적 선전기관이며 또한 산업진흥기관 및 경제조사기관이 될 전선실업가동맹회는 철저하게 기본적으로 일본인 중심으로 하여 유력 자본가층의 이해를 담보하는 경제정책을 주장할 기관이었음을 알 수 있다. 여기에는 물론 조선인 유력 자본가들도 일정정도 있었음도 알 수 있다. 그러나 지역 상업회의소를 대표하는 이들의 바램은 관동대진재로 수포로 돌아갔다. 발기인회를 앞두고 일본의 관동지방에 대진재가 발생하게 되어 발기인회가 무기한 취소되었고 그 이후 대회는 열리지 않았다.

연합회의 정치활동은 총독부로 하여금 이입관세의 경우 酒, 綿織物을 제외한 대부분이 철폐되도록 압력을 행사하는 한편, 일본정부와 조선총독부로 하여금 이입관세 수입의 보전책과 이입관세 철폐에 따른 조선 내 산업에 미칠 영향에 대한 대응책 마련을 서둘러 실시하도록 추동하였다. 철도건설의 경우, 조선의 산업개발을 위해서는 지역 경제선의 부설이 우선해야 한다는 지역 상업회의소와 조선상업회의소연합회의 지속적인 요구에 따라 사설철도 보조금이 200만 원에서 300만 원으로, 기한은 10년에서 15년으로 연장되었다.[171] 그러나 연합회가 주장하는 철도부설10개년계획은 아직 어떠한 정책적·예산적 보장도 받지 못했다. 지속적인 달성운동이 요구되고 있었다.

무엇보다 가장 중요한 성과는 '조선의 민의'라는 형태로 조선 산업개발의

---

[171] 『每日申報』 1923.5.17, 「全鮮商議聯合會」.

필요성이 제기되었고 일본 정·재계가 병합 이후 소극적이었던 조선의 산업개발에 적극적인 관심을 가지도록 추동하였다는 점이다. 일본 정·재계의 반응은 과장일 수도 있겠지만 3번째 '동상운동' 기간에 접촉한 일본정계의 반응을 통해서도 알 수 있을 것이다.[172] 또한 조선 내 상공업자들 내부에서 조선의 경제와 일반산업의 발달을 책임질 조선 내 협의기구를 수립하고 이를 통해 조선의 선전, 자금 및 기술의 유입, 그리고 각종 산업진흥책의 마련하려고 기도했다는 점에서도 물론 시도에 그쳤지만 중요한 성과라고 할 수 있을 것이다.

---

172) 『每日申報』 1923.4.17, 「四大要項委員歸來談」.

제6장 이입관세 철폐와 그 대응책

조선 상업회의소는 앞장에서 살펴본 것과 같이 전체적인 조선 산업개발 정책의 수립에서 한 걸음 더 나아가 시급히 수행해야 할 조선 산업개발 '4대 요항'을 확정하였다. 그리고 조선 산업개발 '4대 요항'을 달성하기 위해 조선총독부를 거치지 않고 일본정부와 의회에 대해 독자적이고 적극적인 '東上運動'을 전개하였다. 그 과정에 조선 산업개발 '4대 요항' 중 이입관세 철폐와 산미증식계획이 이루어졌다. 앞에서도 살펴보았듯이 '4대 요항' 중 산미증식계획은 조선총독부의 유일한 산업정책이었다. 따라서 조선총독부의 계획을 측면에서 지원만 하면 해결될 수 있는 문제였다.

그러나 이입관세 문제는 달랐다. 조선총독부 역시 이입관세 철폐의 당위성은 인정하였지만 재정부족으로 인하여 쉽사리 철폐할 수 없었다. 이러한 상황에서 조선 상업회의소는 산업개발 '4대 요항'의 하나로 이입관세 철폐를 주장하였던 것이었다. 그러나 연합회의 이입관세 철폐요구는 당시 조선인 자본가 일부에서 주장한 것 같이 일본인의 경제적 이해와 결부되었던 것은 아니었다.[173] 왜냐하면 지역 상업회의소를 비롯하여 조선상업회의소 연합회는 처음부터 이입관세 철폐를 주장한 것은 아니었기 때문이다. 이 장에서는 연합회의 이입관세 철폐에 대한 주장과 그 변화 그리고 대응에 대해 살펴보도록 하자.

연합회는 처음부터 이입관세의 철폐를 주장하지는 않았다. 오히려 가능한 한 독립관세제도의 존속을 바라고 있었다. 그러나 1920년대로 접어들면서 연합회의 입장은 표면적으로 이입관세 철폐를 받아들이기 시작하였다. 그렇더라도 일본과는 다른 입장에서 이입관세의 철폐를 주장하였다. 일본의 경우 조선을 식량 및 원료공급지로 만들려는 처음의 의도뿐만 아니라

---

173) 일부 조선인 자본가를 대변하던 동아일보는 이입관세 철폐가 가져올 이익은 일본과 조선의 일본인들에게 돌아갈 것이며 조선인 상공업자들은 대부분 몰락할 것이라고 주장하며 이입관세 철폐를 반대하였다.

점차 상품소비지로도 조선을 활용하기 위해 관세철폐를 주장하였다. 이는 일본의 자본가에게 유리한 정책임은 두 말할 나위 없을 것이다.[174] 물론 일본으로부터 유입되는 상품을 통해 성장할 수 있는 조선 내 무역업자들도 상당수 존재하였다. 그러나 조선이 일본의 식민지로 점차 고착화되면서 처음의 무역 및 상업으로부터 점차 제조업으로 그 영업범위를 확대하는 자들도 늘어났다. 또한 식민지에 새롭게 투자하는 자본가들도 점차 늘어나고 있었다. 앞으로도 더욱 늘어날 전망이었다. 그렇기에 연합회는 '제국의 식민경영상 대의'는 인정하지만 일본과 조선의 사정이 다르다는 의미에서 조선 산업의 보호를 주장하며 통일관세제를 주장하였던 것이다. 따라서 그들의 이입관세 철폐는 처음부터 일관되게 주장된 것이 아니라 점진적인 변화를 거치면서 확립되었다. 그리고 무조건적인 관세철폐를 의미하지는 않았다.

1. '독립관세제'에서 '통일관세제'로의 전환

이입관세는 조선과 일본 사이에 유통되는 물품에 과세된 관세로서 조선이 완전한 식민지가 되면 자연스럽게 철폐될 것이었다. 그러나 조선총독부는 종전의 대한제국 관세를 10년간 그대로 유지한다고 공포하였다.[175] 일제는 한일병합 당시 잠정적인 관세거치기간을 두면서도 "제 통상국과의 관계상 일본의 관세법을 조선에 적용하는 것이 병합의 실현에 다소의 장애될 우려가 있음"을 염려하였다.[176] 그러나 외교적 이유뿐만 아니라 대외무역의 급격한 변화저지, 일본경제 특히 농업의 보호, 총독부의 조세수입 등 경

---

174) 통일관세제도를 주장했던 세력은 일본 내 자본가의 이익을 대변하고 있었다(송규진,「日帝下 朝鮮의 貿易政策과 植民地貿易構造」, 고려대 사학과 박사학위논문, 1998, 12~14쪽).
175) 『朝鮮總督府官報』 1910.8.29.
176) 『每日申報』 1918.5.11, 「朝鮮關稅問題(上)」.

제적인 측면과 조선을 독자적인 세력근거지로 만들려고 하는 일본 내부의 정치적 상황이 함께 고려되었던 것이다.177)

관세제도의 10년 기한이 가까워지자 조선총독부는 1917년에 관세조사회를, 1918년 5월에는 임시관세조사과를 설치하면서 개정에 대한 논의를 본격화하였다.178) 경성상업회의소를 비롯한 지역 상업회의소도 관세문제에 대한 자체적인 조사에 들어갔다.179) 일본 내에서는 또다시 일본과 조선간의 관세철폐를 주장하는 논의가 제기되었고 거의 통일관세 쪽으로 입장이 정해졌다.180) 통일관세제를 주장하는 측은 첫째 정치적 '동화'뿐만 아니라 경제적 '동화'도 불가피하였다는 점, 둘째 조선은 식민지이지만 제국의 영토이기 때문에 일본과 동일영토로 보아야 한다는 점, 셋째 조선무역은 대부분 일본과의 이출입인 점을 들어 관세철폐를 주장하였다.181) 이처럼 통일관세제를 주장하는 측은 조선은 일본의 영토라는 식민경영의 당연한 논

---

177) 조선에서 독립관세제도의 유지에 대한 원인은 송규진, 앞의 논문, 11~19쪽 참조.
178) 『朝鮮總督府官報』1917.3.8 ; 『京城日報』1918.5.28, 「關稅調査」; 관세조사회 및 임시관세조사과에 관한 내용은 조선총독부, 『關稅調査事業ノ經過』, 1921, 1~7쪽 참조.
179) 경성상업회의소의 경우 1917년 가을부터 관세문제에 대해 일본의 학자, 정치가와 식견 있는 실업가에게 의견을 구하여 일부 학자에게서만 관세철폐의 회답을 얻었다(『每日申報』1918.5.11·12·14, 「朝鮮關稅問題(上, 中, 下)」). 그 외 평양, 원산, 군산 등 지역 상업회의소에서도 관세문제에 대한 협의가 이루어지고 있었다(『每日申報』1918.7.9, 「元山」; 7.14, 「平壤」; 7.18, 「商議所役員會」; 『京城日報』1918.7.19, 「群山」).
180) 이미 조선이 일본에 '병합'될 때 일본의회에서는 일본의 자본가 측을 대변하는 早速整爾 등은 조선총독부의 관세정책을 비판하며 관세를 통일해야한다고 강력하게 주장하였다(송규진, 앞의 논문, 12~15쪽). 그리고 1918년 현재 제국의회에 참석한 정부위원의 의견과 여러 학자들의 의견 등을 통해 일본 내에서는 통일관세 쪽으로 논의가 모아지고 있었고 결국 통일관세로 귀결될 예정이었다.
181) 『每日申報』1918.5.11, 「朝鮮關稅問題(上)」. 물론 1910년 후반에도 일본에서는 일본농업의 이익을 대변하는 측에서는 관세통일을 반대하며 한걸음 더 나아가 이미 철폐된 米의 관세부활도 주장하기도 하였다(『每日申報』1918.5.12, 「朝鮮關稅問題(中)」).

리를 내세우며 일본 및 일본 자본가들의 입장을 대변하였다.

경성상업회의소는 이에 대해 "조사과의 견해"라는 단서와 함께[182] 첫째, 조선의 통치는 '동화주의'에 의거할지라도 '撫育主義'를 중히 해야 한다는 점을 지적하였다. 그리고 지금껏 지도한 산업은 엄밀한 보호관세를 필요로 한다는 점을 강조하였다. 둘째, 민도풍속이 일본과 매우 달라서 관세통일론을 무조건 찬성하기 어려우며 차라리 '만몽'과 동일 지역이 되어야 한다는 점을 지적하였다. 즉, 경제를 통일할 경우 일본이 아니라 오히려 만주와 통일해야 한다는 점을 강조하였다. 이러한 생각에 지역 상업회의소는 1918년 조선상업회의소연합회의 설립과 동시에 선만상업회의소연합회 또한 설립하였다. 셋째, 조선의 재정 독립을 위해서는 관세의 존속은 불가피하다는 점을 들어 반대하였다. 덧붙여 조선의 상공업을 보호·조장하기 위해서는 보호관세정책은 불가피하고 주장하였다. 경성상업회의소를 비롯한 지역 상업회의소는 자신들이 거주하는 조선의 입장에서 관세정책에 대한 견해를 제시하였다. 따라서 일본의 통일관세정책과는 충돌하였고 이러한 점은 조선총독부를 통해 조정을 거칠 수밖에 없었다.[183]

1918년 제1회 연합회에서 인천상업회의소는 수이출품 관세철폐에 관한 요망의 건을 제기되었다.[184] 조선에서의 수이출세 폐지는 조선 내 수이출업자의 이익과 함께 일본 내 수요자의 이익을 동시에 충족시킬 수 있기 때문에 연합회는 관세개정을 앞두고 제일 먼저 제기하였다. 조선총독부 또한 관세수입에 그다지 영향을 미치지 않았기에 적극적으로 받아들였다. 총독

---

182) 평의원회를 통해 결정된 공식적인 견해가 아니지만 어느 정도 경성상업회의소의 입장을 대변한 것으로 보아도 좋을 것이다. 그리고 이 시기 다른 상업회의소의 입장도 관련 자료가 없어 명언할 수 없지만 이후 연합회를 통해 제기되는 관세개정의 내용으로 봐서 경성상업회의소와 유사한 주장을 제기한 것으로 파악할 수 있을 것이다.
183) 『每日申報』 1919.5.29, 「朝鮮關稅問題」.
184) 田中麗水, 「朝鮮商工會議所」, 『全鮮商工會議所發達史』, 釜山日報社, 1936, 73~82쪽.

부는 1919년 1월 제령 제1호와 제2호 「조선관세정률령중개정」을 반포하고 조선에서의 수출세를 전부 폐지하였다.[185] 그러자 지역 상업회의소를 중심으로 하는 조선 내 일본인들은 "조선의 산업계에 대한 일대 복음"으로 인식하였다. 예상대로 연합회가 주장한 수이출품 관세의 철폐는 조선의 수이출업자와 일본 수요자의 부담을 경감시켜 곡물을 비롯한 식료품과 공업원료의 일본이출을 보다 원활하게 하였다.[186]

관세거치기간의 완료가 더욱 가까워지자 조선총독부는 관세개정에 대해 국내외의 조사에 착수하였다. 국내자료의 수집을 위해서 지역 상업회의소에도 자문을 구했다.[187] 지역 상업회의소는 지역별로 조사에 착수하여 자문안을 제출하였다.[188] 그중 지역 상업회의소를 대표하는 경성상업회의소의 제출안을 통해 관세정책에 대한 견해를 어느 정도 엿볼 수 있을 것이다.[189]

경성상업회의소는 우선 "제국의 처지로부터 볼 때와 조선의 처지로부터 볼 때", 그리고 "재정수입의 점으로부터 볼 때" 세율사정은 상당히 다르다고 제기하였다. 또한 최근 여론인 "선만경제통일을 고려할 때"도 복잡한 문제를 야기하므로 이를 원만히 조절하지 않으면 안 된다고 하였다. 경성상업회의소는 수입관세의 경우 통일관세제도의 실시에 따라 일본관세율을 적용해도 되는 것으로 보았다. 문제는 이입관세였다. 경성상업회의소는 이입

---

185) 『朝鮮總督府官報』 1919. 1. 16.
186) 조선총독부는 칙령 제1호와 제2호 「조선관세징율령중개정」을 개정하여 밀, 콩, 팥, 들깨, 소, 소가죽, 석탄 및 철광 등 8개 품목에 대한 수이출세를 전폐하였다(『朝鮮總督府官報』 1919년 1월 16일자 ; 『每日申報』 1918. 2. 28, 「移入稅免除와 朝鮮」).
187) 朝鮮總督府, 『關稅調査事業ノ經過』, 1921, 11~14쪽.
188) 『每日申報』 1919. 3. 22, 「商議關稅調査」 ; 『京城日報』 1919. 4. 11, 「關稅改正과 各地」. ; 『每日申報』 1919. 7. 2, 「社說 關稅改正準備」.
189) 『每日申報』 1919. 7. 7 · 8 · 10, 「關稅改正問題(1 · 2 · 3)」 ; 伊藤正慤, 앞의 책, 187~193쪽.

관세의 전부 폐지를 일본의 입장에서 올바른 것이지만 조선의 사회·재정적 측면뿐만 아니라 조선의 개발을 고려하면 그렇게 간단하지 않다고 강조하였다. 그래서 경성상업회의소는 잠깐이지만 경제상 독립국으로 간주할 관세도 자주적으로 설정할 필요가 있다고 주장하였다. 즉, "외국무역에 대해서는 일본현행의 관세제를 적용할지라도 바로 대일본무역의 자유를 의미하는 것은 아니고 **조선 산업의 이익을 위하여 만약 내지품이 조선의 산업을 심히 압박하며 그 발달을 阻할 때는 보호세율을 설정**"(강조는 필자)할 것을 제기하였다. 물론 공업품 전부를 보호하는 것은 아니고 특정한 산업을 선정하여 보호하고 나머지는 일반 소비자의 이익을 위해서 철폐할 것을 요구하였다. 한마디로 "보호관세 및 수입관세"를 병용하여 관세개정을 요구한 것으로 보인다.

1910년대 후반 경성상업회의소를 비롯한 지역 상업회의소는 다양한 구성원들의 입장에 따라 각각 다른 견해를 가지고 있기 때문에 일률적으로 제안하기는 어려웠다. 특히 소비자 및 상인과 공업가의 이해관계는 달랐다. 그러나 경성상업회의소는 상인과 공업가의 이해가 상충될 경우 생산자인 공업가의 의견을 따르는 것이 정당하다고 주장하였다. 그리고 일본과 조선의 경제적 차이로 인한 조선의 산업보호, 조선의 재정상황, 그리고 3·1운동이라는 조선인의 저항과 민심을 지적하며 잠깐이나마 독립관세제의 유지도 주장하였다. 물론 식민정책의 큰 틀에서는 일본정부의 주장인 통일관세제도 또한 불가결한 것으로 파악하였다. 따라서 조선총독부가 통일관세정책으로 결정하고 조선에 실행할 경우 자신들의 경제적 입장을 강조하며 보호·장려해야할 공업에 대한 관세안배 등 대비책을 마련하고자 하였다.

지역 상업회의소의 자문안은 조선총독부의 관세개정안에 일정정도 영향을 준 것으로 보인다. 矢鍋 총독부 이재과장은 조선의 민도는 일본과 상당한 차이가 있기 때문에 모든 물품에 대한 일률적인 관세폐지는 적당하지 않고 경우에 따라 특수품에 대하여는 제외례를 둘 생각이라고 말하였다. 그리고 관세개정의 결과 이해가 상반되는 생산자와 소비자의 입장을 상당

히 고려하여 어느 정도 그 손실을 방지하는 시설도 동시에 시행할 생각이라고 하였다.190)

그러나 총독부는 1920년도 치안유지비의 확대로 인한 예산 팽창에 따라 1915년 이후 추구하던 재정독립도 중지하고 일본정부에게 보급금과 공채차입금을 다시 요구하게 되었다. 일본정부는 총독부의 요구를 모두 인정하지 않고 일정정도만 용인해 주었다. 이대로라면 총독부가 계획하던 경찰기관의 대확장 등 신규 사업은 연기되지 않을 수 없었다. 따라서 총독부는 재정상의 이유로 관세철폐를 연기하고자 하였다.191)

1919년 연말부터 관세철폐 연기론이 대두되자, 1920년 새해부터 연합회 사무소는 지역 상업회의소에 전보를 보내 "조선 산업의 개발을 위하여 조선에서 생산가공된 각종 공업품의 내지이입관세만이라도 철폐"할 것과 더불어 "내지로부터 조선에 이입하는 각종 제조공업 원료품의 관세까지도 면제"하는 것에 대하여 동의를 구하였다.192) 지역 상업회의소로부터 대부분 동의한다는 회답이 오자 경성상업회의소가 대표로 공업관계관세의 철폐에 대하여 내각총리대신, 대장대신, 주세국장, 척식국장, 총독부내무국장에게 전보하고 총독부 및 관계당국에 의견서를 제출하였다.193)

연합회는 의견서에서 조선공업제품의 일본이출은 조선의 일본인과 조선인 공업자에게 필요한 것일 뿐만 아니라 결핍할 물품을 보급하는 의미에서 일본의 해당업자 및 육·해군의 군수품 조달에도 기여하는 바가 크기 때문에 반듯이 철폐되어야 한다고 주장하였다. 덧붙여 조선이출품의 일본 이입관세는 금액이 그다지 크지 않기 때문에 철폐해도 관세수입에 별 영향이

---

190) 『每日申報』 1919.9.19, 「關稅改定要旨, 矢鍋理財課長談」.
191) 『每日申報』 1919.12.22, 「關稅撤廢延期經緯」.
192) 『每日申報』 1920.1.21, 「關稅撤廢運動」; 『京城日報』 1920.1.22, 「關稅撤廢問題」; 『每日申報』 1920.1.24, 「關稅撤廢」.
193) '이입관세면제에 관한 건'이라는 건의서를 제출하였다(伊藤正愨, 앞의 책, 171~172쪽).

없다고 강조하였다. 더 나아가 조선 공업을 유지·조장하여 조일무역을 진전케 하며 조일공장의 연결을 촉진하기 위하여 장래 조선에서 이입하는 공업원료의 조선이입관세를 면제할 것도 주장하였다.[194] 연합회가 주장한 관세철폐는 조선에 거주하는 공업자의 입장에서 이루어졌음을 알 수 있다. 즉, 가장 먼저 조선에서 일본으로 이출되는 이출관세의 철폐를 주장하였을 뿐만 아니라 기본적으로 조선 공업의 유지를 위한 공업원료에 대한 이입관세의 철폐를 주장한 것이었다. 이러한 연합회의 입장은 이입관세 철폐를 주장하는 일본의 자본가와는 상당히 달랐다.

연합회의 요구는 이출세 부분에서만 받아들여졌다. 총독부는 일본으로의 이출품에 대해서는 관세를 철폐하나 조선으로의 이입품에 대해서는 당분간 존치한다고 공표하였다. 더불어 이입관세의 존치는 "총독부의 본년도 예산 중 700만 원의 세입이 감소"하기 때문에 어쩔 수 없는 것이라고 거듭 설명하였다. 그리고 총독부의 관세개정은 3년 정도의 상세한 조사와 연합회의 의견도 참작하였기 때문에 적당한 세법이라고 밝혔다.[195] 연합회의 의견을 참작하였음에도 불구하고 총독부의 관세개정안은 전면적으로 실시되지 않고 한정적인 유보로 결정되었다. 연합회는 자신들이 주장하는 이입관세 부분의 공업원료관세의 개정이 제대로 이루어지지 않은 점에 대해 대응이 필요하였다.[196]

1920년 12월 임시 회의를 개최하고 연합회는 관세개정연기에 대해 "정치도덕의 파괴"이며 "총독의 위신을 실추시키는 중대사"라 비판하며 즉각 철폐하기를 열망하였다.[197] 그러나 총독부는 세입부족으로 인하여 즉각적인

---

194) 『每日申報』 1920.1.27, 「關稅撤廢의 意見開陳」.
195) 『每日申報』 1920.8.24, 「關稅改正과 그 影響(一) 關稅改正에 就하여 林關稅課長 談」; 『朝鮮總督府官報』 1920.8.28.
196) 『東亞日報』 1920.8.30, 「商議聯合會 提案二題로 制限」; 『每日申報』 1920.12.19, 「聯合商議決定 來21日 京城에서」.
197) 『京城日報』 1920.12.22, 「臨時商議聯合會, 鐵道問題=移入稅据置附議」; 12.23, 「臨時商議聯合會, 産鐵解散反對=平元線復活要望=移入稅撤廢請願」; 『每日申報』

철폐는 힘들다고 거절하였다.198) 계획대로라면 1921년 3월 말을 기하여 이입관세는 철폐되어야 했다. 그러나 총독부는 여전히 재정상의 이유를 들어 철폐를 유보하였다.199)

연합회는 새로운 총독의 부임과 함께 급변하는 조선의 경제적 상황을 자신들에게 유리하게 전환시키기 위한 새로운 경제정책의 수립이 필요하게 되었다. 그래서 일본과 같은 산업조사위원회의 설치를 요구하였다. 그 결과 조선총독부는 산업조사위원회를 설치하고 지역 상업회의소에 정책적인 자문을 구하였다.

이때 관세문제와 관련하여 원산상업회의소는 연합회가 이미 주장했던 공업원료의 이입관세 철폐를 다시 주장하였다. 부산상업회의소도 공업의 진흥을 위한 관세안배를 주장하였다. 이는 이미 연합회가 주장해오던 것으로 그러한 주장은 산업조사위원회의 참고서와 결정안에 고스란히 반영되었다.200) 1920년대로 넘어오면서 상업회의소는 공업원료품에 대한 이입관세 철폐와 조선 공업의 보호·장려를 위한 관세안배를 동시에 요구하였다.

1921년 가을 조선총독부의 관세개정안은 여전히 유보된 상태였다. 총독부는 새로운 세원의 창출이나 일본의 보급금 증액이 이루어진다면 유보된 이입관세 철폐를 단행하려고 하였다. 연합회는 다시 제4회 정기 회의를 개최하고 생산자와 소비자 모두의 입장에서 이입관세 철폐를 거론하기 시작하였다. 그간의 생산자 입장에서 소비자의 입장까지 고려하게 된 것은 물가등귀 등 사회적인 문제 때문이었다. 이 때문에 연합회에서 부산상업회의소는 사회정책상 "생활비저감을 위하여 속히 이입관세를 철폐할 것"을 주장하였다. 대구상업회의소는 "관세를 본년도에 한하여 철폐하기를 당국에 요망할" 것을 제안하였다.201) 논의과정에서 생활비저감을 위한 이입관세 철

　　　1920.12.24, 「商議決議 各要路에 請願」.
198) 『京城日報』 1920.12.24, 「總督府의 意向」.
199) 『每日申報』 1921.3.25, 「移入稅撤廢延期 河內山財務局長談」.
200) 朝鮮總督府, 『朝鮮産業ニ關スル計劃要項參考書』, 1921.

폐안은 "식료품" 이입관세로 한정되어 위원에게 부탁되었으나 결국 "이입세" 부분은 삭제되었다.202)

조선의 내수용 식료품의 제조판매는 조선 내 일본인들의 전통적인 경제적 기반이었다.203) 따라서 식료품 이입관세의 철폐는 일본 자본과의 직접적인 경쟁을 의미하며 그렇게 될 경우 일본인들에게는 크나큰 손해를 끼칠 것이었다. 이 때문에 식료품의 이입관세 철폐는 자연스럽게 연합회 결의안에서 삭제되었다. 연합회에서 논의된 식료품 이입관세 철폐의 건만 보더라도 연합회의 이입관세에 대한 입장이 명확하게 조선 공업의 보호·장려라는 큰 틀 내에서 공업원료관세의 철폐였음을 알 수 있다.

연합회는 또다시 공업원료관세의 철폐를 결의하고 조선총독부를 비롯하여 일본정부에 요구하였다.204) 제4회 정기 회의의 관세문제에 대한 논의과정은 연합회의 생산자적인 입장이 보다 더 잘 드러났다. 연합회에서의 논의와 결의안은 다시 총독부와 일본정부에 제출되었지만 총독부는 여전히 재정상의 문제로 이입관세 철폐를 유보하였다. 연합회는 재정을 확보하지 못하면 이입관세 철폐는 계속해서 연기될 수밖에 없는 실정임을 감안하여 1922년 벽두부터 날아온 군축잉여금이라는 절호의 기회를 통해 재정문제를 해결하고자 하였다.

산업개발 '4대 요항'을 수립했던 1922년 2월의 임시 연합회에 이어 3월에는 그 목적달성을 위해 동경의 정재계에 호소하는 '동상운동'을 전개하였

---

201) 『東亞日報』 1921.9.23, 「全鮮商議聯合會開催」 ; 『每日申報』 1921.10.5, 「鮮滿商議提出議案」.
202) 『京城日報』 1921.10.15, 「全鮮商議聯合會」 ; 『東亞日報』 1921.10.15, 「第四回 商議聯合會」.
203) 본 논문 제2장의 지역 상업회의소 회원구성 참조.
204) 결의안은 '이입관세를 속히 철폐할 것을 거듭 요망할 것'이나 의안을 제출하였던 대구상업회의소의 설명을 통해 상업회의소가 주장하는 이입관세는 계속해서 공업원료관세임을 알 수 있다(『東亞日報』 1921.10.16, 「全鮮商議聯合會」 ; 『每日申報』 1921.10.16, 「全鮮商議聯合會」).

다.205) '동상운동'과 조선총독부에 대해 공업원료 이입관세의 철폐를 주장하던 연합회는 다시 1922년 7월 임시 연합회를 개최하고 이 문제를 논의하였다.206) 연합회는 다시 조선총독부 및 중앙정부에 공업원료 이입관세의 철폐를 제기하였다.207)

이제 연합회의 관세철폐문제는 생산자 측면으로부터 한 단계 더 나아갔다. 앞에서도 제시하였지만 산업개발 '4대 요항' 중 관세철폐 부분의 청원이유서를 보면 이전의 생산자 측면뿐만 아니라 소비자 측면도 함께 고려하여 관세철폐를 주장하였다.208) 이 단계로 오면 이입관세의 전부 폐지는 아니더라도 부분적인 폐지로 입장이 전환된 것으로 보인다.

그럼 연합회가 독립관세제로부터 일정정도 유보된 통일관세제로 입장을 전환하였다가 결국 이입관세의 부분적 철폐로 전환한 이유는 무엇이었을까. 연합회 및 지역 상업회의소의 주장을 곧장 따라오다 보면 조선의 정치적 · 사회적 · 경제적 상황에 따라 그들의 주장이 점차 전환되고 있음을 알 수 있다. 즉, 조선의 사정에 따라 그 입장도 전환되었던 것이다. 구체적으로 그 원인을 살펴보면 다음과 같다.

첫째, 식민정책적인 측면에서 일본의 대조선 식민정책이 '무육주의'에서 '동화주의'로 전환하였다. 새롭게 들어선 原내각의 내지연장주의와 이를 계승한 齋藤총독의 문화정치가 본격적으로 전개되었다. 그러한 분위기는 조선에도 큰 영향을 미쳤다.

둘째, 경제적인 측면으로 1차 세계대전에 의한 경제호황이 종전으로 말미암아 불황으로 접어들기 시작하면서 그 영향도 조선에 미치기 시작하였다. 특히 조선 산업개발과 관련된 사업이 일본의 예산편성에서 번번이 제외됨으로써 실시될 수 없게 되었다. 따라서 조선의 산업개발과 그에 따른

---

205) 『每日申報』1922.2.24,「全鮮商議請願書」.
206) 『東亞日報』1922.7.8,「移入關稅撤廢」.
207) 『東亞日報』1922.7.29,「豫算編成難關은 關稅撤廢」.
208) 京城商業會議所,『朝鮮經濟雜誌』제75호, 1922, 55~56쪽.

이익을 확보하기 위해서는 일본정부의 예산 및 일본 자본의 진출이 절실히 필요하게 되었다. 그렇기 위해서는 자금의 자유로운 유입을 막는 관세장벽은 철폐되어야 했다.

셋째, 재정적인 측면에서 재정독립을 추구하던 조선총독부의 계획이 실현되지 못했다. 따라서 관세만으로 재정독립은 요원하게 되었고 일본정부의 예산편성이나 일본재계로부터의 자금유입이 더욱 필수불가결하게 되었다.

넷째, 조선의 입장에서 '선만경제통일'을 목표로 하였지만 남만주철도주식회사의 '대련중심주의'와 만주지역의 정치적 불안으로 말미암아 경제통일은 이루어질 수 없었다.[209] 따라서 조선의 산업개발을 위한 일본과의 경제적 통일은 더욱 절실한 문제였다.

다섯째, 사회적인 측면에서 관세철폐는 물가의 안정은 물론 소비자에게 이익이 될 것이라고 생각하였다. 물론 이때의 소비자는 일본 제품을 사용하는 대부분의 조선 내 일본인들과 소수의 조선인들이었다.

이상과 같은 이유 때문에 연합회는 기존의 독립관세제에서 통일관세제로 점차 전환해 갔던 것이다. 특히, 경제적인 측면은 그러한 요인 중 가장 중요한 것이었다. 연합회는 이입관세 중 조선의 공업을 발달시킬 수 있는 공업원료관세의 철폐를 주장하는 한편, 조선 공업의 발달을 위한 일본자본의 진출을 바라고 있었던 것으로 보인다. 조선 산업개발과 관련하여 조선의 산업개발자금은 현재 진행되고 있던 산업뿐만 아니라 앞으로 진행될 사

---

209) 상업회의소가 조선상업회의소연합회와 만선상업회의소연합회를 동시에 성립시켜 조선과 만주의 연결을 도모하고 두 지역의 제반 경제적 사정을 논의한 것만 봐도 상업회의소가 일본과의 관계보다는 만주와의 관계를 더 긴밀히 여기고 있었음을 알 수 있다. 그러나 일본선, 조선선, 만주선의 3선 연결을 통한 경제적인 대륙진출을 염원했던 상업회의소는 만주지역의 정치적 불안과 조선선의 경영을 위탁받은 만철의 입장이 상업회의소의 이해를 담보하지는 못하였다. 그래서 상업회의소는 이 시기 만철에 철도운임문제를 지속적으로 거론하며 운임료 인하를 위해 노력하고 있었다.

업에 대해 지대한 영향을 끼칠 것이었다. 그래서 이를 위한 예산확보 및 투자자본의 진출은 연합회로서도 중대한 문제였다. 이미 앞장에서 살펴보았듯이 조선의 개발은 예산 및 자금문제로 지지부진하였다. 연합회는 조선의 산업개발에 소극적인 일본정부와 조선총독부를 비판하였다. 그리고 적극적인 예산 및 자본유입을 위해 '동상운동'도 불사하였다. 따라서 관세철폐는 조선의 산업개발을 위한 자본의 유입이라는 측면에서 어느 정도 실시되어야 했다. 연합회의 입장에서는 일정정도의 피해는 있겠지만 더 큰 이익을 위해서 필요한 것이었다. 그렇더라도 이입관세 철폐에 따른 피해를 최소화하기 위해 적절한 대응책은 마련해야 했다.

2. 이입관세 철폐에 대한 대응책

조선상업회의소연합회의 지속적인 이입관세 철폐요구에 따라 조선총독부는 "민의를 존중하여 이입세 철폐를 단행할 것"이라고 하였다.210) 이에 따라 1923년 4월 1일부터 주류, 직물을 제외하고 모든 물품의 이입관세는 철폐될 예정이었다. 이입관세 철폐가 단행될 것이라는 소식이 전해지자, 연합회에서는 이에 대한 대책을 논의하기 시작되었다.

1922년 9월, 제5회 정기 회의에서 인천상업회의소는 "이입세철폐에 따른 조선생산공업품의 보호장려방법을 강구하여 당국에 요망할" 것을 의안으로 제출하였다.211) 인천상업회의소는 제안설명에서 이입관세 철폐는 기정사

---

210) 『東亞日報』 1922.9.2, 「關稅廢地에 또 層節」 ; 9.3, 「關稅撤廢」.
211) 朝鮮商業會議所聯合會, 『第五回 朝鮮商業會議所聯合會議事速記錄』, 1922, 7~9쪽.
　　물론 상업회의소 내부에서도 일률적으로 이입관세 철폐에 따른 조선생산공업품의 보호장려방법을 강구하는 건에 찬성한 것은 아니었다. 경성과 진남포 등은 인천의 제안에 보류 또는 반대하였고 부산의 경우는 인천의 제안에 찬성하였다. 그리고 경성의 경우 서기장은 보류를 제기하였지만 특별평의원 賀田直治는 급속히 보호장려의 필요를 주장하였다. 이렇게 상업회의소 내부에서도 지역적 차이

실이라고 전제하고 이제는 "조선 내 공업으로 장래 발달의 전도가 있는 유망한 사업을 어떻게 장려보호"할 것인지를 고려해야 한다고 주장하였다. 다른 지역 상업회의소의 의견은 분분했다. 진남포상업회의소는 이입관세 철폐가 조선 공업에 공헌하는 바가 클 것이므로 보호·장려방법을 강구하는 것은 시기상조라고 하며 인천상업회의소의 제안을 반대하였다. 이에 반해 부산상업회의소는 인천상업회의소의 제안에 찬성하였다. 경성상업회의소의 경우 서기장은 진남포상업회의소와 마찬가지 이유로 보류를 제기하였지만, 특별평의원 賀田直治는 현재 조선 공업의 위축을 실례로 들고 관세철폐는 당연히 찬성하지만 보호해야할 공업은 보호해야 한다고 강력히 주장하였다. 이렇게 연합회 내부에서도 이입관세 철폐가 가져올 영향에 대해서 서로 달랐다. 따라서 조선공업의 보호·장려방법을 논의하는 것은 필요하지만 그 시기는 아직 이르다는 주장과 당장 논의해야 한다는 주장으로 나뉘어졌다.

시기상조론을 제기하며 보류를 주장하는 측은 이입관세 철폐가 조선에 미칠 영향을 긍정적으로 보고 있었다. 연합회는 이입관세 철폐를 공업원료품으로 한정하여 주장하였다. 따라서 공업원료품관세의 철폐는 조선 공업에 기여할 것이라 여겼다. 그렇기에 "이입세 철폐에 따른"이라는 문구를 문제 삼고 있었다. 그러나 이미 위축된 조선의 공업을 위해서는 보호·장려책을 강구해야 한다는 점에서는 의견을 같이하였다.212) 문제는 어떤 분야, 어떤 방법으로 조선의 공업을 보호·장려할 것인가로 귀결되었다.213) 연합회는 회의에 참석한 조선총독부 식산국사무관을 통해 총독부의 방침을 전해

와 경제적 기반의 차이로 말미암아 서로 다른 주장을 제기하였다.
212) 연합회의 요망 이유에는 "이입관세의 철폐는 조선공업의 발달에 공헌"하는 동시에 "내선공업생산품의 사이에 격렬한 경쟁을 야기"하여 모든 면에서 일본에 비해 열악한 "조선 공업계가 그 압박에 견디다 倒壞衰滅의 悲境"에 빠질 염려가 있음을 지적하였다(朝鮮商業會議所聯合會, 앞의 책, 177~178쪽).
213) 위의 책, 104~144쪽.

들고 보호·장려해야 할 공업을 조사한 이후 구체적으로 요망할 것을 결정하였다. 덧붙여 조선총독부도 조선 생산공업의 보호·장려방법을 강구하도록 청원하였다.214)

제5회 정기 회의가 끝나고 이듬해, 1923년 4월 1일부터 관세철폐를 결정하였다는 소식이 전해졌다. 이번 관세철폐의 결정은 이입관세의 대부분이 철폐되는 것이기에 이에 대한 입장도 다르게 표출되었다. 이입관세 철폐가 이루어지면 조선 산업에 어떠한 영향을 미칠지에 대해 연합회도 조사하지 않을 수 없었다. 왜냐하면 이입관세 철폐가 가져올 영향이 조선 내 상공업자에게도 그렇게 낙관적이지 않았기 때문이었다.

일본과 조선의 상품유통을 담당하고 있던 무역상들에게는 이입관세 철폐는 상당한 이익을 가져다줄 것이기에 당연하게 받아들여졌다. 그러나 이입관세의 철폐는 일본 무역상의 조선 진출을 더욱 용이하게 하여 오히려 조선 내 일본인 무역상과 경쟁관계에 놓일 수 있었다. 이 때문에 조선 내 일본인 상인들은 새로운 판로의 개척과 함께 철도운임과 같은 유통비의 저감에 눈을 돌리기 시작하였다.215)

한편, 조선 내 공업은 공업원료품의 이입관세 철폐로 일정정도 도움이 되겠지만 1차 세계대전 이후 호황의 반동에 의한 불황과 이입관세 철폐에 따른 일본 기업과의 경쟁으로 말미암아 점차 위기에 빠졌다. 연합회는 조선총독부를 비롯하여 지역 상업회의소에 조선 공업의 보호·장려방법에 대해 강구할 것을 제안하였다. 그리고 제조업을 비롯한 공업을 경영하던 일본인들은 제조공업의 영업세면제, 공업저리자금의 융통을 청원하기도 하였다.216)

마침내 주류, 직물류를 제외한 모든 분야의 이입관세가 제령 제5호「이입세 등에 관한 건'중개정」의 발표로 철폐되었다.217) 그러자 지역 상업회의

---

214) 위의 책, 177~178쪽.
215) 『朝鮮時報』 1923.1.21, 「關稅撤廢と釜山商取引」.
216) 『朝鮮時報』 1923.4.29, 「商工組合聯合會」.

소는 이입관세 철폐가 미칠 영향과 그에 의한 보호공업 및 공업진흥책에 대해 조사하기 시작하였다. 특히 보호공업의 지정은 연합회에서 결정한 사항이었다. 그리고 지역 상업회의소마다 조사하여 제6회 정기 회의에서 논의하고 조선총독부에 요망하기로 하였다. 따라서 지역 상업회의소는 보호공업의 종류에 대해 조사에 들어갔다.218)

부산상업회의소는 신년도 조사사업으로 "이입세 철폐 후 부산상세의 소장에 관한 건"을 첫 번째로 설정하고 조사연구에 들어갔다. 더불어 공업조사위원회를 설치하고 공업진흥책을 위해 연구·조사도 시작하였다.219) 경성상업회의소는 일본 기업과의 자유경쟁으로 곤란에 빠질 공업과 충분히 발달 가능한 공업에 대해 보호·장려책을 강구하여야 한다고 생각하였다. 그래서 경기도를 중심으로 한 조선 내 200명의 생산공업자에게 이입관세 철폐에 의한 영향과 보호·장려방법 등을 자문하였다.220)

보호·장려할 공업조사를 토대로 먼저 인천상업회의소가 "청주에 대해서 상당의 보호장려를 행할" 것을 연합회에 제출하였다.221) 청주는 조선 내 일본인들의 소비품 중 제일 중요한 위치를 점하는 것으로 전부 조선 내 일본인에 의해 제조되었다. 특히 인천은 청주 제조업이 다른 지역보다 두드러졌고 인천상업회의소의 구성원 중 청주 제조업에 종사하는 자 또한 다수를 차지하고 있었다.

경성상업회의소는 1919년 관세문제에 대한 자문안에서 14종의 보호공업을 지정하였다. 보호해야할 공업은 직물제조 및 염직업, 제지업, 도자기제조업, 주류양조업, 장유업, 제염업, 칠기제조업, 제혁 및 피혁제조업, 해산물

---

217) 『朝鮮總督府官報』 1923년 3월 27일자.
218) 『每日申報』 1923.3.8, 「移入稅撤廢와 朝鮮工業將來」; 『京城日報』 1923.4.27, 「鮮內工業保護」.
219) 『朝鮮時報』 1923.1.30, 「會議所評議員會」; 2.1, 「製造社分擔決定」; 2.2, 「移入稅撤廢調査分課會」; 2.28, 「釜山商議 工業調査委員會」.
220) 『東亞日報』 1923.3.8, 「關稅撤廢의 影響」.
221) 『京城日報』 1923.3.18, 「仁川商議提出議案」.

가공업, 전분제조업, 窄乳業, 石鹼제조업, 메리야스제조업, 杞柳세공 등으로 이루어졌다.222) 대부분 일본인 제조업자들에 우위에 있었지만 조선인 제조업자들도 다수 포함되었다.

그런데 다시 경성상업회의소는 경기도 및 조선의 주요한 공업가에 조회하여 보호의 필요성을 조사한 내용을 토대로 그중에서도 "피혁업과 양조업"을 반드시 보호해야할 공업으로 선정하여 연합회에 제출하기로 결의하였다. 더 나아가 경성상업회의소는 본격적인 보호공업의 조사를 통해 조선 내 공업 중 보호해야할 공업으로 피혁, 양조, 직물의 3공업을 선정하여 조선총독부에 제출하였다.223)

다른 지역 상업회의소의 보호공업은 알 수가 없지만 부산상업회의소의 경우 산업조사위원회 자문안에 제기한 보호해야할 공업을 통해 어느 정도 유추해 볼 수 있다. 부산상업회의소는 조선의 공업 중 직물공업, 도자기공업, 제혁공업, 제지공업, 수산제조공업의 5종을 제기하였다.224) 부산지역의 지역적 특성을 반영한 수산제조공업(부산수산주식회사), 도자기공업(일질경질도기주식회사), 직물공업(조선방직주식회사 부산공장) 등 경성상업회의소가 제시했던 보호공업과 거의 같은 공업을 제기하였다. 이를 통해 보아도 대체적으로 지역 상업회의소가 보호·장려해야 할 공업으로 인식했던 것들은 조선 경제의 주도권을 쥐고 있는 조선의 일본인과 조선인 유력 자본가들이 중심이 된 공업임을 알 수 있다.

원래 제6회 연합회는 제5회 연합회에서 결의한 조사안 "조선생산공업의 보호장려의 건"에 대해 지역 상업회의소의 조사를 토대로 협의하고 조선총독부에 보호공업의 종류 및 방법을 건의하기로 하였다. 그러나 구체적인 진상을 파악하기 어려워 본격적인 논의는 하지 못하고 다시 "공업보호의

---

222) 伊藤正愨, 앞의 책, 167~173쪽.
223) 『每日申報』1924.1.30, 「京城商工業部會」;『東亞日報』1923.4.19, 「移入稅撤廢와 保護할 朝鮮工業」.
224) 『朝鮮時報』1921.4.21, 「産業調査會答案」.

조건"을 구체화하는데 그쳤다. 연합회의 공업보호조건을 통해 조선의 공업보호에 대한 연합회와 지역 상업회의소의 입장을 엿볼 수 있을 것이다.

연합회에서 결의한 공업보호의 조건은 조사안 위원(인천, 평양, 경성)의 회의를 통해 다음과 같이 결정되었다.

> 1, 조선에서 산출하고 또는 유리하게 수이입할 자료(원료-필자)에 의하여 가공 또는 제조되어 **일본내지 및 외국으로부터의 수이입을 방어**하며 또는 일본 및 외국에 수이출할 만한 소질이 있는 것
> 2, 일정기간 보호의 결과 장래 발달의 희망이 있는 것(강조는 필자)225)

조사안 위원회의 결의안에 따르면 보호공업의 조건은 ① 조선의 원료 또는 수이입된 원료로 가공 또는 제조되어 일본 및 외국으로부터의 수이입을 방어하는 공업이며, ② 더 나아가 일본 및 외국에 수이출할 만한 공업이었다. 그리고 ③ 일정기간 보호의 결과 장래 발달의 희망이 있는 공업이었다. "외국으로부터의 수이입을 방어"하는 공업에 대한 보호방법으로 이미 연합회는 수입관세의 설치를 주장하였고 이는 총독부의 관세개정안에 특례관세로 설정되었다. 문제는 "일본내지의 수이입을 방어"하는 공업이었다. 이는 일본 및 조선총독부가 조선을 식량 및 원료의 공급지는 물론 상품소비지로 만들려고 하는 식민정책에 정면으로 반대하는 것이었다. 당연히 연합회 본회의에서 논란이 되었다. 격렬한 토론 끝에 연합회는 "일본으로부터의 수이입을 방어"하는 공업을 "조선의 수요를 충당"하는 공업으로 수정하였다. 즉, 스스로 조선의 공업을 내수시장을 수성하는 공업으로 축소시켰다. 연합회는 일본의 식민정책이 자신들의 이해와 맞지 않을 경우 정면에서 반대하였다. 그러나 조선 산업개발을 위한 자금의 유입을 위해서는 노골적으로 반대할 수 없었다. 따라서 고육지책으로 일본과 조선총독부의 식민정책에 적극적으로 반대하지 않고 자신들의 이해도 관철시키려는 입장에서 보

---

225) 『東亞日報』 1923.5.19, 「商議聯合」; 『京城日報』 1923.5.19, 「全鮮商議聯合會」.

호공업을 지정하였던 것이다. 이에 따라 지역 상업회의소는 조사에 들어갔고 경성상업회의소는 앞에서 언급한 것과 같이 조선에서 보호해야할 공업으로 양조, 피혁, 직물의 3공업을 제차 조선총독부에 제출하였다.226)

보호공업의 지정뿐만 아니라 보호장려책으로 가장 확실한 관세안배와 보조금이 제시되었다.227) 이미 살펴본 것처럼 조선총독부는 1923년 4월 1일부터 모든 분야의 이입관세를 철폐하였지만 주류와 직물분야는 그대로 두었다. 조선총독부가 재정문제로 이입관세를 전부 폐지하지 못하고 주류와 직물분야만을 남겨두었지만 연합회의 요구가 상당히 반영된 것이었다. 총독부가 재정적 이유뿐만 아니라 조선 산업의 보호를 그 중요한 이유로 설명하고 있는 것을 보아도 알 수 있다. 물론 총독부의 주류 및 직물류의 관세유지는 당시 조선인 자본가들의 관세철폐에 대한 대응차원으로 일어난 물산장려운동 등을 무마시키고 조선인 자본가를 포섭하여 민족운동을 분열시키고자 한 점도 있었다.228) 특히 주류 및 직물의 관세유지로 인하여 조선인 중에서 혜택을 받은 자도 있었다. 그러나 기본적으로 주류 및 직물업은 조선 내 일본인 자본가 또는 조선에 진출한 일본기업의 중요한 산업 기반이었다. 따라서 부분적인 조선인 자본가의 혜택도 있었지만 대부분 조선 내 일본인 자본가와 조선에 진출한 일본자본에 이익이 되는 것이었다.

한편, 조선총독부는 연합회의 제안을 받아들여 조선의 공업 중 보호해야할 공업에 대하여 보조금을 지불하였다. 특히 방직공업에 대한 보조금은 부분적으로 조선인 공업가까지 혜택이 돌아갈 정도였다. 부산상업회의소의 공업보호를 위한 조선방직주식회사 부산공장에 대한 보조금 지급과 더불어 '조선인 본위'를 내세우면 경제운동을 전개하였던 동아일보계열도 경성

---

226) 京城商業會議所, 「保護奬勵を必要とする鮮內釀造業」, 『朝鮮經濟雜誌』 제98호, 1924, 6~14쪽 ; 『京城日報』 1924.8.3·4, 「保護奬勵해야 할 纖維皮革工業(上·下)」.
227) 『朝鮮時報』 1924.9.12, 「關稅一部撤廢가 釜山의 工業界에 打擊」.
228) 정태헌, 『일제의 경제정책과 조선사회』, 역사비평사, 1996, 131~132쪽 ; 송규진, 앞의 논문, 66~67쪽.

방직주식회사의 보조금 지급이라는 혜택을 받았다. 따라서 연합회 및 지역 상업회의소가 기본적으로 민족적인 측면에서 조선 내 일본인 자본가의 이해를 대변하지만 조선이라는 지역적인 측면에서 조선인 자본가의 이해도 대변하였던 것을 알 수 있다. 이상과 같이 연합회와 지역 상업회의소는 일본의 식민정책을 자신의 입장에 유리하도록 고쳐나갔으며, 그렇지 못할 경우 그에 대한 대비책을 마련하는 등 적극적으로 대응하였다.

제3부

조선 상업회의소의 산업개발자금
요구활동과 철도정책으로의 집중

제3부 조선 상업회의소의 산업개발자금 요구활동과 철도정책으로의 집중

제7장 산업개발자금을 둘러싼 정치활동

　지금까지 살펴본 것처럼 조선 상업회의소는 이미 1921년 산업조사위원회를 통해 조선 산업개발정책을 수립하였다. 이어 워싱턴 군축회의에 따른 잉여 자금의 활용을 둘러싸고 적극적인 유치 전략을 위해 조선의 산업개발 '4대 요항'을 확정하였다. 그러나 산업조사위원회를 통해 수립된 조선 산업개발정책은 그 필요한 예산의 확보에 대해서는 전혀 언급하지 않았다. 더군다나 조선의 산업개발 '4대 요항'도 군축회의 결과 예상된 자금의 활용에 대한 것이었기에 설령 일본정부 및 조선총독부가 상업회의소의 정책을 받아들인다고 해도 예산확보까지는 상당히 어려운 상황이었다. 따라서 조선 상업회의소의 선결과제는 스스로 계획한 산업정책이 제대로 실행되기 위한 예산의 확보였다. 결국 조선 상업회의소는 산업개발자금을 둘러싼 정치활동에 매진하지 않을 수 없었다.

　이 장은 일본정부의 긴축재정과 관동대지진으로 인한 조선 사회의 피해와 그에 대한 조선 상업회의소의 대응을 일본정부에 대한 예산 삭감반대 및 조선 산업개발자금의 청원활동을 통해 살펴볼 것이다. 이와 같은 과정은 식민지 경제정책이 조선총독부를 중심으로 하는 '최상위' 식민권력만이 계획하고 실행한 것이 아니라 '조선을 본위로 하는' 일본인 자본가 중심의 조선 상업회의소도 지속적으로 정책결정 및 실행과정에 적극적으로 개입·주도하였다는 점을 구체적으로 드러내줄 것이다. 나아가 식민지 경제정책의 수립과 실행에 따른 이익을 누가 추수해갈 것인지 제한적이나마 파악할 수 있을 것으로 생각된다.

1. 식민지 산업개발자금과 조선 상업회의소의 소극적 대응 (1918~1921)

1) 조선 산업개발자금의 추이

조선의 산업개발은 식민지를 효과적으로 경영하기 위해서는 최우선적인 과제였다. 조선총독부도 이 점에 착안하여 강제병합 초기부터 철도건설, 도로개통, 항만수축을 가장 긴요한 산업개발로 설정하였다.[1] 조선총독부의 예산 중 산업개발과 관련된 부분을 먼저 살펴보도록 하자. 〈표 7-1〉은 조선총독부의 세입내역과 산업개발비 중 가장 비중이 큰 철도건설 및 토목 공사비를 표시한 것이다.

〈표 7-1〉 조선총독부 세입내역과 세출 중 산업개발비 내역(단위: 천 원)

연도			1911	1913	1915	1916	1917	1918	1919	1920	1921	1922	1923	1924	192?
세입		경상부	25,562	31,346	38,828	44,763	46,432	59,368	73,949	71,342	99,356	100,246	90,803	99,798	143,2
	임시부	공채·차입금	10,000	11,103	8,945	10,585	12,830	13,098	14,435	27,355	37,219	21,125	26,595	10,872	10,8
		보충금	12,350	12,350	8,000	7,000	5,000	3,000	-	10,000	15,000	15,600	15,017	15,021	16,5(
		소계	26,720	31,448	23,892	23,437	28,469	40,739	51,851	74,998	81,716	69,111	61,827	43,204	41,6
	합계		52,284	63,093	62,722	68,202	74,903	100,111	125,803	146,343	175,134	169,360	152,713	143,006	184,9
산업개발비	철도건설개량		8,625	8,469	7,618	7,434	5,770	9,667	14,980	15,327	18,287	21,710	14,999	10,001	9,90
	토목사업		1,378	4,666	2,876	2,862	3,421	3,416	4,816	5,812	5,479	6,535	5,639	2,806	3,54

출전: 朝鮮總督府, 『朝鮮金融事項參考書』, 『朝鮮土木事業誌』, 1937(堀和生, 「조선에서의 식민지 재정의 전개」, 『식민지 시대 한국의 사회와 저항』, 백산서당, 1983에서 재인용).

---

1) 朝鮮總督府, 『朝鮮關係帝國議會議事經過摘錄』, 1915, 34쪽(堀和生, 「조선에서의 식민지 재정의 전개」, 『식민지 시대 한국의 사회와 저항』, 백산서당, 1983, 176쪽에서 재인용).

제3부 조선 상업회의소의 산업개발자금 요구활동과 철도정책으로의 집중

조선총독부의 세입은 크게 경상부와 임시부로 구분되었다. 경상부는 조선에서 거둬들이는 수입으로 지세와 관업수입이 대부분을 차지하였다.[2] 조선에서 거둬들인 지세와 관업수입은 다시 관업운영비, 특히 철도운영비를 비롯한 조선총독부 등 통치기구의 행정비로 대부분 사용되었다. 임시부는 조선에서 충당할 수 없는 자금을 공채 및 차입금 또는 일본정부가 보충해주는 보충비 형식으로 충당한 것이었다. 즉, 보충비는 '병합' 전 식민지 경영을 위한 일본정부의 지출을 계승한 것이고 공채 및 차입금은 1911년 '조선사업공채법'이 제정되면서 식민지 개발사업을 위해 발행된 것이었다.[3] 따라서 식민지 개발자금은 대부분 임시부를 통해 지출되었음을 알 수 있다.

병합과 함께 조선총독부는 통치기구의 정비에 들어가는 한편, 식민지 경영을 위해 가장 필요한 산업개발에 집중하였다. 산업개발의 핵심은 철도건설 및 개량, 도로건설, 항만수축 등 교통기구의 정비였다. 〈표 7-1〉은 그러한 사실을 여실 없이 보여준다. 총독부는 산업개발 사업인 철도건설 및 개량과 토목사업에 전체 예산의 20~25%를 투자하였다. 단일 항목으로서는 철도건설개량비가 단연 가장 높았다. 임시부 예산만 보더라도 철도 및 토목사업비가 전체의 약 40%에 육박하는 정도였다. 그중 철도건설개량비는 주로 새로운 철도건설에 사용되었다. 평양과 진남포를 연결하는 평남선은 1909년 9월부터 기공되어 1910년 10월에 건설되었다. 이어서 대전으로부터 목포에 이르는 호남선이 1910년에 공사를 시작하여 1914년 1월에 완성되었다. 그리고 호남선과 동시에 경성으로부터 원산에 이르는 경원선이 1910년 10월에 공사에 착수하여 1914년 8월에 준공되었다.[4] 경부경의선의 건설 이후 늘어나지 않던 철도 마일수는 〈표 7-2〉와 같이 1910년대 전반기 총독부의 산업개발에 따라 폭발적으로 늘어나 1,000마일 시대를 열었다.

---

2) 경상부의 비중은 1910년대는 조세수입이 1920년대 관업수입이 중심이었다.
3) 공채는 일본의 금융사정으로 1913년까지 아주 조금밖에 발행되지 않았고 1917년부터 비로서 발행되기 시작하였다(堀和生, 앞의 논문, 1983, 178쪽).
4) 大平鐵畊, 『朝鮮鐵道十二年計劃』, 1927, 4쪽.

그러나 아직 재정적으로 안정적이지 못한 일본의 금융사정과 일반회계의 부담경감을 위해 1915년 총독부는 '재정독립계획'을 발표하였다. 일본정부의 보충금을 받지 않고 조선에서 그 부족분을 충당하려고 하는 계획이었다. 계획에 따라 경비의 절감과 함께 지세를 비롯한 각종세의 증세가 이루어졌다.5) 조선총독부의 재정독립계획으로 〈표 7-1〉과 같이 임시부 세입은 상대적으로 감소하였지만 경상부 세입은 2배 이상 확대되었다. 전체적으로 볼 때, 세입은 점차 증대하고 있었다. 그렇다고 세입의 확대가 산업개발자금의 확대로 이어진 것은 아니었다. 계획상 가장 많은 예산이 투여되었어야함에도 불구하고 오히려 산업개발자금은 점점 감소하였다. 따라서 철도부분에 엄청난 타격을 주었다. 〈표 7-2〉는 그러한 점을 잘 보여준다.

〈표 7-2〉 조선철도 영업마일수의 추이

年度	1906	1907	1908	1909	1910	1911	1912	1913	1914	1915	1916	1917	1918	1919	1920
哩數	637	641	641	640	674	767	837	970	994	1,006	1,006	1,006	1,092	1,102	1,153

출전: 朝鮮總督府, 『朝鮮總督府統計年報』 1914·1919년판 ; 朝鮮總督府, 『朝鮮總督府施政年報』 1916년판.

특히 재정독립계획이 수립되고 시행된 1915년부터 1917년까지 새로 영업에 들어간 철도가 전혀 없다는 것은 이 시기 철도건설이 거의 이루어지지 않았음을 의미한다. 이처럼 이 시기 철도건설을 비롯한 산업개발은 정체되었다. 그런 와중에 1차 대전에 따른 호황으로 1917년부터 다시 임시부 세입이 늘어나면서 산업개발 사업도 활기를 띠기 시작하였다. 보류되었던 사업과 조선 상업회의소의 요구에 따른 새로운 철도, 항만, 통신, 명령항로 등 산업개발 사업이 시작되었다. 진남포·평양·원산상업회의소를 중심으로

---

5) 지세의 인상을 비롯하여 '연초세령'을 통한 제조세와 소비세의 창설, '주세령'을 통한 세율의 인상 등이 이 시기 이루어졌다(김옥근, 『일제하조선재정사논고』, 일조각, 1997, 30~43쪽).

하고 연합회가 지원한 평원선 건설, 부산·군산상업회의소가 중심이 된 항만수축 및 축항, 연합회가 주장한 조선 각 항구와 일본 및 만주·중국과의 명령항로, 지역 또는 연합회를 통해 각 지역 경제선을 건설할 사설철도회사에 대한 보조안 등이 제출되었고 대부분 조선총독부의 계획에 반영되었다.[6] 따라서 1910년대 후반 예산은 확대되었고 〈표 7-1〉과 같이 산업개발의 중심인 철도건설개량비와 토목비 또한 다시 증가하였다.

그러나 그것도 잠시, 일본의 영향에 의한 금융공황과 3·1운동이라는 조선인의 전민족적인 저항에 부딪혀 임시부 세입은 계속 확대되었음에도 불구하고 산업개발자금으로 사용되지 못했다. 1921년부터는 치안유지비에 더하여 '산미증식계획'을 위한 농업관계 지출이 7~8배가량 늘어났다.[7] 따라서 전체적인 예산은 늘어났지만 실질적인 산업개발비는 정체되었고 개발 사업도 지연되었다. 그러한 사실은 〈표 7-2〉의 철도건설 부문에서 거의 변화가 없음을 통해 잘 알 수 있다. 1910년대 중반 상업회의소 체제를 갖추고 연합회를 결성하여 조선의 산업개발에 대한 주장을 나날이 거듭하고 있던 조선 상업회의소는 이제 조선총독부의 산업개발에 대한 예산편성에도 대응하지 않을 수 없었다.

2) 조선 상업회의소의 소극적 산업개발자금요구

이제 조선 상업회의소가 이 시기 어떤 방식으로 산업자금을 확보하고자 하였는지 구체적으로 살펴보도록 하자. 〈표 7-3〉은 상업회의소의 산업자금 관련 요구사항이다.

---

6) 전성현, 「1912~1923년 철도부설운동」, 『석당논총』 40, 2008 참조.
7) 김옥근, 앞의 책, 1997 참조.

〈표 7-3〉 조선 상업회의소의 산업자금에 관한 요구사항(1918~1921)

구분		'전선상업회의소연합회'(1918~1921)
요구사항	제1회 연합회	1. 공장광업저당법 및 사채신탁법의 발포(제1회)
	임시연합회	1. 조선 내 경편철도의 보급에 관하여 총독부는 적극적 보호장려의 방책을 강구할 것(임시)
	제2회 연합회	1. 취인소법의 조속한 발포 2. 간이생명보험법의 시행 3. 도시금융조합의 기능충실(이상 제2회)
	제3회 연합회	1. 부동산 담보를 통한 장기자금의 공급 2. 조선은행, 동양척식주식회사, 식산은행의 일반자금의 융통확장 3. 식산은행의 할증금부채권 발행 4. 보험회사의 보험료 조선 내 보유 5. 대장성의 저리자금 공급 6. 무진업법의 제정 7. 식산은행과 금융조합간의 위체취급사무 개시(이상 제3회)
	제4회 연합회	1. 조선산업조합령을 발포하게 할 것(제4회)

출전: 田中麗水, 『全鮮商工會議所發達史』, 釜山日報社, 1936.

조선 상업회의소는 〈표 7-3〉과 같이 일단 금융기관의 충실을 요구하였다. 즉 조선은행, 동양척식주식회사, 식산은행의 충실한 산업자금 공급을 최우선적으로 요구하였다. 그리고 새로운 금융제도 및 금융기관인 보험업, 취인소법, 무진업법, 산업조합령 등의 신설을 요구하였다. 물론 적극적 요구인 사설철도 보급이 있었지만 조선총독부에 대한 요구사항에 그쳤다. 상업회의소의 이러한 주장은 〈표 7-4〉와 같이 1920년대 조선 산업정책의 대강을 수립한 산업조사위원회의 참고안 및 결정안에도 영향을 미쳤다. 그렇다면 산업개발정책이 수립되기 이전에 상업회의소는 조선의 재정독립을 고려한 정책적이고 제도적인 금융제도 및 기구를 통한 소극적인 자금 확보를 주장하였던 것이다.

제3부 조선 상업회의소의 산업개발자금 요구활동과 철도정책으로의 집중

〈표 7-4〉 산업조사위원회 참고서 및 결정안(1921)

	'산업조사위원회' 참고서 및 결정안(1921.9)
내용	1. 조선의 우편저금은 종래와 같이 대장성예금부로부터 대부를 받을 것 2. 산미증식계획에 필요한 자금으로 대장성예금부로부터 매년 1천만 원 정도의 대부를 받을 것 3. 각종보험회사에 대하여 조선 내에서 수입하는 보험요금의 대부를 장려할 것 4. 조선산업의 실정을 조사 공표하여 내지자금의 선내 투하를 촉진할 것 5. 조선식산은행으로 하여금 종래와 같이 채권을 발행할 길을 열게 할 것 6. 조선에 경제 및 금융의 상황에 감하여 적당한 시기에서 저축은행 무진업에 관한 법규를 제정하고 금융의 발달조장을 계획할 것 7. 산업조합령을 발포하여 조합의 설립을 장려하고 조합원에 대하여 산업자금의 융통을 위할 것 8. 농업창고령을 발포하여 농업창고의 설치를 장려하고 창고증권을 발행하여 금융의 편리를 얻게 할 것

출전: 朝鮮總督府, 『産業調査委員會會議錄』, 1921.

조선 상업회의소가 산업 자금을 이처럼 소극적인 방법을 통해 확보하려고 한 원인은 일차적으로 산업개발에 대한 대강의 정책이 수립되지 않았기 때문으로 보인다. 상업회의소의 자문을 통해 조선총독부의 산업개발정책이 수립되면 자연스럽게 자금 확보도 이루어질 것이라고 생각하였던 것이다.[8] 그래서 사설철도보조와 관련된 사항을 제외하고는 전혀 적극적인 자금 요구는 이루어지지 않았다. 또한 상업회의소의 법적 지위상 적극적인 요구로 나아가지 못한 점도 있었다. 사무 권한을 축소하고 수동적인 활동에만 국한한 「조선상업회의소령」은 여전히 개정되지 않고 있었다. 조선 상업회의소는 연합회를 개최할 때마다 사무 권한의 확대와 능동적 정치활동이 가능하도록 상업회의소령의 개정을 주장하였다.[9] 그러나 더욱 중요한 원인은

---

8) 이 때문에 堀和生은 산업조사위원회가 산업정책을 입안하는 데 있어서 뒷받침이 되는 자금 문제에 대한 언급이 전혀 눈에 띄지 않는다는 사실에 주목하였다(堀和生, 앞의 논문, 186쪽).
9) 田中麗水, 「祖先商工會議所」, 『全鮮商工會議所發達史』, 釜山日報社, 1936, 99~105쪽.

조선에 기반을 둔 자신들의 입장을 고려하여 조선의 산업개발이 '조선 본위'의 입장에서 실행되기를 원했다. 따라서 일본으로부터 자금이 직접 투자되기보다는 조선총독부를 비롯한 금융기관을 통해 상업회의소 등 조선의 일본인에게 유리하게 투자되기를 기대했던 것이다.[10]

조선 상업회의소의 이러한 소극적인 자금 확보책은 조선의 경색된 금융상태를 다소 완화시킬 수는 있어도 산업자금의 확보를 통해 곧바로 산업개발에 투자될 수는 없었다. 더군다나 제도적 뒷받침은 조선의 경제적 상황에 맞추어 도입을 추구하던 조선총독부 때문에 아직은 요원한 상태였다.[11] 또한 통치안정비에 예산의 대부분을 사용하는 이상 산업개발은 지체될 수밖에 없었다. 그러자 치안유지비의 확대를 비판하는 소리가 조선의 일본인 사회에서 나왔다. 더불어 산업개발에 필요한 자금의 확대를 요구하였다.[12] 산업개발자금의 확보를 위해서는 일본정부의 보충금과 사업공채 등 일본으로부터의 자금유입에 기대지 않을 수 없었다. 일본자본의 직접적인 유입은 일정정도 자신들의 기반에 대한 손실을 가져옴에도 불구하고 산업개발이 가져올 이익을 생각하면 부득이한 일이었다. 이와 같은 태도변화는 이입관세 문제에 대한 태도변화와도 연관이 있었다. 관세통일로 인한 조선 내 산업의 부분적 희생을 감수하더라도 산업개발에 필요한 자금이 자유롭게 유입될 수 있도록 전환하지 않을 수 없었던 것이었다.[13]

---

10) 산업조사위원회에서 조선 상업회의소를 중심으로 하는 재조일본인들은 '조선본위' 산업정책의 수립을 요구하고 있었다(朝鮮總督府, 『産業調査委員會議事速記錄』, 1921).
11) 조선은행과 동척은 그 본연의 업무인 조선개발을 도외시하고 만주지역을 비롯한 기타지역에 대한 투자 때문에 회사운영상의 심각한 위기에 처해 있었다. 그리고 조선을 농업중심의 산업체제로 운영하고자 한 조선총독부의 계획에 따라 보험업, 무진업, 취인소, 산업조합 등 새로운 자본주의적 금융제도 및 기구는 1920년 중후반이 되어서야 본격적으로 법령이 제정되고 운용되기 시작하였다.
12) 재조일본인은 예산을 경무비에만 집중하는 조선총독부의 자세를 전면에서 비판하고 사단 증설을 주장하였다(全鮮實業家有志懇話會, 『全鮮實業家有志懇話會速記錄』, 1920).

제3부 조선 상업회의소의 산업개발자금 요구활동과 철도정책으로의 집중

이제 조선 상업회의소를 비롯한 재조일본인들은 조선총독부의 예산편성에 산업개발자금의 확대를 주장하기 시작하였다. 특히 산업개발자금과 밀접한 일본정부의 보충금과 공채차입금에 대한 예산편성에 적극적으로 관여하기 시작하였다. 이 때문에 연합회의 개최기일도 조선총독부의 예산편성기일에 맞춰 주로 9월에 개최하였다.14) 앞에서 언급했듯이 이제 '재정독립'과 '선만경제통일'을 통한 식민지 개발사업의 부흥을 기대했던 상업회의소는 일본으로부터의 자본의 유입이 절대적임을 인식하기 시작하였다.15)

그러나 이 단계는 직접적인 정부예산의 확보보다는 잉여자금과 경비비의 절약에 따른 조선 투자를 바라는 정도에 그쳤다. 그 구체적인 활동이 조선 산업개발 '4대 요항'의 달성을 위한 군축잉여금 일부를 조선에 투자하도록 일본정부와 의회에 요구하는 것이었다. 그리고 경비비의 절약을 통한 산업자금의 확보도 주장하였다.

점차 조선총독부의 예산편성에 대한 적극적인 산업개발비의 확대요구뿐만 아니라 보다 더 적극적인 노력이 필요하였다. 조선총독부가 조선 상업회의소의 요구를 받아들여 예산에 편성하였더라도 일본정부와 의회가 이를 거부하면 실행될 수 없었다. 그 원인은 경제 부진에 따라 일본정부가 '募債制限主義'라는 정책을 채택한 것이었지만16) 보다 더 큰 원인은 조선의 상황을 알지 못하고 식민지 개발에 소극적이었던 정부당국자와 일본의회였다. 일본정부와 의회는 본국 및 출신지역 중심의 산업정책으로 조선의 산

---

13) 전성현, 앞의 논문, 2006, 제3장 이입관세철폐와 보호공업의 지정 부분 참조.
14) 『경성일보』 1920.9.9, 「상의연합회기」.
15) 조선 상업회의소가 중심이 되어 조선 문제를 논의한 전선실업가유지간화회에서는 "朝鮮財政獨立이라 하는 것에 策을 두지 말고 一般會計의 補給을 가능한 많이 받아 鮮內 産業開發에 노력할 것"을 주장하는 자도 있었다. 결국 간화회는 이를 더욱 완화시켜 "산업개발에 충분한 힘을 기울여 기업경영을 용이케 함과 동시에 적당한 보호를 줄 것"으로 결의하였다(전선실업가유지간화회, 앞의 책, 1920). 그리고 산업조사위원회에서도 "조선산업의 실정을 조사공표하여 내지자금의 선내 투하를 촉진할 것"을 결의하였다(朝鮮總督府, 『産業調査委員會會議錄』, 1921).
16) 『매일신보』 1921.7.30, 「평원선속성운동」.

업개발에 적극적이지 않았다.17) 그래서 조선 산업개발 '4대 요항'을 달성하기 위해 동경으로 파견되었던 조선 상업회의소의 대표자들은 조선의 상황을 알리는 데 가장 많은 노력을 기울였다.18)

조선 상업회의소가 '조선 본위'의 산업개발을 완성하기 위해 조선의 상황을 선전하는 데 노력하고 있는 와중에 일본정부는 전후공황의 극복을 위해 긴축재정을 선언하였다. 이미 '모채제한주의'를 통한 긴축재정을 일정정도 추구하고 있던 일본정부는 본격적으로 긴축재정을 선언하였던 것이었다. 특히 공채차입금의 삭감은 즉각적으로 산업개발의 중지를 가져올 정도로 심각한 것이었다. 그래서 조선총독부 예산삭감 반대운동의 기운이 조선 내부에서 조금씩 일어나기 시작하였다.19) 상업회의소는 이와 같은 움직임에 동조하면서 일본의 긴축재정에 대응하는 활동을 전개하지 않을 수 없었다.20) 그러나 조선 측의 대응에 아랑곳하지 않고 일본정부의 긴축재정은 곧바로 조선총독부의 예산에 영향을 미쳤다. 이대로라면 일부의 철도건설만을 남겨두고 항만, 명령항로 등 모든 산업개발이 지연 또는 중지될 처지에 놓였다. 그렇게 되면 특히 항만건설을 추진하던 부산, 군산 등 각 항구도시에 심대한 타격이었다.21)

한편, 조선 상업회의소가 적극적으로 추진하던 사설철도의 합동은 인정되었지만 보조에 대한 정부의 사채보증은 긴축재정으로 말미암아 부결되었다.22) 상업회의소는 조선의 상황을 제대로 알지 못하는 일본의회의 무관심에 실망을 금치 못했다.23) 결국 조선총독부의 알선으로 사설철도 보조금

---

17) 부산상업회의소회두 香椎源太郎은 大分縣의 산업시설과 조선을 비교하여 심한 차별이 있음을 지적하였다(『매일신보』 1922.2.18, 「전선상의연합회」).
18) 전성현, 앞의 논문, 2007 참조.
19) 『동아일보』 1922.9.15, 「상의평의원회」 ; 9.17, 「상의연합」.
20) 『조선시보』 1922.11.12, 「전선상의연합회로부터 장상과 차관에 전청」.
21) 『매일신보』 1923.2.3, 「공채삭감과 그 영향」.
22) 『경성일보』 1923.4.3, 「사철합동촉진인가 사채보증부결」.
23) 『조선시보』 1923.4.4, 「(언론)모국과 조선의 이해」.

은 조선은행의 보증하에 외채로 결정되었다.[24] 일본정부의 긴축재정이 조선 경제에 미치는 영향이 점차 커지자, 부산상업회의소는 정부가 外債뿐만 아니라 內債까지도 제한하는 것은 잘못이라고 비판하고 산업자금으로 내채를 발행하라고 촉구하였다.[25]

조선 상업회의소는 좀 더 적극적인 활동을 통해 조선 산업개발의 완전한 목적달성을 추구하고자 하였다. 그러기 위해서는 보다 더 확대되고 강력한 기구의 설치가 필요하였다. 이를 위해 상업회의소를 넘어서는 전조선적 경제조직의 설립이 필요하였다. 따라서 일부지만 조선인 상공업자까지 포함한 '전선실업가동맹회'의 결성이 추진되었다. 이 동맹회는 조선의 산업개발에 대한 의견을 일치시켜 그 범위를 일본과 조선만이 아니라 만주로까지 확대하면서 조선의 산업개발에 매진하려고 하였다.[26] 그 기본적인 활동은 조선의 상황을 일본에 알리는 것이었지만 그 정도에 그치지 않고 직접적인 자금 유입을 도모하는 한편, 조선의 '민의'를 대표하는 기관으로 일본정부와 의회에 직접 자신들의 요구를 주장하고자 하였다.[27] 상업회의소가 중심이 된 이 조직은 조선의 경제적 요구를 관철시키기 위해 점차 정치운동으로의 전환을 모색하였다.[28] 물론 본래의 업무에 소홀하다는 비난의 소리도 있었지만 조선의 특수한 사정을 내세우며 자신들의 활동을 정당화하였다.[29]

그러나 때마침 발생한 관동대지진은 일본 국부의 1/8을 손실케 하였고 이입관세 철폐 등을 통해 동일 경제권에 속하게 된 조선에 심대한 경제적

---

24) 『경성일보』 1923.6.6, 「사철자금외채에 의한다」.
25) 『경성일보』 1923.8.13·14, 「조선산업진흥책(상·하)」.
26) 『경성일보』 1923.4.17, 「경제적 조선건설을 위해 실업가의 각성을 촉한다」.
27) 『조선시보』 1923.5.23, 「(논설)조선과 산업개발자금」.
28) 조선 상업회의소는 경제적 요구의 관철을 위해 참정권 확장을 주장하였다(『경성일보』 1922.3.26, 「보급금증액운동경과」; 『조선시보』 1923.4.19, 「부산상공업의 진흥에 관한 3씨의 시찰보고」; 『조선시보』 1923.5.9, 「이전 高橋재상을 놀라게 했던 조선통치상의 사견」).
29) 『경성일보』 1923.6.13, 「연합회위원과 상경운동」.

손실을 초래하였다. 먼저 조선총독부의 예산 중 특히 산업개발자금에 막대한 손실을 가져다줄 것으로 예상되었다. 조선총독부의 산업개발자금은 이미 일본정부의 긴축재정으로 철도건설 등 최소한의 자금만이 유입되고 있었다. 관동대지진은 이러한 최소한의 자금조차도 중지시킬 정도로 절망적이었다.[30] 게다가 관동대지진 때문에 조선 내 금융기관들이 극도로 대출을 꺼려 조선 재계는 곤경에 빠졌다. 신규 대출을 중지하였을 뿐만 아니라 현재 대출 중인 것을 시급히 회수하고자 하여 더욱 조선의 금융 상태를 악화시켰다.[31] 다른 한편, 관동대지진은 민간사업에도 영향을 미쳤다. 동경 방면 등 본국과 관계가 깊은 조선의 각종 회사는 자금유입이 두절되면서 경영상 심대한 타격을 입었고 심지어 영업중지된 경우도 있었다.[32] 따라서 조선총독부의 예산의 확보와 금융의 완화는 상업회의소에게도 중대한 문제였다. 특히 산업개발자금과 관련된 철도건설문제는 산업개발 중 가장 중요한 문제였고 상업회의소가 가장 중심에 둔 요구사항이었기 때문에 산업개발자금의 확보와 조선철도망 속성은 시급한 문제였다. 이제 일본정부의 긴축재정과 관동대지진으로 인한 조선 경제의 피폐를 극복하고 자신들의 요구사항인 조선 산업개발의 촉진을 위해 상업회의소는 조선총독부예산 중 산업개발비의 확보를 위해 직접 일본정부와 의회에 요구하는 단계로 전환하지 않을 수 없었다.

---

30) 『동아일보』 1923.9.13, 「사업공채중지와 사업계의 영향」.
31) 『경성일보』 1923.9.7, 「진재와 금융계」.
32) 동경방면과 관계있는 조선 내 회사는 신의주의 조선제지를 비롯하여 왕자제지, 평양전흥, 겸이포삼릉제철, 부산방직, 일질도기, 진남포제련 등이었다(『동아일보』 1923.9.18, 「사업자금의 전도」 ; 『조선시보』 1923.9.28, 「금융선후책」).

2. 1920년대 조선 상업회의소의 적극적 산업개발자금 요구와 정치활동

1) 적극적 산업개발자금 요구와 그 내용

일본정부의 긴축재정과 관동대지진으로 인한 조선 경제의 피폐에 대해 조선 상업회의소는 대책 마련에 분주하였다. 주요 상업회의소는 지역경제에 미치는 영향에 대해 조사에 들어갔고 그 조사를 중심으로 대응책 마련에 고심하였다.33) 상업회의소는 먼저 금융경색에 대한 대책에 집중하였다.

부산상업회의소는 상인의 폭리를 경계하며 금융완화를 위해 조선총독부에 "일반금융업자에 대해 적당의 처치를 강구해 달라고" 진정하였다.34) 그리고 회두의 명의로 수상에게 '建白書'를 제출하며 대지진을 극복하기 위한 외채발행과 더불어 은행의 합동, 해운의 통일, 무역의 개선조장을 건의하였다.35) 인천상업회의소는 "대진재를 심기일전의 호기"로 받아들여 크게 절약할 것과 내외채의 발행을 주장하였다.36) 평양상업회의소는 '재계구제협의회'를 열고 "은행은 자금회수를 적당히 처리할 것"과 "조선은행은 한외은행권을 발행하여 재계의 구제에 이바지할 것"을 결정하고 진정위원을 통해 총독부와 주요 은행에 청원하였다.37) 진남포상업회의소는 금융업자에 대해 동산·부동산담보대출, 어음 할인에 대한 충분한 편의제공, 수이출 화물

---

33) 『경성일보』 1923.9.7, 「진재와 금융계」; 『조선시보』 1923.9.11, 「豊泉상의부회두」; 1923.9.12, 「대구는 물가에 영향이 없다」; 『경성일보』 1923.9.16, 「금회의 대진재는 심기일전의 호기」; 『동아일보』 1923.9.18, 「사업자금의 전도」; 『조선시보』 1923.9.28, 「금융선후책」; 9.30, 「금융완화에 대하여 총독부에 진정서」; 『경성일보』 1923.10.7, 「일부선상파탄영향적어」; 10.11, 「평양회의소주창 재계구제협의회」; 10.11, 「남포인기진흥책」; 10.16, 「평양의 시황면회책」; 10.20, 「진재 후의 금융대책」; 10.22, 「원산상의 임시평의원회」; 10.23, 「진재후의 서민금융」.
34) 『조선시보』 1923.9.11, 「豊泉상의부회두」; 9.28, 「금융선후책」.
35) 『조선시보』 1923.10.9·11, 「香椎씨의 建白書(1·2)」.
36) 『경성일보』 1923.9.16, 「금회의 대진재는 심기일전의 호기」.
37) 『경성일보』 1923.10.11, 「평양회의소주창 재계구제협의회」.

에 대한 자금 대출을 요구하였다.[38] 지역 상업회의소의 주장은 대부분 금융경색에 대한 완화책에 집중되었다. 각지 상업회의소의 이와 같은 주장은 임시연합회를 통해 〈표 7-5〉와 같이 정리되었다.

〈표 7-5〉 조선 상업회의소의 금융문제에 대한 요구사항(1923)

구분		요구사항
금융문제	조선은행	1. 지방은행에 대한 대출한도를 인상하고 담보의 종류를 확대케 하여 가급적 지방은행을 통하여 적극적으로 융통의 도를 강구할 것 2. 속히 내지송금의 제한을 철폐할 것 3. 정부총재 중 1명은 필히 본점에서 집무케 할 것
	식산은행	1. 종래 지방사업에 융통하는 것은 금후도 계속 대출할 것 2. 부동산담보의 대출을 긴축치 아니할 것 3. 지방금융조합에 대한 금융은 종래와 같이 행할 것 4. 각지 지점에 있는 위체준비금에 불편이 없게 할 것 5. 현재 지방은행에서 부동산담보의 肩帶를 용이히 할 것
	동양척식	조선산업의 개발은 일층의 시급을 요하는 시기에 재회함으로 산업의 개발상 필요한 사업과 종래의 금융방침에 일보를 진하여 특히 좌기 사항의 실행을 기할 것 1. 주재이사의 권한을 확대할 것 2. 적극적으로 부동산담보의 대출을 행할 것 3. 현재 지방은행에 있는 부동산담보의 이관 또는 재할인의 도를 강구할 것

출전: 朝鮮商業會議所聯合會, 『臨時朝鮮商業會議所聯合會議事速記錄』, 1923, 63~133쪽.

조선 상업회의소는 정리된 금융완화책을 가지고 조선총독부를 비롯하여 조선은행, 조선식산은행, 동양척식주식회사 등 금융기관과 남만주철도주식회사, 조선사설철도회사 등 철도 관련 당사자들을 초청하여 대규모의 간담회를 개최하였다.[39] 주로 〈표 7-5〉와 같이 금융경색을 해결할 수 있는 자금의 대출과 조선 개발이라는 설립목적에 부합하는 금융기관의 역할을 주문하였다. 상업회의소의 요구에 대해 금융기관은 협조를 약속하였지만 적극

---

38) 『경성일보』 1923.10.20, 「진재 후의 금융대책」.
39) 朝鮮商業會議所聯合會, 『臨時朝鮮商業會議所聯合會議事速記錄』, 1923, 63~155쪽.

적인 태도와 구체적인 해결책은 제시하지 않았다.

한편, 조선 상업회의소는 자금 대출에만 그치지 않고 사업공채의 발행도 주장하였다. 공채의 발행은 주로 산업개발자금에 사용되는 것으로 그간 일본정부의 긴축재정으로 인하여 거의 발행되지 못하였다. 상업회의소는 이러한 일본정부의 긴축재정을 비판하며 조선의 산업개발을 위한 공채발행을 주장하였다. 관동대지진이 발발하자 한층 더 강한 어조로 공채의 발행이 파괴된 도시의 재건과 조선의 산업개발에 절대적으로 필요하다고 주장하였던 것이다.

금융경색에 대한 완화책을 시작으로 조선 상업회의소는 연합회의 개최 또는 경성상업회의소가 중심이 된 연합회 본부를 통해 "하루도 늦출 수 없는" 조선의 산업개발을 위한 자금 확보에 적극적으로 나섰다. 〈표 7-6〉은 상업회의소의 조선 산업개발자금에 대한 논의와 그 결과 제출된 요구사항 및 실행방법이다.

〈표 7-6〉 조선 상업회의소의 산업개발자금 확보를 위한 요구사항 및 실행방법(1922~1925)

연도	구분	요구사항	실행방법	비고	출전
1922	조선상의 연합회본부	연합회장 명의로 대장대신과 차관에게 1923년도 예산에 대한 보급금 및 기채감액은 조선의 개발상 비상한 곤란을 발생케 할 뿐 아니라 통치상 중대한 문제를 야기할 우려가 있으니 충분히 고려해 줄 것을 요망	전보청원		조선시보 (1922.11.12)
1923	임시상의 연합회	1. 조선사업공채의 계속 기채에 관한 청원의 건 2. 관사철도망의 예정계획수행에 관한 청원의 건 3. 금융완화 기타에 관해 조선은행, 조선식산은행, 동양척식주식회사에 요청의 건	동상운동	시민대회 연합	임시조선 상업회의소 연합회의사 속기록(1923)
1924	전선상의	1. 조선산업개발에 필요한 사업공채	동상운동	전선공직	조선경제

		및 보충금을 유감없도록 할 것을 요망			
	연합회	1. 조선사설철도의 보급을 촉진할 방법으로 좌기 2항을 실현시키 도록 요망 1, 정부보급액 연8주를 1할로 증액 2, 내외채에 대해 정부에서 보증	자간화회 연합	잡지(101)	
	임시상의 연합회	1925년도 조선총독부예산의 극단적 인 삭감긴축을 가하지 않을 것을 요 망	동상운동	동경개최	경성일보 (1924.9.11)
1925	조선상의 연합회본부	1926년도 조선산업개발상 사업자금 충실과 이에 필요한 사업공채의 기 채에 관한 요망	동상운동	시민대회 연합	조선시보 (1925.8.27)

출전:『조선시보』1922.11.12,「전선상의연합회로부터 장상과 차관에 진정」; 朝鮮商業會議所聯合會,『臨時朝鮮商業會議所聯合會速記錄』, 1923 ; 京城商業會議所,『朝鮮經濟雜誌』 101호, 1924 ;『경성일보』 1924.9.11,「군산상의연합회」;『조선시보』1924.9.19,「임시상의연합회」;『조선시보』1925.8.27,「조선산업개발을 위한 사업공채기채중앙절충」.

관동대지진 이전에도 예산문제에 대해 조선 상업회의소는 자신들의 입장을 제기하였다. 일본정부의 긴축재정으로 인해 1923년도 조선총독부 예산이 삭감될 처지에 처하자, 〈표 7-6〉과 같이 상업회의소는 연합회장의 명의로 보충금 및 공채삭감을 강력하게 반대하는 전문을 대장대신과 차관에게 보냈다.[40] 이 당시만 해도 조선 산업개발 '4대 요항'의 달성을 위해 상업회의소는 특히 조선의 상황을 알리는 데에 열심이었다. 그래서 산업개발자금과 관련된 예산확보에는 그다지 적극적이지 못했다. 그러나 계속되는 예산상의 공채삭감은 산업개발의 지연과 중지로 연결될 수밖에 없었다. 그런 와중에 관동대지진이 발생하고 조선의 상황은 더욱 악화되자, 상업회의소는 이에 대한 대책마련과 그 실행을 위한 활동에 전념하지 않을 수 없었던 것이다.

조선 상업회의소는 관동대지진으로 인한 정부의 긴축재정과 예산삭감

---

40)『조선시보』1922.11.12,「전선상의연합회로부터 장상과 차관에 전청」.

제3부 조선 상업회의소의 산업개발자금 요구활동과 철도정책으로의 집중

시도에 대해 1923년부터 1925년까지 〈표 7-6〉과 같이 산업개발자금 문제에 집중하여 자신들의 주장을 전개하였다. 그리고 산업자금은 우선적으로 철도건설에 쓰여지기를 바라고 있었다. 이 시기 상업회의소의 논의과정과 요구사항 등을 통해 그 특징들을 살펴보도록 하자.

먼저 논의과정을 살펴보면, 지금까지는 지역 상업회의소의 요구사항이 통합·조정되어 조선총독부 및 일본정부에 제출되었다.[41] 그러므로 조선경제에 대한 중요한 요구사항은 지역 상업회의소의 의견이 충분히 반영된 것이었다고 해도 과언이 아닐 것이다. 그러나 이 시기 상업회의소의 요구사항인 산업개발자금의 확보와 이에 따른 철도망 속성의 제안은 경성상업회의소와[42] 연합회 본부에 의해 주도적으로 제기되었다. 경성상업회의소는 이미 산업조사위원회 자문안과 산업개발 '4대 요항'을 제기할 때부터 가장 중요한 조선의 산업개발을 철도건설에 두었다. 아울러 경성상업회의소 회두와 서기장은 당연직 연합회 회장과 서기장이었기에 연합회 본부 측의 제안 또한 경성상업회의소의 제안으로 파악해도 무리가 없다.[43] 따라서 상업회의소의 요구사항은 관동대지진으로 인한 사안의 중요성과 지역의 동의도 있었지만 경성상업회의소의 이해가 대폭 반영되어 연합회 본부를 거쳐 제안되고 결의되었던 것이다.[44] 이는 상업회의소 안에서 경성상업회의

---

41) 특히 4대 요항 달성운동의 경우에는 제안자인 부산상업회의소를 비롯하여 조선 내 주요한 상업회의소가 모두 적극적인 운동에 나섰다.

42) 조선중앙철도주식회사의 본사가 있었던 대구상업회의소도 사설철도보조금에 대해 이미 여러 번 제안하였고 제7회 연합회에서도 제안하였다. 그런데 원래는 "관동진재 이재민으로 실직한 자를 조선에 이주케 할 방침수립의 건"을 제안하고자 하였으나 조선인평의원의 반대로 부결되었다(『매일신보』 1924.4.25, 「대구상의평의회」).

43) 실제로 조선상업회의소연합회본부 측의 제안은 경성상업회의소 역원회 및 평의원회를 거쳐서 결정된 사항이었다(『매일신보』 1925.8.26, 「사업자금문제로 전선상의공동동작」).

44) 원래 경성상업회의소에서 제출할 안건은 철도망 속성을 위한 산업개발자금이 확보였으나 어느 정도 정리를 거쳐 조선 산업개발을 위한 자금요구로 정리되었다.

소의 위상이 점차 확대되고 있음을 반영하는 것이고 철도건설과 관련된 운동이 함께 전개되었기 때문일 것이다.

한편, 조선 상업회의소는 연합회의 개최뿐만 아니라 산업개발자금의 예산확보에 대해서는 좀 더 강력한 운동을 위해 시민대회 또는 공직자대회와의 연합을 모색하였다. 이미 조선 산업개발 '4대 요항' 달성을 위한 활동을 통해 운동방법을 전환하였다. 왜냐하면 상업회의소만으로는 일본정부 및 의회의 조선에 대한 인식을 변화시킬 수 없음을 과거의 운동을 통해 인식하였기 때문이었다. 따라서 상업회의소는 시민대회와 공직자대회의 개최에 적극적이었고 동시에 연합을 통해 조선의 입장을 관철시키기 위한 '東上運動'에 노력하였다.[45]

1923년 임시연합회 개최기일 동안 경성에서는 '副業品共進會'의 개최를 기회로 대규모의 시민대회가 열렸다. '경성시민대회' 역시 일본정부로부터의 예산확보와 금융완화를 위한 결의사항과 그 실행방법으로 동상운동을 결정하였다.[46] 조선 상업회의소는 시민대회대표들과 간담회를 통해 일본정부에 대한 청원활동에서 공동보조하기를 결의하였다.[47] 그 다음 해, 경성에는 '全鮮公職者聯合懇話會'가 개최되었다. 30여 건의 문제가 제기되었

---

[45] '東上運動'은 식민지적인 특성을 드러내는 정치운동이라고 할 수 있는데, 병합 이전부터 조선 내 일본인들이 조선의 주요 식민정책에 대해 당시 한국정부는 물론이고 일본정부에 청원한 경험을 그대로 식민지시기에도 활용한 것이다. 따라서 조선의 식민정책과 관련하여 조선총독부를 그 정점에 두는 것이 아니라 일본정부를 그 정점에 두고 정치운동을 전개한 것이 동상운동이다.

[46] '경성시민대회'는 경성의 공직자들이 중심이 된 정치운동으로 그 구성원은 부협의회원, 상업회의소의원, 학교조합의원이었다. 시민대회가 결의한 사항은 1, 조선에 대한 일반회계의 보충금액을 삭감치 아니할 것 2, 공채지변에 의한 조선의 사업계획을 변경치 아니할 것 3, 정부는 조선에 있는 특수금융기관으로 하여금 일층 그 기능을 발휘케 하여 조선재계의 금융완화를 도모케 할 것이었다(『매일신보』 1923.10.23, 「(광고)경성시민대회」 ; 『동아일보』 1923.10.26, 「시민대회」).

[47] 연합회와 시민대회대표들 간의 간담회에서는 보급금에 대한 운동상의 의견 차이로 논란이 있었지만 요구사항이 동일하기 때문에 공동보조를 결의하였다(조선상업회의소연합회, 앞의 책, 1923, 165~195쪽).

고 그 가운데 조선 보급금 및 참정권 문제가 중요한 안건으로 올라와 상업회의소평의원은 이를 실행시키고자 하였다. 따라서 상업회의소와 연합하여 그 실행을 위한 동상운동을 전개하였다.[48] 1925년에도 상업회의소는 시민대회와 연합하여 대표들을 동경에 파송하였다.[49] 이제 상업회의소는 상업회의소만이 아니라 조선의 다른 단체들과 연합하여 자신들의 요구사항인 조선 산업개발자금의 확보에 노력하지 않을 수 없었던 것이다.

  또한 이 시기 논의와 실행의 장에 일부의 조선인들도 참여하였다.[50] 이는 조선인들의 의견도 파악하고자 하는 일본정계의 요구와 함께 조선 전체의 '민의'를 대표하고자 하는 상업회의소의 의도가 합쳐져 이루어졌다. 참여한 조선인들은 이미 일본에 협력하던 '친일적인' 조선인들이었다. 하지만 그러한 조선인조차도 아주 미약한 숫자상의 형식적 배분에 지나지 않았다.[51] 연합회 및 시민대회 석상에 참여한 조선인들은 아무런 주장도 하지 못했다. 유일하게 발언한 한상용의 경우도 연합회장의 요청에 의해 자신의 경제적 기반인 은행업의 입장에서 그 경험을 피력하였고 철도건설에 대한 개인적인 발언에 그쳤다.[52] 이를 통해 상업회의소를 비롯한 재조일본인들이 조선의 개발과 조선의 문제에 대한 논의과정에서 대부분의 조선인들을 얼마나 철저하게 배제하고 있었는지를 알 수 있다. 설령 조선인을 참여시켰다 하더라도 자신들의 견해와 같은 '친일적 인사'였다는 것은 두 말할 나위가 없을 것이다.

---

48) 『경성일보』 1924.6.29, 「보급금 및 참정권문제를 휴대하고」.
49) 『매일신보』 1925.9.9, 「동상위원출발」.
50) 연합회의 회의에 한상용, 김규원, 이진호 등이 참여하고 있고 시민대회의 대표로도 이진호와 원혜상이 참여하고 있다.
51) 1923년 임시조선상업회의소연합회 회의에 총 28명의 참석자 중 조선인은 한상용, 김규원 단 2명이었고(조선상업회의소연합회, 앞의 책, 1923, 1~3쪽) 1924년 제7회 조선상업회의소연합회 회의에 총 34명의 참석자 중 조선인은 이진호가 유일했다(京城商業會議所, 『朝鮮經濟雜誌』 제101호, 1924, 42~43쪽).
52) 조선상업회의소연합회, 위의 책, 10~62쪽.

다음으로 조선 상업회의소의 요구사항을 살펴보면, 〈표 7-6〉과 같이 조선 산업개발을 위한 예산의 삭감반대와 사업공채 및 보충금의 유감없는 지출이 일관되게 제기되었다. 상업회의소는 관동대지진으로 인하여 정부의 일반예산이 크게 긴축 또는 삭감되어 그 영향이 조선에까지 미칠 것을 극도로 우려하였다.53) 일본에서 유입되는 예산의 전부가 산업개발자금이었기에 예산 삭감반대와 산업개발자금의 확보는 상업회의소 입장에서 어쩌면 당연한 것이었다. 상업회의소가 일본정부의 사업공채와 보충금의 삭감에 반대하며 그 확보에 노력한 배경과 이유는 다음 자료 A, B를 통해 살펴볼 수 있다.

> A. 朝鮮併合以來 十有三年 各般의 施設 그 緒에 대하여 漸次 昔日의 面目을 一新함은 기쁜 일이나 **朝鮮의 財政은 심히 貧弱하여 産業開發의 資源이 항상 缺乏하여 近近히 母國의 補給과 事業公債의 支辦에 의해 緊急의 要項을 진행하는 情態로서 가장 힘을 기울여야 할 産業開發上의 施設은 모두 遲遲한 實情에 있음**은 我等이 항상 遺憾으로 하는 것이다. 그런데 뜻하지 않게 關東地方 大震災의 國難을 만나 그 復興上 一般財政의 緊縮을 企圖함은 참으로 當然의 歸趨로서 中央政府의 方針에 順應함은 勿論이나 우리 朝鮮의 事情은 前緖와 같이 補給金의 支給을 받아 漸漸 肝要한 豫算을 編成하고 특히 事業公債는 그 支途에 鑑하여 1日도 中斷을 許하지 않는 産業開發에 充當하는 것인데 朝鮮의 開發上 가장 重大한 關係가 있는 것임에 따라 今後의 起債遂行上 특히 甚深의 賢慮를 바란다(강조는 필자).54)

> B. 朝鮮의 産業開發은 經濟上의 關係뿐만 아니라 擧國一致 最先을 다하여 經營하여야 할 帝國의 大使命임은 倂合의 大詔에 鑑하여 분명하다. 그런데 內地一般의 朝鮮에 관한 智識은 아직 풍부하지 않고 歷代의 中央當局 역시 母國의 事務에 바빠서 충분 朝鮮의 要求를 考慮할 餘裕가 없어 倂合後 이미 15년을 經過하여도 産業의 情態는 극히 幼稚하여 時勢의 進步에

---

53) 위의 책, 5쪽.
54) 위의 책, 201~202쪽.

뒤처지는 것이 심함은 진실로 遺憾으로 생각하는 바이다. (중략) 작년 뜻하지 않는 關東地方 大震災가 있어 朝鮮의 諸施設도 이 때문에 中止 또는 延期에 이를 것이 많더라도 帝國의 前途에 대하여 朝鮮의 統治가 1日도 늦춰질 수 없는 特別의 事情이 있는 것은 前緖와 같음으로 政府는 大正15年度 以後에는 從前의 面目을 一新하여 朝鮮開發에 필요한 事業公債의 募債와 補充金의 支出에 最大의 考慮를 지불하여 吾等의 熱心과 衷言을 받아들여 國運의 進展에 遺憾이 없기를 바란다(강조는 필자).55)

조선 상업회의소는 조선의 산업개발이 경제적 관계뿐만 아니라 거국일치하여 최선을 다하여 경영할 "제국의 대사명"임을 "병합의 대조"를 통해 강조하였다. 그리고 제국의 대사명인 조선의 산업개발은 "내지일반의 조선에 관한 지식"이 풍부하지 못하고 정부 또한 "모국의 사무에 바빠서 충분 조선의 요구를 고려할 여유가" 없었음을 유감스럽게 생각하였다. 그래서 관동대지진으로 인한 정부의 예산긴축은 당연하지만 "제국의 대사명"인 조선의 산업개발은 "하루라도 중단할 수 없는" 특별한 사정을 가진 것이라고 강조하였다. 더불어 "제국의 전도"와 관련된 조선의 산업개발에 필요한 자금을 최대한 고려하여 주기를 요망했다. 더 나아가 긴축재정 이전과 같은 수준의 산업자금을 요구하였다. 이러한 요구사항은 조선의 개발과 경영을 맡은 재조일본인들의 이해가 충분히 반영된 요구라 할 수 있을 것이다. 상업회의소의 요구에 대해 당시 조선인들은 조선총독부의 예산 중 경찰비의 증가는 전혀 조선인에게 도움이 되지 않는다고 전제하고 "경찰비보다는 산업비, 산업비보다는 교육비"에 더 많은 예산 투입을 주장하였다. 그리고 "산업비의 증가는 조선인의 장래를 위하느니보다 일본인의 현재를 위한 예산계획이라"고 비판하였다.56) 그렇다면 상업회의소가 자신들의 요구사항이 "조선을 위한" 것이라고 주장하였지만 조선인을 위한 것이 아니라 재조일본인을

---

55) 경성상업회의소, 『조선경제잡지』 101호, 1924, 43쪽.
56) 鮮于全, 「朝鮮總督의 財政의 槪要及批評」, 『개벽』 제56호, 1925, 26~32쪽.

위한 것임은 분명하다할 것이다.

이상과 같이 조선 상업회의소는 자신들의 요구사항을 관철하기 위해 〈표 7-6〉과 같이 이미 수차례의 경험이 있는 동상운동을 전개하였다. 당시 상업회의소가 실행할 수 있는 가장 적극적인 운동이 동상운동이었고 이를 통해 조선의 사정 선전을 비롯한 실질적인 성과가 점차 드러났다. 나아가 상업회의소 단독의 동상운동이 아니라 시민대회 또는 공직자대회와의 연합 동상운동이 진행하였다. 조선의 '민의'를 보다 적극적이고 강력하게 전달하기 위한 노력의 일환이었을 것이다. 이와 함께 이미 한 차례 계획했으나 무산되었던 동경에서의 임시연합회 개최도 추진하였다. 이것은 조선 전체의 민의를 일본정부 및 정계에 보다 강력하게 보여주기 위한 활동이었다. 동경에서의 임시연합회 개최는 상업회의소의 집단적인 동상운동으로 파악할 수 있다. 그러나 이 단계에 오면 상업회의소의 동상운동은 또 다른 전기를 마련하게 된다.

2) 일본정부에 대한 적극적 정치활동

조선 상업회의소는 조선의 산업개발과 관련하여 이미 수차례의 동상운동을 전개하였다. 그 과정에 상업회의소만의 동상운동이 가지는 한계도 인식하였다. 상업회의소가 조선 전체의 여론을 대표할 수 없을 뿐만 아니라 일본 내부의 정치적 상황 속에서 지역을 대표하는 '대의사'가 없는 이상 확실한 실현은 좀처럼 힘들다고 인식하였다.[57] 따라서 상업회의소는 상업회의소의 범위를 넘어서는 조선 전체 상공업자들의 협의기구를 통해 자신들의 주장을 요구하는 한편, 정치적인 권리인 참정권의 확장을 통해 조선의 산업개발에 노력하고자 하였다.[58] 그러한 움직임이 이 단계에서 더욱 적극

---

57) 조선 상업회의소의 동상위원이었던 경성상업회의소의 志岐信太郎은 동상운동을 통해 느꼈던 소감을 밝히는 지면에서 조선이 참정권이 없어 조선을 대표할 대의사가 없다는 점을 가장 아쉬운 점으로 제기하였다(『경성일보』 1922.3.26, 「보급금 증액운동경과」).

적으로 나타났다. 상업회의소는 관동대지진으로 좌절된 확대된 기구의 설립을 대신하여 상업회의소만의 운동을 넘어 시민대회 또는 공직자대회와 연합하여 운동을 전개하였다. 물론 그 과정에 상업회의소의 권한문제로 말미암아 정치운동으로의 전환을 염려하는 일부의 비판도 있었지만 정치운동으로 전환은 어쩌면 자연스러운 일이었다.[59] 상업회의소의 정치운동이 단순히 예산의 확보에만 그친 것이 아니라 조선을 대표할 의원의 선출이라는 참정권 확대로 이어지고 있는 점은 특히 주목된다. 이는 상업회의소를 비롯한 재조일본인들이 일본정부와 조선총독부의 식민정책을 수행하는 입장만이 아니라 정책의 입안과 식민경영의 주체로 자리매김하고자 하였음을 드러내준다고 할 수 있을 것이다.

이제 구체적으로 조선 상업회의소가 어떤 정치운동을 전개하였고 이를 통해 어느 정도의 목적을 달성하였는지 살펴보도록 하자. 〈표 7-7〉은 상업

---

58) 『조선시보』1923.4.19, 「부산상공업의 진흥에 관한 3씨의 시찰보고」. 1920년대 자치 또는 참정권에 대한 기존의 연구는 주로 일제와 조선인 간의 상호작용 속에서 일제의 식민정책의 전환 또는 조선인 정치운동에 대한 대응으로 파악하고 있다. 기존 연구는 조선인들의 자치 및 참정권확대요구와 조선총독부 및 일본정부의 대응에 집중하다보니 재조일본인들의 자치 및 참정권확대요구는 시야에 넣지 못했다. 재조일본인들은 일제의 식민권력과 식민정책의 영향하에 이 같은 주장을 한 것이 아니라 경제운동과정에서 이 같은 요구를 하고 있다. 이 점은 식민권력과 식민정책의 외부에 재조일본인이 존재하고 있고 그러한 재조일본인이라는 존재로 말미암아 식민권력과 식민정책에 구멍이 생기게 되고 그 권력과 정책을 무력하게 만드는 원인이 되었다. 따라서 재조일본인의 자치 및 참정권요구는 일제 식민권력과 식민정책의 본질을 파악할 수 있는 좋은 지점이라고 생각하며 차후 연구과제로 남겨둔다.

59) 동상위원들의 정치적 운동을 비판하는 소리가 조선 상업회의소 내부에서도 나왔다. 이 시기 동상운동을 주도했던 경성상의회두인 도변정일랑은 그러한 운동을 부인하였지만 동상운동의 중요한 요구사항 중에 자치 또는 참정권 요구가 있었고 도변정일랑 자신도 동상운동을 통해 참정권의 확장은 조선의 개발을 위해 절실히 필요하다고 하였다(조선상업회의소연합회, 앞의 책, 1923, 165~195쪽 ; 도변정일랑, 「조선당면의 중요문제」, 『조선경제잡지』 제99호, 1924 ; 「회의소의 사업에 대하여」, 『조선경제잡지』 제121호, 1926).

회의소의 동상운동을 정리한 것이다.

〈표 7-7〉 조선 상업회의소의 산업개발자금 확보를 위한 동상운동(1923~1925)

시기	동상위원	청원 및 접촉인사		비고
1923.11	정본등차랑(경성) 복도장평(평양) 길전수차랑(인천)	총독부	有吉정무총감	시민대회연합(대촌백장, 황정초태랑)
		일본정부	俵척식사무국장, 岡野문부대신, 後藤내무대신, 井上대장대신, 山本총리대신	
		일본재계	전국상의연합회(나고야), 美濃部선은총재, 동척, 賀田直治, 市來일은총재	
1924.1	渡邊定一郎(경성)	일본정부	勝田대장대신	참정권 확대인식
		일본정계	大木백(연구회), 高橋光威(정우본당영수), 松山전대의사, 山崎전대의사, 기타 소장정치가 4, 5명	
		일본재계	橋本圭三郎(대일본석유회사)	
1924.7	도변정일랑(경성) 이진호(경성) 대촌우지승(경성) 하정조웅(대구)	총독부	河岡신정무총감, 水屋서무부장, 有吉전 정무총감, 齋藤총독	시민대회연합(대촌백장, 황정초태랑), 참정권 요구
		일본정부	山崎사법비서관, 上司농상무비서관, 加藤수상, 橫山법상, 濱口장상, 犬養체상, 若規내상, 척식사무국장, 江木서기관장	
		일본정계	松山대의사, 牧山대의사(정우본당 정무조사회부위원장), 元田총무 이하 56명과 회담(정우본당), 大木遠吉백(연구회), 野田俊作(정우회), 荒川五郞(헌정회), 野田大塊(정우회부총재), 伊澤多喜(귀족원), 헌정회소속 대의사 23명과 언론사, 혁신구락부, 床次정우본당총재, 井上孝哉(중정구락부, 전내무차관), 중의원 정우회간부, 頭山滿(흑룡회), 武藤山治(실업동지회)	
		일본재계	美濃部전선은총재, 동척 池邊·沼田·鈴木 3이사, 市來일은총재, 藤山雷太동경상의회두	

제3부 조선 상업회의소의 산업개발자금 요구활동과 철도정책으로의 집중   243

		총독부	河岡정무총감	
1924.9	도변정일랑(경성) 양재창(경성) 대촌우지승(경성) 하정조웅(대구)	일본정부	濱口장상, 武藤참모차장, 井上전장상, 後藤新平자작, 江木한장, 高橋농상무대신, 橫田사법대신, 仙石철도대신, 犬養체상, 若槻내상	임시상의 연합회
		일본정계	野田大塊(정우회부총재)	
		일본재계	木村久壽彌太(삼릉), 橋本圭三郎(일본석유), 大橋新太郎(경성전기), 澁澤자작, 團琢磨, 美濃部俊吉전선은총재, 木村淸四郎일은부총재	
1925.9	도변정일랑(경성) 조진태(경성) 대촌우지승(경성) 대택·적송·삼전(군산) 내전녹웅(평양)	일본정부	濱口장상, 若槻내상, 塚本한장, 黑金척식사무국장, 川田주계국장, 井上準之助전 장상	시민대회연합(대촌백장, 元悳常)
		일본정계	橫山헌정회간사장, 정우회 大口정무조사회부장·山口간사·村野掌右衛門, 野田정우회부총재	
		일본재계	市來일은총재, 鈴木선은총재	

출전: 조선상업회의소연합회,『임시조선상업회의소연합회의사속기록』, 1923, 207~222쪽 ; 渡邊定一郞,「조선당면의 중요문제」,『조선경제잡지』제99호, 1924, 9~14쪽 ; 경성상업회의소,「진정행」,『조선경제잡지』제103호, 1924, 1~6쪽 ; 경성상업회의소,「진정행」,『조선경제잡지』제104호, 1924, 1~5쪽 ; 경성상업회의소,「속진정행」,『조선경제잡지』제106호, 1924, 1~9쪽 ;『매일신보』1925.9.16,「동상위원의 활약」; 9.17,「동상위원의 노력」; 9.18,「동상위원동정」; 9.19,「동상위원 내상에 진정」; 9.20,「동상위원의 분주」; 9.27,「동상위원의 활동과 정보」;『동아일보』1925.9.26,「진정위원」;『부산일보』1925.9.27,「(언론)산업대책의 수립」;『조선시보』1925.10.9,「정부의 속셈은 계속해서 북선개발이 주안인가」.

  조선 상업회의소가 자금의 확보를 위해 동상위원을 파견한 것은 총 6차례였다.[60] 그중 〈표 7-7〉과 같이 5차례는 실질적인 활동을 전개하였다. 먼저 〈표 7-7〉의 동상위원을 살펴보면, 1923년의 동상위원을 제외하면 모두

---

60) 1925년 1~2월에도 경성회두 도변정일랑과 경성서기장 대촌우지승이 동상위원으로 동경에 파견되었는데 이때는 적극적인 활동보다는 의회참가가 중요한 일이었던 것으로 보인다(경성상업회의소,「東信一束」,『조선경제잡지』, 제110·111호, 1924).

경성상업회의소가 주도적으로 동상운동의 필요성을 제기하였고 위원도 적극적으로 파견하였다. 경우에 따라 몇몇 상업회의소에서 위원을 파견하기도 하였지만 파견된 위원의 목적은 각 지역의 현안문제 때문이었다. 대구의 경우 사설철도 보조금문제로, 군산의 경우 축항문제로, 그리고 평양의 경우 사단증설문제로 각각 동경으로 갔다. 경성상업회의소가 주도적으로 동상운동을 이끌어간 이유는 앞에서 언급한 것처럼 회두와 서기장이 연합회 회장과 서기장을 맡고 있는 점도 있었지만 경성상업회의소의 직접적인 이해관계와 상업회의소의 요구사항이 가장 밀접하게 연결되어 있었기 때문이었다.

한편, 조선 상업회의소의 동상위원에 이전과 달리 조선인들도 참여하였다. 조선의 중요한 문제를 논의하는 자리에 조선인이 참여한 예는 극히 드물었다. 하물며 일본정부와 의회에 직접 조선의 입장을 제기하는 동상운동에서는 지금껏 그러한 예가 없었다. 그런데 이 시기에 오면 연합회와 시민대회의 논의과정에서 뿐만 아니라 동상운동에도 고정적으로 조선인이 참여하였다. 조선인들의 이와 같은 참여는 재조일본인들의 계산된 의도 속에서 이루어진 것으로 파악된다. 왜냐하면 이전의 동상운동 과정에서 그들의 주장이 조선인들의 견해가 없는 주장이라는 비판을 받았기 때문이다.[61] 따라서 상업회의소의 목적이 관철되기 위해서는 자신들이 내세우는 주장이 조선 전체의 의견이어야만 했다. 그런 이유 때문에 연합회 및 시민대회의 논의과정과 동상위원으로 소수의 조선인들을 참여시켰던 것이다. 그리고 그러한 조선인들은 〈표 7-8〉과 같이 당연히 '친일적인' 인사들이었다.

---

61) 제6회 상의연합회 회의석상에서 조선인까지 포함하는 새로운 운동기관의 설치를 주장하던 동상위원 대촌우지승은 일본인들이 "그것은 재선 내지인만의 요구로 일반 선인의 소리는 들을 수 없다"고 말한 점을 인용하며 선인 실업가의 협력을 얻을 필요가 있음을 강조하였다(『경성일보』 1923.5.17, 「전선상의대회」).

〈표 7-8〉 조선 상업회의소 및 시민대회 동상위원 중 조선인위원

성명	구분	약력
박영효	시민동상위원	자작, 중추원고문, 중추원부의장(1927)
이진호	상의동상위원	경성상업회의소특별평의원, 조선총독부 학무국장(1925)
양재창	상의동상위원	용인군수(1921), 경성상업회의소평의원, 조선생명보험주식회사취체역
조진태	상의동상위원	조선상업은행사장, 경성상업회의소부회두
원덕상	시민동상위원	의사, 경성부협의회원, 조선생명보험주식회사전무취체역, 중추원참의(1927)

출전: 성명과 구분은 〈표 7-7〉을 참조하여 작성.

다음으로 동상위원들이 접촉한 인사들을 통해 동상위원들의 실질적인 활동을 살펴보도록 하자. 조선 상업회의소의 목적이 산업개발자금의 확보였기에 동상운동은 주로 일본정부의 예산편성시기와 의회개회시기에 집중되었다. 아울러 새 내각과 의회의 수립시기에도 동경으로 가서 자신들의 입장을 집중적으로 알렸다.[62] 따라서 상업회의소의 동상위원들이 접촉한 인사들은 〈표 7-7〉과 같이 주로 예산을 계획, 승인, 집행하는 인사들에 집중되었다. 즉 예산을 계획하는 조선총독부의 정무총감과 일본정부의 수상을 비롯한 예산관계 대신들, 계획된 예산을 승인하는 일본의회의 주요한 대의사들, 그리고 예산을 집행하는 조선 및 일본의 특수금융기관의 인사들이 대부분이었다.

특히 정부인사들 가운데 가장 중요한 접촉대상은 〈표 7-7〉의 각 시기 마다 만나고 있는 예산과 관계가 있는 대장대신을 비롯한 주계국장, 조선 산업개발과 관련된 척식사무국장 및 철도대신이었다. 이들과의 지속적인 만남을 통해 조선의 특수한 사정을 설명하고 산업개발을 위한 예산확보를 청원하였던 것이다. 또 다른 측면에서 동상위원은 지속적으로 내무대신과 접

---

[62] 동경에서 개최되는 임시조선상업회의소연합회는 새 내각의 성립과 함께 조선의 사정과 조선 상업회의소의 요구사항을 직접 청원하기 위해서 개최되었다.

촉하였다. 경제적 목적과 달리 동상위원은 내무대신에게 정치적 목적하에 참정권의 확대를 요구하였던 것이다.

한편, 동상위원들은 조선의 사정을 보다 상세히 설명하며 조선의 개발과 참정권 확대에 의회가 적극적으로 나설 것을 요구하였다.[63] 이는 조선을 대표하는 대의사가 없었기 때문에 더욱 필요한 것이었고 이 때문에 참정권의 확대도 주장하였던 것이다. 일단 동상위원들은 자신들의 요구사항을 제기하기 위해 개인적인 친분 또는 조선과 밀접한 관계가 있는 대의사의 알선을 통해서 접촉하였다. 〈표 7-9〉는 조선 상업회의소 동상위원의 일본정계 접촉 창구였던 조선관계 정치인 또는 대의사들이다.

〈표 7-9〉 조선 상업회의소의 접촉 창구였던 조선관계 정치가 및 대의사

구분	이름	소속정당	직책	조선과의 관계/동상위원과의 관계
조선 관련인사	松山常次郎	정우회	정무조사회부위원장	(현)조선거주, 황해사창립 및 사장
	山崎猛	정우회		前경성일보이사
	牧山耕藏	정우본당		(현)조선거주, 조선신문사 사장
	荒川五郎	헌정회		일본경질도기주식회사 감사역
	山島襄一	헌정회		前대한일보주필
	野田大塊	정우회	부총재	(전)조선거주, 前동양척식주식회사부총재
	井上孝哉	중정구락부	내무차관	(전)조선거주, 前동양척식주식회사이사
동상위원 관련인사	大木遠吉백	연구회	국수회총재	도변정일랑(국수회조선지부)
	松山常次郎	정우회	황해사사장	도변정일랑(황해사전무취체역)
	牧山耕藏	정우본당	국수회조선지부	도변정일랑(국수회조선지부)

출전: 이름, 정당, 직책은 〈표 7-7〉을 참고로 작성;『조선시보』1924.2.3,「해산으로 원래로 돌아가다 朝鮮出의 大議士連」; 5.15,「朝鮮關係의 當選者」.

조선 상업회의소의 동상위원들은 〈표 7-9〉의 조선관계 대의사를 통해 일본정부와 정계에 자신들의 요구를 직접 전달할 수 있었다. 그중에서도 특히 동상운동을 실질적으로 이끌었던 경성상의회두 渡邊定一郎는 자신이 전무취체역으로 있던 황해사의 사장인 松山대의사, 국수회 조선지부를 창

---

[63]『경성일보』1924.7.8,「조선문제진정」.

립한 牧山대의사, 국수회 총재인 원로 大木遠吉과 긴밀히 연결되어 정부대신을 비롯하여 정당 수뇌부와 대의사들을 만나 회담하였다. 특히 大木遠吉와 野田大塊는 일본정계의 거물로서 상업회의소의 동상위원에게 직접적인 도움을 주었고 동상위원들은 이 때문에 보다 많은 일본정계의 인사들과 회담하며 조선의 개발과 참정권확대를 요구하였다.

마지막으로 조선 상업회의소의 동상운동이 어느 정도 성과를 거두었는지를 살펴보도록 하자. 상업회의소의 지속적인 동상운동으로 일본정부는 예산을 적극적으로 삭감하지 못하고 공채자금은 줄이는 대신 보충금은 확대하는 형태로 어느 정도 조선의 사정을 고려해 주었다. 그래서 처음 생각했던 산업개발자금의 대부분인 예산의 1/3 삭감은 면할 수 있었다. 또한 각종 국책금융기관 중 문제가 야기된 조선은행이 정리에 들어가고 다른 금융기관은 자금의 원활한 유통에 적극적으로 노력할 것을 약속하였다. 정치적 문제였던 참정권 확대문제도 정우회정무조사회에서 조선관계 대의사 松山常次郎에 의해 '조선에서 참정권문제조사위원회설치에 관한 건의안'을 토의하기에 이르렀다. 그 결과에 따라 건의안은 본의회에 제출될 예정이었다.[64]

그러나 일본정부는 계속해서 '非募債主義'를 고수하여 산업개발에 필요한 공채발행을 보류하고 있었다.[65] 이로 인해 조선총독부의 각종 사업계획이 수행될 수 없었다. 매년마다 예산확보를 위해 노력하던 조선 상업회의소는 조선총독부와 긴밀한 관계 속에 일본정부에 조선 산업개발을 위한 근본적 계획수립과 그에 따른 예산확보를 주장하기에 이르렀다.[66] 상업회의

---

64) 경성상업회의소,「동속일속」,『조선경제잡지』 제110호, 1925, 2쪽. 이러한 재조일본인들의 움직임은 조선총독부에도 영향을 미쳐 1927년부터 조선총독부에서는 '조선지방의회' 설치를 골자로 한 참정권 부여안을 검토하기에 이른다(김동명,「조선인 정치운동의 수렴과 자치주의지배체제의 검토(1925~1927)」,『지배와 저항, 그리고 협력』, 경인문화사, 2006, 362~375쪽 참조).
65)『매일신보』1925.8.30,「사업공채증액은 곤란」.
66) 동상운동을 이끌었던 경성상의회두 도변정일랑이 이러한 생각을 가졌으며 1924년

소는 경성상업회의소가 중심이 되어 예산문제로 다시 동상운동을 전개하기에 앞서 정무총감과 회견을 가졌다. 사업자금의 충실과 이를 통한 철도망 속성이 그 목적이었다. 정무총감과의 회견에서 경성상업회의소 대표는 철도비 증가와 사철보급금의 증액을 역설하였다. 그러자 정무총감은 "철도에만 한정하지 말고 일괄"할 것을 제안하였다. 그리고 상업회의소와 "대체의 의견은 일치하였음으로 필요한 때는" 상업회의소의 "힘을 빌리지 아니하면 불가할 것"이라고 하였다. 이어서 자신이 "정부에 교섭하여 둘 터인즉 실제 운동을 기"할 것을 제안하였다.[67] 상업회의소의 요구가 조선총독부의 예산편성에 영향을 미치고 있을 뿐만 아니라 오히려 예산확보를 위해 상업회의소의 지원을 부탁하고 있음을 알 수 있다. 상업회의소의 요구는 조선총독부의 근본적인 계획 수립으로 그 결실을 맺었다. 얼마 후 조선총독부는 그간의 소극적 예산편성을 중지하고 적극적 예산편성으로 그 방향을 전환하였다.[68] 소위 정무총감의 '산업제일주의'가 그것이었다. 정무총감의 '산업제일주의'로 편성된 신규예산은 크게 두 가지로 구분되었다. 하나는 조선총독부가 계속해서 추진하고 있던 산미증식계획이었고, 또 다른 하나는 상업회의소의 계속된 주장에 의한 철도를 비롯한 조선 산업개발계획이었다. 따라서 예산은 산미증식계획, 즉 농사개량, 토지개량을 위하여 10개년 계속 사업비 2억 4천여만 원과 철도건설 및 개량, 도로항만, 치산치수 등의 공사에 요하는 경비로 10개년 계속 6억여만 원으로 편성되어 일본정부와 의회에 제출되었다.[69]

새롭게 정무총감이 된 하강충치와의 회견에서 조선 산업개발에 대한 근본적 계획수립에 대해 어느 정도 의견조율이 있었던 것으로 보인다(경성상업회의소, 「속진정행」,『조선경제잡지』제106호, 1924, 3~4쪽 ; 「동속일속」,『조선경제잡지』제110호, 1925, 2쪽 ;『매일신보』1925.7.15, 사업비충실문제와 정무총감의 포부).
67)『매일신보』1925.7.15, 「사업비충실문제와 정무총감의 포부」.
68) 제2차 산미증식계획이 수립되고 그 경비가 포함되었기 때문이었다(『조선시보』1925.9.3, 「소극으로부터 적극으로 조선예산의 편성이 진행된다」).
69)『개벽』제63호, 1925, 34쪽.

제3부 조선 상업회의소의 산업개발자금 요구활동과 철도정책으로의 집중

　조선 상업회의소는 또다시 시민대회와 함께 동상운동을 통해 자신들의 요구사항을 적극적으로 청원하였다.[70] 계속되는 상업회의소의 활동은 일본 정·재계에도 영향을 미치기 시작하였다. 헌정회는 상업회의소 동상위원의 결의안을 적극적으로 받아들여 조선총독부의 보조금증액과 사업공채의 발행한도를 1926년 이래 확장하는 동시에 저리자금의 융통증가 등에 대하여 협의한 후 총독부의 의향을 확정하고 다음 회까지 당국과 교섭하기로 결정하였다.[71] 그리고 조선총독부의 제2차 산미증식계획은 일본의회를 통과하였다. 철도문제와 같은 경우는 어느 정도 양해되어 1926년도부터는 함북철도의 완성이 계획되었다.[72] 조선 산업개발자금의 확보는 조선총독부의 적극적인 재정편성으로 일정정도 가능하게 되었다. 이제 상업회의소는 산업개발자금의 확보와 함께 추진하였던 철도망 완성에 더욱 박차를 가하기 시작하였다.

---

70)『매일신보』1925.9.6, 광고 ; 9.16,「동상위원의 활약」.
71)『매일신보』1925.9.23,「헌정조사총회로 조선산업계획심의」.
72)『조선시보』1925.10.9,「정부의 속셈은 계속해서 북선개발이 주안인가」.

제8장 1910~1923년 철도부설운동

　조선 상업회의소의 적극적인 정치활동은 조선총독부의 소극적인 예산편성을 적극적인 예산편성으로 변화시켰다. 조선총독부는 더 이상 일본정부의 긴축재정에 부합하는 소극적 예산편성을 그만두고 조선의 개발을 위한 적극적 재정으로 그 예산정책을 변경하였다. 그 구체적인 내용은 '산업제일주의'에 기초한 산미와 철도로 구분되는 2대 산업정책이었다. 이는 이미 조선 상업회의소가 산업조사위원회 때부터 주장한 내용이며 산업개발 '4대 요항'의 실현되지 않은 항목이었다. 따라서 이제 조선 상업회의소는 조선철도망 속성운동에 매진하게 된다. 이제 그에 대한 내용을 살펴보도록 하자.

　그간 조선철도에 관해서는 조선 사회의 급격한 변화를 추동한 근대화의 첨병이었을 뿐만 아니라 일제의 침략과 수탈을 직접적으로 보여주는 식민성의 기수로 여겨졌기 때문에 일찍부터 연구가 진행되었다. 기존 연구는 일제강점기를 전후하여 일본의 한국철도 부설권 탈취에 관한 연구, 한국인이 추진한 철도건설운동에 관한 연구, 철도 건설과정에 야기된 한국과 일본의 대립과 갈등에 관한 연구, 일제강점기 철도망의 확장과정을 조선총독부의 철도정책과 관련시킨 연구, 일본의 철도투자와 운수영업 및 물자이동의 실태를 검토한 연구, 철도와 다른 교통기관과의 상호관계를 취급한 연구, 철도산업의 고용구조를 해명한 연구 등으로 정리할 수 있다.[73] 이상의 연구 성과를 통해 일제하 조선철도의 대체적인 모습과 함께 조선철도의 침략적이고 수탈적인 식민지적 성격이 구체적으로 밝혀졌다.

　그러나 조선철도에 관한 연구가 주로 국유 간선철도망에 집중되어 분석되었기 때문에 지역단위의 철도부설에 관한 연구는 일부를 제외하면[74] 거

---

[73] 기존 철도사 연구의 정리 및 한계는 정재정의 『일제침략과 한국철도(1892~1945)』(서울대출판부, 1999) 서장에 상세히 언급되어 있으며 이 책은 이를 따랐다.

[74] 金洋植, 「충북선 부설의 지역사적 성격」, 『한국근현대사연구』 33, 2005 ; 김민영・김양규 공저, 『철도, 지역의 근대성 수용과 사회경제적 변용-군산선과 장항선-』,

의 이루어지지 않았다. 또한 철도부설과 관련하여 조선총독부의 철도정책만을 그 연구대상으로 삼았기 때문에 지역철도의 부설과정과 그에 따른 지역사회의 변화에 대해서는 거의 연구가 진행되지 못했다.[75] 특히 철도부설은 지역사회에 미치는 사회경제적 영향력이 엄청난 만큼 지역민들의 철도부설운동과도 밀접하게 연관되어 있었다.[76]

따라서 이 장은 무엇보다 지역단위의 철도부설이 구체적으로 누구에 의해 제기되었으며 그 성격이 무엇이었는지를 상업회의소의 활동을 통해 살펴봄으로써 기존 연구에서 다루지 못한 지역과 조선철도와의 관계를 보완하고자 한다. 이를 통해 식민지 개발과 개발이익이 조선의 각 지역 상업회의소와 그 연합조직인 연합회를 중심으로 하는 조선의 자본가집단에 의해 추진·추구되었다는 점을 간접적으로 밝히고자 한다.

1. 1910년대 지역철도 부설활동

일제의 강제병합 후 철도부설은 조선의 부원개발과 식민통치기반의 확보 및 지역 경제기반의 확대를 위해서는 반드시 필요한 것이었다. 그렇기에 관설철도는 조선총독부에 의해, 사설철도는 각 지역 사설철도회사에 의해 적극적으로 추진되었다. 관설철도의 경우, 평양과 진남포를 연결하는 평남선은 1909년 9월부터 기공되어 1910년 10월에 건설되었다. 이어서 대전으로부터 목포에 이르는 호남선이 1910년에 공사를 시작하여 1914년 1월에 완성되었다. 그리고 호남선과 동시에 경성으로부터 원산에 이르는 경원선

도서출판 선인, 2005.
75) 지역철도의 부설과정과 지역사회에 미친 영향력에 대해서는 김양식의 논문만이 충북선의 사례를 중심으로 분석하고 있을 뿐이다.
76) 原田勝正, 『鐵道と近代化』, 吉川弘文館, 1998 ; 松下孝昭, 『鐵道建設と地方政治』, 日本經濟評論社, 2005.

이 1910년 10월에 공사에 착수하여 1914년 8월에 준공되었다.[77] 대체적으로 관설철도는 조선의 부원개발을 통한 본국의 경제적 이익확대와 식민통치 기반의 확보를 목적으로 하는 조선총독부의 주도하에 추진되었다. 그러나 그 이면에는 조선에서의 경제적 이익을 확대하고자 하는 일본인상업회의소를 중심으로 하는 일본인 자본가들의 지속적인 설립요구가 있었기 때문에 가능하였던 것으로 보인다. 즉, 관설철도인 평남선의 경우 평양과 진남포의 일본인상업회의소가 일찍부터 부설을 청원하고 있었다. 호남선과 경원선의 경우도 마찬가지였다. 그 연선지역에 해당하는 경성, 인천, 원산, 부산, 군산, 목포 등 조선 대부분의 일본인상업회의소가 철도속성운동을 병합 이전부터 꾸준히 전개하고 있었다.[78]

이와 더불어 지역에서도 조선의 개발이익을 확보하는 한편, 지역 경제기반을 확대하기 위한 사설철도회사의 설립과 사설철도의 부설이 적극적으로 이루어졌다. 병합 전인 1909년 부산궤도주식회사가 부산지역의 일본인 자본을 중심으로 설립되어 부산진·동래간 경편철도를 부설하였다.[79] 이듬해인 1910년 부산지역의 일본인 자본은 물론 東京, 大阪, 山口지역의 일본인 자본가들에 의해 설립된[80] 조선와사전기주식회사가 부산궤도주식회사를 인수·합병하여 부산진·동래간 경편철도의 개량은 물론 부내전철을 부설하였다.[81] 또한 각 지역마다 일본인 자본가들을 중심으로 한 사설철도부설을 위한 철도회사의 설립이 계획되는 한편, 철도부설계획과 그에 대한 허가청원도 활발하게 일어났다. 1911년 부산을 중심으로 하여 마산, 진주를

---

77) 大平鐵畊, 『朝鮮鐵道12年計劃』, 1927, 4쪽.
78) 木浦誌編纂委員會, 『木浦誌』, 1914, 344~346쪽 ; 田中麗水, 『全鮮商工會議所發達史』, 釜山日報社, 1936, 각 지역 상업회의소편 참조 ; 伊藤正慤, 『京城商工會議所二十五年史』, 京城商工會議所, 1941, 487~489·573쪽.
79) 朝鮮總督府 鐵道局, 『朝鮮鐵道史』 제1권, 1929, 728~729쪽.
80) 『經濟新聞』 1910.7.21, 「朝鮮視察談, 社末 K生筆記」; 『朝鮮時報』 1910.7.22, 「韓國瓦斯發起人會」; 『經濟新聞』 1910.7.25, 「朝鮮視察談(承前), 社末 K生 筆記」.
81) 倉地哲, 『朝鮮瓦斯電氣株式會社發達史』, 朝鮮瓦斯電氣株式會社, 1938.

제3부 조선 상업회의소의 산업개발자금 요구활동과 철도정책으로의 집중

거쳐 목포에 이르는 釜木鐵道의 부설을 위한 南韓鐵道株式會社의 설립이 추진되었다.82) 조선와사전기주식회사도 지역민의 요구를 받아들여 기존의 부산진·동래간을 연장하는 철도부설에 의욕적으로 나섰다. 그리하여 부산·하단간 철도부설계획은 물론,83) 동래로부터 울산, 경주, 대구에 이르는 본선과 경주에서 포항으로 분기하는 지선에 대한 철도부설권을 조선총독부에 신청하여 인가받았다.84) 대구에서는 영일만으로부터 고령, 전주를 거쳐 호남선의 광주에 이르는 三南橫斷鐵道의 부설을 계획하는 大邱鐵道株式會社의 설립이 추진되었다.85) 전북에서도 지역 일본인들이 중심이 되어 1912년 호남선 이리로부터 전주에 이르는 본선과 만경강 兩岸과 반월리로부터 분기하여 부용역에 이르는 지선부설을 위한 全北輕便鐵道會社의 설립이 계획되었다.86) 다른 한편 이 시기 조선인들에 의한 사설철도회사 설립시도도 있었다. 1912년 호남선 송정리로부터 광주에 이르는 철도부설을 목적으로 광주군의 조선인들이 발기인이 되어 光州輕便鐵道株式會社의 설립이 계획되었다. 그 외 청진·나남간의 궤도 부설을 목적으로 계획된 조선전기주식회사와 咸興郡 東溟面 西湖津을 기점으로 청진에 이르는 궤도를 부설할 목적이었던 함흥탄광주식회사 등이 계획되었다.87)

---

82) 『東京朝日新聞』 1911.2.6, 「(本社朝鮮特電)木浦釜山輕便鐵道出願, 四日 釜山特派員發」;『朝鮮時報』 1911.2.7, 「釜木電鐵認可か」.
83) 『朝鮮時報』 1911.5.25, 「釜下輕鐵計劃」.
84) 『東京朝日新聞』 1911.7.29, 「(本社朝鮮特電)輕便鐵道出願, 二十八日 釜山特派員發」;『東京朝日新聞』 1911.9.19, 「(本社朝鮮特電)輕便鐵道許可內意, 十八日釜山特派員」. 동래에서 대구, 경주에서 포항에 이르는 조선와사전기주식회사의 철도부설은 바로 착수되지 못하고 연기되다가 별도의 조선경편철도주식회사의 설립으로 다시 재인가를 받아 추진하였으나 결국 기한 내 착수하지 못하여 인가는 취소되었다. 이후 1916년 대구의 일본인 자본을 중심으로 조선중앙철도주식회사가 설립되고 부설권을 허가받아 대구로부터 철도부설이 이루어지게 되었다(倉地哲,『朝鮮瓦斯電氣株式會社發達史』, 朝鮮瓦斯電氣株式會社, 1936).
85) 『釜山日報』 1911.11.9, 「大邱通信(六日支局發), ▲鐵道株式會社發起」.
86) 朝鮮總督府 鐵道局, 앞의 책, 1929, 735쪽.
87) 위의 책, 738~740쪽.

이상과 같이 조선의 각 지역 일본인 자본가들이 중심이 된 사설철도회사 설립신청과 지역 상업회의소의 지속적인 철도부설요구가 활발하게 일어나자, 조선총독부는 1912년 제령 제25호로서 「조선경편철도령」과 그 부속 제 법규를 공포하는 동시에, 각 지역에 직원을 파견하여 장래 부설할 필요가 있는 경편철도 예정선로를 조사하였다. 그 결과 조선총독부는 제1기선으로 대구·포항간을 비롯하여 14개 선로와 제2기선으로 26개 선로를 선정하여 민간철도회사로 하여금 부설경영토록 방침을 수립하였다. 그리고 사설철도에 대한 보조를 내규로 정하여 경편철도의 부설을 촉진하고자 하였다.[88] 이에 따라 1914년에는 전북경편철도회사가 설립되어 이리에서 전주에 이르는 철도를 부설하였다. 1915년에는 함흥탄광철도 및 개천경편철도가 부설되었다.[89] 경부·경의선의 부설 이후 늘어나지 않던 철도 선로는 1910년대 전반기 총독부의 산업개발정책에 따라 폭발적으로 늘어나 바야흐로 1,000마일 시대를 열었다.[90]

그러나 재정적으로 안정적이지 못한 일본 본국의 금융사정과 일반회계의 부담경감에 따라 조선총독부는 1910년대 중후반 어쩔 수 없이 '재정독립계획'을 수립하였다. 이 때문에 일본정부로부터 들어오는 자금은 점차 줄어들었다. 일본정부로부터 들어오는 자금은 보충금 및 공채·차입금으로 이들 대부분은 조선의 산업개발에 직결되는 자금이었다. 결국 산업개발에 필요한 자금이 줄어들자, 철도부설은 일시 정체되었다. 다시 1차 대전의 호황에 직면한 일본자본이 차츰 조선에 진출하게 되자, 철도부설 등 조선의 산업개발은 본격적으로 재추진되었다. 조선총독부도 '재정독립계획'을 실행하였지만 호황경기에 편승하여 다시 철도부설 등 산업개발계획을 수립하였다. 그렇다면 조선총독부의 산업개발계획은 앞에서도 본 것처럼 지역 상업회의소의 적극적인 요구에 기인한 바가 컸다고 할 수 있을 것이다.

---

88) 朝鮮總督府 鐵道局, 『朝鮮鐵道四十年略史』, 1940, 466~470쪽.
89) 朝鮮總督府, 「朝鮮에 在한 私設鐵道의 發達」, 『朝鮮』 76호, 1924, 93~97쪽.
90) 朝鮮總督府, 『朝鮮總督府統計年報』, 1916년판.

제3부 조선 상업회의소의 산업개발자금 요구활동과 철도정책으로의 집중

1910년대 초반까지의 조선의 산업개발에 대한 요구는 주로 일본인상업회의소에 의해 끊임없이 제기되었다. 그러나 당시의 상업회의소는 조선인과 일본인으로 나뉘어져 있었을 뿐만 아니라 법인체가 아니었기 때문에 상대적으로 강력한 힘을 발휘하지 못했다. 따라서 당시 일본인상업회의소는 강력한 경제조직으로 거듭나기 위해 상업회의소령의 발포를 주장하였다. 이를 받아들인 조선총독부는 1915년 「조선상업회의소령」을 발포하였다.[91] 그 결과 명실상부한 조선인과 일본인의 '합동' 상업회의소가 각 지역에 설립되었고, 조선 각 지역 상업회의소는 본격적으로 조선의 산업개발에 매진할 수 있게 되었다.

병합 초기 조선의 산업개발은 철도, 도로, 항만 등 교통망의 확대와 긴밀한 관계를 가질 수밖에 없었다. 왜냐하면 일제는 조선을 식량·원료공급지 및 상품소비지로 만들고자 하였고 이를 위해서는 조선의 식량 및 원료 등 천연자원이 원활하게 일본으로 이출되어야 하며 이를 기반으로 성장한 일본 자본주의의 생산품이 원활하게 소비지인 조선으로 유통되어야만 했기 때문이었다. 그래서 철도, 도로, 항만 시설의 확충은 조선에서 가장 중요하고 시급히 실행하여야 하는 사업이었다. 조선 각 지역 상업회의소도 산업개발에 관심을 가지지 않을 수 없었다. 왜냐하면 교통망의 확대는 자신들이 속한 지역의 경제적 발달을 도모할 뿐만 아니라 이를 통해 자신들의 경제적 기반도 확충할 수 있기 때문이었다. 따라서 지역 상업회의소는 조선 전체와 각 지역의 교통망을 완성하기 위해 조선총독부와 일본정부가 힘써줄 것을 적극적으로 요구하였다. 특히 조선과 지역의 경제적 효과가 큰 철도의 부설을 위해 기성회를 조직하고 그 부설을 조선총독부를 비롯한 관계당국에 요구하기 시작하였다. 〈표 8-1〉은 '합동' 상업회의소가 성립된 이후 독자적인 철도부설계획안을 수립하기 전까지 지역 또는 연합회 차원에서 요구한 내용이다.

---

91) 전성현, 앞의 논문, 2002, 78~86쪽 참조.

〈표 8-1〉 조선 상업회의소의 철도관련 요구사항(1917~1920)

연도	요구사항	요구주체
1917	부산울산선부설	부산
	평원선부설	평양, 진남포, 원산
1918	평원선부설	평양, 진남포, 원산, 연합회(1)
	충남선부설	군산
	대구안동선부설	대구
	호남선개선	목포, 군산, 연합회(1)
1919	경편철도보급을 위한 적극적 보호장려책	대구, 연합회(임시)
	평원선부설	평양, 진남포, 원산, 연합회(임시)
	호남선개선	목포, 군산, 연합회(2)
1920	평원선예산부활	평양, 진남포, 원산, 연합회(임시)
	경의경부선복선	부산
	호남선개선	목포, 군산
	철도간선의 수송력충실(경부경의선복선)과 영양선의 속성(사설철도속성을 위한 보조 및 합동)	부산, 대구, 연합회(3)
	조선철도의 개수 및 신선속성건설비충실요망	경성, 연합회(3)
	평원선부설비요망	원산, 만선연합회(3)
	전선의 철도망 속성	전선실업가유지간화회
	산업철도회사해산반대와 철도의 근본개선청원	경성, 연합회(임시)
	평원선예산요망	평양, 원산, 진남포, 연합회(임시)

출전: 『每日申報』, 『京城日報』, 『釜山日報』, 『朝鮮時報』; 京城商業會議所, 『朝鮮經濟雜誌』, 1917~1920; 平壤商業會議所, 『平壤商業會議所月報』, 1919; 永留信孝, 『全鮮內地人實業有志懇話會速記錄』, 全鮮內地人實業有志懇話會, 1921; 田中麗水, 『全鮮商工會議所發達史』, 釜山日報社, 1936; 伊藤正慤, 『京城商工會議所二十五年史』, 京城商工會議所, 1941; 町田義介, 『元山商工會議所六十年史』, 元山商工會議所, 1942.
비고: 강조는 官設鐵道에 대한 요구사항임.

1910년대 후반 조선 상업회의소가 주로 요구한 철도관련 사항은 〈표 8-1〉과 같다. 즉 관설철도는 평원선의 부설을, 사설철도는 대구, 부산, 군산을 중심으로 하는 지역 경제선의 부설을 요구하고 있다. 특히 사설철도의 부설은 부설을 책임지고 있는 사설철도회사와 인허가를 책임지고 있는 조선

제3부 조선 상업회의소의 산업개발자금 요구활동과 철도정책으로의 집중

총독부에 동시에 요청한 것이다. 덧붙여 조선총독부에 대해 사설철도회사의 철도부설에 필요한 자금의 보조도 동시에 요청하고 있다. 우선 관설철도를 살펴보면, 평원선은 평양, 진남포, 원산을 연결할 뿐만 아니라 만주 및 중국과 일본해까지도 연결이 가능한 경제선이었다.[92] 그 연선에는 평원지의 농산물, 장림읍 부근의 대삼림, 성천군과 고원군의 천연지하자원이 풍부하여 일찍부터 평양, 진남포, 원산의 거류민단 일본인유지들에 의해 부설이 제기되었던 곳이었다.[93] 그러나 군사적 목적의 경원선이 먼저 부설되게 되어 후일을 기약할 수밖에 없었다.[94] 그러다가 1914년 경원선이 완공되고 조선인과 일본인 합동의 상업회의소가 성립되자, 원산을 중심으로 평양과 진남포상업회의소가 그 부설을 다시 요구하기 시작하였다. 그리고 1917년부터는 평양, 진남포, 원산상업회의소가 연합하여 일본횡단항로개시와 함께 평원철도의 부설을 제국의회에 청원하였다.[95] 이듬해도 평원철도의 기성과 함께 일본횡단항로 개시에 대한 청원서를 제국의회에 제출하는 한편, 평양상업회의소는 평원선 부설지역의 경제조사를 실시하고 부설계획의 수립을 조선총독부에 적극적으로 청원하였다.[96] 계속해서 세 지역 상업회의소는 평원철도기성동맹회를 조직하고 연합기성회를 개최하는 등 그 부설을 위한 활동을 적극적으로 전개하였다.[97] 결국 평양, 진남포, 원산상업회의소의 적극적인 청원활동에 의해 조선총독부도 그 타당성을 인정하고

---

92) 『每日申報』 1918.2.14, 「鐵道期成請願」.
93) 朝鮮總督府 鐵道局, 앞의 책, 1929, 422쪽. 1903년 원산거류민단이 가장 먼저 제기하였고, 1907년 평양거류민단이 원산거류민단과 함께 伊藤통감과 귀족원·중의원에 부설을 청원하였으며, 이후 진남포거류민단 또한 참여하였다.
94) 위의 책, 250~252쪽 ; 町田義介, 『元山商工會議所六十年史』, 元山商工會議所, 1942, 78~82쪽.
95) 『每日申報』 1917.9.8, 「平壤, 平元線敷設催進」.
96) 『每日申報』 1918.2.11, 「平壤, 平元鐵道期成願」 ; 6.22, 「平壤, 間城書記出張」 ; 『京城日報』 1918.7.30~8.29, 「經濟鐵道인 平元線」.
97) 『每日申報』 1918.10.10, 「平元鐵道期成會」 ; 10.12, 「平元鐵道期成同盟會協議會」

1918년 부설계획을 수립하고 예산에 편입시켜 일본의회에 제출하였다.[98] 그러나 3·1운동에 대한 경무비 집중이라는 조선총독부의 예산문제로 1개년 연기가 결정되었다.[99] 이에 세 지역 상업회의소는 각 지역마다 시민대회를 열고 총독부에 그 속성을 청원하는 한편, 평원철도속성연합회기성회를 열고 추가예산에 계상되도록 직접 대표위원을 동경에 파견하기도 하였다. 그리고 그 대표들은 牧山 대의사를 대동하고 귀족원의 原 수상, 高橋 장상, 齋藤 총독을 방문하여 평원철도촉성을 진정하는 등 정치적 활동을 전개하였다.[100] 이에 그치지 않고 조선흥업철도주식회사와 협의하여 평원선의 민영건설을 총독부에 제안하였다. 총독부는 평원선 부설계획을 세우고 그 실행을 앞둔 시기였기 때문에 민영건설은 불허하였다.[101] 이상과 같이 몇몇 상업회의소는 지역 경제선의 부설을 위해 연합하여 기성동맹회를 만들고 직접 동경까지 가서 정치운동을 전개하는 한편, 관설이 안 될 경우 민영철도회사와 협의하여 직접 철도를 부설하고자 하는 등 적극적인 철도부설운동을 전개하였던 것이다.

그 밖에 관설철도에 대한 조선 상업회의소의 새로운 부설요구는 없었다. 다만 기존 관설철도의 수송력 확충을 위한 노력에 집중하였다. 1910년대 완성된 호남선과 1900년대 완성된 경의·경부선의 개선 및 복선화가 그것이었다. 특히 당시 문제가 된 철도체화량의 증대는 상품유통에 막대한 지장을 주어 지역 상공업자들에게 심각한 타격을 주었다.[102] 따라서 조선의 중

---

98) 『每日申報』 1919.2.3, 「平元線敷設決定」.
99) 『每日申報』 1919.12.24, 「平元線延期理由」.
100) 『京城日報』 1920.1.15, 「平元鐵道期成市民大會」; 『每日申報』 1920.1.16, 「元山平元鐵道成期成大會」; 1.19, 「平元線速成과 鎭南浦市民」; 『京城日報』 1920.1.23, 「總督其他訪問」; 『每日申報』 1920.1.24, 「平元線敷設速成同盟決議」; 『每日申報』 1920.2.7, 「全鮮商議聯合會, 平元鐵道期成問題決議」; 2.22, 「平元鐵道速成陳情」.
101) 『每日申報』 1920.3.24, 「平元線民設問題」.
102) 조선철도의 체화량 증가 때문에 조선 각 지역 상공업자들의 불만이 고조되자 조선 상업회의소에서는 철도경영의 일원화 문제가 다시 불거졌다(『每日申報』

요 간선철도에 대한 수송력 확충과 이를 위한 개선 및 복선 요구는 상업회의소 입장에서는 자연스러운 것이었고 할 수 있을 것이다. 그래서 호남지역의 주요 무역항인 군산과 목포에서는 상업회의소가 주도하고 호남선 연선의 주요 실업단 대표자 및 유지자가 참여하는 호남선개선기성회가 성립되었다. 호남선개선기성회는 철도당국 및 총독부에 급행열차증발과 일반적 시설개선의 2건을 제출하는 등 호남선 개선에 앞장섰다.[103] 부산상업회의소도 연합회에서 철도간선의 수송력을 충실히 하기 위해서는 경부·경의 두 간선의 복선공사가 필요하다고 제안하였다. 이에 대해 조선총독부는 1931년이면 보통화물여객 수송상 단선의 운명이 끝나므로 늦어도 1926년부터 복선을 실시해야 한다고 그 필요성을 인정하였다.[104]

한편 지역 상업회의소는 관설철도뿐만 아니라 사설철도부설에도 깊은 관심을 가졌다. 지역 개발 등 지역적 이해관계가 깊은 사설철도부설은 해당 지역 상업회의소와 밀접한 관계를 가질 수밖에 없었다. 따라서 지역 상업회의소는 사설철도회사의 설립과 부설에 적극적이었다. 1차 세계대전의 일시적인 호황과 상업회의소의 철도부설 및 보조요구에 힘입어 1918년과 1919년을 전후하여 수많은 사설철도회사의 설립과 이들 회사의 철도부설계획이 수립되었다. 〈표 8-2〉는 사설철도회사의 현황과 이 회사의 개업선 및 미개업선을 나타낸 것이다.

    1918.10.26,「商議會議提案」; 11.11,「運賃改定要旨」; 12.11,「歲末滯貨와 鐵道輸送力」; 1919.6.16,「商議航路請願」; 12.9,「京商計劃의 新事業」; 1920.3.30,「鮮鐵委託解除問題」; 1921.6.4,「朝鮮鐵道經營復舊와 長距離運賃遞減 復活運動의 經緯(上)」).
103) 『每日申報』1920.6.4,「改善期成會提案」.
104) 『京城日報』1920.9.17,「釜山商議の提出議案」; 9.29,「全鮮商議聯合會」.

〈표 8-2〉 조선의 사설철도회사 현황(1921.1)

회사(소재지)	개업선			미개업선			회사참여/부설요구
	도명	지명	부설허가	도명	지명	부설허가	
전북경편철도 (전주)	전북	이리전주	1913.1.9				군산
함흥탄광철도 (함흥)	함남	함흥서호진	1913.9.29	함남	함흥오노리	1919.5.14	
		함흥장풍리	1916.9.25				
淡輪雅信 (개천)	평남	신안주천동	1916.5.13 1917.12.3				
조선중앙철도 (대구)	경북	대구학산	1916.2.15	경북	불국사울산	1916.5.15	대구 부산
				경남	울산동래		
		서악불국사	1916.2.15		울산장생포		
				충청	공주청주	1917.8.18	
서선식산철도 (경성)	황해	내토상해	1919.5.16	황해	재령저도	1919.10.10	경성
					석난해주		
		사리원재령	1919.10.10		신주용당포		
					이목장연		
남만주태흥 (회령)	함북	진회령 상산봉	1919.3.13	함북	상삼봉용관진	1920.3.29	
조선와사전기 (부산)	경남	부산진동래	1909.6.29				부산
남조선철도 (경성)				전남 경남	송정리마산	1918.7.13	부산 경성
				전라	완촌전주	1918.7.13	
조선삼림철도 (경성)				함남	함흥장진	1919.6.12	
				평북	장진후주고읍		
				함남 평북	장진만포진		
				함남	오노리한대리	1920.12.10	
양강척림철도 (경성)				함북	고무산합수	1919.6.12	
				함남	길주혜산진		
금강산전철 (철원)				강원	철원화천	1919.8.12	경성

제3부 조선 상업회의소의 산업개발자금 요구활동과 철도정책으로의 집중

조선경남철도 (천안)			충남 경기	군산대안안성	1919.9.30	군산
조선산업철도 (경성)			경북	김천안동	1919.10.16	진남포
			평남 황해	중화수안		
			평남	진남포온정리		
			평북	맹중리강계		

출전: 京城商業會議所, 『朝鮮經濟雜誌』 제62호, 1921, 15~18쪽.

〈표 8-2〉를 통해 보면, 사설철도회사는 주로 1910년대 중반에 설립되어 1910년대 후반에 면허를 인가받고 있다. 그리고 사설철도회사의 개업선 및 미개업선은 북부조선지방의 목재 및 천연자원과 관련된 선로와 남부조선지방의 식량 및 원료생산지와 집산지를 연결하는 선로가 집중되어 있다. 이는 사설철도회사의 개업선과 부설예정선이 조선총독부를 중심으로 하는 일제의 식민정책과 긴밀히 연결되어 있으며, 지역 상업회의소를 중심으로 하는 자본가들의 이해와도 긴밀히 연결되어 있음을 보여 준다. 즉, 전주에 본점을 둔 전북경편철도회사는 이리·전주간의 철도를 부설하기 위해 이 지역의 조선인과 일본인 지주 및 실업가들이 모여 사설철도회사를 설립하였다. 당시 군산상업회의소회두 大澤藤十郞도 이 회사설립에 참여하였다. 대구에 본점을 둔 조선중앙철도주식회사는 자본투자는 주로 東京, 大阪, 福岡 등 일본의 자본가들이 중심이었지만 사설철도회사의 설립과 관련된 발기인 중에는 대구지역의 자본가들이 망라되었다.[105] 특히 대구상업회의소 회두가 중역 및 대주주로 참여하였다. 경성에 본점을 둔 서선식산철도주식회사는 동척, 미쓰이 계열의 자본과 경성 賀田家의 자본으로 설립되었는데 이 회사에 진남포상업회의소회두도 참여하였다. 그리고 상무취체역 賀田直治는 1920년대 경성상업회의소 특별평의원을 거쳐 1930년대에는 회두에 올라 경성상업회의소를 이끌어간 대표적인 조선의 일본인 자본가였다. 또한

---

105) 朝鮮總督府, 「朝鮮에 在한 私設鐵道의 發達」, 『朝鮮』 제76호, 1924, 97~98쪽.

남조선철도주식회사의 설립에는 부산상업회의소의 회두였던 迫間房太郎과 현재 경성상업회의소회두인 釘本藤次郎 등 조선의 일본인 자본가도 대거 참여하였다. 그 밖에 소수이기는 하지만, 조선인들이 사설철도회사에 자본을 투자한 경우도 있었다.106) 이들은 전직 군수를 비롯하여 이왕직 사무관, 대지주, 금융인 등으로 '식민자치기구'인 상업회의소, 면협의회 등에 이른 시기부터 이름을 올리고 있던 자들이었다. 이상과 같이 사설철도회사는 조선총독부의 식민경영회사, 일본재계, 조선의 자본가들이 중심이 되어 설립되고 있었다는 점을 알 수 있다. 그리고 그 중심에는 조선의 자본가 특히 상업회의소를 중심으로 하는 일본인 자본가들이 적극적으로 개입하고 있음을 또한 알 수 있다. 따라서 조선의 사설철도부설도 일제의 식민정책 속에서 일방적으로 계획되고 실행된 것이 아니라 지역 상업회의소 등 자본가들의 요구와 주장에 따라 그 정책 방향이 결정되었음을 알 수 있다.

지역 상업회의소 중심인물들의 개인적인 자본투자 이외에 지역 상업회의소가 경편철도회사의 설립에 직접적으로 관여하는 한편, 철도부설에도 적극적인 경우도 있었다. 군산상업회의소는 群山 對岸의 경편철도부설을 위해 노력하였고 충남경편철도회사의 설립에 적극적이었다. 그리하여 1919년 충남경편철도회사의 설립을 총독부로부터 인가받았다.107) 대구상업회의소는 대구・안동간 경편철도의 부설을 계획하는 한편, 安東郡輕便鐵道期成會와 회견하고 邱安輕鐵期成會를 조직하여 철도부설을 위해 활동하였다.108) 부산상업회의소는 동래・울산을 연결하는 부울철도부설에 대해 동래 및 울산지역민과의 연결을 통해 기성회를 조직하고 부설운동을 전개하였다.109)

---

106) 조선 내 사설철도회사의 주주 중 조선인은 약 5% 정도였다(西村保吉,「朝鮮の産業及交通」,『朝鮮』제98호, 1923, 33쪽).
107)『京城日報』1918.6.6,「群山短信, 會見顚末報告」; 7.29,「京鐵과 群山商議」;『朝鮮總督府官報』1919.10.9.
108)『每日申報』1918.7.20,「大邱, 期成會代表來邱」; 8.20,「大邱, 期成會總會」; 8.20,「邱安輕鐵問題」.
109)『釜山日報』1917.9.15,「朝鮮輕便鐵道의 釜山鎭蔚山線의 速成을 陳情」;『京城日

그 밖에 조선 상업회의소는 허가만을 받고 자금과 기술적인 문제로 부설하지 않는 회사에 대해서는 그 부설에 불편함이 없도록 조선총독부, 남만주철도주식회사, 그리고 일본정부에 보호·장려를 요망하였다. 상업회의소의 사설철도장려책 중 자주 거론되고 있는 것이 사설철도의 합동과 보조금의 증액이었다.110) 특히 이들의 사설철도보조에 대한 증액요구는 점차 총독부에 수용된 결과, 보조액이 1914년 최초 6分이던 것이 1918년 7分, 1919년 8分으로 증가될 수 있었다.111)

하지만 이것도 잠시 호황의 반동으로 공황이 일본을 덮치자, 조선의 산업개발은 바로 침체에 빠졌다. 일본으로부터 들어오는 자본은 공황으로 인하여 자금상태가 나빠져 사설철도 등 부설사업이 정체되기에 이르렀다. 여기에 3·1운동이라는 조선인들의 저항에 직면하면서 조선총독부는 식민지의 안정적인 통치기반을 구축하기 위해 통치행정비에 더 많은 예산을 투여하여 상대적으로 산업개발에 소극적이었다. 조선 상업회의소는 이에 대한 대응책으로 총독부로 하여금 보다 근본적인 철도계획의 수립을 요구하지 않을 수 없었다.

2. 산업조사위원회를 통한 철도정책 수립요구

철도부설을 중심으로 하는 조선의 산업개발은 일본의 전후 공황과 3·1운동이라는 전민족적인 저항운동에 직면하면서 지연·중지되기에 이르렀다. 조선 상업회의소는 대응책을 마련하기 위해 지역 상업회의소 회두를

報』 1918.6.6,「群山短信」;『每日申報』 1918.7.20,「大邱」;『京城日報』 1918.7.29,「輕鐵과 群山商議」;『京城日報』 1918.8.20,「邱安輕鐵問題」.
110) 『每日申報』 1919.6.10,「會議所聯合會」;『京城日報』 1920.9.29,「全鮮商議聯合會」.
111) 南滿洲鐵道株式會社庶務部調査課,『朝鮮의 私設鐵道』, 1925, 24쪽 ;『每日申報』 1919.8.11,「輕便八分補給」; 10.21,「輕鐵과 補助金」.

발기인으로 전선내지인실업유지간화회를 개최하였다. 회의 참석자는 조선에 거주하는 일본인 자본가들로 지역 상업회의소 평의원들이 중심이었다.[112] 일본인들의 주장은 대부분 군대의 증강과 경찰력의 확대 및 조선의 산업개발이었다.[113] 특히 조선의 산업개발과 관련해서는 "조선인의 사상을 선도하고 산업의 발달을 기하기 위하여" 일본인의 이주를 주장하는 자도 있었다. 그리고 그 방법으로 조선철도망의 속성과 기업경영의 편의를 위한 적당한 보호정책 수립 등을 제기하였다.[114] 이를 통해볼 때, 조선 상업회의소가 중심이 되어 주장하고 있던 철도부설 등 산업개발은 곧 조선에 거주하는 일본인들을 위한 것이었고, 또한 그들이 중심이 되어 조선인의 사상을 선도하고 조선의 산업을 영위해야 한다는 것이었음을 알 수 있다.

그러나 전선내지인실업가간화회의 희망사항도 수포로 돌아갔다. 조선 상업회의소의 계속된 요구사항인 평원철도의 부설도 예산삭감으로 재차 중지되었다. 게다가 조선산업철도주식회사와 같은 사설철도회사는 자금부족 등의 이유로 해산을 결의하기에 이르렀다.[115] 그러자 경성상업회의소는 조선산업철도주식회사의 해산문제가 사설철도회사의 연쇄해산으로 이어지지는 않을까 염려하여 연합회를 개최하고 이를 해결하고자 하였다. 연합회

---

112) 『每日申報』 1920.9.25, 「全鮮日人實業家大會」 ; 永留信孝, 『全鮮內地人實業有志懇話會速記錄』, 全鮮內地人實業有志懇話會, 1921, 1쪽.
113) 永留信孝, 위의 책, 14~15쪽. 치안유지를 위한 군대 증강문제에 대해 모유력자는 일본본토와의 면적이 같음에도 불구하고 군대는 턱없이 부족하니 치안과 국방상의 필요에 의해 사단의 신설을 바라며 예산관계상 단시일 내에 어려우면 일본의 2, 3사단의 파견을 요청하였다(『京城日報』 1920.10.13, 「朝鮮增師要望」). 이러한 산업개발과 관련된 대책은 이 회의를 주최했던 발기인들 즉 조선의 상업회의소가 가장 중요하게 생각하는 점이었다(『京城日報』 1920.10.1, 「政治的 色彩를 띠다. 實業家大會開催의 趣旨 釘本藤次郎氏談」).
114) 永留信孝, 위의 책, 11~12쪽. 청주대표 安東正 등은 "조선인 사이에 일본인 이주에 대한 반감이 심하지만 조선영유의 목적을 달성하기 위해서는 일본인의 이민을 장려함은 긴요"하다고 건의하였다.
115) 『每日申報』 1920.12.21, 「産鐵解散經過」.

는 임시회를 열고 조선산업철도주식회사의 해산을 반대하는 한편, 조선철도정책의 근본문제를 해결하기 위한 대책마련에 고심하였다. 그리고 조선 사설철도망 완비를 위한 근본정책으로 ① "사설철도회사를 반관반민의 일대회사로 조직을 개선할 것" ② "척식철도법을 이번 의회에 제출하여 조선에서 사설철도의 기초를 확정할 것"을 결의하였다. 평원철도문제도 총독의 신망과 연결된 것임으로 예산의 부활을 위해 노력해 달라고 결의하였다.116)

한편 조선을 통치하는데 철도부설이 얼마나 중요한지 알고 있던 조선총독부도 사설철도회사의 연쇄해산이 가져올 문제를 심각하게 고민하지 않을 수 없었다. 그래서 연합회의 요구사항을 받아들여 「조선사설철도보조법」 제정을 위해 사설철도회사들과 관련자들을 모아 협상에 들어갔다.117) 그리고 총독부에 의해 「조선사설철도보조법」이 제정되었다. 이 법안은 "10년 한도로 철도회사의 이익금이 철도경영에 필요한 불입자본금에 대하여 연 8分에 달하지 않을 때 그 부족액을 보조"하는 것을 주요 골자로 하였다. 그리고 그 연간 총액은 최고 250만 원으로 규정하였다. 이 법안은 중의원에 제출되어 무사히 통과되었다.118) 그리고 사설철도 합동요구도 조선총독부에 의해 받아들여져, 조선총독부가 조정에 들어가 1923년에 비로소 6개 사설철도회사가 합동하여 조선철도주식회사로 설립되었다.119) 이처럼 사설철도에 관한 조선 상업회의소의 요구는 대부분 달성되었다. 그러나 산업개발에 관한 요구사항은 여전히 불투명한 부분이 많았다. 당면 문제에 대한 그들의 즉각적인 요구는 매번 조선총독부를 비롯한 관계당국의 성의부족 또는 특수한 사정으로 인하여 지체되거나 중지되는 경우가 많아졌다. 특히 3·1운동 이후 '문화정치'를 표방한 조선총독부는 안정적인 통치상황을 만

---

116) 『京城日報』 1920.12.23, 「臨時商議聯合會」; 『每日申報』 1920.12.24, 「商議決議」.
117) 『京城日報』 1920.12.28, 「聯合會의 申請」.
118) 『每日申報』 1921.2.16, 「私鐵補助案要旨」; 京城商業會議所, 「朝鮮私設鐵道補助法」, 『朝鮮經濟雜誌』 제64호, 1921, 26~28쪽.
119) 『京城日報』 1923.9.2, 「鮮鐵 드디어 成立」.

들기 위해 일반 경찰력의 증강에 힘썼다. 그러다 보니 예산의 대부분이 치안유지비에 집중되어 자금적인 여력이 없었다. 더군다나 일본정부는 전후 공황의 대응책으로 긴축재정을 전개하는 한편, 일본 내의 지역개발로 조선의 산업개발에 소극적이었다. 조선의 산업개발을 통해 자신들의 경제적 기반을 확대하고자 하는 조선 상업회의소는 이 같은 상황을 타개하지 않을 수 없었다. 이들에게는 경제동향에 대한 기존의 즉흥적이고 즉각적인 대응이 아니라 구체적이고 중장기적인 대응이 필요한 시점이었다.[120] 이미 일본에서는 중장기적인 경제정책의 수립을 목표로 한 산업조사위원회가 설치되었다. 조선 안팎의 이 같은 사정으로 말미암아 조선 상업회의소는 산업조사위원회의 설치를 요구하였고, 총독부는 이를 받아들여 산업조사위원회를 개최하였다.[121]

1921년에 개최된 산업조사위원회는 그 설치에서부터 자문 및 결의에 이르기까지 상업회의소가 깊숙이 관여하였기 때문에 그 논의 및 결의내용도 조선총독부의 의도와 함께 조선 상업회의소의 요구가 상당 부분 포함된 것이라고 할 수 있을 것이다.[122] 조선 상업회의소는 산업조사위원회의 설치와 함께 각 방면에 대한 자문안을 제출하였다.[123] 각각의 자문안에는 조선의 산업과 관련된 당면문제를 비롯하여 장래에 대한 문제도 모두 망라되었다. 그러면 지역 상업회의소의 자문안 중 〈표 8-3〉의 철도부문에 대한 자문

---

120) 『每日申報』 1921.1.13, 「産業根本策要求」.
121) 『京城日報』 1921.1.13, 「産業調査會必要」; 『每日申報』 1921.1.13, 「産業根本策要求」; 『京城日報』 1921.1.18, 「水野政務總監」; 1.21, 「朝鮮의 諸問題, 水野政務總監談」; 『每日申報』 1921.1.18, 「最近朝鮮事情談 水野總監談」; 『京城日報』 1921.1.22, 「産業調査會와 會議所」.
122) 조선 상업회의소가 산업조사위원회의 설치와 자문 및 결의에 구체적으로 어떻게 관여하였는지는 전성현, 앞의 논문, 2002 참조.
123) 『每日申報』 1921.4.14, 「産業調査意見(경성)」; 『朝鮮時報』 1921.4.29~30, 「平議員會에서 確定된 釜山商議答申案」; 『東亞日報』 1921.4.30, 「産業開發意見提出(원산)」; 『東亞日報』 1921.5.10, 「産業調査會에 對한 平壤府答申(평양)」. 교통운수 부문은 大平鐵畊, 앞의 책, 1927, 33~42쪽.

내용을 통해 그들의 주장을 살펴보도록 하자.

〈표 8-3〉 지역 상업회의소의 산업조사위원회 철도관련 자문내용(1921)

지역	철도관련내용
경성	주요철도의 완성에 필요한 건설비의 충실, **사설철도망완성의 근본정책수립**
인천	**선내 철도의 완성을 기할 국유철도주의를 확정할 것**
대구	국가의 사철매수와 경영, 반민반관의 대회사 설립과 사철매수를 통한 사업완성, 사설철도주식의 조선은행 담보 및 관청 보증금대용지정 등 금융편의로 사업속성
평양	기설철도의 운용(근본적 개선), 기정선로(평원선)의 속성, 사설철도망의 보급(보급금의 증액, 기타)
군산	간선지선은 물론 각 사설철도의 예정계획을 조속히 실행하도록 기의의 조치
원산	철도지선의 조속한 부설, 각 사설철도의 합동과 정부의 충분한 보호
부산	철도운임의 저감 및 영양선인 지방사설철도망의 완성과 합동통일

출전: 大平鐵畊, 『朝鮮鐵道十二年年計劃』, 鮮滿鐵道新報社, 1927, 33~42쪽.

〈표 8-3〉을 통해볼 때, 지역 상업회의소의 자문안 중 철도부문은 해륙교통망의 연결을 주장하는 개항장 상업회의소도 제기하였지만[124] 주로 경성을 중심으로 하는 내륙의 상업회의소에 의해 집중적으로 제기되고 있다. 그 내용은 기존 철도의 경영 및 개량, 예정 철도의 부설촉진과 이를 위한 자금 및 보호·장려책 등이다. 기존 철도에 대한 지역 상업회의소의 자문내용은 이미 수차례에 걸쳐 연합회를 통해 결의·요구되었던 것이므로 새삼 새로운 것은 아니다. 그러나 각각의 내용은 다르지만 "조선 내 철도의 완성을 기할 국유철도주의 확정"과 "사설철도망완성의 근본정책수립"은 조선철

---

124) 1920년대 조선의 상업회의소 회원구성에서 토목건축청부업자들은 공통적으로 높은 비율을 차지하고 있었고 특히 경성을 중심으로 하는 내륙도시의 상업회의소에 더 많았던 것으로 파악된다(전성현, 「日帝下 朝鮮商業會議所聯合會의 産業開發戰略과 政治活動」, 동아대 박사학위논문, 2007, 제2장 조선상업회의소연합회의 결성부문 참조). 한편 부산을 비롯한 개항장 상업회의소는 철도와 항만의 연결을 중요시하면서도 해양교통망을 더 비중 있게 다루고 있었다(大平鐵畊, 위의 책, 1927, 33~42쪽).

도망 완성을 위한 중장기적인 근본정책의 수립을 요구한 것이라고 할 수 있다. 따라서 지역 상업회의소의 철도부문에 대한 자문안은 기존에 계획된 철도의 부설 및 개량만을 주장한 것이 아니라 앞으로 부설해야 할 철도의 선로조사와 부설계획 등 중장기적인 철도정책의 수립을 주장한 것으로 파악할 수 있을 것이다.

한편 지역 상업회의소의 철도부문에 대한 자문안은 조선총독부의 통합·조정에 의해 「조선 산업에 관한 계획요항 참고서」로 작성되었다. 이를 토대로 조선총독부는 「조선 산업에 관한 일반방침과 계획요항」을 작성하여 「참고서」와 함께 산업조사위원회에 제출하였다. 산업조사위원회는 지역 상업회의소와 총독부가 제출한 「참고서」 및 「계획요항」을 통해 조선의 산업정책을 논의하고 그 결의안을 제출하였다.[125] 〈표 8-4〉는 산업조사위원회의 참고서 및 결의안 중 철도에 관한 내용이다.

〈표 8-4〉 산업조사위원회의 철도에 관한 참고, 건의 그리고 결의안(1921)

구분	철도관련내용
참고서 (참고안)	① 관영철도의 부설과 사설철도의 부설장려 ② **철도보급은 약 30년간 6천리 달성** ③ 사설철도의 장려방법으로 조선사설철도보조법에 기초하여 보조와 편의 제공 ④ **철도선로의 조사측량과 선정을 통한 교통계통의 정비** ⑤ 철도관련 제반시설의 완성 ⑥ 철도경영의 원활을 위해 최선고려
특별 위원회 제출안 (건의안)	① 대체 부설의 계획을 정하고, 재정이 허락하는 한 관선의 보급을 도모하는 외 사설선에 있어서도 가능한 급설에 노력할 것 ② **금후 10년간은 특히 속성의 필요가 있다고 인정됨으로 현재의 관사선 1,400리와 함께, 무릇 3,500리에 달하는 계획을 수립할 필요가 있음** ③ 현재 사설철도보조법에 따라 보조금을 연9분으로 개정 또는 배당의 보조를 연8분을 할 필요가 있음 ④ 시설선 급설의 목적을 달성하기 위해, 현재의 각 사설철도를 합병하여,

---

125) 朝鮮總督府, 『産業調査委員會會議錄』, 1921, 13쪽.

제3부 조선 상업회의소의 산업개발자금 요구활동과 철도정책으로의 집중

	대조직으로 할 필요가 있고 혹은 나아가 관사철도를 아울러 반관반민의 1철도회사로 할 필요가 있음
결의안	① 관사철도의 보급 ② 교통계통의 정비를 위한 철도선로망의 조사 ③ 기성철도의 개량 및 철도이용설비의 충실 ④ 철도경영의 조선 산업발달 최선고려 ⑤ 철도보급에 관한 의견의 조사연구

출전: 朝鮮總督府, 『朝鮮産業ニ關スル計劃要項參考書』, 1921 ; 賀田直治, 「朝鮮의 鐵道 網에 關한 考察과 그 延長의 必要」, 『朝鮮』 제102호, 1923 ; 『朝鮮總督府官報』 1921.10.5, 「通牒」.

〈표 8-4〉를 통해 보면, 지역 상업회의소의 철도부문에 대한 자문안이 그대로 산업조사위원회의 참고서로 통합·조정되고 결의안에도 영향을 미쳤음을 알 수 있다. 그리고 지역 상업회의소의 희망대로 조선총독부는 장래 철도부설과 관련하여 30년간 총연장 6천 마일의 선로달성을 제기하고 있다. 조선 상업회의소 인사들이 다수 포함된 산업조사위원회 특별위원회에서도 철도부설계획의 수립과 금후 10년간 총연장 3,500마일에 달하는 철도망 확충계획의 수립을 제기하고 있다. 따라서 조선총독부의 「참고서」와 특별위원회의 제안을 결합하여 산업조사위원회는 "교통계통의 정비를 위한 철도선로망의 조사"를 결의하였고, 덧붙여 "철도보급에 관한 의견의 조사연구"도 제시하고 있다. 이에 따라 조선총독부는 1922년부터 일정 사업비를 정하여 철도선로망 조사에 들어갔다.[126] 그러나 산업조사위원회의 결의안은 근본적인 문제점을 지니고 있었다. 즉, 산업조사위원회의 조선 산업방침에는 산업자금에 대한 부분이 너무도 소극적이었다는 점이다.[127] 물론 관설철도의 부설·개량은 모두 공채로 할 것, 그리고 사설철도는 조선사설철도보조법에 기초하여 조달할 것을 주장하였지만[128] 당시의 경제 상황은 낙

---

126) 朝鮮總督府 鐵道部, 「朝鮮에서 鐵道現在施設」, 『朝鮮』 제102호, 1923, 117~119쪽.
127) 朝鮮總督府, 『朝鮮産業ニ關スル計劃要項參考書』, 1921, 47~48쪽.
128) 『每日申報』 1921.9.23, 「産業調査參考書(4)」.

관적이지 못했다. 일본정부는 1922년부터 본격적으로 '募債制限主義'에 기초한 긴축재정으로 사업공채에 대한 중지를 선언하였다. 조선총독부도 확대된 예산을 통치 안정화와 산미증식계획에 집중해서 사용하였다. 따라서 조선의 산업개발에 필요한 자금은 삭감되거나 최소화되어 이미 실행하고 있는 사업은 중지되고 예정 사업은 지연될 운명이었다. 또다시 조선 상업회의소는 조선총독부의 예산편성에 의존하던 소극적인 입장으로부터 직접 산업개발자금을 확보하는 적극적인 입장으로 태도를 전환하지 않을 수 없었다.129)

3. '철도부설10개년계획'의 수립과 정치활동

조선 상업회의소의 요구에 따라 1921년 산업조사위원회가 설치되고 산업정책의 대체적인 골격이 갖추어졌다. 그럼에도 불구하고 조선총독부는 통치안정화를 위한 치안유지와 본국을 위한 산미증식계획에 몰두하였다. 조선 상업회의소가 요구하던 산업개발은 점차 활기를 띠기는커녕 침체일로에 빠졌다. 그나마 부설예정이었던 평원철도는 또다시 연기될 처지에 빠졌다. 그러자 평양을 중심으로 원산, 진남포상업회의소는 평원철도속성을 위해 진정운동을 전개하였다. 더불어 만선상업회의소연합회를 비롯하여 전국 상업회의소연합회에도 평원철도속성을 제안하여 두 연합회의 결의안으로 당국에 진정되었다.130) 조선 상업회의소는 조선총독부의 철도부설계획을 더 이상 기다릴 수 없었다. 자신들이 스스로 철도부설계획을 수립하고 총독부를 비롯하여 일본정부에 그 실행을 요구하지 않으면 안 된다고 생각하

---

129) 현재는 "이론보다는 실행시대"라고 하며 그 태도를 전환하였다(『每日申報』 1922. 2.18, 「全鮮商議聯合會」).
130) 『東亞日報』 1921.10.5, 「鮮滿商議聯合議案」; 10.19, 「市民大會開催」; 10.22, 「平元線速成陳情·市民大會續報」; 11.7, 「平壤商議提案」.

기에 이르렀다.

드디어 조선 상업회의소에게 더없이 좋은 기회가 찾아왔다. 1921년 말 워싱턴에서는 미·영·일의 군축회담이 진행되었다. 회의 결과에 따라 일본은 2억 원에 달하는 군축잉여금이 발생하게 되었다. 이 같은 소식을 전해 들은 조선 상업회의소는 즉각적으로 반응하기 시작하였다. 즉, 군축잉여금의 일부를 조선의 산업개발에 투자할 것을 요구하기 시작하였던 것이다. 그러기 위해서는 구체적인 사용내역을 논의하여야 했다. 긴급히 개최된 연합회에서 조선 산업개발 '4대 요항'을 결의하고 조선총독부를 비롯하여 일본정부에 진정하기로 하였다. 그중 첫 번째가 철도부설이었다. 특히 조선 산업개발 '4대 요항' 중 철도부문은 철도부설에 가장 적극적이었던 경성상업회의소의 '조선철도정책의 2대 요강'을 모체로 하여 작성되었다.[131]

경성상업회의소의 조선철도정책은 산업조사위원회 과정에서 특별위원회가 제기한 의견을 구체화한 것으로 보인다. 경성상업회의소는 먼저, 조선총독부 철도부장의 참석을 요청하고 "조선 장래의 철도망 완성문제"에 대하여 의견을 교환한 후 조선철도정책을 결정하였다.[132] 그리고 조선사설철도협회이사도 초대하여 각 사설철도부설의 현재 상황과 장래에 대한 방침 그리고 희망을 청취하였다. 그러므로 경성상업회의소의 '조선철도정책의 2대 요강'은 상업회의소의 입장에서 조선총독부, 조선사설철도협회의 의견을 통합·조정한 계획안이었음을 알 수 있다. 그러면 우선 경성상업회의소가 제출한 '조선철도정책의 2대 요강'을 구체적으로 살펴보도록 하자.

1. 朝鮮産業開發의 第一義는 鐵道의 敷設에 있다고 確信한다. 따라서 國有鐵道는 大正11年 以降 旣定計劃遂行에 필요한 建設費 4억 6천만 원 및

---

131) 1920년대 경성상업회의소는 경성상공연합회와 토목건축협회로 세력이 양분되어 있었고(伊藤正慤,「沿革編」,『京城商工會議所二十五年史』, 1941, 251~252쪽), 각각 상품유통과 토목공사라는 이해관계에 따라 철도부설에 가장 적극적이었다(전성현, 앞의 논문, 2007, 210쪽).
132)『東亞日報』1922.1.25,「商議役員會」.

旣成改良과 車輛增設費 각 연 5백만 원 合計 5억 1천만 원을 요하기 때문에 이를 10年 計劃으로 하여 年額 5천 1백만 원을 計上함이 必要하다.

2. 私設鐵道는 財界의 波瀾에 災하여 매우 難局에 빠졌으나 近來 점점 各 會社 모두 事業을 振興하려고 하는 機運에 向함은 기쁘다. 따라서 이 機運을 잃지 않고 그 建設을 實現하도록 함에는 各種의 議論을 排하고 그 嚮할 바를 一로 하여야 한다. 이를 위해서는 朝鮮私設鐵道補助法에 따라 補給費 限度를 年額 5백만 원 以上으로 增額함이 必要하다고 믿는다.133)(강조는 필자)

위 인용문을 살펴보면, 경성상업회의소의 조선철도정책은 철도부설을 "조선 산업개발의 제일의"로 확신하고 국유철도 및 사설철도의 부설에 매진해야 함을 강조하고 있다. 그 방법으로 국유철도는 10개년계획으로 기정선 및 계획선의 건설비, 그리고 기성개량과 차량증설비를 각각 설정하여야 한다고 주장하고 있다. 사설철도는 조선사설철도보조법이 정한 한도 250만 원을 500만 원으로 두 배 증액할 필요가 있음을 강조하고 있다. 이와 같은 경성상업회의소의 주장은 연합회에서 산업개발 '4대 요항'의 첫 번째 '철도부설10개년계획'으로 사실상 확정되었다.

계속해서 연합회에서 결의한 '철도부설10개년계획'의 내용을 살펴보기 전에 그 배경을 먼저 살펴보도록 하자. 연합회는 조선 산업개발 '4대 요항'의 첫 번째로 철도부설을 주장하면서 다음과 같이 철도부설의 필요성을 주장하였다.

朝鮮에서 産業과 交通의 施設은 가장 重大問題로 鐵道의 振否는 朝鮮産業의 死命을 制하는 것이라 할 수 있다. 그러나 現在 朝鮮鐵道는 1,158哩의 國有本線과 230哩의 私設地方線을 가지고 있는데 朝鮮의 6분의 1의 面積을 가진 臺灣은 2,040哩의 官私鐵道를 가진 것에 비하면 如何히 그 貧弱함을 면하지 못할 것이다. 지금 이 根本的 建設方針을 決定하여 實行經營을 진행하

---

133) 京城商業會議所, 『朝鮮經濟雜誌』 제74호, 1922, 41쪽.

지 않으면 産業의 開發은 물론 朝鮮統治의 大方針인 文化政治의 目的을 달성할 수 없고 世運의 進步에 背馳되며……다시 朝鮮의 國防에 대하여 보아도 가장 積極的 方針을 採擇하지 않을 수 없는 것은 말할 필요도 없다. 따라서 今後 10年 計劃으로 第1期를 完成할 必要를 認한다.[134](강조는 필자)

위 인용문을 살펴보면, 연합회는 철도가 산업의 생사를 좌지우지하는 것이기 때문에 근본적인 철도방침을 수립하여 실행·경영하여야 한다고 강조하고 있다. 만약 근본적인 철도방침을 수립하지 않으면, 산업의 개발과 문화정치의 목적, 그리고 국방상의 안정 등 일제의 식민정책은 결코 달성할 수 없다고 주장하고 있다. 그래서 자신들의 '철도부설10개년계획' 가운데 제1기선의 완성을 강력하게 제기하고 있다. 결국 조선 상업회의소가 주장한 철도부설은 자신들의 경제적 기반이 조선에서 확대되는 것을 목표로 하였을 뿐만 아니라 일본의 안녕과 이익, 그리고 식민정책의 달성을 위한 것이었음을 알 수 있다.

이제 연합회의 '철도부설10개년계획'의 내용과 그 성격을 살펴보도록 하자. 〈표 8-5〉는 '철도부설10개년계획'과 그에 따른 소요경비 내역과 금액이다.

연합회의 '철도부설10개년계획'은 〈표 8-5〉와 같이 국유철도의 건설 및 개량과 사설철도의 건설을 위한 보조로 이루어져 있다. 전체적으로는 관사철도의 부설과 개량을 주장했던 기존의 요구사항과 큰 차이점이 없는 것처럼 보인다. 그러나 구체적인 국유철도의 선로와 그 필요한 경비를 제시하는 한편, 사설철도의 경우 보급금의 한도를 2배로 증가시켜 제안하고 있는 점이 이전과 다르다. 또한 기설철도에 대한 부설 및 개량뿐만 아니라 장래 부설할 철도까지 선정하여 구체적인 경비까지 제시하고 있다.

반면에 조선총독부는 1912년 조선의 국유철도망을 가결정하였다. 그러나 이는 조사가능한 모든 노선을 포함한 것이었다. 그리고 이에 대한 조사도

---

134) 京城商業會議所, 『朝鮮經濟雜誌』 제75호, 1922, 55쪽.

〈표 8-5〉 조선상업회의소연합회의 '철도부설10개년계획'과 소요경비(1922)

구분	내역 및 금액(단위: 마일哩, 圓)			비고
국유철도	진해선	13마일 건설비	160,000,000	1922년부터 10개년 계획
	함경선(未成分)	232.3마일 건설비		
	평원선	133마일 건설비		
	경부, 경의선	602마일 復線布設	120,000,000	
	동해안선(원산부산간)	401마일 건설비	110,000,000	
	경성강릉선	194마일 건설비	70,000,000	
	旣成線改良 및 車輛 增備費10년분		50,000,000	
	합계		510,000,000	
사설철도	보급액		5,000,000	3년간

출전: 京城商業會議所, 『朝鮮經濟雜誌』 제75호, 1922, 55쪽.

1917년 경상부 사업으로 일부 실시되다가 중지되었다. 그러다가 1921년 산업조사위원회와 1922년 연합회의 '철도부설10개년계획'이 제안되자 선로조사부를 설치하고 본격적으로 조사하기 시작하였다.[135] 따라서 조선총독부의 철도정책은 지금껏 계획되거나 결정된 것이 전혀 없었다고 해도 과언이 아니다. 물론 이는 통치 초기 식민지의 정치·사회적 안정에 집중했던 조선총독부의 식민정책과도 긴밀한 관련이 있겠지만 결과적으로 조선총독부는 철도를 비롯한 산업개발에 소극적이었다. 이 때문에 조선 상업회의소는 스스로 철도부설계획을 수립하여 조선총독부와 일본정부에 제기하게 되었던 것이다.

이제 '철도부설10개년계획'을 좀 더 구체적으로 살펴보도록 하자. 연합회는 조선총독부가 계획하여 실행하고 있던 기존 철도는 물론 독자적인 철도의 부설도 주장하고 있다. 그간 조선총독부에 의해 부설 및 개량이 계획·실행된 것은 1914년 함경선과 경부선, 그리고 1918년 진해선 및 평원선이었

---

135) 朝鮮總督府 鐵道局, 『朝鮮の鐵道』, 1927, 247~251쪽.

제3부 조선 상업회의소의 산업개발자금 요구활동과 철도정책으로의 집중   275

다. 이 가운데 완성되거나 개량된 것은 없었고 예산 및 정치·경제적 문제로 계속 연기 또는 지체되었다. 그중 평원철도는 이미 언급한 것같이 평양, 진남포, 원산상업회의소의 부설청원에 의해 계획된 것이었다. 결과적으로 조선총독부가 주도하여 계획되거나 부설 중인 철도는 함경선, 진해선이 전부였다고 할 수 있다. 나머지 철도는 조선 상업회의소가 과거에 요구했거나 새롭게 요구하고 있는 것이었다. 그 가운데 동해안선과 경릉선은 이번에 연합회에 의해 새롭게 요구된 선로였다.[136] 동해안선은 부산과 원산을 연결하여 함경선, 길회선과 연결되는 제2의 종관철도로 그 연선에 천연지하자원과 임·해산물이 풍부한 경제선이었다.[137] 그렇기에 부산과 원산상업회의소에 의해 집중적으로 부설이 요청되고 있었다.[138] 경릉선은 경성, 강원도, 그리고 경상북도를 연결하는 횡단철도로 이 또한 강원도와 경상북도의 풍부한 농산물과 천연지하자원을 경성으로 유입할 수 있는 경제선이었다.[139] 그래서 경성상업회의소가 중심이 되어 부설을 요청하고 있었다. 이처럼 연합회의 '철도부설10개년계획'은 대상업회의소를 중심으로 하여 수립되었으며, 조선의 두 종관철도를 중심으로 하여 동서를 연결하는 횡단철도를 가장 중요한 철도로 제기하고 있었던 것이다.[140]

---

136) 『京城日報』 1922.2.2, 「商議聯合會」 ; 2.3, 「商議運輸部會」.
137) 朝鮮總督府 鐵道局, 앞의 책, 1940, 269쪽.
138) 동해안선의 남부선은 1910년대 중후반부터 부산상업회의소를 중심으로 기성운동이 전개되고 있었고 북부선은 원산상업회의소를 중심으로 기성운동이 전개될 예정이었다.
139) 나중에 인천상업회의소도 경릉선과 유사한 철도의 부설을 주장하였는데 그런 면에서 경릉선은 경성뿐만 아니라 인천상업회의소의 이해도 반영하고 있음을 알 수 있다.
140) 조선 산업개발 '4대 요항' 중 철도부설부문은 가장 먼저 실행하여야하는 의미에서 제1기선으로 제기되었고 이 1기선은 조선 내 규모가 큰 상업회의소의 이해와 밀접히 관계되어 있었다. 이 때문에 대구상업회의소가 전주대구선의 부설을 제5회 전선상의연합회에 제기하자 제1기선의 완성을 보지 못하였기 때문에 인정할 수 없다고 하여 연합회에서 철회되었다. 그 결과 대구상업회의소회두는 사퇴하기에 이르고 대구상업회의소는 연합회의 탈퇴까지 고려할 정도로 강경하게 저항

한편 연합회의 철도부설에 관한 계획이 실행되려면, 〈표 8-5〉와 같이 10개년계획으로 매년 5천만 원이 넘는 예산이 소요될 것으로 예상되었다. 그러나 당시의 조선총독부 예산으로는 10년이 아니라 23년이라는 장시간이 소요될 수밖에 없었다. 게다가 일본정부의 예산긴축으로 말미암아 조선의 산업개발 자체가 지연될 수밖에 없는 상황이었다. 따라서 예산 이외의 군축잉여금은 조선 상업회의소에게 절호의 기회였다.[141] 조선 상업회의소는 군축잉여금의 조선 투자를 전제로 철도를 비롯한 산업개발 '4대 요항'을 수립하고 그 달성을 위한 실행방법으로 '東上運動'을 전개하였다.[142]

조선 상업회의소는 '동상운동'을 통해 직접 일본의 정·재계와 접촉하여 조선 개발의 필요성을 선전하고 그들의 주장이 실현되도록 정치적 운동을 전개하였다. 그러나 조선에 대해 제대로 알지 못하는 일본 정·재계의 인사들로 말미암아 조선 상업회의소의 조선 산업개발 '4대 요항'을 달성하기 위한 '동상운동'은 주로 조선의 상황을 알리고 이에 대한 이해를 구하는데 주력할 수밖에 없었다. 그로 말미암아 철도부문에 대한 요구도 조선의 상황을 설명하고 이에 대한 이해를 구하는 정도에 그쳤다. 즉, "병합 이래 평균 개통 1개년 약 10마일 내외에 지나지 않는 상태로서는 내지는 물론 대만에도 미치지" 못한다고 조선의 현실을 설명하고 조선을 다른 식민지와 다르게 고려할 것을 요구하였다.[143] 그런 와중에 '동상운동'을 통한 조선 상업회의소의 선전활동은 어느 정도 성과를 거뒀다.[144] 그러나 군축잉여금을 비

하였다(『東亞日報』 1922.9.17, 「商議聯合」; 9.23, 「大邱商議所」). 이후 대구상업회의소는 개별적으로 전주대구선을 건설하고자 기성운동을 전개하였다(『東亞日報』 1923.1.15, 「邱全鐵道實測」).

141) 『京城日報』 1922.2.5, 「鐵道完成大案」.

142) 조선상업회의소연합회의 산업개발 '4대 요항'과 그 달성을 위한 실행방법으로 전개된 '東上運動'에 대해서는 전성현, 「1920년대 조선상업회의소연합회의 산업개발 '4大要項과 정치활동」, 『한국민족운동사연구』 52, 2007 참조.

143) 伊藤正愨, 「沿革編」, 『京城商工會議所二十五年史』, 1941, 184·190~192쪽 ; 京城商業會議所, 『朝鮮經濟雜誌』 제81호, 1922, 41~43쪽 ; 『朝鮮時報』 1923.4.19, 「釜山商工業의 振興에 관한 三氏의 視察報告」.

제3부 조선 상업회의소의 산업개발자금 요구활동과 철도정책으로의 집중   277

롯한 일본의 자본은 조선 상업회의소가 원하는 조선 산업개발에 대한 투자로 이어지지는 않았다. 그러자 경성상업회의소는 조선철도망의 완성을 위해서는 차관의 도입도 필요하다고 주장하고 나섰다.[145] 이 같은 주장에도 불구하고 일본정부는 계속해서 '모채제한주의'의 긴축재정을 실시하였다. 설상가상 동경의 3분의 2가 파괴되는 관동대지진까지 발생하였고 이 때문에 일본정부는 '帝都' 동경의 복구에 모든 자금을 집중하게 되었다. 결국 조선 상업회의소의 '철도부설10개년계획'안과 이를 달성하기 위한 군축잉여금 및 일본 자본의 조선 투자는 일본본국의 경제적 사정으로 말미암아 실패하고 말았다. 그러나 철도부설에 관한 조선 상업회의소의 정치적 활동은 각 지역의 경제선인 사설철도회사의 수립과 부설에 적극적으로 영향을 미쳤을 뿐만 아니라 조선총독부로 하여금 보다 장기적인 철도부설계획의 수립과 이를 통한 조선 산업개발의 필요성을 인식할 수 있도록 추동하였다. 그리고 그 실패를 발판으로 조선 상업회의소는 조선총독부와 일본정부에 조선 산업개발을 위한 자금의 확대를 요구하는 한편, 산업개발 '4대 요항' 중 철도부설에 그 역량을 집중하게 된다.[146] 조선 상업회의소의 변화된 움직임은 관동대지진 이후 전개된 그들의 조선철도망속성운동으로 이어졌고, 조선총독부와 일본정·재계에 영향을 미쳐 '조선철도12년계획'의 수립에 기여하게 된다.[147]

---

144) 관세가 거의 철폐되었고 사설철도보조금의 한도가 250만 원에서 300만 원으로 증대하였으며 그 연한도 10년에서 15년으로 늘어났다(『京城日報』1923.5.30, 「私鐵合同認可」; 弓削幸太郎, 「私設鐵道六會社合倂의 經過」, 『朝鮮』제102호, 1923, 52~57쪽).
145) 釘本藤次郎, 「朝鮮産業의 開發과 鐵道網의 完成」, 『朝鮮』제91호, 1922, 397~400쪽.
146) 朝鮮商業會議所聯合會, 『臨時朝鮮商業會議所聯合會議事速記錄』, 1923.
147) 조선상업회의소연합회의 '조선철도12년계획'에 관한 활동에 대해서는 전성현, 「일제하 조선상업회의소연합회의 산업개발전략과 정치활동」, 동아대 박사학위논문, 2009, 제6장 조선철도망계획의 수립 참조.

제9장 조선철도망 속성운동과 '조선철도12년계획'

철도는 진보와 문명을 상징하는 근대적 교통수단일 뿐만 아니라 특수하고 이질적인 전통적 시공간을 보편적이고 균질적인 근대적 시공간으로 탈바꿈시키는 '근대의 총아'라고 할 수 있다. 개항 이후 세계자본주의 체계에 강제 편입된 조선에서도 '문명화의 기치' 아래 철도건설이 계획되었다. 그러나 조선에서의 철도건설은 조선인들의 필요와 요구에 의해 진행된 것이 아니라 일본을 중심으로 한 제국주의 국가의 조선 식민화 과정 속에서 추진되었다. 따라서 철도는 조선사회를 문명화시킨다는 명분 아래 제국-식민체제의 성립을 추동한 근대화의 첨병이었을 뿐만 아니라 일제의 침략과 수탈을 직접 수행한 식민화의 기수였다.

간선철도망이 확충되는 일제시기에만 한정하면, 조선총독부의 '朝鮮鐵道十二年計劃'(1927~1938)과 '朝鮮中央鐵道敷設計劃'(1936~1942)은 중요한 철도정책이라고 할 수 있다. 특히 '조선철도12년계획(이하 '12년계획'으로 줄임)'은 산미증식계획과 함께 1920~1930년대 조선총독부가 추진한 가장 중요한 경제정책이었다. 그래서 1920년대 이미 조선총독부의 경제정책이 농업정책에서 산업개발정책으로 전화해 갔음을 강조하며 그 중요한 근거로서 '12년계획'에 주목한 연구가 제출되었다.148) 이 연구는 '12년계획'의 수립배경과 특징은 물론 화물운수실태와 1930년대 군수 공업화와의 관계를 상세히 분석하였다. 그 결과 '12년계획'철도는 북부조선의 자원개발 등 경제적 수탈을 위한 '경제선'이었으며 1930년대 군수공업화 정책과 긴밀하게 연결되었음을 강조하였다. 최근 '12년계획'만을 다룬 것은 아니지만 일제의 식민지철도지배에서 중요한 역할을 한 고위철도관료의 철도구상과 역할을 통해 '12년계획'이 어떻게 계획·추진되었는지를 밝힌 연구가 또한 제출되었다.149) 이 연구에 의하면 조선철도가 만철위탁경영으로부터 조선총독부

---

148) 金景林,「日帝下 朝鮮鐵道 12年計劃線에 關む 研究」,『경제사학』12, 1988.

제3부 조선 상업회의소의 산업개발자금 요구활동과 철도정책으로의 집중   279

직영으로 전환된 1925년 조선총독부 초대 철도국장으로 부임한 大村卓一이 자신의 지론인 '조선개척철도론'의 일환으로 '12년계획'을 적극 추진한 것으로 파악하였다. 특히 大村의 '조선개척철도론'을 '조만철도연결정책'에 잇닿아 있는 것으로 파악하여 결국 '12년계획'을 북부조선의 개발과 더불어 만주 및 소련 국경지역과의 연결을 통한 대륙지배의 효율적인 수단이었다고 주장하였다. 이상의 기존 연구를 통해 '12년계획'의 구체적인 내용과 그 식민지적 성격이 어느 정도 밝혀졌다.

그러나 '12년계획'에 대한 기존 연구는 주로 국가정책의 입안과 집행이 국가권력에 의해 추진된다는 일반론에 따라 일본정부(군부)와 조선총독부를 그 중심에 놓고 수립과정과 철도의 성격을 제기하였다. 특히 大村의 역할을 강조하는 논문에서는 1925년 철도국장으로 부임한 이래 '12년계획'을 주도적으로 수립하여 실행케 하였다는 것이다. 하지만 근대국가는 국가정책의 입안과 집행에 대해 일방적이지 않으며 그 정책의 효과적인 집행을 위해 표면적이기는 하나 합리적인 절차로 이익집단 및 공론의 수렴을 거쳐 추진하는 경향도 나타난다. 특히 파시즘기와 같은 극단적인 상황에서도 마찬가지였다.[150] 일제 또한 각종 위원회를 통해 경제정책을 수립·입안·집행하였으며 그러한 경향은 만주사변을 거쳐 중일전쟁으로 치닫는 총력전 체제에 들어서도 획일적이지만 지속되었다.[151] 더군다나 기존 연구에서도

---

149) 鄭在貞, 「조선총독부철도국장 大村卓一과 朝滿鐵道連結政策」, 『歷史敎育』 104, 2008.
150) 독일의 '조합주의'가 대표적인 예인데, 경제정책에 관한한 독일 국가는 기업과 지속적인 상호 협조·협력관계를 맺고 있다. 한편 최근 들어 조선총독부의 조선인 지주 또는 유지와의 관계를 '식민지 조합주의'로 파악하고자 하는 연구도 제출되고 있는데(신기욱·한도현, 「식민지 조합주의: 1932~1940년의 농촌진흥운동」, 『한국의 식민지 근대성』, 삼인, 2006), 필자는 이 식민지적 '조합주의'를 농촌에 적용하는 것은 무리이며 도시 특히 일본인 중심의 식민도시에만 한정하여 사용해야 한다고 생각한다.
151) 岡崎哲二, 「日本の戰時經濟と政府－企業間關係の發展」, 『總力戰と現代化』, 柏書房, 1995.

제기되었듯이 '12년계획'은 일본정부와 조선총독부에 의해서만 추진된 것이 아니라 조선의 일본인 상공업자들 즉, 조선 상업회의소의 적극적인 개입에 의해서도 추진되었다. 특히 조선 상업회의소는 1900년대 일본인상업회의소 시기부터 철도건설이 지역발전에 중요한 시설임을 감안하여 적극적으로 철도건설 운동과 건설에 뛰어 들었다. 병합 이후 조선인상업회의소와 조선 상업회의소는 지역 상업회의소는 물론 조선상업회의소연합회를 결성하여 지속적으로 조선철도망의 완성을 주장하였다. 그 구체적인 계획이 1920년대 초에 제기된 '철도부설10개년계획'(이하 '10개년계획'으로 줄임)이었다. 따라서 이 장은 기존 연구에서 간과한 조선 상업회의소의 철도계획과 정치활동을 통해 '12년계획'의 수립에 그들이 얼마만큼 적극적이었는지, 그리고 그 결과 '12년계획'의 어디까지 그들의 의견이 관철되었는지를 구체적으로 밝혀내어 일제의 식민정책과 그 식민지적 의미를 입체적으로 조망할 수 있도록 조금이나마 기여하고자 한다.

1. 조선 상업회의소의 조선철도망 속성운동

1) 조선철도망 속성운동의 배경

강제병합을 전후한 시기부터 조선 상업회의소는 지역 경제의 활성화와 자신들의 경제적 기반을 확대하기 위한 지역철도의 건설에 적극적으로 개입하였다. 그들은 조선총독부에 관설철도의 건설을 지속적으로 요구하는 한편, 사설철도회사의 설립에 적극적으로 참여하여 사설철도의 건설에도 적극적이었다.[152] 물론 그 과정은 순탄치만은 않았다. 철도와 같은 기간산

---

[152] 병합을 전후하여 지역의 일본인 자본가들이 중심이 된 일본인상업회의소와 그 연합회는 조선의 개발이익을 확보하는 한편, 지역 경제기반을 확대하기 위해 관설철도(평남선, 호남선, 경원선 등)는 물론 사설철도회사(부산궤도주식회사, 조선와사전기주식회사, 남한철도주식회사, 대구철도주식회사, 전북경편철도주식

업의 조성과 경영은 막대한 비용을 수반하는 것이기 때문에 정부차원에서 적극적으로 추진되어야 했다. 그럼에도 불구하고 당시의 조선총독부는 식민지조선의 통치 안정화에 일차적인 목표를 두었기 때문에 철도건설과 같은 산업개발에는 적극적이지 못했다. 그래서 해당 지역 및 일본으로부터 유입된 자본을 통한 철도회사의 설립을 조장하고 관련 법령을 제정하여 보조하는 것으로 해결하고자 하였다. 그러나 조선에 설립된 철도회사는 일본의 경제 상황에 따라 성쇠가 좌우되었기 때문에 제대로 철도건설에 나서지 못하는 경우도 속출하였다. 따라서 조선 상업회의소는 1920년대 새로운 정치·경제적 환경 속에서 더욱 적극적으로 철도건설운동을 전개하였다. 이제는 해당 지역의 철도건설뿐만 아니라 조선 산업개발을 위한 중장기적인 철도건설계획의 수립을 산업조사위원회를 통해 조선총독부에 요구하는 한편,[153] 이를 받아들이지 않는 조선총독부에 대해 스스로 '10개년계획'을 수립하고 이에 필요한 자본을 모집하기 위해 정치적 활동을 전개하였다.[154] 이러한 그들의 노력은 사설철도에 대한 보조금 증가와 사설철도회사의 통

회사, 광주경편철도주식회사, 조선전기주식회사, 함흥탄광주식회사 등)의 설립과 사설철도의 건설에도 적극적이었다(전성현, 「일제하 조선 상업회의소의 철도건설운동(1910~1923)」, 222~225쪽).

153) 지역 상업회의소의 산업조사위원회 자문안 중 철도부문은 해륙 교통망의 연결을 주장하는 개항장 상업회의소도 제기하였지만 주로 경성을 중심으로 하는 내륙의 상업회의소에 의해 집중적으로 제기되었으며 이와 같은 자문안을 중심으로 만들어진 산업조사위원회 참고안에는 철도보급을 약 30년간 6천리에 달하도록 하겠다는 내용이 제기되었고 결의안에서는 이를 위해 우선 철도선로망 조사 등을 실시하도록 하였다(위의 논문, 239~242쪽).

154) 조선 상업회의소가 1922년 제기한 '철도부설10개년계획'은 남북을 연결하는 경부경의선(복선)과 동해안선이라는 두 종관철도와 동서를 연결하는 평원선과 경릉선이라는 두 횡단철도를 완성하기 위한 것이었다. 그중 평원선은 평양, 진남포, 원산상업회의소가 부설을 청원하여 계획된 것인데 계속되는 예산문제로 지연되고 있었고 새롭게 제기된 동해안선과 경릉선은 중남부 조선의 천연자원 및 임해산물 개발을 통한 지역 경제기반의 확대재생산을 목적으로 한 지역 경제선이었다(위의 논문, 246~251쪽).

합, 그리고 조선총독부 및 일본 정·재계의 철도건설에 대한 관심증가로 이어졌다. 그러나 가장 중요한 자본 투자와 정책적인 뒷받침까지는 이끌어내지 못했다.155)

게다가 엎친 데 덮친 격으로 동경을 중심으로 관동지역에 지진이 일어나자, 일반 금융은 경색되었을 뿐만 아니라 일본정부에 의한 일반예산의 긴축과 삭감으로 인하여 전 예산의 3분의 1 이상이 삭감될 상황이었다. 그렇게 된다면 조선총독부가 실행할 조선의 산업개발은 대부분 정지 또는 연기될 위기에 처해졌다. 그중에서 철도건설이 받을 타격은 심각하였다.156) 산업개발의 필요성과 조선 사정의 선전에 노력하고 있던 연합회는 이러한 상황을 간과할 수 없었다. 지역 상업회의소는 곧바로 대응책 마련을 위해 임시연합회를 개최하였다. 임시연합회는 조선 개발에 가장 중요한 보급금 및 사업공채가 중지되면 산업개발에 엄청난 타격을 받을 것으로 여기며 특히 철도문제에 주목하였다. 연합회장 釘本藤次郎은 일본철도는 "점점 장황하고 윤택하여 대부분 복선으로 이루어져" 있기 때문에 예산의 대폭 삭감에 의해 "만약 늦어져도 그다지 고통은" 없을 것이지만 조선은 일본과 다르다고 강조하였다. 그리고 조선개발은 철도가 완성되어야만 가능하다고 주장하였다. 또한 산업개발을 가능케 하는 조선의 철도건설은 일본 및 조선 통치상의 문제인 이민문제, 경비문제, 동화정책의 관철, 산업의 증식, 공업의 발달 등도 해결할 수 있는 중대한 문제임을 힘주어 강조하였다. 끝으로 조선철도망의 속성은 "조선통치의 대목적"이 달성되는 것이며 "조선개발의 대사명"이 실현되는 것이라고 거듭 주장하였다.157)

---

155) 이를 완성하기 위해 동경에까지 넘어가 일본 정재계 인사들과 접촉하는 '東上運動'을 개하였다. 조선 상업회의소의 '10년계획'과 '동상운동'에 관해서는 위의 논문 참조.
156) 『京城日報』1923.10.7, 「公債事業이 中止되면 輕鐵은 大打擊을 입는다」; 「公債事業의 禁止와 朝鮮鐵道工事」; 10.8, 「事業公債禁止와 鮮鐵」; 10.10, 「公債事業을 中止시키는 것은 朝鮮에는 大打擊」.
157) 朝鮮商業會議所聯合會, 『臨時朝鮮商業會議所聯合會議事速記錄』, 1923, 5~6쪽.

연합회장의 말은 지금껏 연합회가 주장한 것과 동일하게 철도건설의 중요성을 두 가지 입장에서 지적하고 있다. 첫째, 조선의 자본가들인 자신들의 입장에서 철도건설의 필요성을 강조하고 있다. 왜냐하면 철도건설에 따른 조선개발은 각지의 개발을 의미하며 이는 해당 지역의 자본가들에게 이익이 되는 것은 분명한 사실이기 때문이었다. 둘째, 일본본국과 조선총독부의 식민정책의 입장에서 그 필요성을 제기하고 있다. 이는 조선의 산업개발이 조선의 독자적인 재력으로 불가능하며 일본정부와 일본으로부터의 자금유입에 의해 이루어질 수밖에 없다는 현실적인 문제 때문이었다. 그렇기에 연합회는 조선의 산업개발에 대한 일본과 일제의 식민정책이 얼마나 중요한 것인지를 강조하지 않을 수 없었다. 결국 연합회는 자신들의 이익과 함께 식민본국의 이익을 모두 강조하면서 산업개발 중 철도건설을 가장 중요한 문제로 제기하였던 것이다. 이러한 생각은 산업개발의 중지를 해결할 수 있는 철도망의 보급·완성을 결의한 다음의 표현에서도 그대로 드러난다.

> 鐵道網의 普及完成이라는 것은 朝鮮에서 各般의 施設中 最大 喫緊의 事業이며, 1日도 忽히 할 수 없는 實로 朝鮮의 死活運命을 制할 바의 重大事業이기 때문에 이것은 單히 朝鮮이라는 一個의 問題는 아니다. 實로 帝國의 中大問題로서 우리는 끝까지 政府에 向하여, 그 促進을 企圖하지 않을 수 없는 사정이라고 믿기 때문에 鐵道에 관하여는 이 같은 때라도 곧 共히 政府에 대하여 十分의 考慮를 願하며 豫定官線의 敷設은 물론, 私設鐵道에 대하여 補給金 其他에 대해서도 적극적인 시설을 기할 것이다. 만일 어떻게 해도 豫定線의 敷設이 불가능하게 된다면 私設鐵道에 대하여 가능한 한 補給金의 增額 其他의 援助를 願하며, 그 目的의 貫徹에 努力할 것이다. 그리하여 1個年에 4천 5백만 원이라도 鐵道의 建設費에 투자된다면 鐵道의 普及을 進行하는 동시에 一方으로는 地方民이 이에 의해 生活의 安定을 얻을 수 있기 때문에 **어떻게든 우리는 鐵道의 普及에 全力을 경주하여 總督, 中央政府에 向하여 極力運動하지 않으면 안 된다고 믿는 것이다.**[158](강조는 필자)

---

158) 위의 책, 6~7쪽.

연합회는 이처럼 철도망의 보급·완성을 조선의 문제일 뿐만 아니라 일본의 중대 문제이기 때문에 적극적으로 해결하여야 한다고 주장하면서 관동대지진이라는 급박한 상황에도 불구하고 그 촉진을 시도하지 않을 수 없다고 강조하였다. 더 나아가 조선의 지역민은 철도보급을 통해 생활의 안정을 얻을 수 있기 때문에 철도망 보급·완성을 위해 총독과 일본정부에 극력 운동할 것을 결의하였다. 결국 연합회에게 조선철도망의 보급·완성은 조선과 일본에 모두 이익이 되는 것이기 때문에 아무리 '帝都' 동경의 복구가 급박하다고 하나 반드시 실현해야할 중대한 문제였다.

한편 연합회는 조선철도망의 속성을 위한 활동에도 적극적으로 나섰다. 이전 시기 '東上運動'이 조선의 사정을 설명하고 그 이해를 구하는 정도였다면, 이제는 독자적으로 수립한 철도방침에 따라 철도의 건설·개량 및 자금 확보를 위해 적극적으로 일본 정·재계에 요구하는 정도까지 나아갔다. 특히 철도망 속성운동은 산업개발 '4대 요항'의 '10개년계획'을 중심으로 전개되었고, 연합회의 '10개년계획'에 포함되지 못한 철도는 지역 상업회의소에 의해 개별적인 기성운동으로 전개되었다.

2) 지역 상업회의소의 개별적 철도건설운동과 연합회의 조선철도망 속성운동

먼저 연합회의 '10개년계획'에 포함되지 못하고 지역 상업회의소 차원에서 전개된 철도건설운동을 살펴보자. 〈표 9-1〉은 지역 상업회의소에서 주도한 개별적 철도건설운동이다.

〈표 9-1〉 지역 상업회의소의 철도건설운동(1922~1925)

지역	요망철도선	비고
대구	전주대구선·진해대구선건설	사설요망(조선철도)
부산	부산울산선건설	사설요망(조선철도, 동해안선에 포함)
진남포	평남선개선, 황해선연장(신천저도)	사설요망(조선철도)

| 목포 | 남해안선건설 | 관설요망 |
| 군산 | 경남철도남하속성 | 사설요망(경남철도) |

출전:『每日申報』1922.9.17,「全鮮商議聯合會」;『東亞日報』1922.9.21,「大邱商議所 聯合會脫退」; 1923.1.15,「邱全鐵道實測」;『東亞日報』1923.1.26,「晋邱鐵道急設期成運動」;『京城日報』1923.8.2,「蔚山釜山間輕鐵速成運動」;『京城日報』1923.10.20,「蔚山釜山間鐵道速成陳情書提出, 香椎同盟會長으로부터 野村社長에게」;『朝鮮時報』1923.10.21,「蔚山釜山間 輕鐵速成運動의 經過」;『京城日報』1922.3.11,「輕鐵速成, 沿線住民大會」;『釜山日報』1925.7.4,「慶南鐵道南下速成乎」.

〈표 9-1〉의 철도건설운동을 구체적으로 살펴보면, 대구상업회의소는 미곡, 연초, 저마 등 농산물이 풍부한 전주·대구간 철도건설안을 우선, 조선 전체의 의견으로 의결하기 위해 연합회에 제출하였다. 그러나 연합회는 당시 '10개년계획'을 주장하고 있었기 때문에 그 주장을 채택할 수 없었다. 이 때문에 대구대표는 지역사회에서 엄청난 비난을 받는 한편, 대구상업회의소는 연합회 탈퇴를 결의하며 독자적으로 전주번영회와 연합운동을 전개하였다. 결국 대구상업회의소의 철도건설운동은 총독부의 양해를 얻어 철도부 기사의 파견과 동시에 선로조사에 들어가게 되었다.[159] 또한 대구상업회의소는 진해와 창원을 연결하는 군용철로의 완성을 기회로 진해·대구간 철도건설운동도 동시에 전개하였다. 대구의 경제적 기반을 경남까지 확대하고자 하는 의도와 진해지역의 부흥이라는 목적이 맞아 떨어져 晋邱鐵道急成期成會가 조직되었다. 대구상업회의소는 진해유지들과 교섭하고 진구철도건설을 위한 진해의 시민대회에 참석하여 그 필요성을 강조하는 등 지역 경제선의 건설을 위해 노력하였다.[160]

부산상업회의소는 부산울산선 건설을 위해 동래군, 울산군과 연합하는 한편 부산부윤, 동래군수, 울산군수 등 행정당국과 결합하여 건설운동을 전개하였다.[161] 부울선의 건실움직임은 1910년대로 거슬러 올라간다. 조선

---

[159]『每日申報』1922.9.17,「全鮮商議聯合會」;『東亞日報』1922.9.21,「大邱商議所 聯合會脫退」; 1923.1.15,「邱全鐵道實測」.
[160]『東亞日報』1923.1.26,「晋邱鐵道急設期成運動」.

최초의 경편철도회사가 부산의 일본인자본에 의해 설립되었을 때 부산울산선은 경상도지역의 경제적 주도권을 부산이 장악하기 위한 의도 속에서 추진되었다. 그러나 조선경편철도회사가 조선중앙철도주식회사로 개칭되면서 대구로 이전하고, 이후 대구를 중심으로 하는 경편철도 건설에 집중하면서 부울선은 건설되지 못하고 지연되었다. 따라서 경상도지역의 경제적 주도권을 회복하려는 부산상업회의소가 울산군 및 동래군지역의 유지들과 연합하여 부울선 건설을 적극적으로 전개하였던 것이다.162)

군산상업회의소는 1910년대 말 군산 對岸의 철도건설을 위해 충남경편철도회사(경남철도주식회사로 개칭)의 설립에 적극적이었으나 건설하지는 못했다. 그래서 무역항 군산의 물류유통을 위해서 반드시 필요한 對岸線의 건설에 적극적으로 나섰다.163) 한편 목포상업회의소도 남해안지역의 풍요로운 해륙물산의 유통을 통해 경제적 기반을 확대하기 위한 남해안선의 건설을 제기하였다. 그리고 이를 달성하기 위해 정무총감의 목포 방문 시 강력하게 의견을 제시하는 한편, 연합회에도 남해안선을 국유예정선에 편입하여 건설해 줄 것을 제안하는 등 건설운동을 전개하였다.164) 진남포상업회의소도 또한 황해도의 풍부한 농산물을 손쉽게 유입하기 위한 신천·저도간의 철도연장을 주장하였다. 그러나 서선식산철도주식회사는 三菱회사와 철광에 대한 배려로 해주선을 우선 기공하였다. 그 해주선이 완공되자 진남포상업회의소는 다시 朝鮮鐵道猪島線延長速成期成同盟大會 등을 개최하고 철도건설운동을 전개하였다.165) 이상과 같이 지역 상업회의소는 중앙차원의

---

161) 『京城日報』 1923.8.2, 「蔚山釜山間輕鐵速成運動」. 부산상업회의소의 부산울산선 건설운동에 관해서는 전성현, 「일제하 동해남부선의 건설과 지역 동향」 참조.
162) 『京城日報』 1923.10.20, 「蔚山釜山間鐵道速成陳情書提出, 香椎同盟會長으로부터 野村社長에게」; 『朝鮮時報』 1923.10.21, 「蔚山釜山間 輕鐵速成運動의 經過」.
163) 『京城日報』 1922.3.11, 「輕鐵速成, 沿線住民大會」; 『釜山日報』 1925.7.4, 「慶南鐵道南下速成乎」.
164) 『京城日報』 1924.9.11, 「木浦의 陳情, 鐵道急設其他」; 『朝鮮時報』 1925.7.15, 「航路速成要望」.

제3부 조선 상업회의소의 산업개발자금 요구활동과 철도정책으로의 집중   287

'10개년계획'에 포함되지 못한 지역 경제선의 건설을 위해 철도연선 주민들은 물론 지역 행정당국 등과 연합하여 총력적으로 철도건설운동을 전개하였다.

이상과 같이 개별적 철도건설운동은 지역 상업회의소가 중심이 되어 진행되었으며 그 대상인 철도는 모두 지역의 경제적 기반을 확대하고 지역 개발을 촉진하기 위한 지역 경제선임을 알 수 있다. 특히 지역의 경제기반 확대와 중남부 조선의 풍부한 자원을 손쉽게 수집·유통하기 위한 선로임을 알 수 있다. 그리고 이들 철도건설운동은 부산, 군산의 경우처럼 1910년대 사설철도회사의 설립과 함께 지속적으로 일어난 경우도 있었고 대구, 진남포, 목포의 경우처럼 개발의 필요성이 제기되어 비로소 건설운동이 전개된 곳도 있었다. 결국 당시 지역 상업회의소는 중앙 차원의 건설제의와 함께 독자적인 조직을 만들고 연선의 지역민들을 끌어들여 이른 시기부터 조선총독부와 사설철도회사에 철도건설을 청원하고 있었던 것이다.

그러면 연합회 차원에서는 어떤 철도건설운동이 벌어졌는지 살펴보도록 하자. 〈표 9-2〉는 예산확보운동과 병행하여 전개된 연합회의 철도망 속성을 위한 정치활동이다.

〈표 9-2〉 조선상업회의소연합회의 조선철도망 속성운동(1923~1925)

시기	주체	내용	청원대상	비고
1923.10	연합회 (임시)	관사철도망의 예정계획수행에 관한 청원의 건	내각총리대신 山本權兵衛, 내무대신 後藤新平, 대장대신 井上准之助, 조선총독 齋藤實, 척식사무국장관 俵孫一	예산문제
1924.4	경성	조선에서 주요철도망의 속성에 관한 청원의 건	전국상의연합회(京都)	단독
1924.5	경성	철도촉진실행위원회와 철도보급촉진	조선총독부	단독

165) 『東亞日報』 1924.3.7, 「猪島線速成과 鎭南浦側의 運動」; 1925.11.20, 「鐵道敷設을 關係當局에 陳情」.

	연합회 (7회)	조선사설철도의 보급을 촉진할 방법으로 1. 정부보급액 연8주를 1할로 증액 2. 내외채에 대해 정부보증(대구)	내각총리대신 겸 제국경제회의 의장 淸浦奎吾, 대장대신 勝田主計, 조선총독 齋藤實, 척식사무국장 別府總太郞	예산문제
1924.10	연합회 (임시)	철도건설개량비 2천만 원, 사설철도소요비 1천만 원	濱口대장대신	예산문제
1925.6	경성	관사철도속성에 관한 건	전국상의연합회(東京)	단독
	경성	조선철도망의 보급과 완성 및 사철보급금인상	조선총독부 철도국장	단독
1925.8	연합회 (8회)	조선에서 철도망의 보급 및 속성에 대해 실시요망의 건 (경성), 평원철도의 급설요망 (평양, 원산), 남해안선의 국유예정선 편입 및 속성요망 (목포)		예산문제

출전: 『每日申報』, 『東亞日報』, 『京城日報』, 『朝鮮時報』, 『釜山日報』 참조; 朝鮮商業會議所聯合會, 『臨時朝鮮商業會議所聯合會議事速記錄』, 1923; 京城商業會議所, 『朝鮮經濟雜誌』, 京城商業會議所, 1923~1925; 木浦商業會議所, 『木浦商業會議所月報』, 木浦商業會議所, 1923~1925; 大邱商業會議所, 『大邱商業會議所月報』, 大邱商業會議所, 1923~1925; 岡本保誠, 『仁川商工會議所五十年史』, 仁川商工會議所, 1934; 田中麗水, 『全鮮商工會議所發達史』, 釜山日報社, 1936; 伊藤正慤, 『京城商工會議所二十五年史』, 京城商工會議所, 1941; 町田義介, 『元山商工會議所六十年史』, 元山商工會議所, 1942.

〈표 9-1〉과 〈표 9-2〉를 통해 보면, 조선 상업회의소의 조선철도망 속성운동은 크게 조선철도와 지역철도라는 각각의 방향에서 이루어졌다. 조선철도 전체에 대해서는 연합회의 결의와 '동상운동'을 통해 관사철도망의 보급 및 속성을 일본정부에 요청하였다. 더불어 경성상업회의소는 단독으로 조선철도망의 완성을 위해 전국상의연합회와 총독부에 청원하였다. 지역철도에 대해서는 지역 상업회의소가 개별적으로 건설 및 속성을 위해 기성동맹회를 결성하고 총독부와 철도회사에 적극적으로 요구하였다.

조선철도 전체에 대한 조선 상업회의소의 활동도 또한 연합회와 경성상업회의소의 독자적인 차원에서 각각 전개되었다. 먼저 연합회 차원에서 전

제3부 조선 상업회의소의 산업개발자금 요구활동과 철도정책으로의 집중

개된 내용을 살펴보자. 관동대지진의 발생에 따라 철도건설이 모두 중지될 위기에 처하자 연합회는 임시회의를 개최하고 총독부 철도부장을 비롯하여 남만주철도주식회사 및 조선철도주식회사 관계자가 참석한 가운데 철도문제에 대해 논의하였다. 연합회는 관동대지진으로 인한 긴축재정방침이 일본의 기정사업에 심대한 타격을 줄 것이라 인식하였다. 그렇지만 "조선에서의 주요철도망 완성은 유치한 산업의 개발 및 통치상의 유일한 동맥"이기 때문에 "하루라도 늦출 수 없는 요무"라고 강조하였다. 연합회의 논의 결과 "관사철도망의 예정계획수행"을 거듭 주장하였다. 연합회의 결의는 관동대지진과 그에 따른 일반재정긴축이라는 급박한 상황에 대한 대책이었기에 그 요구사항도 예정계획의 수행에 집중되었다. 논의과정에서도 현재 진행되고 있는 함경선과 진행될 예정인 평원선 건설이 집중적으로 거론되었다. 통합된 사설철도회사에 대해서도 현재 진행되고 있는 철도건설의 어려움을 듣고 조선총독부와 남만주철도주식회사에 보조·조장 방책을 요청하는 정도였다.[166]

일본정부의 긴축재정은 계속되고 이듬해 제7회 연합회에서도 조선 산업개발자금의 확보를 위한 논의가 전개되었다. 그 가운데 대구상업회의소에 의해 조선철도망 속성과 관련된 요망사항이 안건으로 제기되었다. 대구상업회의소는 연합회에 "조선사설철도회사에 대한 정부보조액의 年8分를 1割로 증액 요망할 것"을 제기하였다.[167] 대구상업회의소의 경우 현안문제인 전주대구선과 진해대구선의 건설을 위해 운동 중이었기 때문에 사설철도회사의 보조는 지역선의 건설과 밀접한 관계를 가지고 있었다. 물론 사설철도회사의 보조는 지역 경제선 건설을 주장하는 다른 상업회의소도 마찬가지였다. 따라서 연합회에서는 이의 없이 만장일치로 가결되어 조선총독부를 비롯하여 일본정부에 요망하게 되었다. 연합회의 요망은 '동상운동'을

---

166) 朝鮮商業會議所聯合會, 『臨時朝鮮商業會議所聯合會議事速記錄』, 134~145·203쪽.
167) 『每日申報』1924.4.25, 「大邱商議評議員會」.

통하여 조선총독부의 예산계획인 다른 산업개발자금과 함께 철도건설개량비 2천만 원과 사설철도소요비 1천만 원의 확보로 이어졌다. 여기서도 역시 기설 철도망의 건설을 위한 예산확보에 집중되고 있음을 알 수 있다. 결국 연합회 차원의 조선철도에 대한 활동은 이 시기 산업개발자금의 확보가 주안점이었기 때문에 철도부문만을 강조할 수 없었음을 알 수 있다. 그리고 다른 상업회의소의 이해관계와 조선총독부의 농업 중심 산업정책도 감안해야만 했다.168) 그래서 연합회 차원에서는 총독부의 예산에 이미 편성된 철도에 대한 건설의 필요성과 그 예산의 확보에 주력한 것으로 보인다.

다음으로 경성상업회의소가 독자적으로 추진한 철도망 속성운동을 살펴보자. 경성상업회의소는 먼저 京都에서 개최된 전국상업회의소연합회에 제출한 의안에서 산업개발의 중요성을 지적하며 철도망의 완성은 산업개발상 최선의 요무임을 강조하였다. 그리고 "조선에서 철도간지선의 보급촉진에 대해 전국상업회의소의 양해와 원조를 구한다"는 내용과 함께 "조선에서 주요철도망의 속성에 관한 청원의 건"을 제출하고 출석위원을 파견하였다. 관동대지진으로 일본의 기정사업도 중지될 처지였기 때문에 일본재계 인사들의 양해와 원조는 조선철도망의 속성을 위해 꼭 필요한 부분이었다. 경성상업회의소의 제안은 전국상업회의소연합회에서는 만장일치로 가결되었다.169) 이는 경성상업회의소가 적극적으로 운동한 결과일 뿐만 아니라 일본재계 역시 조선에 대한 인식이 점차 변하고 있는 결과라고 할 수 있을 것이다.

계속해서 경성상업회의소는 철도촉진실행위원회를 설치하고 독자적으로 조선철도의 보급 및 발달을 촉진하기 위한 실행방법을 강구하여 조선총독

---

168) 축항문제에 집중하였던 군산과 진남포, 상해항로의 개설과 이를 통한 무역진흥에 중심을 두고 있었던 부산 등 지역 상업회의소의 산업개발자금에 대한 입장은 철도건설이 중요하다고 인식하였지만 조금씩 달랐다.
169) 『京城日報』 1924.3.26, 「商議評議員會」 ; 3.28, 「朝鮮産業開發을 위한 鐵道網速成의 義」 ; 『東亞日報』 1924.4.27, 「鐵道網速成通過」.

제3부 조선 상업회의소의 산업개발자금 요구활동과 철도정책으로의 집중

부에 진정하였다. 그리고 대표위원을 선정하여 일본정부에 운동할 것을 결정하였다. 경성상업회의소는 자체 내에 조선개발자금요청실행위원회와 철도촉진실행위원회를 각각 두고 산업개발과 관련된 사항은 연합회를 통해서 운동하는 한편, 철도망속성과 관련된 사항은 독자적인 운동을 통해 그 목적을 달성하고자 하였다.[170] 경성상업회의소가 운동방침을 분리하여 실행했던 이유는 크게 세 가지로 파악할 수 있다. 첫째, 연합회 차원의 산업개발자금 확보운동이 철도망속성으로 바로 연결될 수 없었기 때문이었다. 그리고 연합회의 요구는 예산확보에 집중되었기 때문에 자금이 확보된다고 해도 기설철도망의 속성에 그칠 것이었다. 따라서 장래에 건설될 필요가 있는 철도망은 논의조차 할 수 없었다. 둘째, 산업개발자금에 대한 입장이 지역 상업회의소의 지역적 기반에 따라 달랐기 때문이었다. 경성의 경우, 경성상공연합회와 토목건축협회로 세력이 양분되었지만 각각 상품유통과 토목공사라는 이해관계에 따라 철도건설에 가장 적극적이었다. 그러나 항구를 끼고 있는 지역 상업회의소는 조금 달랐다. 물론 철도망 속성도 중요하게 인식하였지만 지역적 기반인 항만과 해운에 더 적극적이었다. 이 점은 당시 군산, 진남포, 신의주가 축항문제에 집중하였고 부산이 상해항로와 어항설치에 많은 노력을 기울이고 있었다는 사실을 통해서도 알 수 있다. 셋째, 조선총독부도 농업중심의 산업정책을 유지하고 있었기 때문이었다. 즉 조선총독부는 산업개발자금의 예산편성을 산미증식사업을 비롯하여 철도, 도로, 항만, 치수산업 등 다양하게 제출하고 있었다. 이와 같은 사실 때문에 경성상업회의소는 연합회를 통해서는 산업자금확보에 주력하고, 철도망완성은 독자적으로 추진하지 않을 수 없었던 것이다.

이상과 같은 연합회와 경성상업회의소의 활동은 일정정도 일본정부의 인정을 얻었고 그 때문에 철도건설과 관련한 자금을 부분직으로나마 획보

---

170) 『東亞日報』 1924.4.12, 「商議金融部會」 ; 4.30, 「鐵道普及促進」 ; 『京城日報』 1924.5.3, 「京城評議員會」 ; 『每日申報』 1924.5.4, 「朝鐵速進運動」 ; 『京城日報』 1924.5.8, 「公會私會·商議委員要路訪問」 ; 5.9, 「鐵道促進運動」.

할 수 있었다.171) 그러나 이듬해가 되어도 일본정부의 긴축재정은 지속되었고 연합회가 요망하는 산업개발에 필요한 자금은 이전과 같이 회복되지 못했다. 연합회는 '동상운동'을 통해 해마다 예산확보운동을 전개하는 것은 비효율적임을 깨달았다. 뭔가 근본적인 계획수립이 필요하다고 인식했다. 그러한 생각은 새롭게 부임한 정무총감 下岡忠治와 조선상업회의소연합회장 渡邊定一郞의 회견을 통해 보다 구체화되었다.172) 1925년은 조선철도의 경영권이 남만주철도주식회사로부터 조선총독부로 환원되는 시기였다. 따라서 조선총독부에서도 철도계획의 근본적인 정리가 필요하다고 인식하고 있었고 그 때문에 줄곧 조선철도망 속성운동을 전개하고 있던 조선 상업회의소와 협력할 필요성을 느꼈던 것이다.

이제 경성상업회의소는 연합회를 통한 운동과 독자적인 운동을 통일할 필요성을 느꼈고 곧바로 자신들이 주도하는 조선철도망속성운동으로 전환시켰다. 그리고 먼저 동경에서 개최되는 전국상업회의소연합회뿐만 아니라 원산에서 개최되는 연합회에도 다시 관사철도속성요망의 건을 제출하였다. 더불어 이 안을 독자적으로 조선총독부 철도부장 大村卓一에게 진정하였다.173) 경성상업회의소가 주장한 관사철도의 속성은 이미 수립된 관설철도

---

171) 관설철도개량비는 1천만 원 정도 인정되었고 사설철도소요비는 大阪실업가의 양해를 얻었다(『京城日報』1924.10.21, 「朝鮮의 諸問題 陳情의 結果」; 『每日申報』 1924.10.22, 「余의 當然한 陳情에는 上下官民이 無不同情하였다」; 『東亞日報』 1924.10.25, 「補給金不變乎」).

172) 京城商業會議所, 「續陳情」, 『朝鮮經濟雜誌』 제106호, 京城商業會議所, 1924, 3~4쪽.

173) 기존 연구에서도 1925년 새로 부임한 大村철도국장이 부임과 동시에 전국을 돌며 그 대상지를 조사하고 실측하는 등 철도건설에 적극적이었다고 강조하면서도 이미 조선 안팎의 철도건설 분위기가 상당히 고조되었음을 지적하였다(정재정, 「조선총독부철도국장 大村卓一과 朝滿鐵道連結政策」, 99~100쪽). 필자는 그러한 분위기가 조선 상업회의소를 중심으로 하는 자본가집단의 철도건설운동으로 인하여 야기되었으며 나아가 경성상업회의소를 중심으로 하는 조선 상업회의소의 조선철도속성안이 새로운 철도국장에게 제출되었음을 강조하며 그의 향후 일정에 영향을 미쳤던 것으로 파악한다.

인 함북선, 진해선, 경릉선, 동해안선, 신의주경부간복선을 속성할 것과 조선사설철도법에 의한 보급금 8分을 1割로 인상하고 자금조달을 촉진할 것이었다. 동경의 전국상업회의소연합회에서 또다시 경성상업회의소의 제안은 인정되었고 위원회의 조사에 붙여졌다.174)

다른 지역 상업회의소도 물론 직접적인 철도건설운동을 전개하는 한편, 연합회에 철도건설을 의안으로 제출하였다. 1925년 8월 개최된 제8회 연합회에서는 산업자금의 확보보다는 실질적인 산업개발사업이 대량으로 제기되었다. 특히 경성을 비롯하여 원산, 목포, 평양은 각각 자신들의 이해가 결부되어 있는 철도건설을 주장하였다.175) 이제 조선철도망속성은 경성을 중심으로 하는 연합회본부 측의 요구사항이 아니라 모든 상업회의소의 요구사항이 되었다.176)

경성상업회의소는 다시 조선철도망속성운동을 전개하기 위해 下岡 정무총감과 논의하였다. 그 과정에 下岡 정무총감은 조선개발의 대방침 확립과 함께 철도뿐만 아니라 산미, 수리, 치수, 항만 등 모든 산업분야를 일괄하여 운동할 것을 제안하였다.177) 그리고 조선총독부는 기존의 소극적 예산편성에서 적극적 예산편성으로 그 태도를 전환하고 산업개발을 위한 근본적인 계획을 수립하여 예산안을 제출하였다. 이것이 정무총감의 '산업제일주의'에 기초한 조선개발의 대방침이며 그 구체적인 내용은 제2차 산미증식계획과 산업개발계획이었다.178) 정무총감의 제2차 산미증식계획은 문화정치기 총독부의 유일한 산업정책이었음으로 이를 계승한 것이라면, 철도를 중심

---

174) 『東亞日報』 1925.5.20, 「京城商議提案內容」; 6.21, 「日本商議大會」.
175) 『朝鮮時報』 1925.7.10, 「全鮮商議聯合會」.
176) 이전까지 조선 산업의 중심을 농업과 수산업에 두었던 부산상업회의소회두도 이 시기에 오면 산업개발의 2대기조로 鐵道網의 速成과 産業의 電化를 제기하였다 (香椎源太郎, 「朝鮮産業의 基本的 施策에 대하여」, 『朝鮮』 제125호, 朝鮮總督府, 1925, 182~184쪽).
177) 『每日申報』 1925.7.15, 「事業費充實問題와 政務總監의 抱負」.
178) 『開闢』 제63호, 1925, 35쪽.

으로 하는 산업개발계획은 대의사(헌정회) 시절 조선 상업회의소의 지속적인 '동상운동'을 통해 보고 들어왔던 요구사항을 총감이 되고 나서 직접 듣고 구상해 낸 것으로 보인다. 따라서 '산업제일주의'의 한 축인 제2차 산미증식계획은 문화정치를 표방하는 당시 총독부의 기본 산업정책을 계승한 것이라면, 철도건설이 중심인 산업개발계획은 조선 상업회의소가 지속적으로 운동한 결과 수립된 것으로 파악할 수 있을 것이다.

경성상업회의소를 중심으로 하는 연합회는 시민대회 대표와 함께 조선총독부의 적극적 예산안을 측면에서 지원하기 위해 다시 '동상운동'에 뛰어들었다.[179] 그간 연합회를 비롯한 지역 상업회의소의 적극적인 산업개발에 대한 활동은 점차 일본 정·재계를 움직여 구체적인 성과가 드러나기 시작하였다. 일본의 관사철도에 관여하였던 인사들이 중심이 되어 설립된 제국철도협회가 조선의 철도망조사를 통해 조선철도망의 근본계획을 수립하여 의회에 제출하고자 하였다.[180] 이제 지역 상업회의소와 연합회는 본격화되는 일본본국의 조선철도에 관한 논의과정에 적극적으로 동참하면서 자신

---

179) 연합회와 함께 운동을 전개한 시민대회는 '경성시민대회'였다. 이 '경성시민대회'는 경성의 공직자들이 중심이 된 정치운동으로 그 구성원은 부협의회원, 상업회의소평의원, 학교조합의원이었다. '경성시민대회'가 의결한 내용을 보면 시민대회의 운동 성격과 목적을 파악할 수 있는데, 첫째 조선에 대한 일반회계의 보충금액을 삭감하지 아니할 것, 둘째 공채지변에 의한 조선의 사업계획을 변경치 아니할 것, 셋째 정부는 조선에 있는 특수금융기관으로 하여금 일층 그 기능을 발휘케 하여 조선재계의 금융완화를 도모케 할 것이었다(『매일신보』 1923.10.23, 「(광고)경성시민대회」;『동아일보』 1923.10.26, 「시민대회」). 그렇다면 '경성시민대회'의 목적은 일본정부에 대한 조선총독부 예산안의 삭감반대에 있었다. 이와 달리 조선 상업회의소는 두 측면에서 당시 정치운동을 전개하였다. 그 하나가 시민대회와 같이 추진한 조선총독부의 예산안삭감반대운동이었고, 다른 하나가 독자적인 조선철도망 속성운동이었다. 물론 시민대회 대표가 동경에 건너가 운동을 연합회와 함께 전개하였기 때문에 그 목적이 명확히 구분된다고는 할 수 없지만 동경에서 진행된 운동을 통해볼 때 시민대회의 목적과 운동 방향이 연합회와 달랐음은 분명하다.

180) 長尾榮太郎, 「朝鮮鐵道問題에 關한 經過報告」, 『朝鮮經濟雜誌』 제126호, 京城商業會議所, 1926, 2쪽.

들의 입장이 최대한 반영되도록 노력하지 않으면 안 되었다.[181]

2. 조선 상업회의소와 제국철도협회의 '朝鮮鐵道十八年計劃'

조선 상업회의소의 조선철도에 대한 근본적 방침수립요구는 산업조사위원회와 산업개발 '4대 요항'의 진정 및 '동상운동'을 통해 조선총독부와 일본의 정·재계에 모두 영향을 미쳤다. 먼저 앞에서 살펴보았듯이 산업조사위원회에서 조선총독부는 그 필요성을 인정하였고, 연합회의 '10개년계획'이 제출되자 1922년부터 6개년 내 완료예정으로 새로운 철도망조사에 들어갔다. 더불어 1925년 조선선의 경영이 다시 조선총독부로 환원되자 철도국을 설치하고 철도국장을 중심으로 철도망계획을 진행하였다. 그 결과 철도건설 및 개량, 도로항만, 치산치수 등 종합적인 산업개발계획이 10년 계속사업으로 수립되고 예산에 편성되었다.[182] 이와 더불어 조선 상업회의소는 기존의 철도관계자로 구성된 조선철도협회와 연합하여 새롭게 조선철도협회를 구성하고 철도망보급계획을 수립하기 위해 그 준비에 한창이었다.[183]

---

181) 渡邊定一郎,「會議所의 事業에 대하여」,『朝鮮經濟雜誌』제121호, 京城商業會議所, 1926, 1~4쪽.
182) 상업회의소와의 논의를 통해 이루어진 것으로 철도건설 및 개량의 내용은 조선 산업개발 '4大 要項' 중 철도건설계획인 '10년계획'이었다.
183)『每日申報』1925.10.10,「鐵道網普及計劃」. 기존의 조선철도협회는 사설철도회사 관련자들로 구성된 조직이었으나 새롭게 구성된 조선철도협회는 조선 상업회의소의 중요한 구성원인 토목건축협회는 물론 운송업자까지 포함하여 조선철도망 속성운동을 전개하기 위해 조직되었다. 그 중심적인 조선의 일본인자본가들은 모두 조선 상업회의소의 중역 또는 의원이었으며 회원이었다. 뿐만 아니라 조선철도협회의 중요한 구성원 중 일본본국 자본가들은 일본에서 철도업에 종사하던 자들로 대부분 제국철도협회에도 관여하고 있었다(大平鐵畊,『朝鮮鐵道十二年計劃』, 鮮滿鐵道新報社, 1927, 288~320쪽 참조). 따라서 조선철도협회는 조선 상업회의소는 물론 제국철도협회와 긴밀한 관계 속에서 철도건설에 관여한 것으로 보아도 무리가 없을 것이다.

연합회와 경성상업회의소의 지속적이고 적극적인 '동상운동'에 의해 일본 정·재계도 반응하기 시작하였다.184) 일본의 관사철도에 관여했던 전문가, 재계 인사들의 모임인 제국철도협회는 1922년 정관개편을 통해 철도조사 및 연구기관으로 거듭났다. 이어서 1924년 가을부터 조선철도망조사에 들어갔다.185) 조사사항은 조선의 철도망조사, 철도경영개선책, 철도보급 및 속진안이었다.186) 제국철도협회는 1년간의 조사와 귀족원 및 중의원, 참모본부, 유지를 망라하는 조사회의 회의를 거쳐 초안을 마련하였다. 초안은 1929년부터 1951년까지 22년간 수억 원의 경비를 투자하여 4천 마일을 연장하는 계획이었다. 제국철도협회는 마련된 초안을 바탕으로 조선에 건너와 실지조사와 함께 조선총독부를 비롯하여 지역 상업회의소와 협의를 거쳐 1925년 12월 완성된 '조선철도18년계획'(이하 '18년계획'으로 줄임)을 수립하였다.187) 그러면 제국철도협회에 의해 수립된 초안 '22년계획'과 확정안 '18년계획'을 통해 그 성격과 함께 지역 상업회의소의 요구가 어떻게 반영되었는지를 살펴보도록 하자.188)

---

184) 『釜山日報』 1925.9.18, 「朝鮮鐵道網調査會設立」.
185) 國澤新兵衛, 「一行內鮮의 趣旨」, 『朝鮮經濟雜誌』 제126호, 京城商業會議所, 1926, 1쪽.
186) 大平鐵畊, 『朝鮮鐵道十二年計劃』, 42쪽.
187) 제국철도협회의 조선철도에 관한 조사위원회 결의는 5개안과 부대결의안 그리고 계획선로로 구성되었다. 결의안은 1. 조선의 추요 철도는 국유를 근본방침으로 할 것, 2. 정부는 속히 조선철도건설에 관한 법률을 제정할 것, 3. 정부는 기정계획(이미 예산을 확정한 것)의 외 전항 조선철도건설법에 따라 2천 백여 리의 철도를 금후 18년 이내에 건설할 것, 4. 정부는 제1항의 방침에 기초하여 점차 추요한 사설철도를 매수할 것, 5. 정부는 현행 조선사설철도보조법의 8분보급을 개정하여 1할로 하여 미성선의 속성을 도모할 것, 부대결의로 정부는 제3항의 18년 건설계획의 진보함에 수반하여 수송량의 증가에 따라 점차 경부, 경인, 경의 각선을 복선으로 할 것이었다(위의 책, 45쪽).
188) 제국철도협회의 초안은 22년 안을 중심으로 3가지 안이었던 것으로 보이는데 그 구체적인 내용은 같고 마일, 기간, 경비의 차이에 따라 10년, 20년, 30년 계획이 있었던 것 같다(『東亞日報』 1925.9.10, 「鐵道網豫定線」; 10.27, 「鐵道普及計劃」).

〈표 9-3〉 帝國鐵道協會의 조선철도망계획 초안과 수정안(1925)

구분	북부 및 강원도	중남부	비고
초안	신의주만포진후주고읍선, 만포진맹중리선, 상산봉(함북)후창청진선, 고무산(함북)혜산진만천선, 갑산(함북)장진선, 강릉(강원)악양선, 강릉양평선, 양덕악양선, 신안주선(평원선분기)	경성충주대구선, 대구울산선, 선천(전북)대구선, 하동순천삼영선(호남선연결)	22년 계획
확정안	평양강계선(순천, 개천, 희천), 개천백동선(영변, 운산, 온정), 함흥만포진선(고사리, 장진, 강계, 사철), 장진혜산진선(갑산), 길주혜산진선(합수), 고무산무산선(사철), 회령훈무선(사철), 윤성훈무선(부거, 지경, 웅기, 경흥, 신아산, 고건, 원통), 나진상산봉선	하동나주선(순천, 장흥, 당진, 영암), 마산송정리선(하동, 부원), 원촌이리선(사철), 마산대구선(창령), 경성대구선(양평, 나주, 충주, 안동, 의주), 대구경주선(영주, 사철), 김천안동선(사철), 조치원충주선(사철), 천안장호원선(사철), 천안군산선(사철), 원산부산선(통천, 고성, 강릉, 삼척, 맹적, 경주, 울산, 부산), 경성강릉선(횡성)	18년계획, 경부경의복선

출전: 『東亞日報』 1925.9.10, 「鐵道網像定線」; 大平鐵畊, 『朝鮮鐵道十二年計劃』, 鮮滿鐵道新報社, 1927, 45~47쪽.

　제국철도협회의 초안은 일본본국의 입장에서 수립되었기 때문에 주로 군사적 목적과 함께 경제적 목적이 동시에 작용하였다. 군사적 목적으로는 만주 및 중국으로의 진출 및 독립운동에 대한 대비에 그 주안점이 두어졌다. 경제적 목적으로는 임업, 광업 등 천연자원의 개발과 對중국·對러시아 무역을 염두에 둔 것이었다.[189] 〈표 9-3〉의 초안을 보면, 주로 군사적·경제적 목적을 동시에 충족시킬 수 있는 북부조선지역의 개발과 천연자원이 대량 매설되어 있던 강원도지역의 개발을 위한 철도가 대부분 제기되고 있음을 알 수 있다. 그래서 연합회 및 부산, 원산상업회의소가 주장하고 있던 동해안선은 비경제선이라는 이유로 삭제되었고 비경제선이지만 압록강과 두만강의 강안선은 군사상 주요선으로 편입되었다.[190]

189) 『東亞日報』 1925.10.27, 「鐵道普及計劃」.

이에 대해 지역 상업회의소는 제국철도협회의 조선실지조사를 기회로 그 경비를 부담하는 한편, 적극적으로 자신들의 철도건설요구가 관철되도록 힘썼다.[191] 그 결과 초안인 '22년계획'은 '18년계획'으로 수정되었다. 〈표 9-3〉의 확정안을 살펴보면, 우선 조선 상업회의소에서 거듭 주장하고 있던 '10개년계획'의 동해안선과 경릉선 및 철도건설의 경과에 따라 경의경부선의 복선이 포함되었다. 그리고 지역 상업회의소와 지역 유지들의 철도건설운동으로 건설되었던 사설철도의 매수와 연장도 포함되었다. 이처럼 수정안인 '18년계획'은 초안인 '22년계획'과 달리 중남부지역의 철도가 다수 포함되었다. 또한 철도의 국유를 근본방침으로 할 뿐만 아니라 사설철도의 보조에 대해서도 8分 보조를 개정하여 1割로 할 것도 포함되었다.[192] 게다가 연합회의 즉각적이고 빠른 조선철도망 속성요구에 의해 그 계획 연한도 18년으로 단축되었고 실시도 즉각 이루어지도록 수정되었다.[193] 그렇다면 제국철도협회의 조선철도망계획은 식민본국의 정치·경제적 이익을 중심으로 하는 입장에서 식민현장의 자본가들의 경제적 이익을 포함하는 형태로 수정되었음을 알 수 있다.

한편 제국철도협회의 조선철도망계획 수립과 동시에 조선에서도 철도망계획 수립을 위한 움직임이 본격화되었다. 1926년 1월 조선철도협회 총회에서 제국철도협회의 경과보고를 계기로 조선철도망계획 수립을 논의하였

---

190) 『東亞日報』 1925.9.10, 「鐵道網豫定線」.
191) 『東亞日報』 1925.10.14, 「帝國鐵道協會」;『朝鮮時報』 1925.10.30, 「朝鮮文化普及과 鐵道政策의 確立」 ; 10.30, 「商議役員會」.
192) 원래 제국철도협회는 조선철도망계획의 근본방침으로 1. 철도성으로 조선철도를 통일할 것, 2. 건설은 총독부에서 하고 경영은 민간에 위탁할 것, 3. 국유선을 전부 사철에 불하하여 경영하게 할 것, 4. 관민합동의 남만철도와 같은 것을 만들 것, 5. 현재와 같이 관사철도를 동시에 행할 것, 6. 전부 국유로 할 것을 가지고 논의하였는데 찬부양론이 비등하여 그 방침이 변경되었다(谷口守雄, 「朝鮮의 鐵道普及에 대하여」, 『朝鮮經濟雜誌』 제126호, 京城商業會議所, 1926, 3~5쪽).
193) 『朝鮮時報』 1926.1.27, 「議論의 域을 넘어선 朝鮮의 鐵道網」 ; 渡邊定一郎, 「會議所의 事業에 대하여」, 4쪽.

다. 그리고 조선철도협회 내에 조선철도망조사위원회를 설치하였다. 또한 협의를 거쳐 철도망조사는 총독부철도국의 예상선로조사계획에 참가하여 함께할 것과 제국철도협회의 운동에도 적극적으로 협동할 것을 결의하였다.194) 그리고 결의한 바에 따라 대표위원을 선정하여 제국철도협회의 철도망계획수립을 위한 운동에 참여하였다. 조선상업회의소연합회장 渡邊定一郞와 경성상업회의소 평의원 志岐信太郞은 제국의회의 개회기를 맞아 연합회와 조선철도협회 대표로 조선철도협회의 또 다른 대표 및 조선토목건축협회 대표와 함께 동경으로 향했다.195) 동경에 도착한 조선 측 대표들은 먼저 제국철도협회와 협의하여 조선철도망계획 수립을 위한 활동을 전개하였다. 일본과 조선의 민간 측 대표들은 일본정계의 정당관계자와 회견하고 조선철도 건설청원 및 건의안 제출에 관하여 진정하였다. 그 결과 헌정회는 건의안을 중의원에 제출하기로 하였다.196) 이어서 내각총리대신을 비롯하여 각 대신, 참모총장, 조선총독에게 '조선의 철도보급촉진에 대한 건의안'을 제출하였다.197) 일본과 조선의 민간 측 대표의 활동은 결실을 맺어 제51회 제국의회의 귀족원과 중의원에 건의안으로 제출되기에 이르렀다.

조선철도협회원인 牧山耕藏을 비롯한 15인의 서명으로 「조선철도의 보급촉진에 관한 건의안(이하 철도건의안)」이 중의원에 제출되었다. 철도건의안은 제국철도협회 조사위원회가 결의한 5개안 및 부대결의안 중 5개안을 3개안으로 합쳐 제출하였다. 귀족원에서도 제국철도협회원인 福原俊丸 등 5명의 발의로 같은 내용의 철도건의안이 제출되었다. 귀족원의 경우 이

---

194) 그 외 대표위원을 선임하여 제국철도협회의 운동에 참가하도록 할 것, 재동경의 조선철도관계자도 회원에 들도록 할 것 등을 결의하였다(大平鐵畊, 『朝鮮鐵道十二年計劃』, 57~58쪽).
195) 공식적인 단체의 대표로 '東上運動'을 전개하였지만 조선철도협회는 물론 조선토목건축협회는 모두 조선 상업회의소의 중요한 구성조직이며 그 대표 또한 핵심 중역이었다.
196) 『每日申報』 1926.2.14, 「朝鮮鐵道敷設請願과 建議案의 提出」.
197) 『東亞日報』 1926.2.22, 「朝鮮鐵道網案」; 大平鐵畊, 『朝鮮鐵道十二年計劃』, 43~44쪽.

미 전회에서 부대결의를 한 상태였기 때문에 본회에서는 만장일치로 철도 건의안을 통과시켰다. 그러나 중의원에서는 당파를 초월하여 146명의 찬성을 얻었지만 통과되지는 못했다. 철도건의안과 함께 올라온 조선총독부의 제2차 산미증식계획으로 인하여 막대한 예산을 요구하는 두 법안이 동시에 통과될 수 없었기 때문이었다. 하지만 일본 정계의 분위기는 조선 문제에 소극적이었던 이전과는 사뭇 달랐다.[198] 제국철도협회가 미친 영향도 부인하기 어렵지만 연합회의 산업개발을 위한 다년간의 '동상운동'이 이루어낸 성과였다는 점 또한 부인할 수 없을 것이다. 특히 중의원에 철도건의안을 제출한 15명 중 10명이 연합회의 '동상운동' 과정에 접촉했거나 조선과 밀접한 관계가 있는 인사들이었다. 그리고 철도건의안에 찬성한 146명 중 3분의 1 이상은 연합회가 '동상운동' 과정에 직접 회담했던 인물들이었다. 그중에서 연합회 대표와 대규모의 간담회를 가졌던 정우본당 대의사 56명은 대부분 철도건의안에 찬성을 표했다.[199] 이처럼 연합회의 적극적인 요구와 운동은 어느덧 실현의 단계로 접어들었다.

3. 조선 상업회의소의 조선철도망계획 수립활동과 '朝鮮鐵道十二年計劃'

제51회 제국의회에서 철도건의안이 통과되지 못하자, 연합회는 두 방향

---

198) 大平鐵畊의 제국의회 건의안상정에 대한 평가에 의하면 "귀족원은 그 성질상 건의안의 상정은 극히 중요시되어 용이하게 상정할 수 없는데 상정되어 전회일치로 가결하였고, 중의원은 통과되지는 못했지만 각 당파를 초월하여 160여 명의 찬성자를 얻은 것은 조선철도망계획의 전초전으로 다대한 성공"이라고 밝히고 있다(大平鐵畊, 위의 책, 57쪽).

199) 경성상업회의소,「陳情行」,『朝鮮經濟雜誌』제103호, 京城商業會議所, 1924, 1~6쪽 ; 京城商業會議所,「陳情行」(承前),『朝鮮經濟雜誌』제104호, 京城商業會議所, 1924, 1~5쪽 ; 大平鐵畊, 위의 책, 48~55쪽.

에서 조선철도망계획의 수립을 위한 활동에 다시 매진하였다. 먼저 조선총독부의 새로운 조선철도망계획 수립에 적극적으로 개입하였다. 이어서 지역 상업회의소는 지역을 중심으로 하는 독자적인 철도건설계획을 수립하였고, 수립된 철도건설계획을 철도협회와 조선총독부에 제출하였다. 나아가 철도건설계획이 실행되도록 지역 단위의 철도기성회를 조직하고 맹렬한 운동을 전개하였다.[200] 조선 상업회의소를 비롯한 조선 내 경제 단체들의 희망을 토대로 하여 조선총독부 철도국과 조선철도협회는 연합하여 조선을 3부로 나누고 5천리의 미성선 조사에 들어갔다.[201]

한편 연합회는 제국철도협회의 주도로 진행되던 계획안의 통과를 위한 운동에도 적극적으로 관여하여 점차 주도하기 시작하였다. 지금까지 제국철도협회가 주도적으로 운동을 전개했다면 이제는 조선 측이 주도하여 운동을 전개하게 되었다. 조선 상업회의소는 지역적 차원의 철도건설계획이 조선철도망계획에 포함될 수 있도록 개별적으로 노력하는 한편, 전조선적인 운동의 필요성을 인식하였다. 우선, 지역 차원의 철도기성동맹회를 조직하였다. 부산, 대구, 원산, 군산, 진남포 등의 상업회의소는 지역 차원의 철도기성회를 중심으로 연선주민들까지 포함하는 연맹회 또는 연합회로 조직을 확대하였다. 그리고 자신들의 희망선인 동해안선, 중앙선, 군산대안선, 신천저도선이 조선총독부의 철도계획에 포함되도록 운동하였다.[202] 경

---

200) 『東亞日報』 1925.11.20, 「鐵道敷設을 關係當局에 陳情」; 『朝鮮時報』 1926.1.12, 「朝鮮産業開發을 위한 三大動脈線敷設要望」; 『朝鮮時報』 1926.1.13, 「釜山商業會議所役員 鐵道局長에게 要望」; 『每日申報』 1926.1.14, 「京陵線의 敷設要望」; 『朝鮮時報』 1926.1.18, 「朝鐵網의 具體案報告」; 『東亞日報』 1926.1.24, 「仁商評議員會」; 『朝鮮時報』 1926.1.30, 「大邱商議 鐵道踏査」; 『東亞日報』 1926.2.28, 「信川猪島間鐵道緊急敷設要望」; 『朝鮮時報』 1926.3.5, 「大邱兩鐵의 促進運動」; 3.12, 「中央鐵道期成會」; 「鐵道敷設의 基本調査協議」; 『東亞日報』 1926.4.24, 「鐵道期成問題로 元山商議員會」.

201) 『每日申報』 1926.4.21, 「鐵道網調査復活」; 『朝鮮時報』 1926.4.21, 「2억 5천만 원의 鐵道計劃案이 失敗하였기 때문에 鐵道當局은 5千哩의 未成線을 調査」; 『東亞日報』 1926.5.9, 「朝鮮鐵道網完成」.

성과 인천은 자신들의 희망선인 경릉선의 장래 건설을 고려하며 인천·수원간 철도건설을 위한 경편철도의 인가신청을 경기도에 제출하였다.203)

이어서 중앙 차원의 운동도 전개하였다. 제국철도협회원의 철도망조사를 위한 조선방문은 더 없이 좋은 기회였다. 지역 상업회의소는 제국철도협회원의 철도조사를 적극적으로 활용하여 자신들의 요구를 관철시키고자 하였다.204) 그리고 지역 상업회의소를 중심으로 조선철도기성동맹회를 조직하고 그 달성운동을 맹렬히 전개하였다.205) 경성상업회의소는 제국철도협회원의 조선방문을 기회로 철도망보급에 관해 조선 각지 대표의 간담회를 개최하였다. 간담회에 지역 상업회의소 회두를 비롯하여 조선토목건축협회, 조선공업회, 조선광업회, 조선철도협회의 각 대표, 기타 공직자와 신문통신관계자 등 70여 명이 참가하여 조선철도문제에 대해 논의하고 조선철도기성동맹회를 창립하였다.206) 이로서 기성동맹회는 조선 전체를 포괄하여 철도문제에 정진할 수 있게 되었다.

한편 산업개발을 위해 조선 전체를 포괄하였다는 기성회는 조선인을 철저히 배제하였다.207) 당시 한 조선인 잡지는 철도의 보급이 조선인에게 "일

---

202) 원산과 대구는 기성조직을 확대하여 동해안철도기성연맹회와 중앙철도기성연합회를 각각 조직하여 철도기성운동을 전개하였다(『東亞日報』1926.2.28,「信川猪島間鐵道緊急敷設要望」;『東亞日報』1926.5.5,「東海鐵道期成聯盟會」;『每日申報』1926.5.7,「朝鮮中央鐵道速成期成聯合會」; 6.26,「鐵道問題陳情」).
203) 『東亞日報』1926.6.4,「仁川水原間 輕便鐵道出願」.
204) 부산상업회의소의 경우 제국철도협회의 계획안이 자신들의 계획안과 다소 차이가 있음을 인식하고 부산에 올 때를 기다려 강연회를 개최하고자 하였다(『朝鮮時報』1926.4.22,「社會部의 廢止는 그 理由가 薄弱」).
205) 『每日申報』1926.4.25,「不遠實現할 鐵道網期成同盟」.
206) 실행위원을 7명이 선출되었는데 그중 5명이 상업회의소와 밀접한 관계가 있었다. 위원장 조선상업회의소연합회장 겸 경성상업회의소회두 渡邊定一郎, 前경성상업회의소회두 釘本藤次郎, 인천상업회의소회두 吉田秀次郎, 상업회의소연합대표위원 大村百藏, 그리고 조선토목건축협회장 荒井初太郎 또한 상업회의소연합대표위원이었다(大平鐵畊,『朝鮮鐵道十二年計劃』, 59쪽).
207) 조선철도망계획의 수립을 위해 확대 개편된 조선철도협회 평의원 173명 중 조선

희일비"라고 비판하였다. 교통기관의 정비로 산업이 발달하여 자본주의가 고조되지만 자본주의가 고조되면 외래의 자본이 대량으로 유입되고 외래의 자본이 대량으로 유입되면 자본의 배경과 정치적으로 동일한 입장을 가지지 못한 조선인들은 경쟁에서 패배하여 점차 몰락할 수밖에 없다고 우려하였다. 그리고 "교통기관이 정리되고 시가가 번영한다는 도회 혹은 시장일수록 일본인의 생활은 번영을 보게 되지만 조선인의 생활은 시시각각으로 파멸에 기울고" 있지 않느냐고 반문하였다.208) 결국 기성동맹회는 조선을 위한 조직이 아니라 조선 내 일본인자본가를 위한 조직이었던 것이다.

조선철도망기성동맹회는 철도망계획안을 점차 확립해가던 조선총독부와 철도보급운동의 취지를 진술하여 양해를 구하는 동시에 당국의 계획을 듣고 이어서 '동상운동'을 전개하였다. 대표위원은 일본의 중앙조선협회 및 제국철도협회와의 긴밀한 협의 속에서 일본 정·재계, 군부인사들을 방문하여 조선철도망 보급촉진의 필요성을 주장하고 정부 및 의회에서의 후원과 원조를 부탁하였다. 그리고 대규모의 간담회도 개최하였다. 제국철도협회 및 중앙조선협회의 후원을 받아 귀중양원의원, 중앙조선협회간부, 현물단간부, 제국철도협회간부, 조선관계의 실업가, 기타 유력한 관민을 제국호텔에 초대하였다. 120여 명이 참석한 자리에서 조선상업회의소연합회를 대표하여 渡邊定一郎은 조선개발에 왜 철도망의 보급촉진이 필요한가를 진술하고 본문제에 대한 동정과 지도를 간청하였다. 이에 대해 참석자를 대표하여 大倉喜八郎이 지금은 철도촉진의 실행운동시기임을 강조하며 경부철도관설에 대한 경험담으로부터 조선의 문화산업개발에 진력하고 싶다는 의미의 인사가 있었다. 그리고 조선문제 및 조선철도문제에 관해 의견을 교환하였다.209)

인은 단 3명에 그쳤다(大平鐵畊, 위의 책, 297~301쪽). 중앙과 달리 지역 단위의 철도기성회에는 조선인이 부분적으로 참여하고 있었다(『朝鮮時報』1926.3.5, 「大邱兩鐵의 促進運動」).
208) 記者, 「時言」, 『開闢』 제66호, 1926, 73쪽.

한편 조선철도망기성동맹회는 운동과정에서 동경에 근거지가 전혀 없는 점과 연합운동 등의 불편을 인식하고 조직적인 철도건설촉진운동을 위해 동경에도 조선과 같은 조직을 창설하고자 하였다. 이를 위해 대표위원은 재계의 원로 澁澤榮一을 비롯하여 前철도대신 小松謙次郞 등을 방문하여 각각 명예회장과 회장의 직임을 승낙 받았다. 대표위원의 노력에 의해 창설된 조선철도촉진기성회는 조선의 관사설철도망의 보급촉진을 위한 목적으로 본부를 동경에, 지부를 경성에 설치하였다. 따라서 조선에 설치된 조선철도망기성동맹회는 조선철도촉진기성회의 조선지부가 되었다.[210] 그렇게 조선철도촉진기성회는 명실상부한 조선철도의 촉진을 위한 유일무이한 민간조직이 되었다.

연합회를 중심으로 하는 조선과 일본의 각 조직들이 조선철도망계획의 수립과 그 통과를 위한 운동을 전개하고 있는 시점에 조선총독부 철도국도 지역 상업회의소를 비롯한 지역 및 이익단체들로부터 요구안을 받는 한편, 철도망조사를 마치고 철도망계획을 제출하였다. 〈표 9-4〉는 조선총독부의 철도망조사에 제출한 지역 상업회의소의 요구안과 그 결과 수립된 조선총독부의 계획안이다. 이를 통해 지역 상업회의소의 요구안이 어느 정도 총독부의 철도망계획에 포함되었는지를 살펴보도록 하자.

지역 상업회의소의 요구안은 〈표 9-4〉와 같이 자신들의 지역을 중심으로 하여 뻗어나가는 지역경제선 또는 사설철도연장선으로 이루어져 있음을 알 수 있다. 지역 상업회의소는 자신들의 상공업적 기반을 확대하기 위한 의도 속에서 철도건설계획의 수립을 주장하였던 것이다. 지역 상업회의소의 이러한 요구는 이미 조선총독부의 철도정책에도 영향을 미쳤다.[211] 그

---

209) 京城商業會議所, 「朝鮮鐵道網促進運動經過」, 『朝鮮經濟雜誌』 제128호, 京城商業會議所, 1926, 59쪽.
210) 大平鐵畊, 『朝鮮鐵道十二年計劃』, 61~64쪽.
211) 평양, 원산, 진남포상업회의소와 연합회에서 강력하게 건설운동을 전개했던 평원선은 드디어 1926년부터 그 건설에 들어갔다(『東亞日報』 1926.5.25, 「平壤商議

〈표 9-4〉 지역 상업회의소 철도요구안과 조선총독부 조선철도망계획

구분		상업회의소요구안	'10년계획'(철도국)	'11년계획'(조선총독부) 및 '12년계획'(확정안)
철도선로	부산	부산원산선, 삼랑진전주선, 부산·경주·충주·경성선	원산산척간, 울진포항간(동해안선), 울산부산간(경동선), 진주하동간(경남선), 하동원촌전주간(전남선), 길주신양간(함북선), 웅기용관진간(국경선), 순천희천간(만포진선)	원산포항울산부산간(동해안선), 진주전주원촌담양간(경전선), 길주혜산진간(혜산신선), 웅기용관진간(도문선), 순천만포진간(만포선)
	대구	대구진해선, 대구전주선, 대구충주선		
	목포	마산목포간, 순천여수간		
	군산	광천군산선, 마산전주선		
	인천	인천강릉선		
	진남포	평양만포진선, 평남선복선, 진남포안주선, 저도장연선, 저도신천선		
	원산	동해안선, 함흥기점의 산림선		
	경성	경성강릉선		
	평양	순천만포진선		

출전: 『東亞日報』1926.6.4,「鐵道新十年計劃」; 7.16,「鐵道網調査班, 朝鮮四千哩 今年中 完成豫想」; 11.25,「朝鮮鐵道擴張案은 3억 2천만 엔으로 決定」; 1927.2.2~4,「大規模의 朝鮮鐵道網計劃(1·2·3)」; 2.8,「朝鮮鐵道, 建設改良費內容」; 4.8,「工費 3억 2천만 원의 新幹線建設內容, 鐵道網 12個年 計劃」; 大村卓一,「朝鮮鐵道新規計劃」, 『朝鮮』제140호, 朝鮮總督府, 1927; 大平鐵畊,『朝鮮鐵道十二年計劃』, 鮮滿鐵道新報社, 1927.

러나 일본정부의 긴축재정과 관동대지진에 막혀 이루어지지 못했다. 조선의 철도건설계획이 수립되기 위해서는 일본정부와 일본재계가 납득할 수 있는 철도계획이 수립되어야 했다. 따라서 조선총독부는 지역 상업회의소의 주장과 일본본국의 요구를 통합·조정하여 철도국의 '10년계획'을 수립되었다. 〈표 9-4〉와 같이 철도국의 '10년계획'은 연합회의 희망선인 동해안선을 포함시키는 반면, 함진선과 평북선을 제외하고 경제점까지 각 선로를

役員會」; 6.2,「商業會議所特別評議員會」).

연장한 것이었다.²¹²⁾ 이는 제국철도협회의 초안인 북부 조선을 중심으로 하는 철도계획과 중남부 조선을 중심으로 하는 지역 상업회의소의 철도건설계획이 통합되어 수립된 것이라고 볼 수 있다. 조선총독부는 철도국의 '10년계획'에 마일 수와 건설비를 조정하여 '11년계획'으로 개정하고 일본정부와 의회에 제출하였다. 이와 함께 연합회의 거듭된 주장인 사설철도의 매수와 사설철도보조금 증율도 포함시켰다.²¹³⁾ '11년계획'에 포함되지 못한 중앙선은 대구상업회의소를 중심으로 하는 연합기성운동 때문에 조선철도주식회사를 통해 이루어질 수 있게 되었다.²¹⁴⁾ 이상을 통해볼 때 조선총독부의 '11년계획'은 일본과 상업회의소의 요구를 모두 반영한 것이라 할 수 있을 것이다. 그렇기에 조선인 언론은 조선총독부의 철도망 완성을 위한 '철도제일주의'에 대해 강력히 비판하였다. 산업개발과 문화보급에 절대한 관계가 있는 철도망의 완성에 노력하는 점은 의미 있지만 그 결과는 조선인에게 "악한 약"이며 "고약한 칼"이 될 것이라고 하였다. 그리고 "철도연변 일수록 조선 토굴이 많고 일본와가 많은 것을 볼 때마다 우리는 조선의 심산궁곡에까지 철도가 뻗치고 일본의 사탕장수와 일본의 밀국수장사가 늘어갈 것을 상상한다"고 비판하였다.²¹⁵⁾

조선인들의 철도건설계획에 대한 비판에도 불구하고 연합회는 조선총독부의 계획안이 일본정부와 의회에 제출될 시기에 다다르자, 다시 '동상운동'을 전개하였다. 목적은 조선총독부의 요구에 대한 일본정부와 의회의 통과를 민간차원에서 지지와 후원하기 위해서였다. 일본의 조선철도기성촉진회를 중심으로 고문상담역을 여는 한편, 수상을 비롯하여 대장대신과 만나 철도망계획의 필요를 역설하고 양해를 구하였다. 또한 예산편성을 위해 동

---

212) 『東亞日報』 1926.6.4, 「鐵道新十年計劃」.
213) 『每日申報』 1926.7.16, 「私設買收案具體化」.
214) 『朝鮮時報』 1927.2.26, 「兩線敷設運動」; 6.14, 「드디어 出願」; 『每日申報』 1927. 7.6, 「慶北中央 兩線 朝鐵에서 敷設」.
215) 『東亞日報』 1926.8.3, 「보는대로 듯는대로」; 『別乾坤』 제2권 제8호, 1927.

경에 와 있는 조선총독부의 철도국장과 재무국장과 긴밀히 협의하면서 일본정재계 인사들을 방문하며 운동을 전개하였다.216) 이러한 운동의 결과 조선총독부의 '11년계획'은 정부의 승인을 얻어 제52회 제국의회에 제출되었고 의회에서의 논의과정을 거쳐 '12년계획'으로 확정되었다.217)

'12년계획'은 〈표 9-4〉와 같이 1927년부터 12년간 기정 계획선인 평원선 및 함경선과 더불어 도문선, 혜산선, 만포선, 동해선, 경전선 건설을 비롯하여 사설철도의 매수 및 기설연로 및 차량개선을 목적으로 하는 계획이었다. 전체적으로 볼 때 '12년계획'은 북부조선지역의 개발을 위한 기정 계획인 함경선을 비롯하여 도문선, 혜산선, 만포선 건설을 한 축으로 한다면, 중남부조선지역의 개발을 위한 기정 계획인 평원선을 비롯하여 동해선, 경전선 건설을 또 다른 축으로 하였다. 이미 살펴보았듯이 북부조선지역의 철도건설은 군부와 일본 정·재계 그리고 조선총독부의 견해에 따라 군사적으로 중요할 뿐만 아니라 경제적 효과도 뛰어날 것으로 예상되는 것이었다. 반면 중남부조선지역의 철도건설은 연합회 및 지역 상업회의소를 중심으로 하는 조선 내 여론에 의한 경제적 목적이 중심이었다.

그러면 '12년계획'에서 건설할 철도에 대해 좀 더 상세하게 살펴보도록 하자. 먼저 도문선은 웅기와 종관진 사이를 연결하는 연장 97마일의 선로로서 연선에는 매우 풍부한 석탄(1억 6천만 톤)과 목재(3억 尺締)가 있고 미경지(7만 2천 정보)의 개척에 따라 농산물의 증산액 또한 풍부할 것으로 예상되었다. 그리고 완성된 이후로는 간도 및 훈춘지방의 무진장한 목재와 농산물을 반출할 수 있을 것으로 예상되었다. 게다가 장차 길회철도의 완성과 동시에 북만지역과 연결하여 국방 및 경비상 매우 중요한 선로가 될 것으로 파악되었다. 특히 도문선 연선과 간도 및 훈춘지방의 석탄, 목재 및 농산물은 동해항로를 거쳐 일본으로 편리하게 이출될 수 있어 일본의 식량

---

216) 京城商業會議所,「渡邊會頭報告」,『朝鮮經濟雜誌』제131호, 京城商業會議所, 1926, 1~5쪽.
217) 大平鐵畊,『朝鮮鐵道十二年計劃』, 129~155쪽.

및 연료문제를 해결하는데 이바지할 철도로 여겨지고 있었다. 혜산선은 길주로부터 압록강안의 혜산진까지 연장 88마일의 선로로서 도문강과 압록강 상류의 대삼림(1억 5천만 尺締)과 농산물을 역시 동해항로를 거쳐 바로 일본으로 연결할 수 있는 철도로 예상되었다. 만포선은 평원선의 순천을 기점으로 만포진에 이르는 연장 178마일의 선로로서 연선과 오지에서 석탄, 광물, 목재, 농산물을 반출할 뿐만 아니라 통화를 거쳐 만주중부에 이어지는 요로를 형성하여 지방의 산업을 개발하는 것과 함께, 국방 및 경비상 극히 긴요한 선로였다. 특히 석탄은 대부분 무연탄으로 매장량이 약 3억 5천만 톤이 되었고 목재는 사유림과 기타를 합하여 축적량이 1억 3천만 尺締로 도문선, 혜산선과 함께 일본의 목재문제 해결에도 도움을 줄 것으로 예상되었다. 결국 북부조선지역에 건설될 도문선, 혜산선, 만포선은 모두 북부조선지역의 자원을 일본에 이출하여 일본의 식량 및 연료문제를 해결할 뿐만 아니라 장차 만주지역과 연결하여 조선의 독립운동세력을 제압하고자 하는 국방 및 경비상 중요한 선로로 설정되었음을 알 수 있다. 더 나아가 북부조선지역 3선은 만주 및 중국지역으로의 군사적 진출을 효과적으로 수행할 수 있는 잠재적인 선로였음을 또한 알 수 있다.

다음으로 중남부조선지역에 건설될 동해안선은 동해안의 원산과 부산을 잇는 341마일의 선로로서 갈마·포항간, 부산진·울산간이 신설되고 나머지는 매수·개량하여 동해안선을 완결하는 조선 제2의 종관선으로 예정되었다. 동해안선은 양항이 부족한 이 지역의 해산물의 집수와 통천탄 기타의 광산물 및 백두연봉의 임산물의 반출에 용이할 뿐만 아니라 연선의 개발로 금강산 관광도 편리할 것으로 예상되었다. 특히 함경남북도와 부산방면을 연결하는 요로가 되어 경원선 및 경부선의 대안으로 사용가능하고 길회철도가 완전히 개통되면 만주일원까지 확실하고 조속하게 수송할 수 있는 화객운송 및 군사상 필요한 선로였다. 경전선은 조선철도 경남선의 진주에서 하동, 광양, 순천을 거쳐 곡성, 원촌, 남원, 임실을 경유하여 전북철도의 전주에 이르고 전북선의 광개개축과 함께 호남선 이리를 거쳐 군산에 직통하는 한편, 원촌으로부터 분기하여 조선철도 전남선에 이르고 송정리를 거쳐 목포방면에 연결하는 남부조선의 동서를 연결하는 철도로 예정되었다. 따라서 경전선은 남부조선 곡창지대의 풍부한 농산물은 물론 장래 개척을 통해 농사개량에도 도움을 줄 뿐만 아니라 남해안의 수산품 및 각종 공산품의 수송원활에 기여할 예정이었다. 특히 경전선은 부산, 군산, 목포 등을 서로 연결하는 육상교통로로서 각 지역의 경제적 기반을 확대할 수 있는 중요한 철도였다.[218] 결국 중남부조선지역의 동해안선과 경전선은 중남부조선지역의 개발과 더불어 그 연선지역에서 산출되는 각종 자원의 원활한 유통을 위해 계획되었는데, 주로 조선에서 활동하고 있는 자본가들에게 직접적으로 유리한 것이었음을 알 수 있다.

이상과 같이 '12년계획' 중 도문선, 만포선, 혜산선은 북부조선의 개발을 통해 일제의 만주진출 및 지하자원을 비롯한 임산물, 농산물 등을 동해횡단항로를 통해 반출하여 제국의 식량 및 목재문제와 조선통치의 안정화를 해결할 수 있는 '일본'을 위한 철도라고 할 수 있을 것이다. 반면 동해선, 경전선은 원산, 부산, 목포, 군산 등 중남부 조선의 중요한 항구도시를 기점으로 하여 중남부 조선의 상호 물류유통을 원활하게 할 뿐만 아니라 각 항구도시의 경제적 기반을 확대할 수 있는 '조선'을 위한 철도라고 할 수 있을 것이다.[219]

---

218) 大平鐵畊, 위의 책, 156~161쪽 ; 朝鮮總督府 鐵道局, 『朝鮮の鐵道』, 1927, 252~265쪽 ; 朝鮮總督府 鐵道局, 『朝鮮鐵道四十年略史』, 1940, 252~273쪽.
219) 물론 여기에서 말하는 '조선'은 일본인들을 중심으로 하는 조선의 자본가들을 의미한다. 즉 대부분의 조선인들은 여기서 제외된다.

결론

결론

일제시기 지역 상업회의소와 조선상업회의소연합회는 식민지 조선의 경영과 조선에서의 경제적 기반을 확대하기 위해 조선총독부와 '함께' 또는 '독자적으로' 조선의 산업개발에 적극적으로 뛰어들었다. 지역 상업회의소와 연합회의 적극적인 식민경영과정은 지배권력의 일환으로 이루어진 것이며 이 때문에 식민정책은 일본정부와 조선총독부의 의도와 기획으로부터 벗어나는 경우도 발생하였다. 그렇기에 일본 제국주의의 확장은 본국인 일본 내부의 여론과 주도로 이루어진 것도 사실이지만 식민지 조선의 '현장과 현장인'에 의해 추동된 점 또한 사실이다. 또한 조선의 산업개발은 일본을 위한 것일 뿐만 아니라 조선 내 일본인 자본가와 이에 동조하는 조선인 자본가를 위한 것이었다.

이상과 같이 조선상업회의소연합회 및 지역 상업회의소의 지배권력적 위상, 식민정책의 개입 및 추동, 그리고 개발의 식민성은 연합회의 조선 산업개발전략과 정치적 활동을 통해서 뚜렷하게 드러났다. 연합회의 조선 산업개발전략과 정치적 활동은 크게 4단계로 전개되었다. 첫 번째, 지역 상업회의소와 조선상업회의소연합회의 성립과 체제 정비를 통해 전산업분야를 망라하는 조선 산업개발정책의 수립을 요구하는 단계였다. 두 번째, 조선 산업개발정책 중 선결해야할 산업분야를 결정하는 단계였다. 세 번째, 긴축재정과 관동대진재라는 예기치 못한 상황에 직면하여 조선 산업개발에 투여될 정부예산의 안정적인 확보를 추진한 단계였다. 이 과정에 이입관세 철폐와 산미증식은 이루어졌다. 네 번째, 산업개발자금의 확보와 함께 병행되어 점차 독자적인 운동으로 전화해 간 조선철도망 속성운동단계였다. 연합회의 조선 산업개발전략과 정치활동을 정리하면 다음과 같다.

개항 이후 조선에 들어온 일본인 자본가들은 경제적 기반의 확대를 위해 상업회의소의 법인화를 주장하였다. 그 결과 「조선상업회의소령」에 의해 일본인 자본가를 중심으로 일부 조선인 자본가를 포함하는 지역 상업회의소가 설립되었다. 그러나 지역 상업회의소는 소극적인 법령과 지역적인 분산으로 조선 경제에 대한 제대로 된 역할을 수행하기 위해 집단적으로 지역 상업회의소의 경제적 요구를 주장·관철시킬 수 있는 통합기구가 필요하였다. 따라서 지역 상업회의소는 법령에서 규정한 상업회의소의 소극적인 사무권한을 적극적이고 능동적으로 개정하는 한편, 연합조직으로 조선상업회의소연합회를 결성하였다.

지역 상업회의소의 연합조직으로 결성된 조선상업회의소연합회는 일본 경제의 불황에 따른 영향과 3·1운동이라는 전민중적인 조선인들의 저항운동으로 인하여 조선 경제의 불황이 더욱 심화되자 이를 극복하고 안정적인 조선 산업의 개발을 위해 새로운 경제정책의 수립을 요구하였다. 연합회는 우선 산업조사위원회의 설치를 주장하였고 그 조사방침을 조선의 실정에 근거한 '조선 본위'로 한 산업개발정책이어야한다고 강조하였다. 조사위원도 학자, 전문가 그리고 관료와 조선에서 산업에 종사하는 자들 즉, 자신들로 구성되어야 함을 주장하였다. 이러한 주장은 관민합동의 '문화정치'를 지향하던 조선총독부에 의해 일정 이상 반영되었다.

한편 조선 상업회의소는 산업조사위원회에 관한 자문안도 제출하였다. 조선총독부는 지역 상업회의소의 자문안을 토대로 「계획요항」과 「참고서」를 작성하였다. 「계획요항」의 각종 제안을 설명하는 「참고서」는 조선총독부와 지역 상업회의소의 주장이 합쳐진 결과, 농업을 중심으로 한 1차 산업과 철도·도로·항만과 같은 산업기반사업 및 공업의 보호·장려 등에 집중되었다. 결국 산업조사위원회를 통해 결정된 조선의 산업개발정책은 조선총독부와 조선 상업회의소의 조선의 산업개발에 대한 의견이 통합·조정되어 이루어졌음을 알 수 있었다.

1921년 산업조사위원회에 의해 확정된 조선 산업개발정책은 조선총독부와 조선 상업회의소에 의해 수립되었다. 그러나 산업조사위원회의 조선 산업개발정책에는 예산확보에 대한 언급이 전혀 없었다. 따라서 조선 산업개발은 제대로 실행되지 못하고 있었다. 그러자 연합회는 조선총독부와 일본 정부의 조선 산업개발에 대한 소극적인 태도를 비판하며 조선 산업개발을 위해서는 자금 확보가 가장 중요하다고 지적하였다.

마침 일본에서 군축잉여금의 처리에 대해 논의가 진행되자, 연합회는 군축잉여금의 일부를 조선의 산업개발에 즉각 투자할 것을 주장하며 가장 우선 해결해야 할 산업개발 '4대 요항'을 결정하였다. 연합회가 요구한 '4대 요항'은 철도건설, 관세철폐, 산미증식, 수산장려였다. 이는 대부분 조선인들의 요구를 철저히 배제하고 경성, 평양, 인천, 부산 등 중요한 대상업회의소의 의견을 중심으로 한 통합·조정안이었다.

연합회는 '4대 요항'으로 정리된 '조선 산업개발에 필요한 보급금증액요망의 건'을 조선총독부와 일본정부에 청원하는 한편, 그 실행을 위해 동경에 가서 직접 요구하는 '東上運動'을 전개하였다. '동상운동'은 3차례에 걸쳐 이루어졌고 당초의 '4대 요항' 실현운동에서 조선 사정의 선전으로 운동방향이 바뀌었다. 그 이유는 일본정·재계의 조선에 대한 이해가 거의 없었기 때문에 먼저 조선의 사정과 조선 개발의 필요성을 선전하는 것이 우선이었기 때문이었다. 연합회의 '동상운동'은 어느 정도 성과를 얻어 이입관세의 경우 酒, 綿織物을 제외한 대부분이 철폐되었다. 철도건설의 경우 사설철도가 합동하게 되었으며 사설철도보급금이 일부 증액되었다.

그러나 곧바로 관동대진재라는 예기치 못한 사건이 터졌다. 일본의 예기치 못한 재해는 조선의 산업개발을 위해 투자될 최소한의 예산과 자본을 동결 또는 보류하지 않을 수 없을 정도로 심각했다. 연합회는 우선적으로 예산삭감에 반대하며 산업개발자금의 확보에 힘썼다. 연합회는 여전히 '동상운동'이라는 운동방식을 활용했지만 그 내용은 달랐다. 우선 연합회를 중심으로 시민대회 또는 공직자대회와 연합하는 한편, 조선인들도 적극적으로 포함하였다. 조선 전체의 민의를 대표하고자 하였던 연합회의 의도를 엿볼 수 있는 대목이었다. 연합회의 '동상운동'은 이처럼 더욱 적극적이었고 활발했기에 보다 많은 성과를 가져왔다.

우선 조선총독부의 예산은 당초 예상했던 1/3이라는 대삭감은 면할 수 있었다. 사업공채는 전혀 이루어지지 않았지만 보충금으로 충당되었다. 또한 조선총독부의 예산정책을 '소극주의'에서 '적극주의'로 변화시켰다. 이와 병행해서 일본정·재계도 조선 산업개발의 필요성을 인정하는 한편, 조선의 사정도 이해하기 시작하였다. 그 결과 조선총독부로 하여금 제2차 산미증식계획과 함께 조선 산업개발 계획을 수립하도록 추동하였으며, 그중 제2차 산미증식계획은 연합회의 여론조성에 힘입어 일본정부와 의회의 승인을 받게 되었다. 이로써 연합회의 '4대 요항' 중 산미증식도 완성되게 되었다.

한편 조선 상업회의소의 청원 및 '동상운동'을 통해 이미 달성된 이입관세 철폐는 연합회의 태도변화와 밀접한 관계를 가진다. 원래 지역 상업회의소를 비롯하여 연합회는 '독립관세제'를 주장하였다. 그 이유로 '조선 본위'의 '撫育主義'와 산업보호, 만몽과의 연결을 통한 선만경제통일, 조선의 재정독립 등을 제기하였다. 연합회의 독립관세제는 1920년을 기점으로 점차 변화하였다.

하지만 연합회의 입장에서도 곧바로 관세는 철폐할 수 없었다. 조선과 일본의 산업을 비교하면 조선의 산업은 유치한 수준에 있었고 연합회의 중심적인 구성원들이었던 일본인 또한 조선에 경제적 기반을 두고 있는 이상 예외는 아니었다. 연합회는 조선 산업개발과 자신들의 경제적 기반의 유지·확대를 위해서는 이입관세 철폐를 인정하는 한편, 이에 대한 대응책을 강구하지 않을 수 없었다.

연합회의 대응책은 보호·장려 공업의 지정과 관세안배였다. 연합회는 지역 상업회의소 간의 의견 차이는 있었지만 보호·장려해야할 공업의 지정을 통해 자신들의 경제적 기반을 유지하고자 조사에 착수하였다. 연합회는 지역 상업회의소의 조사와 논의를 통해 조선의 내수시장을 책임지는 공업의 보호·장려로 그 입장을 정리하였다. 대표적인 공업분야는 양조, 피혁, 직물 등 조선 내 일본인들이 중심으로 일부 조선인들과도 이해관계가 밀접한 것이었다. 그리고 재정문제로 여전히 관세철폐에 주저하는 조선총독부는 연합회의 주장을 받아들여 당분간 酒, 織物類의 관세는 그대로 존치하였다. 하지만 완전한 관세철폐는 이루어질 수밖에 없었기에 상업회의소는 더욱 조선 산업개발을 통한 기반확대에 집중하게 된다.

결론

 조선 상업회의소는 이제 조선 산업개발 중 가장 중요한 철도건설문제에 집중하게 되었다. 조선 산업개발을 위한 '4대 요항' 중 첫 번째인 철도부설은 조선총독부와 조선사설철도협회와의 논의를 거쳐 연합회가 수립한 '조선철도 10년계획'이었다. 연합회가 제시한 구체적인 철도부설계획은 남북을 연결하는 경부경의선(복선)과 동해안선이라는 두 종관철도와 동서를 연결하는 평원선과 경릉선이라는 횡단철도의 완성이었다.
 연합회가 마련한 독자적인 '조선철도10년계획'은 일본정부의 긴축재정과 관동대진재로 이루어지지 못했다. 더구나 관동대진재는 실행 중인 철도사업도 중지시킬 정도로 조선에 심각한 영향을 주었다. 연합회는 조선 산업개발을 위해 예산삭감에 반대하는 한편, 산업개발자금의 확보를 위해 '동상운동'을 전개하였다. 이 과정에 경성상업회의소는 연합회를 대표하여 독자적으로 조선철도망 속성운동도 또한 전개하였다.
 연합회의 일련의 '동상운동'은 점차 조선총독부를 비롯하여 일본정·재계에 심대한 영향을 미쳤다. 제국철도협회는 철도망 조사를 실시하고 조선철도망의 근본계획을 수립하여 의회에 제출하고자 하였다. 연합회는 이러한 분위기를 적극적으로 활용하여 조선철도망계획의 수립과 통과를 위해 노력하고자 하였다.
 먼저 연합회는 제국철도협회의 조선철도망계획에 지역 상업회의소의 요구가 관철되도록 철도망조사비를 부담하였고 그 결과 초안과 달리 확정안은 지역 상업회의소의 요구가 상당 부분 관철되어 의회에 제출되었다. 제51회 제국의회에서는 조선총독부의 제2차 산미증식계획이 통과됨으로 인하여 대규모의 사업비를 요구하는 제국철도협회의 '조선철도18년계획'은 통과될 수 없었다. 그러나 일본정계의 분위기는 조선 산업개발에 호의적이었다.
 연합회는 조선철도망계획의 수립을 위해 조선총독부의 철도망 조사에 적극적으로 가담하는 한편, 지역 상업회의소의 철도부설계획을 조선총독부와 조선철도협회에 제출하였다. 연합회는 조선과 일본에 각각 조선철도망기성동맹회와 조선철도촉진기성회를 조직하고 효과적인 운동을 위해 하나의 조직으로 통합하여 조선철도망계획의 수립과 통과에 노력하였다. 그 결과 조선총독부는 일본정·재계와 연합회의 요구를 거중 조정하여 '조선철도11년계획'을 수립하여 일본정부와 의회에 제출하였다. 이 계획은 제52회 제국의회를 통해 '조선철도12년계획'으로 변경되어 통과되었다. '조선철도12년계획'은 북부 조선의 혜산진선, 도문선, 만포선을 비롯하여 중남부 조선의 동해안선, 경전선으로 이루어졌다. 결국 일본 정·재계의 북부 조선 중심의 철도부설안과 연합회의 중남부 조선 중심의 철도 부설안이 통합·조정된 것이었다.

이상과 같이 이 책은 식민권력과 관련하여서는 '복수성'을, 식민정책에 관해서는 '가변성'을, 식민지 조선의 개발(성장)과 관련해서는 '식민성'에 유념하면서 조선 상업회의소의 조선 산업개발에 대한 계획과 정치적 활동을 살펴보았다. 상업회의소는 단순히 식민권력의 하수인으로 식민정책의 수동적인 실행에만 머문 것이 아니라 적극적이고 능동적인 식민권력자로서 그리고 식민정책의 입안자로서 활동하였다. 구체적인 예가 산업조사위원회의 설치와 조선 산업개발정책의 확립, 조선 산업개발 '4대 요항'과 예산삭감 반대 및 산업개발자금의 확보운동, 그리고 조선철도망계획의 수립과정에서 나타났다. 그리고 그 과정에 식민정책을 직접 입안하거나 조선총독부의 정책입안에 적극적으로 개입하여 자신들의 이해를 관철시켰다.

상업회의소의 활동은 또한 일본정부와 조선총독부의 농업중심 산업정책을 철도 등 산업기반시설의 확충이라는 영역으로 확대하도록 견인하였다. 뿐만 아니라 조선의 개발에 소극적이었던 일본정부와 조선총독부를 추동하여 긴축재정임에도 불구하고 식민지 조선의 개발에 본격적으로 뛰어들도록 만들었다. 더 나아가 북부 조선의 개발을 일찍부터 시작하게 함으로써 만주를 비롯한 대륙침략의 발판을 빨리 마련할 수 있도록 추동하였다. 이 점은 일본 제국주의의 확대가 제국 내부의 사정에 따라 이루어진 점도 있겠지만 식민지 조선의 '현장과 현장인'에 의해서도 이루어지고 있었다는 점을 분명히 보여주었다.

한편, 조선의 산업개발을 요구한 연합회는 조선 내 일본인 자본가들이 중심이 된 조선의 자본가조직이었다. 따라서 조선의 산업개발은 넓게는 조선의 자본가를 위한 것이었고 좁게는 일본인 자본가들을 위한 것이었다. 그들은 공공연히 '조선 본위'라는 이름하에 조선 산업개발을 추구하였다. 그렇기에 조선의 산업개발은 꼭 일본의 의도와 부합하는 것은 아니었다. 따라서 조선의 산업개발은 조선에 있는 일본인 자본가와 부분적이지만 이에 부합하는 조선인 자본가를 위한 것이었다. 그러므로 식민정책의 입안과 실행에 적극적으로 개입한 조선 상업회의소를 통해 조선의 '개발 또는 성장'이 이들의 이해와 직결되고 있음을 알 수 있었다.

그러나 이 책은 다음과 같은 명백한 한계를 지니고 있다. 첫째, 조선 전체를 논의의 대상으로 삼고 조선 경제 또는 경제정책을 파악하다보니 지역에서 전개된 지역 상업회의소의 중요한 활동은 제외되었다. 지역에서 전개된 지역 상업회의소의 각종 활동은 지역문제에 국한된 것도 있지만 조선 전체와 상호 긴밀한 관계를 가진 것도 분명히 존재하였다. 따라서 지역 단위의 활동도 지역사회뿐만 아니라 식민지 조선을 이해하는 데 중요한 연구 대상이 된다.

둘째, 지역 상업회의소와 조선상업회의소연합회 내의 계층적 차이와 지역적 차이가 중요한 정책과 사안 속에서 드러남에도 불구하고 이는 제대로 파악하지 못했다. 연합회도 그렇고 지역 상업회의소도 그렇듯이 하나의 일관된 목소리만을 내지 않았다. 표면적으로 그렇게 포장이 되었기 때문에 그렇게 보일 뿐이었다. 지역적 차이나 계층적 차이는 중요한 사안마다 드러났고 이러한 사실은 또 다른 '식민권력의 복수성'과 '식민정책의 가변성'을 확인하는 좋은 지점일 것이다. 물론 그 복수성이 어떻게 다시 수렴되는지도 관심을 기울여야 할 것이다.

셋째, 상업회의소라는 명칭으로 활동하던 1910·1920년대로 논의를 한정시킴으로써 일제강점기 전체를 관통하는 상업(공)회의소의 활동과 역할을 규정하지는 못하였다. 이 책에서는 지역 상업회의소와 연합회를 식민권력의 중요한 경제적 주체로서 파악하였지만 이후 지역 상공회의소와 조선상공회의소로 전환하여서도 그렇게 기능하였는지 제대로 파악하지 못했다. 개연성은 크지만 정치적·군사적 이유로 말미암아 군대의 힘이 강해지는 1930·1940년대에도 그랬는지는 의문이다. 따라서 일제시기 상업(공)회의소의 성격을 명확하게 규명하기 위해서는 상공회의소의 활동에 대한 검토가 필요하다. 이 책의 이상과 같은 한계는 차후 독자적인 연구과제로 미루어둔다.

1. 신문

『每日申報』, 『東亞日報』, 『時代日報』, 『中外日報』, 『朝鮮日報』, 『京城日報』, 『釜山日報』, 『朝鮮時報』, 『神戶又新日報』, 『大阪朝日新聞』, 『大阪每日新聞』, 『滿州日日新聞』, 『國民新聞』, 『大阪時事新報』, 『神戶新聞』, 『中外商業新報』.

2. 잡지

『朝鮮』(日文), 『朝鮮』(국문), 『朝鮮彙報』, 『朝鮮及滿洲』, 『朝鮮思想通信』, 『金融及經濟』, 『半島時論』, 『開闢』, 『別乾坤』.

3. 상업회의소 관련자료

朝鮮商業會議所聯合會, 『第五回朝鮮商業會議所聯合會議事速記錄』, 1922.
─────, 『臨時朝鮮商業會議所聯合會議事速記錄』, 1923.
─────, 『朝鮮商業會議所聯合會議事速記錄』, 1927.
商工省商務局, 『商業會議所一覽』, 1927.
朝鮮總督府, 『旧商工會議所原簿』, 1929.
朝鮮商業會議所聯合會, 『朝鮮商業會議所聯合會議事速記錄』, 1929.
─────, 『朝鮮商工會議所第一回定期總會議事錄』, 1932.
田中麗水, 『全鮮商工會議所發達史』, 釜山日報社, 1936.
京城商業會議所, 『朝鮮經濟雜誌』, 1916~1931.
─────, 『朝鮮經濟年鑑』, 1917.
─────, 『京城商工名錄』, 1923・1931・1932.

_____, 『家庭工業調査』, 1927.
_____, 『電氣問題調査報告』, 1927.
_____, 『京城商業會議所統計年報』, 1927·1929·1930·1931.
伊藤正慤, 『京城商工會議所二十五年史』, 京城商工會議所, 1941.
釜山商業會議所, 『會員名簿』, 1923·1926·1928·1929.
_____, 『釜山商業會議所月報』, 1926~1931.
群山商業會議所, 『群山商業會議所月報』, 1927~1931.
大邱商業會議所, 『(最新)大邱要覽』, 1920.
_____, 『大邱案內』, 1923.
_____, 『會員名簿』, 1925.
_____, 『大邱』, 1928.
_____, 『大邱商業會議所月報』, 1921~1923.
_____, 『大邱の實業』, 1923~1925.
_____, 『大邱の商工』, 1929~1931.
_____, 『木浦商業會議所月報』, 1916~1919, 1923~1931.
_____, 『木浦案內』, 1920.
水野立仙, 『鎭南浦』, 鎭南浦商業會議所, 1921.
鎭南浦商業會議所, 『鎭南浦商業會議所時報』, 1926~1927.
仁川商業會議所, 『仁川商業會議所月報』, 1930·1931.
_____, 『仁川港』, 1916~1931.
岡本保誠, 『仁川商工會議所五十年史』, 仁川商工會議所, 1934.
章勳夫, 『大正十四年 元山商業會議所統計年報』, 元山商業會議所, 1925.
元山商業會議所, 『元山商工名錄』, 1928.
町田義介, 『元山商工會議所六十年史』, 元山商工會議所, 1942.
淸津商業會議所, 『淸津』, 1928·1932.
_____, 『淸津商工會議所史』, 1944.
平壤商業會議所, 『平壤商工案內』, 1917.
_____, 『平壤商業會議所月報』, 1919.
_____, 『平壤商工人名錄』, 1919.

──── , 『平壤要覽』, 1920.
──── , 『平壤商業會議所統計年報』, 1920.
──── , 『平壤全誌』, 1927.
──── , 『西鮮三道商工人名錄』, 1932.

4. 기타 자료

『朝鮮總督府官報』, 『朝鮮總督府統計年報』, 『朝鮮總督府施政年報』.
靑山好惠, 『仁川事情』, 朝鮮新報社, 1892.
三輪規・松岡琢磨, 『富之群山』, 群山新報社, 1907.
『平壤要覽』, 1909.
木浦誌編纂委員會, 『木浦誌』, 1914.
阿部辰之助, 『大陸之京城』, 1917.
群山府, 『群山府勢要覽』, 1917.
會田寅吉, 『朝鮮之三大港』, 東亞貿易相互會, 1920.
永留信孝, 『全鮮內地人實業有志懇話會速記錄』, 全鮮內地人實業有志懇話會, 1921.
朝鮮總督府, 『産業調査委員會會議錄』, 1921.
──── , 『産業調査委員會議事速記錄』, 1921.
──── , 『朝鮮産業ニ關スル計劃要項參考書』, 1921.
──── , 『關稅調査事業ノ經過』, 1921.
朝鮮總督府 中樞院, 『各道議員 推薦의 件』, 1921.
長野淸, 『朝鮮商工人名簿』 1, 朝鮮商工社, 1923.
南滿洲鐵道株式會社庶務部調査課, 『朝鮮の私設鐵道』, 1925.
元山府, 『日本海の商港 元山』, 1925.
保高正記, 『群山開港史』, 1925.
前田力, 『鎭南浦府史』, 鎭南浦府史發行所, 1926.
伊藤光三郎, 『群山案內』, 群山築港起工祝賀會記錄係, 1926.
中村資良, 『京城仁川 職業名鑑』, 東亞經濟時報社, 1926.
群山府, 『群山府勢要覽』, 1927.
朝鮮總督府 鐵道局, 『朝鮮の鐵道』, 1927.

大平鐵畊,『朝鮮鐵道十二年計劃』, 鮮滿鐵道新報社, 1927.
釜山日報群山支社,『開港三十周年記念 群山』, 1928.
朝鮮總督府鐵道局,『朝鮮鐵道史』第1卷, 1929.
木浦府,『木浦府史』, 1930.
佐々木太平,『朝鮮の人物と事業』, 京城新聞社, 1930.
仁川府,『仁川府史』, 1933.
鎌田白堂,『朝鮮の人物と事業』, 實業之朝鮮社出版部, 1936.
朝鮮總督府,『朝鮮土木事業誌』, 1937.
─────,『朝鮮金融事項參考書』, 1937.
京城帝國大學法學會,『朝鮮經濟の硏究』3, 岩波書店, 1938.
朝鮮總督府 鐵道局,『朝鮮鐵道四十年略史』, 1940.
북학사학회,「제국의회 일본중의원의사속기록-조선관계발췌-』 4·5, 태산, 1991.

5. 연구서

강동진,『일제의 한국침략정책사』, 한길사, 1980.
강창일 외,『일제식민통치연구 1(1905~1919)-한국현대사의 재인식 14』, 백산서당, 1999.
공제욱·정근식 편,『식민지의 일상, 지배와 균열』, 문화과학사, 2006.
김경남,「일제하 조선에서의 도시 건설과 자본가집단망」, 부산대학교 박사학위논문, 2003.
김낙년,『일제하 한국경제』, 해남, 2003.
김낙년 편,『한국의 경제성장 1910~1945』, 서울대학교출판부, 2006.
김동명,『지배와 저항, 그리고 협력』, 경인문화사, 2006.
김옥근,『일제하조선재정사논고』, 일조각, 1997.
김진균·정근식 편저,『근대주체와 식민지 규율권력』, 문화과학사, 1997.
마츠다 도시히코 저, 김인덕 옮김,『일제시기 참정권문제와 조선인』, 국학자료원, 2004.
망원한국사연구실 한국근대민중운동사서술분과,『한국근대민중운동사』, 1989.

박경식, 『일본 제국주의의 조선지배』, 청목서점, 1973.
박찬승, 『한국근대정치사상사연구』, 역사비평사, 1992.
방기중 편, 『일제 파시즘 지배정책과 민중생활』, 혜안, 2004.
신용하, 『조선토지사업사연구』, 지식산업사, 1982.
송규진, 「일제하 조선의 무역정책과 식민지무역구조」, 고려대학교 박사학위논문, 1998.
수요역사연구회 편, 『식민지 조선과 매일신보－1910년대』, 신서원, 2002.
_____, 『일제의 식민지 지배정책과 매일신보 1910년대』, 두리미디어, 2005.
신기욱·마이클 로빈슨 편, 『한국의 식민지 근대성－내재적 발전론과 식민지 근대화론을 넘어서』, 삼인, 2006.
신동원 외, 『한국 근대사회와 문화 2』, 서울대출판부, 2005.
안병직·이대근·中村哲·梶村수수 편, 『근대조선의 경제구조』, 비봉출판사, 1989.
안병직·中村哲 공저, 『근대조선 공업화의 연구－1930~1945년』, 일조각, 1993.
안병직 편, 『한국경제성장사』, 서울대학교출판부, 2001.
역사문제연구소, 『한국근현대지역운동사 1·2』, 여강, 1993.
연세대학교 국학연구소 편, 『일제의 식민지배와 일상생활』, 혜안, 2004.
오미일, 『한국근대자본가연구』, 한울, 2002.
윤해동·천정환·허수·황병주·이용기·윤대석 엮음, 『근대를 다시 읽는다』 1·2, 역사비평사, 2006.
이대근 외, 『새로운 한국경제발전사』, 나남출판, 2005.
전석담·최윤규·이기수·김한주, 『조선근대사회경제사』, 자작아카데미, 1989.
정재정, 『일제침략과 한국철도』, 서울대학교출판부, 1999.
정태헌, 『일제의 경제정책과 조선사회』, 역사비평사, 1996.
주익종, 「일제하 평양의 메리야스공업에 관한 일 연구」, 서울대 경제학과 박사학위논문, 1994.
한국역사연구회·역사문제연구소, 『3·1민족해방운동연구』, 청년사, 1989.
한일관계사연구논집 편찬위원회 편, 『일제 식민지지배의 구조와 성격』, 경인문화사, 2005.

허수열, 『개발없는 개발』, 은행나무, 2005.
小林英夫, 『'大東亞共榮圈'の形成と崩壞』, 御茶の水書房, 1975.
中村哲・堀和生・안병직・김영호 편, 『朝鮮近代の歷史像』, 일본평론사, 1988.
木村健二, 『在朝日本人の社會史』, 未來史, 1989.
小林英夫, 『植民地の企業進出 - 朝鮮會社令の分析 - 』, 1994.
高崎宗司, 『植民地朝鮮の日本人』, 岩波書店, 2002.
C. J. ECKERT, *Offspring of Empire*, University of Washington Press, 1991.

6. 연구논문

강명숙, 「1920년대 일본인 자본가들에 대한 조선인 자본가들의 저항 - 평양상업회의소를 중심으로」, 『국사관논총』 90, 2000.
_____, 「1920년대 일본인 자본가들에 대한 한국인 자본가들의 저항 - 상업회의소를 중심으로」, 『한국민족운동사연구』, 2001.
_____, 「1920년대 초반 동아일보에 나타난 자치에 관한 인식」, 『역사와 현실』 41, 2001.
김경림, 「日帝下 朝鮮鐵道 12年計劃線에 關한 硏究」, 『경제사학』 12, 1988.
김동명, 「15년 전쟁하 일본 제국주의의 식민지 지배 체제의 전개 - 식민지 참정권 부여 문제를 중심으로 - 」, 『일본학』, 2001.
_____, 「식민지 시대의 지방 자치 - 부(협의)회의 정치적 전개」, 『한일관계사연구』 17집, 2002.
_____, 「일본 제국주의와 식민지 조선의 근대적 참정제도」, 『국제정치논총』, 2002.
_____, 「일제하 동화형협력 운동이 논리와 전개」, 『한일관계사연구』 18, 2003.
김동철, 「부산의 유력자본가 향추원태량(香椎源太郎)의 자본축적과정과 사회활동」, 『역사학보』, 2005.
김백영, 「1920년대 '대경성계획'을 둘러싼 식민권력의 균열과 갈등」, 『사회와 역사』 67, 2005.
김용섭, 「수탈을 위한 측량: 토지조사」, 『한국현대사』, 신구문화사, 1956.
김희중, 「일제지배하의 호남선 철도에 관한 고찰」, 『호남대학교 학술논문집』

23, 2002.
박찬승, 「일제하의 자치운동과 그 성격」, 『역사와 현실』 2, 1989.
_____, 「1920년대 초반 '문화운동'과 '문화운동론'」, 『한국근대정치사상사연구』, 역사비평사, 1992.
박철규, 「부산지역 일본인 사회단체의 조직과 활동 - 1910년대를 중심으로 -」, 『역사와 경계』 56, 2005.
손정목, 「일제강점초기(1911~20년)의 도시인구수」, 『한국사연구』 49, 1985.
신주백, 「일제의 새로운 식민지 지배방식과 재조일본인 및 자치세력의 대응(1919~22)」, 『역사와 현실』 39, 2001.
안병직, 「한국에 있어서의 경제발전과 근대사연구」, 『제38회 전국역사학대회발표요지』, 1995.
오미일, 「1910~1920년대 평양지역 민족운동과 조선인 자본가층」, 『역사비평』 28, 1995.
_____, 「1920년대 초의 산업정책론」, 『한국근대자본가연구』, 한울, 2002.
윤해동, 「일제하 물산장려운동의 배경과 그 이념」, 『한국사론』 27, 1992.
이미나, 「일제시기 조선 자치운동의 논리 - 독립운동론, 참정권론과의 관계를 중심으로 -」, 『민족문화연구』, 2006.
이송희, 「일제하 부산지역 일본인사회의 교육 (1) - 일본인 학교 설립을 중심으로 -」, 『한일관계사연구』 23, 2005.
이준식, 「일제강점기 군산에서의 유력자집단의 추이와 활동」, 『동방학지』 131, 2005.
이태훈, 「1920년대 초 자치청원운동과 유민회의 자치 구상」, 『역사와 현실』 39, 2001.
전성현, 「일제초기 '조선상업회의소령'의 제정과 조선인 상업회의소의 해산」, 『한국사연구』 118호, 2002.
_____, 「1920년 전후 상업회의소와 조선 산업정책의 확립」, 『역사와 경계』 58, 2006.
조재곤, 「일제강점 초기 상업기구의 식민지적 재편 과정 - 1910년대 상업회의소와 조선인 자본가」, 『한국문화』 31, 2003.

주익종, 「일제하 한국의 식민정부, 민간기업, 그리고 공업화」, 『경제사학』 35, 2003.
차철욱, 「일제강점기 부산상업(공)회의소 구성원의 변화와 '부산상품견본시'」, 『지역과 역사』 17, 2005.
최원규, 「19세기·후반 20세기 초 경남지역 일본인 지주의 형성과정과 투자사례」, 『한국민족문화』 14, 1999.
_____, 「東洋拓殖株式會社의 이민사업과 동척이민 반대운동」, 『한국민족문화』 16, 2000.
최인택, 「일제시기 부산지역 일본인사회의 생활사-경험과 기억의 사례연구-」, 『역사와 경계』 52, 2004.
홍순권, 「일제시기 '부제'의 실시와 지방제도 개정의 추이」, 『지역과 역사』 14, 2004.
_____, 「일제시기 부산지역 일본인사회의 인구와 사회계층구조」, 『역사와 경계』 51, 2004.
_____, 「1910~20년대 '부산부협의회'의 구성과 지방정치-협의원의 임명과 선거 실태 분석을 중심으로-」, 『역사와 경계』 60, 2006.
堀和生, 「조선에서의 식민지 재정의 전개」, 『식민지 시대 한국의 사회와 저항』, 백산서당, 1983.
河合和男, 「'産米增殖計劃'과 植民地 農業의 전개」, 『韓國近代經濟史硏究』, 사계절, 1983.
金子文夫, 「1920年代における朝鮮産業政策の形成-産業調査委員會を中心に」, 『近代日本の經濟と政治』, 大川出版社, 1986.
木村健二, 「朝鮮における商業會議所聯合會の決議事項」, 『戰時下アジアの日本經濟團體』, 日本經濟評論社, 2004.
保坂祐二, 「植民地朝鮮の帝國議會への參政權問題考察」, 『日本學報』, 2004.

전성현(全盛賢)

한국 근현대사 전공. 동아대학교 사학과에서 일제하 조선상업회의소연합회의 산업개발전략과 정치활동으로 박사학위를 받았다. 제국-식민지의 역사적 경험을 공유하고 있는 동아시아에 관심을 기울이며 공부하고 있다. 지금은 동아대학교 석당학술원 특별연구원으로 있다.

저서로는 『일제강점하 부산의 지역개발과 도시문화』(공저, 선인, 2009), 『지역과 문화유산』(공저, 선인, 2010)이 있다. 그 밖에 논문으로는 「일제하 동해남부선 건설과 지역 동향」(2009), 「일제시기 동래선 건설과 근대 식민도시 부산의 형성」(2009), 「일제시기 '만주' 개념의 역사성과 부정성」(2010) 등이 있다.